国家电网有限公司
自动智能投资统计
创新与实践

国家电网有限公司
国网经济技术研究院有限公司 | 编

中国电力出版社
CHINA ELECTRIC POWER PRESS

内 容 提 要

本书系统介绍了自动投资统计工作理论、方法和应用的最新进展，内容涵盖管理模式创新、理论方法创新、应用实践创新、制度标准创新四大类，从智能管理方法、技术规范研究、统计监督管理、业务管理方法、信息系统建设、典型经验案例、数字化转型应用等多个方面，收录了各类自动智能投资统计研究成果和典型经验。

本书是电网投资管理人员必备的专业技术指导用书，可为投资统计和项目管理人员的日常工作提供方法指引，也可为广大读者在电力行业分析、人工智能研究、数字化转型等方面的探索提供参考。

图书在版编目（CIP）数据

国家电网有限公司自动智能投资统计创新与实践 / 国家电网有限公司，国网经济技术研究院有限公司编 . —北京：中国电力出版社，2024.12

ISBN 978-7-5198-7416-2

Ⅰ.①国… Ⅱ.①国… ②国… Ⅲ.①电力工业—工业企业—投资—统计—管理—研究—中国 Ⅳ.① F426.61

中国版本图书馆 CIP 数据核字（2022）第 257616 号

出版发行：中国电力出版社

地　　址：北京市东城区北京站西街 19 号（邮政编码 100005）

网　　址：http：//www.cepp.sgcc.com.cn

责任编辑：岳　璐（010–63412339）　马雪倩

责任校对：黄　蓓　郝军燕

装帧设计：赵丽媛

责任印制：石　雷

印　　刷：北京瑞禾彩色印刷有限公司

版　　次：2024 年 12 月第一版

印　　次：2024 年 12 月北京第一次印刷

开　　本：710 毫米 ×1000 毫米　16 开本

印　　张：27.75

字　　数：526 千字

印　　数：0001—1500 册

定　　价：218.00 元

编委会

前　言

电网基建项目作为事关国计民生的基础性工程，是构筑能源互联网不可或缺的重要保障，也是电网企业经营发展的核心要素。电网基建投资统计是国家宏观调控和科学决策的重要依据，是各级政府实施行政管理的重要基础，是人民群众参与经济社会活动的重要参考。进入新时代，投资统计工作面临的环境、条件和任务都发生了深刻变化，机遇与挑战并存。全面、系统、严谨、创新的投资统计成果，对于新形势下政府监督、行业发展和企业精益管理，都具有重要意义。

国家电网有限公司（以下简称"国家电网公司"）以投资建设运营电网为核心业务。近年来，在国家发展和改革委员会、国家能源局陆续发布电网基建投资监管政策，中央不断强化统计监督职能的背景下，国家电网公司统计人主动作为、踊跃争先，持续夯实管理基础、创新统计方式、提升服务能力，积极运用大数据和人工智能等先进技术，大力推进投资统计生产方式变革，创新构建了"现场建设进度、投资完成进度、财务入账进度"完成率"三率合一"数据监测分析体系（以下简称"三率合一"），并在"用数据说话、用数据管理、用数据决策、用数据创新"方面进行了一系列卓有成效的探索，提高了项目投资统计管理的科学性和准确性，切实减轻了基层统计工作负担。

为进一步挖掘投资统计成果，推广典型经验，加快高素质统计人才队伍建设，在国家电网公司发展策划部的领导下，国网经济技术研究院有限公司积极融合投资统计专业集体智慧，启动投资统计创新实践成果库建设，并择优编著，形成《国家电网有限公司自动智能投资统计创新与实践》。本书从管理提升出发，向理论研究和应用实践逐步深入，内容涵盖管理制度、技术标准、统计业务理论、统计监督管理、数据挖掘分析、热点难点研究、信息系统建设、典型经验案例、数字化转型应用等内容。

本书根据研究对象、范围、方法等差异情况，将创新成果分成四篇。第一篇为管理模式创新，主要收录自动统计、风险防范、协同管理、统计归真等方面的成果，利用自动统计管理方法促进公司提质增效；第二篇为理论方法创新，主要收录三率监测、风险预警、物资管控、造价分析等方面的成果，借助理论方法指导投资统计业务有序推进；第三篇为应用实践创新，主要收录信息贯通、监督评价、配网管控、现场核查等方面的成果，利用应用实践案例推动电网高质量发展；第四篇为制度标准创新，主要收录自动投资统计、投资协同管理、数据维护管理、统计信用评价等方面的成果，依托统计标准体系建设规范投资统计业务。

在本书出版之际，由衷感谢各方面给予的支持和帮助，感谢各位编写者为本书出版所做的大量工作，感谢国网经济技术研究院有限公司出版基金的大力支持！

大道至简，实干为要；征途漫漫、唯有奋斗。数字经济高速发展离不开扎实的统计基础，广大统计工作者仍需不忘初心、牢记使命、知重负重、砥砺前行，在公司统计现代化改革实践中担当新使命、实现新突破、展现新作为。本书收录的成果是基于公司系统各单位初步的实践积累和思考，难免有不足或疏漏之处，敬请广大读者及同仁不吝赐教。

编　者

2022 年 12 月

目　录

第一篇 管理模式创新

引言

管理模式的创新是投资统计工作提升的基础。近年来，国家电网公司发展策划部引领公司系统各单位积极开展管理模式创新探索，聚焦管理体系优化，持续推动自动智能投资统计管理模式变革，创新"139"多维管理方法、统计数据精准化管理方法，设计全专业引领、全链条覆盖的风险防范模式，构建协同管理机制、"四链融合"的精准投资管理新体系。聚焦新技术应用，融合电力物联网、BIM、人工智能等新技术，探索基于BIM的新型投资统计模式、创新基于物联技术的智能算法实践。通过管理模式创新成果推广应用，进一步保障投资统计工作质量、提高投资统计工作效率、减低投资统计数据失真风险、强化电网基建项目执行精准管控。

电网基建投资统计智能管理方法探索与应用

主要完成人

苏耀国；戴文喜；李永毅；张磊

主要完成单位

国网陕西省电力有限公司

摘　要

　　近年来，电网投资统计工作面临的形势和背景，在政策制度、物联网技术、体制改革等方面均发生深刻变化，对投资统计工作提出新的要求。为了贯彻落实国家电网公司协同共享专项行动工作要求，国网陕西省电力有限公司（以下简称"公司"）在国家电网公司发展部的统一部署下，实现源端数据自动采集、统计数据智能计算、统计指标实时治理、统计报表自动生成、统计监督全程参与的投资统计智能化管理，完成历史统计数据纠偏，投资统计数据质量和电网基建项目现场"双随机"检察监督工作全面提升。一是融合横向专业系统，多源数据自动采集，切实提升建设、财务、物资、调控等专业数据质量；二是实现全电压等级电网基建项目投资统计数据自动集成、计算，为报表自动生成奠定技术基础；三是深度开展"三率合一"数据监测分析，异常指标实时治理，全面提升项目全过程精益化管控水平；四是变革生产方式，统计报表自动生成，大力推动基层减负，减少人为差错，减轻工作量，统计工作效率大幅提升；五是精准把控投资，投资统计监督全程、实时参与，全面提高投资效率效益。

关　键　词

投资；统计；监督

一、工作背景

为切实推动国家电网公司发展战略在电网基建投资领域的精准落地，提升公司经营效益、投资效率、管理效能，近年来，逐步构建了投资统计"三率合一"数据监测分析体系。该体系是贯彻中央关于防范和惩治统计造假、提高统计数据真实性部署的重要举措，是公司数字化建设成果在国有企业投资统计领域的一项重大创新。

（一）提升投资精准管控水平的迫切需要

针对个别省份 GDP 统计数据造假事件，国家加大统计数据治理力度，相继出台一系列法律法规。2016 年 10 月 11 日，中央全面深化改革领导小组第二十八次会议通过并成文《关于深化统计管理体制改革提高统计数据真实性的意见》；2017 年 4 月 12 日国务院第 168 次常务会议通过《中华人民共和国统计法实施条例》，自 2017 年 8 月 1 日起施行；2018 年 6 月 26 日中央全面深化改革领导小组第三十六次会议审议通过《统计违纪违法责任人处分处理建议办法》；2018 年 9 月，中共中央办公厅、国务院办公厅印发《防范和惩治统计造假、弄虚作假督察工作规定》。中央巡视、国家审计等监督检查进一步强化，统计报表作为审计、监管、检查的关键切入点，受到越来越多的关注。电力统计数据作为国民经济的"晴雨表"，在反映经济发展状况，监测经济政策运行成效等方面将发挥更加重要的作用。长期以来，面对管理困境和业务考核双重压力，人为干预统计事件频繁发生，导致投资统计数据失真，数据年底翘尾、计划踩线完成，统计信息无法准确反映电网基建项目现场实际进展情况，无法为电网投资精益管控提供准确的信息支撑。国家和国家电网公司对提高统计数据真实性的迫切要求，成为做真用实投资统计数据的强大动力。

（二）专业融合、基层减负的必然结果

国家电网公司以习近平新时代中国特色社会主义思想为指导，认真贯彻习近平总书记提出的"四个革命、一个合作"能源安全新战略，加快建设具有中国特色国际领先的能源互联网企业。新战略提出以来，得到了中央领导的充分肯定，得到了社会各界和国内外同行的广泛认同。长期以来，电网投资项目管理中存在跨专业、跨部门不协同问题。项目投产真实性、投资统计完成与财务成本入账不匹配、项目超期建设脱离管控等问题均反映出发展、基建、调度、

物资、财务等专业在管理要求、流程衔接、信息系统贯通、信息综合应用等方面存在管理壁垒和信息孤岛现象，投资统计源头数据采集全部依靠人工，工作效率和质量均不尽人意。应运而生的智能化手段，使投资统计工作对电网基建项目具备灵敏准确地感知能力，使跨专业横向信息融合及统计报表自动生成具备可能性，从而使投资统计工作具备全面正确的计算与判断能力。电力物联网技术及其衍生智能统计方法逐步成熟，全寿命周期管理、全业务数据中心、实物 ID 等物联网新技术使跨专业多系统融会贯通、投资统计报表自动生成和基层减负成为可能，也为减少统计数据生产环节的人为干预创造条件。

（三）充分发挥统计监督职能的客观要求

近年来，国家大力推动电力体制改革。社会期盼改革释放红利，降低终端用电价格；农网改造、分布式电源上网、市政管线入地等公益性投资占比持续升高，单位投资收益面临下降压力；配售电市场化，大型企业集团发配售一体化，分享电力市场规模。电网企业经营收益来源由"购售电价差"转向"准许收入"。输配电价中的准许收入由准许成本、准许收益和税金三部分组成，而有效资产的形成和运维费是确定准许成本的最关键因素，因此成为电价形成和企业效益的关键所在。在此背景下，四个方面的问题日益突出，即：电网公司与用户、电源、市政三个投资界面问题；对园区入驻用电项目的快速响应问题；可行性研究（以下简称"可研"）估算和计划编制不够精准，投资计划指导经营作用弱化问题；计划统计、竣工决算与有效资产形成问题。长期以来，投资统计工作疲于应付报表编制工作，对投资过程缺乏有效监测手段，统计监督职能没有得到充分发挥，项目造价、计划管理及项目实施过程中的实际问题难以被发现、治理。新的形势要求统计监督以服务企业发展为主线，为企业经营管理提供深层次、全方位信息支撑和决策支撑，有效地发现、创造并有效满足电力市场需要和企业自身发展需求。

基于以上背景，为贯彻落实国家电网公司协同共享专项行动工作要求，进一步做真用实投资统计数据，充分发挥大数据价值，提升投资管理效率效益，公司在国家电网公司发展部的统一部署下，于 2016 年开展投资统计问题梳理；2017 年攻克投资统计智能管理技术瓶颈；2018 年开展系统设计与集成，实现源端数据自动采集、统计数据智能计算、统计指标实时治理、统计报表自动生成、统计监督全程参与的投资统计智能化管理；2019—2022 年全力开展推广实施，完成历史统计数据纠偏，投资统计数据质量和电网基建项目现场"双随机"现场检察监督工作全面提升。

二、主要内容

公司扎实推动基层减负，始终围绕"统计报表自动生成100%"的总目标，扎实开展"三率合一"监测分析，深度开展跨专业多系统融合，多源数据自动采集，切实提升建设、财务、物资、调控等专业数据质量；灵活运用源端系统数据，全电压等级电网基建项目统计数据智能计算，为统计报表自动生成奠定技术基础；深度开展"三率合一"数据监测分析，统计指标实时治理，全面提升项目全过程精益化管控水平；变革生产方式，统计报表自动生成，大力推动基层减负，减少人为差错，减轻工作量，大大提高统计工作效率；投资管理精准把控，统计监督全程参与，全面提高投资效率效益（见图1）。

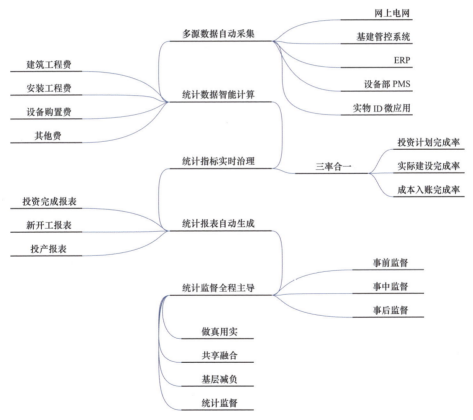

图1　基于电力物联网技术的电网基建投资统计智能化管理构架图

（一）横向系统融合，多源数据自动采集

智能化管理首先应该对管理对象具有灵敏准确地感知能力，即智能化的知

识获取。

1. 系统梳理项目管理信息链条

电网基建项目投资统计业务涉及的众多业务指标数据梳理和抽象为"四个链条"模型，即里程碑链条、资金链条、投资控制链条、物流链条。各链条所含核心节点如下：里程碑链条监测基建项目规划、开工、建设、投产、运行等节点的时间进度信息；资金链条监测基建项目计划、预算、需求、合同、入账等节点的现金流量信息；投资控制链条监测基建项目可研、初步设计（以下简称"初设"）、形象进度、结算、决算等节点的造价控制信息；物流链条监测基建项目需求、领料、服务确认、物资处理等节点的实物流动信息。

2. 自动采集项目源端系统数据

基于电力物联网背景下的电网基建投资统计智能化管理涉及电网基建项目管理的全过程，其作为一项跨系统的应用分析工作，与全业务数据中心分析域的应用场景不谋而合。网上电网系统全面采集跨系统指标 594 个，其中采集发展专业指标 156 个，采集基建管控系统指标 223 个，采集 ERP 财务类和物资类指标 205 个，采集 PMS 指标 50 个。目前已实现全部指标按日采集，所采集数据能够实时反映本月统计周期内项目建设的实际进展情况，为准确编制月度投资统计报表奠定坚实基础。"四个链条"模型数据固化在网上电网系统中（见图 2）。

3. 协同治理源头数据质量问题

发展专业主要监测：网上电网、ERP、基建管控系统项目和单项工程匹配率；35kV 及以上项目 ERP 关键字段完整率；35kV 及以上项目投资告警率；疑似投资完成报送不规范；疑似工程延期。

建设专业主要监测：基建管控系统关键字段完整率；基建进度告警率；实际建设进度维护异常；开工 6 个月后仍无进度；连续三个月建设进度无进展。

配电网专业主要监测：PMS 关键字段完整率；PMS 关键字段准确率；ERP 已建项、PMS 未建项；PMS 已建项、ERP 未建项；工期超 8 个月未投产。

物资专业主要监测：开工 3 个月以上未领料；在建项目领用物资不合理；投产项目物资领用不合理；项目投产后仍领料；疑似物资领用不规范。

调控专业主要监测：投产项目与调控云系统设备匹配率及投产时间偏差率。

财务专业确保财务核算全部在项目编码及预算下达范围内开展，凭证与前端业务系统联动匹配。完成 ERP 财务模块数据质量问题治理，包括项目下达总预算大于可研批复动态总投资等。

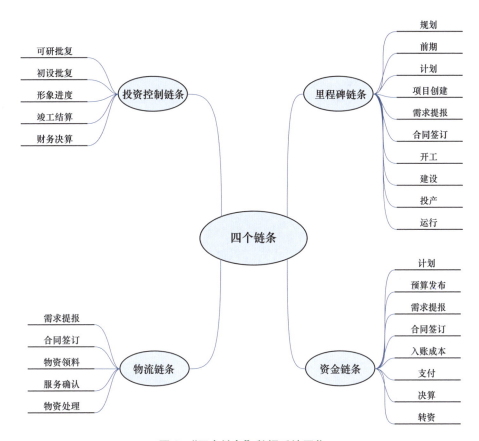

图2　"四个链条"数据系统固化

（二）应用物联技术，统计数据智能计算

1. 研究四项费用智能计算算法

针对 35kV 及以上电网基建项目，考虑工程各成本费用周期以及金额发生客观规律，按照月度平均分摊、一次性全额分摊和按完成进度百分比三种方式，设计投资统计四项费用（设备费、建筑费、安装费、其他费）计算方法，全面提升统计数据质量（见图3）。

智能计算建筑工程费和安装工程费。依据部位进度法测算土建施工、电气安装、电缆通道、电缆线路等施工进度计划的实际完成百分比；根据建设部门提供的工程概算文件梳理变电站、架空线、电缆线路等单体工程的概算详细信息；将建设进度百分比与概算解析结果相乘，自动计算出不同类型单体工程的建筑工程费、安装工程费完成额。对端变电站间隔扩建、光缆、站内通信工程等单项工程因不纳入基建管控系统单项进度管理，在投产月一次性按概算计入投资完成。

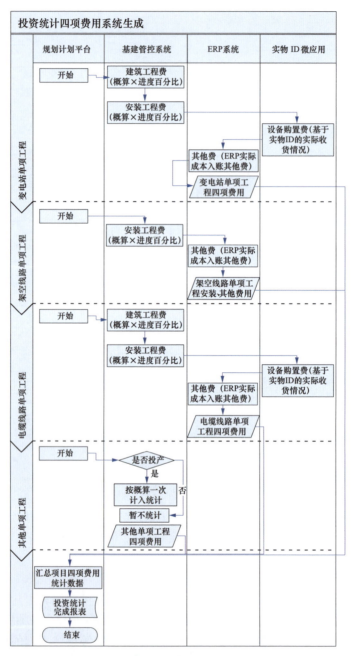

图3 投资统计四项费用智能算法示意图

智能计算其他费。建设场地征用清理费、项目前期工作费、勘察设计费在实际开工时点按概算一次性计入；工程监理费、建设期贷款利息及其他费用，将开工之前财务累计入账计入开工当月，之后按月度ERP实际入账数据计入自动计算采集值。

智能计算设备购置费。基建管控系统"主变压器系统设备安装"节点开工后，一次设备按概算费用一次计入统计。基建管控系统"主控及直流设备安装"节点开工后，二次设备按概算费用一次计入统计。基建管控系统进入电缆安装环节后，电缆设备费一次计入统计。公司《一种基于实物 ID 和物联网标签的设备购置费自动统计方法》已于 2022 年 6 月获发明专利授权，为设备购置费智能计算提供了一种参考方案。

针对 10kV 电网基建项目，结合信息系统实际具备的信息，合理简化投资统计自动生成方案。项目开工前投资完成采集值为 0。开工后、投产前，投资完成采集值参考领（退）料金额和服务成本计算，综合考虑 13% 的物资增值税率、6% 的服务类增值税率、20% 的结余率。投产后，投资完成采集值等于概算总投资。

2. 系统集成实现四项费用智能计算

公司实施信息集成，开展实际项目验证。依据自动采集到的项目全量指标数据，智能计算自动生成投资统计四项费用。以陕北风电基地 750kV 集中送出工程（定靖）为例，该工程自 2016 年 8 月开工，至 2019 年 6 月全部投产，图 4 中三条曲线分别为投资统计完成曲线、采集值曲线、成本入账曲线。智能计算生成的采集值曲线，相较于传统人工估计填报的投资统计完成曲线，能够更加真实、准确地反映现场建设实际进度。

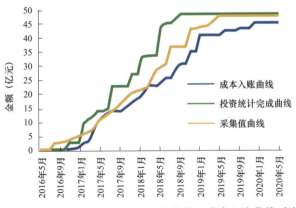

图 4　投资统计完成曲线、采集值曲线、成本入账曲线对比

（三）匹配"三率合一"，统计指标实时治理

1. 应用"三率合一"监测方法

国家电网公司通过构建"三率合一"监测体系，加大项目过程管控力度，及时发现和治理建设问题。"三率"，即：针对里程碑计划的项目现场实际建设

完成率、针对年度投资计划的投资统计完成率、针对年度预算的财务成本入账完成率。"三率合一"，就是开展发展、财务、基建跨部门数据贯通和联合分析，深入挖掘三率匹配关系和项目三率成长曲线，加强项目建设过程管控，实现电网基建项目里程碑计划执行、投资计划执行、财务成本入账全过程密切跟踪，提升投资统计报送科学性、数据准确性和管理有效性，着力提升项目全过程精益化管控水平。

2. 挖掘"三率合一"匹配关系

以智能计算的投资统计四项费用完成额为基础，利用大数据技术开展数据关联分析，从两个方面（单一指标实际与计划匹配程度、关联实际指标间匹配程度）、三个维度（项目层级、单体工程层级、明细费用层级）构建"三率"匹配指标分析体系，推动业务源头数据治理，开展项目全过程精益化管控，推动各相关专业管理提升。梳理出五种常见突出业务问题：超报投资，为完成投资计划超前上报投资统计完成数据；超前入账，为完成成本预算超前执行成本入账操作；闭环缺位，建设过程中进度发生较大变化但投资计划未同步调整，建设规模发生较大调整但初设调整未同步批复；投产延迟，设备到位、成本入账均完成，项目建成但因停电计划、外部协调等原因推迟投产；物资滞后，物资到货滞后或出入库手续办理偏慢导致入账滞后。深入剖析项目执行阶段各环节进度差异，测算不同电压等级、不同地区、不同类型的基建项目"三率"偏差合理区间，准确定位异常进度、准确剖析异常根源，实现工程进度偏差动态预警。

3. 实时治理"三率合一"统计数据

公司以"三率合一"指标提升为抓手，扎实推进电网高质量发展。为推进各专业、各部门业务协同，推动电网基建项目合规管理，进一步强化投资精准管控，2021年12月公司提出"三率合一"监测分析"保三争一"，争创"十佳市公司""百优县公司"要求。公司主要领导要求相关部门、单位一把手要亲自负责、亲自推动，像抓同期线损一样抓"三率合一"，深化监测分析，强化通报考核，确保固定资产投资花好、花到位，为公司"十四五"期间投资落地打下坚实基础。印发公司《2022年电网基建项目"三率合一"监测分析工作方案》，分别建立省、市、县公司层面34项、33项和18项监测指标体系。由总经理签发"决定事项通知"，督办各单位"三率合一"数据治理情况。2022年公司"三率合一"指标连续5个月保持国网第3名，5家市供电公司入选国网"十佳市公司"、77家县供电公司入选国网"百优县公司"。

应用"三率合一"理论曲线和实际曲线，基于项目四项费用成长的合理关系，直观反映项目建设中的计划执行偏差情况，校核统计数据合理性。例如某110kV新建输变电工程，2018年8月发现该项目智能计算设备购置费和实际入账成本设备购置费均较大，而智能计算安装费入账成本安装费明显偏少，不符合一般逻辑。经调研分析发现，该项目原计划 2017 年 6 月开工，实际于 2017 年 11 月开工，开工后因冬季环保治理雾霾，2017 年 11 月到 2018 年 3 月市综合执法局禁止项目进行施工工作，并派驻人员现场监督，禁止施工车辆进入现场，周边混凝土搅拌站亦被暂时封闭。截至 2018 年 8 月，该变电站项目土方工作仍然在停工状态，仅完成消防水池施工，正在进行综合配电楼主体钢结构施工。实际工程现场土建开工不久，且与电气安装分属不同中标单位，不具备设备收货条件，且无法就近存放保管。但是，按物资部门规定，物资到货时间后 50 日内必须办理收货手续，否则考核物资部门。因此 2018 年 2 月变电站设备到货后，物资部门将设备收执到自备库房和临时租赁库房，满足流程管理需求，并且依据合同支付设备到货款。经分析后发现因特殊情况引起四项费用异常，实现统计指标的精准校核。并由此建议：项目尽量确保按里程碑计划时间开工，确保后续管理时间节点配套；物资部门上级考核单位在考核时考虑工程建设实际情况，灵活执行，避免因刚性执行流程导致 ERP 财务入账数据与施工现场实际偏差过大问题，另外也可减少建设部门的设备保管风险和二次转运支出。

（四）变革生产方式，统计报表自动生成

1. 变革统计生产方式

国家电网公司明确"统计报表自动生成 100%"是"基层减负"的关键核心目标：基层班组减负取得新突破、新实效，实现乡镇供电所"数据最多录入一次"，设备、电量类统计报表及县公司生产经营统计一套表自动生成率 100%。

通过物联网新技术对投资统计四项费用（设备费、建筑费、安装费、其他费）源头采集、智能计算，其最终目的是在网上电网系统完整实现投资统计数据自动生成报表。围绕做真用实发展业务数据这一关键原则，充分利用现有数据资源，打破专业壁垒，消除管理短板，理顺项目管理工作模式、提升工作效率，杜绝信息虚报，实现投资统计自动生成智能化管理。

2. 自动生成统计报表

电网基建投资统计报表主要包括资金形态的基本建设投资完成报表（月报及年报）、实物形态的电力基本建设规模和投产能力报表（月报及年报）。基本建设投资完成报表的核心内容是四项费用（建筑、安装、设备、其他），电力基本建设规模和投产能力报表的核心内容是开工时间、投产时间、建设规模。针对电网基建项目的建设进度、四项费用、实际成本智能计算投资完成情况。

（五）精准把控投资，统计监督全程参与

全面加强投资事前、事中、事后监管。通过构建贯穿投资执行全过程的数据模型，支撑项目投资全过程数据穿透查询与跟踪分析，辅助甄别项目真实的

建设与投运情况，突出显示问题环节，实现项目从开工建设到投资完成全过程联动监管。加强对基层单位监督检查，针对疑似问题项目开展"双随机"现场检查。

1. 事前监督防患未然

事前监督是对将要发生的经济活动进行监督。事前监督是为了防患于未然，对经济活动的合理性和可行性提出监督意见建议。公司开展跨专业协同分析，深入分析基建施工计划执行、发展投资计划执行与财务预算执行情况，剖析项目执行阶段各环节进度差异。结合年度预算、年度计划值准确定位异常进度、准确剖析异常根源，实现工程进度偏差动态预警。针对年度投资计划、开工投产计划完成风险，研究制定 2 类 8 条数据检查逻辑，全面参与 2019—2023 年投资计划编制工作，将现场进度百分比折算为未来时间节点上可能实现的投资完成额，尽可能缩小年度投资计划与现场实际实施进度的差异。

2. 事中监督及时纠偏

事中监督是对正在发生的经济活动进行监督。事中监督是为了及时发现问题，纠正偏差，对其行为的正确性和规范性实施监督。公司基于 ERP 数据完整性逻辑治理建设过程中出现的问题。检查项目物资类和服务类需求提报、合同签订、成本入账信息是否完整，每月以协查通知单形式告知项目建设单位存在问题，并督促开展整改。例如：核查发现某光伏电站 110kV 送出工程自 2018 年 3 月 28 日开工到 2018 年 8 月底，ERP 中一直未发生物资类需求提报、合同签订、成本入账等操作。项目建设单位核查发现：该项工程属于光伏扶贫电站送出工程，2017 年 9 月 12 日省委组织部和省发改委联合召开协调会确定将该光伏扶贫电站项目纳入全省光伏扶贫规划，2017 年 9 月 14 日公司收到省能源局关于支持该光伏扶贫电站并网的函，省公司发展部立刻带队组织相关专家实地踏勘升压站接入系统方案，9 月 29 日完成接入系统设计评审，11 月 7 日出具可研批复，此时省公司 2018 年电网基建预安排计划已下达。为保证项目能够按期竣工投产，经上级主管部门同意，于 2017 年 12 月占用另外一项 110kV 输变电工程的预算进行物资提报，因此项目 ERP 信息中无物资需求提报及费用入账。2019 年 8 月项目建设单位已完成 ERP 中项目物资置换，ERP 数据完整性符合要求。

3. 事后监督总结评价

事后监督是对已经发生的经济活动进行监督。事后监督是为了总结经验教训，在经济活动实施完毕以后，对其行为的正确性和有效性实施评价。

2020 年以来公司尝试常态化开展统计报表 10kV 项目投产信息与一体化电量与线损管理系统配电变压器容量、电量、线损信息匹配性检查和现场抽查，2022 年与国网发展部良性互动，促成"网上电网"系统设置 10kV 投产项目与 PMS 设备关联率指标。

公司自"十一五"末开始，基于全要素生产理论和投入产出技术效率数据包络分析方法，每年开展国网省级电力公司层面基于统计大数据的投入产出有效性分析工作。特别是 2021 年陕西电网两网融合后，基于母公司全口径数据对融合后公司投产产出有效性进行准确判断，对 2023—2025 年投资安排提出优化建议。

公司坚决执行国家电网公司工作部署，做真用实各类统计数据，投资发展主线以"三率合一"监测分析为抓手，围绕公司高质量发展，进一步强化投资精准管控。目前已经完成 2018 年及以前投资统计数据问题纠偏。由于缺乏项目信息实时监控，2018 年及以前公司电网基建投资统计数据与基建现场实际进度、成本入账出现明显偏差。三年多来，公司大力治理源端基础数据质量，确保基建全过程系统实际建设进度维护与现场实际情况一致，对 100 余个项目开展"双随机"现场检查，截至目前历史超报统计数据已经基本完成治理，为 2022 年自动智能投资统计开展奠定良好基础。经过三年多的不懈努力，至 2022 年 7 月公司自动采集值覆盖率达到 90.7%，排国网第 1 名，投资统计数据质量显著提升。

三、特色亮点

公司扎实开展"三率合一"监测分析，在数据做真用实、专业共享融合、推动基层减负、统计职能发挥等方面取得显著提升。

（一）投资精准管控经济效益明显提高

长期以来，公司投资统计工作受限于部门间的业务壁垒，专业系统间未实现信息贯通，数据报送过程不可控，数据真伪难辨。通过全电压等级电网基建项目多源数据采集治理、投资统计智能计算和"三率合一"数据校核，实现了电网基建项目里程碑计划执行、投资计划执行、财务成本入账全过程密切跟踪，提升了投资统计报送准确性和全过程精益化管控水平。投资计划、投资统计与有效资本形成的一致性大幅提高，从根源上消除了产生投资统计虚报的管理动机，为成本核算提供了准确的基础信息。成果获陕西省企业管理创新成果二等奖；相关工作获得国家电网公司发展部充分肯定，两篇典型经验刊发于 2018 年《国家电网工作动态》第 2147 期和 2301 期。

（二）专业贯通、基层减负管理效益显著改善

在信息化支撑下，有效破除信息孤岛，实现项目数据横向交流，相互融合共享。在采集层全面采集了与项目管理相关的跨系统全量数据指标；在传输层通过全业务数据中心将采集到的数据按照里程碑链条、资金链条、投资控制链条、物流链条四个链条进行组织；在建设、财务、配电网、物资、调控、互联

网等专业的大力协同下，源端数据质量提升明显。

通过投资统计智能化管理，完整实现投资统计报表自动生成目标。统计人员不必再逐项手工查阅、记录工程施工日志和 ERP 入账信息。在保证数据及时性、完整性、准确性、规范性的同时，极大地减轻了统计人员工作强度，投资统计月报信息收集和编制的时间从 5~6 天压缩到 1~2 天。在年度投资完成风险预控、超长工期等项目建设进度异常预警、投入产出有效性分析和配电网项目闭环管控方法等方面取得长足进步。

（三）促进融合发展、提质增效的社会效益充分显现

2021 年 8 月以来，公司全面进入原东区（国网陕西省电力有限公司）和原南区（陕西省地方电力集团公司）融合发展新阶段。公司统计工作迅速找准促进专业深度融合和市县公司全面融合的站位，全面开展投资统计融合工作。公司以"三率合一"监测分析为抓手，全面了解、准确把握项目执行风险，高效排查问题隐患。原南区电网基建管理在项目储备、计划管理、实施管控、信息系统等方面与国家电网公司管理要求存在明显差异，"三率"匹配关系不明晰。公司将国家电网公司现行投资管理制度贯彻实施到全省，压实市供电公司对县区公司的管理责任，加强县公司对口帮扶，着力解决痛点难点问题，全面提升县公司基础管理，推动县公司投资统计工作规范开展，切实提质，推动电网基建项目同质化合规管理，大力增效，督促加快原南区电网基建项目实施进度。截至 2022 年底，已有 46 家原南区县供电公司入选国网"三率合一""百优县公司"。

四、应用展望

下一步工作中，公司将进一步建设弘扬"三率合一"统计文化，做真用实电网基建统计监督，持之以恒地开展好电网基建"三率合一"监测分析。

一是坚守做真用实的共同愿景。围绕做真用实统计数据、创新变革统计生产方式、构建"两线一环"统计体系的工作目标，生产经营主线紧扣同期线损管理，推动源网荷储数据贯通，投资发展主线以"三率合一"数据监测分析为抓手，推动发展、建设、物资、运检、调度数据交互共享，开展发展、财务、基建、物资跨部门数据贯通和联合分析，深入挖掘三率匹配关系。数据反映投资业务真实情况，数据驱动投资业务进展成为全链条的自觉。进一步发挥"三率合一"监测分析在投资计划编制中的积极作用。

二是筑牢根深叶茂的统计体系。数据驱动决策，首先依赖强有力的组织。公司统计工作实行统计主管部门归口管理，专业部门分工负责，公司系统各级单位分级管理。公司发展策划部是统计工作主管部门，统计分析处是公司统计

管理机构。各直属单位设立统计机构或统计岗位。公司统计体系将国家电网公司统计管理制度贯彻实施到全省，健全"省管市、市管县"的统计体系，压实市县供电公司统计报送的管理责任。将"三率合一"纳入公司互联网部数据治理总体框架，数据治理和应用已经成为共识。

三是创建自助服务的统计工具。全电压等级项目源端数据自动采集、统计数据自动计算、统计指标实时治理、统计报表自动生成、统计监督全程参与。35kV 及以上电网基建项目依据基建全过程系统实际建设进度、ERP 实际入账数据自动计算投资统计完成值，10kV 电网基建项目依据 PMS 开工、投产等进度信息、ERP 实际入账和物资到货数据自动计算投资统计完成值。数据生产和应用团队能够轻松捕获全链条上的所有数据，是实现数据驱动的一个关键因素。基层统计人员从人工收集数据、手工编制报表的繁琐劳动中解放出来，具备了电网基建全局观，成为监测规则的建模者、趋势问题的分析者，以新鲜的源头数据实现自助服务、数据驱动。

四是延展统计监督的深度广度。通过构建贯穿投资执行全过程的数据模型，支撑项目投资全过程数据穿透查询与跟踪分析，辅助甄别项目真实的建设与投运情况，突出显示问题环节，实现项目从开工建设到投资完成全过程联动监管。用足用好"三率合一"监测分析体系优势，全面实现自动智能投资统计有效落地，投资统计实现"零录入"，推动投资统计由事后监督向事中管控前移。

五、参考文献

［1］石蓉，张磊，李永毅，等 . 基于实物 ID 的电网工程设备费智能化统计算法研究 . 电网与清洁能源，2020（2）：68–74.

［2］石蓉，李永毅，等 . 新电改背景下基于数据包络分析的电网投资有效性研究与应用，2019（2）：9–14.

全专业引领、全链条覆盖的电网基建项目投资执行风险防范模式

主要完成人

靳夏宁；张健；宋毅；吴志力；姜世公；肖嘉丽；胡丹蕾；赵冬

主要完成单位

国网经济技术研究院有限公司

摘　要

电网基建项目作为国民经济基础设施，良好建设与稳定运行不仅直接影响着宏观经济和电力产业自身的发展，对相关行业的其他领域也产生巨大的波及效应。随着输配电价改革的日益深化，外部投资监管和内部高质量发展的要求不断提升，国家电网有限公司（以下简称"公司"）投资执行管理面临监察审计和提质增效的双重压力。2018 年以来，国家电网公司，创新建立电网基建项目"三率合一"数据监测分析体系。该体系是公司贯彻中央关于防范和惩治统计造假、提高统计数据真实性部署的重要举措，是公司数字化建设成果在国有企业投资统计领域的一项重大创新。随着"三率合一"的广泛应用，为电网基建投资执行风险的监测、预警提供了重要的方法和手段，也为投资执行防范提供了有力的前提保障。

当前"三率"监测预警和分析整改工作按月进行，工作内容涵盖发展、基建、设备、物资、调度、互联网各个专业，指标众多、成因复杂。一线统计人

员面对 6 套专业系统、40 余项预警指标、1300 余个信息字段、6 万余个明细项目，常常处于无处下手、无的放矢的困难局面，导致预警治理和整改工作耗时长、难度大、效率低、效果差。基层工作人员亟须一套标准化、可复制、可推广的风险核查方法及解决措施，高效排查风险、预控投资风险，实现公司投资执行管理精益化水平全面提升。

该研究以落实公司发展战略为目标，以"做真用实"统计数据为核心，以"三率合一"数据监测分析体系为依托，强化全专业引领、全链条覆盖的电网基建项目投资执行风险防范模式，主要开展三方面的工作：一是电网基建项目风险核查方法研究；二是电网基建项目投资执行风险点研究；三是电网基建项目风险防控措施研究。该研究浓缩了公司各单位电网基建投资领域多年管理经验和数据质量治理专项行动相关成果，建立了全面、准确的风险核查方法及防控措施，实现对基建项目执行风险全面、准确把握，高效排查问题隐患，进一步提升公司投资项目管理水平，支撑公司和电网高质量发展。

关 键 词

风险防范；三率合一；电网基建；投资执行

一、工作背景

电网基建项目作为构建能源互联网和推动公司高质量发展的重要保障，投资管理的精益性、决策的科学性和执行的高效性显得尤为重要。面对我国经济发展进入新常态的局面，内外部环境复杂多变，电网基建项目统计数据对宏观经济决策、行业产业管理、企业经营发展的支撑日益重要，统计数据战略地位不断提升。这主要体现在：国家相关部门及产业对统计数据管理工作越来越重视；电力体制改革和强化审计监管对电力数据质量提出更高要求；公司和电网创新发展对数据分析应用提出深度需求；信息化发展和新技术应用为创新统计创造了条件。

然而，当前电网基建投资执行仍面临着严峻挑战。一方面，随着电力负荷的快速增长和多元主体的大规模接入，电网基建项目数量急剧增加、规模不断扩大，涉及专业更加广泛，内部管理日益困难；另一方面，随着经济社会的快速发展和电力体制改革的深入推进，法律、行政和信息等监管体系不断完善，外部监管更加严格。传统的"人工统计投资执行、经验驱动风险管理"模式已无法适应内外部形势要求，亟须打通基建关联数据平台壁垒，升级电网基建投资执行风险监测、预警和防范模式。

近年来，为落实中央关于防范和惩治统计造假、提高统计数据真实性部署，构建现代化统计调查体系，国网发展部积极推动数字化建设与投资统计工作深度融合，构建了电网基建项目"三率合一"数据监测分析体系，用创新型手段不断提高投资统计数字化建设。为提升公司投资项目管理水平，支撑公司和电网高质量发展，在国网发展部指导下，国网经研院牵头组织各单位开展了公司投资统计数据质量治理专项行动，通过深入检查投资统计数据质量，特别是国家重大决策专项投资，研究提出了一套全专业引领、全链条覆盖的电网基建项目投资执行风险防范模式，有效落实了"双随机"工作机制，有效推进了公司合规管理，有效防范了企业经营风险。

二、研究内容

（一）研究思路

该研究依托电网基建项目"三率合一"数据监测分析体系，深入分析"三率"监测算法和动态预警机制，以国家电网有限公司数据治理专项行动作为研究基础，经过多年的项目核查探索与实践，全面梳理总结电网基建项目风险核查方法，系统研判项目投资执行风险点，形成行之有效的项目投资执行风险防控措施，助力公司投资项目管理水平提升。项目成果以2021年至今的在建电网基建项目为应用对象，不断迭代优化，验证了方法的有效性和实用性。具体研究思路及框架如图1所示。

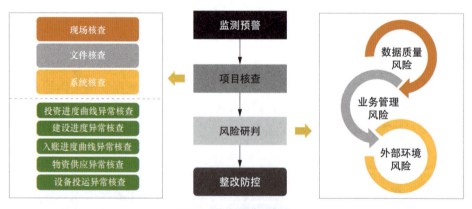

图1　研究思路及框架

（二）主要研究对象

电网基建项目"三率合一"数据监测分析体系是指以项目全过程管理业务

逻辑为核心，以动态偏差预警为手段，通过监测电网基建项目"现场建设进度、投资完成进度、财务入账进度"完成率的匹配程度，强化过程管控、深化专业协同、推动"三率"趋势合一的一种数字化驱动管理提质增效的工作方式。

"三率"监测预警具体的实施载体是"三率合一"监测指标体系，主要分为数据层、模型层和应用层三个层级，如图 2 所示。各层级中，数据层指标主要针对"基础数据"，相关指标如图 3 所示；模型层及应用层指标主要针对"管理业务"，相关指标如图 4 所示。

应用层
疑似多报(少报)投资、疑似超期、连续多月无建设进展、物资领用疑似不规范、设备投运偏差告警等……

模型层
建设进度曲线异常、入账进度曲线异常、投资完成采集值校验预警等……

数据层
重点字段完整率、项目匹配率、单项匹配率、概算解析告警、施工进度计划完整率、投产项目设备匹配率、数据推送及时性、项目建项率等……

图 2　主要监测指标层级

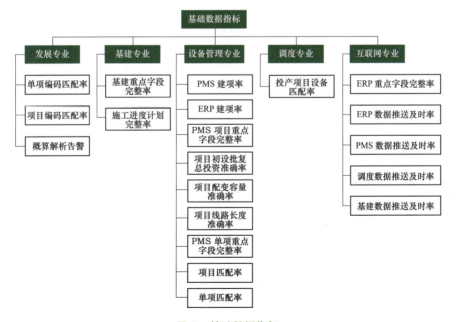

图 3　基础数据指标

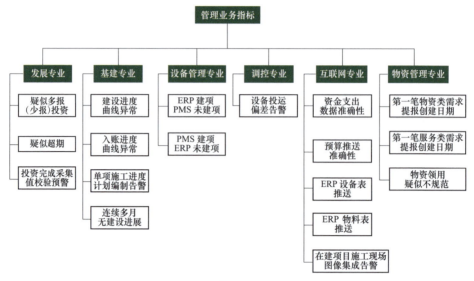

图 4　管理业务指标

项目风险核查重点围绕应用层指标异常告警展开，并逐步深入排查模型层和数据层的异常情况。应用层异常的主要表现形式包括投资进度曲线异常、建设进度曲线异常、入账进度曲线异常、物资供应异常和设备投运异常。

（三）主要研究内容

1. 项目核查方法

为准确定位电网基建项目在执行过程中存在的问题，针对投资执行风险预警项目，深入分析项目投资执行数据组成结构和数据间关系，提炼预警项目的数据性质、异常特征和业务逻辑，总结提出投资进度曲线异常、建设进度曲线异常、入账进度曲线异常、物资供应异常和设备投运异常五类红色预警核查方法，明确具体核查思路和步骤，有效支撑多维度、多方面、多环节投资执行风险核查。

（1）基本核查方法。核查对象为全电压等级电网基建项目，根据电网基建项目建设特点，分 35kV 及以上和 10（20）kV 及以下两类，分别概述不同电压等级电网基建项目的基本核查方法，包括核查方式、核查内容及核查流程等。

1）35kV 及以上项目。

a. 核查方式及核查内容。对 35kV 及以上项目进行现场、文件、系统核查，核查网上电网平台项目投资完成、PMS 项目实际建设进度、ERP 项目成本入账进度、投资统计数据台账、现场施工建设进度是否符合要求，详见表 1。

表 1　　　　　　　　　　**35kV 及以上项目基本核查方式及内容**

序号	核查范围	核查内容
1	现场核查：工程实际建设进展	（1）网上电网平台项目投资完成、PMS 项目实际建设进度［未纳入数据平台管理的 10（20）kV 及以下电网项目线下数据明细］、ERP 项目成本入账进度是否符合"三率合一"数据监测分析体系要求，包括数据完整性、匹配性及预警情况等。 （2）投资统计数据台账：是否符合《中华人民共和国统计法》《电力行业统计调查制度》等规章制度要求。 （3）现场施工建设进度：工程现场实际进度与 PMS 项目建设进度数据的匹配性
2	文件核查：可行性研究（以下简称"可研"）、初步设计（以下简称"初设"）等批复文件、综合计划、施工进度计划、项目预算等计划管理文件、开工报告（如有）、调度命名、停电记录（如有）等开工、投产支撑文件	
3	系统核查：网上电网平台、PMS、ERP	

b. 核查基本流程。35kV 及以上电网基建现场核查关键点主要从实际建设进度是否与工程现场一致、项目成本入账信息是否规范、投资进度曲线是否与建设进度一致开展。35kV 及以上电网基建现场核查基本流程如图 5 所示。

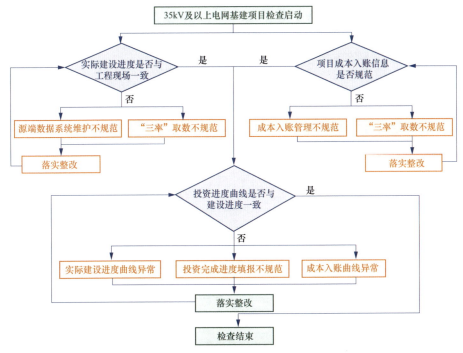

图 5　35kV 及以上电网基建项目核查基本工作流程图

2）10（20）kV 及以下项目。

a.核查方式及核查内容。对 10（20）kV 及以下项目进行现场、文件、系统核查，核查网上电网平台项目投资完成、PMS 项目实际建设进度、ERP 项目成本入账进度、投资统计数据台账、现场施工建设进度是否符合要求，详见表 2。

表 2　　　　　　　　10（20）kV 及以下项目基本核查方式及内容

序号	核查范围	核查内容
1	现场核查：工程实际建设进展	（1）网上电网平台项目投资完成、PMS 项目实际建设进度［未纳入数据平台管理的 10（20）kV 及以下电网项目线下数据明细］、ERP 项目成本入账进度是否符合"三率合一"数据监测分析体系要求，包括数据完整性、匹配性及预警情况等。
2	文件核查：可研、初设等批复文件，综合计划、施工进度计划、项目预算等计划管理文件，开工报告（如有）、调度命名、停电记录（如有）等开工、投产支撑文件	（2）投资统计数据台账：是否符合《中华人民共和国统计法》《电力行业统计调查制度》等规章制度要求。
3	系统核查：网上电网平台、PMS、ERP	（3）现场施工建设进度：工程现场实际进度与 PMS 项目建设进度数据的匹配性

b.核查基本流程。10kV 及以下电网基建现场核查关键点主要从项目物料领用是否规范、项目合同签订是否规范、投资完成填报是否规范开展。10kV 及以下电网基建项目核查基本流程如图 6 所示。

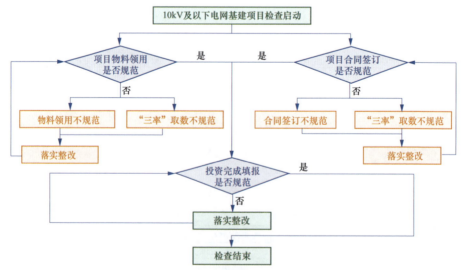

图 6　10kV 及以下电网基建项目核查基本流程图

（2）重点风险核查思路。结合项目管理和数据治理的实际需求，主要总结五类重点风险的核查思路，见表3。

表3   重点风险核查思路

序号	重点风险		核查思路
1	投资进度曲线异常		（1）35kV及以上项目：从"投资填报准确性""源端系统数据维护准确性""采集数据准确性"和"三率曲线准确性"等角度展开，重点关注投资完成填报值是否符合电网建设现场情况，采集建设进度、采集实际入账成本与源端系统是否一致，以及三率曲线是否正常展示。 （2）10kV及以下项目：从"投资填报准确性""源端数据准确性""采集数据准确性"和"三率曲线准确性"等几个角度展开，重点关注投资完成填报是否符合现场实际，PMS中开工投产信息、ERP中物资领用和合同签订信息是否准确，采集建设进度、采集实际入账成本与源端系统是否一致，以及三率曲线是否正常展示
2	建设进度曲线异常	疑似超期项目	该类风险项目的核查思路是与建设部门沟通，了解项目建设情况，明确项目建设超期原因
		建设进度曲线异常	从"建设进度信息准确性""投资填报准确性""入账成本信息准确性"和"三率曲线准确性"等角度展开，重点关注建设进度信息是否与现场相符，投资完成填报值是否符合电网建设现场情况，入账成本信息与实际是否相符，以及三率曲线是否正常展示
		连续多月无建设进展	从"项目建设状态""源端系统数据准确性""采集数据准确性"和"三率曲线准确性"等几个角度展开。与建设确认项目实际建设状态，重点关注基建管理系统、网上电网平台进度信息是否一致、与现场相符，三率曲线是否正常显示
3	入账进度曲线异常		从"入账成本信息准确性""投资填报准确性""建设进度信息准确性"和"三率曲线准确性"等角度展开，重点关注入账成本信息与实际是否相符，投资完成填报值是否符合电网建设现场情况，建设进度信息是否与现场相符，以及三率曲线是否正常展示
4	物资供应异常		从"源端系统数据维护准确性""采集数据准确性"两个角度展开。重点关注PMS中总投资、ERP中物资领用金额等是否符合实际和管理规范；初设概算采集值、物资领用金额等字段是否与源端系统一致
5	设备投运异常		从网上电网平台项目投产时间、基建管理系统项目投产时间、调控云设备投运时间、PMS设备投运时间等匹配性角度展开

2.投资执行风险点

在"三率合一"监测预警、项目核查的基础上，结合历年投资执行风险现场检查经验和典型案例，以项目全过程关键节点为主线，分类总结项目规划、计划、开工、投产等关键节点26项典型投资执行风险，并提炼项目所处阶段与重点关注风险点的对应情况，提高风险防范的针对性和有效性，如图7所示。

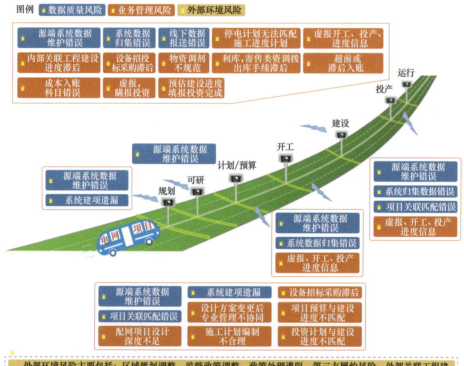

图例 ■数据质量风险 ■业务管理风险 ■外部环境风险

源端系统数据维护错误	系统数据归集错误	线下数据报送错误	停电计划无法匹配施工进度计划	虚报开工、投产、进度信息
内部关联工程建设进度滞后	设备招投标采购滞后	物资调剂不规范	利库,寄售类资调拨出库手续滞后	超前或滞后入账
成本入账科目错误	虚报,瞒报投资	预估建设进度填报投资完成

运行

投产

建设

源端系统数据维护错误

开工

计划/预算

可研

源端系统数据维护错误 / 系统建项遗漏

规划

电网 项目

源端系统数据维护错误 / 系统归集数据错误 / 项目关联匹配错误 / 虚报、开工、投产进度信息

源端系统数据维护错误 / 系统数据归集错误 / 虚报、开工、投产进度信息

源端系统数据维护错误	系统建项遗漏	设备招标采购滞后
项目关联匹配错误	设计方案变更后专业管理不协同	项目预算与建设进度不匹配
配网项目设计深度不足	施工计划编制不合理	投资计划与建设进度不匹配

外部环境风险主要包括：区域规划调整、监管政策调整、政策处理遇阻、第三方履约风险、外部关联工程建设进度滞后、外部环境不可预见因素六个典型风险点，因其具有不可预见特点，图上未进行标识。

图7 项目建设各阶段重点风险点

根据项目风险类型和特点，可将明细风险分为数据质量风险、业务管理风险和外部环境风险3大类型。

1）数据质量风险。数据质量风险是指统计数据因缺乏真实准确性，难以辅助项目管理，引发审计巡视问题的风险。数据质量风险结构如图8所示。数据质量风险涉及两方面显著风险，包括数据维护风险和系统操作风险。

一是数据维护风险，涉及源端数据维护错误、系统数据归集错误、线下数据报送错误。例如，系统数据归集错误主要是指网上电网平台从基建管理系统、ERP、PMS等专业信息系统归集数据过程中出现错误，导致系统数据缺失或与相关专业信息系统数据不一致。

二是系统操作风险，涉及系统建项遗漏、项目关联匹配错误。例如，系统建项遗漏主要是指项目未在网上电网平台、基建管理系统、ERP、PMS 等专业信息系统建项，或项目信息缺失，触发各类预警。

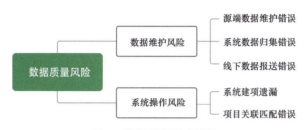

图 8　数据质量风险结构

2）业务管理风险。业务管理风险是指因管理目标不协同、管理要求深度不足而引发的管理风险。业务管理风险结构如图 9 所示。业务管理风险涉及五方面显著风险，包括项目方案管理风险、建设进度管理风险、物资供应管理风险、成本入账管理风险和投资进度管理风险。

图 9　业务管理风险结构

一是项目方案管理风险，涉及设计方案变更后专业管理不协同、配电网项目设计深度不足。例如，设计方案变更后专业管理不协同主要是指项目设计方案发生重大变更后，各专业间管理不协同，未及时进行概算修编或修编后未及时调整投资计划。

二是建设进度管理风险，涉及施工计划编制不合理、停电计划无法匹配施工进度计划、虚报开工、投产、建设进度信息、内部关联工程建设进度滞后。例如，停电计划无法匹配施工进度计划主要是指停电计划申请未及时获批准，项目无合理停电时间窗口，影响工程推进和设备投产。

三是物资供应管理风险，涉及设备招标采购滞后、物资调剂不规范、利库、寄售类物资调拨、出库手续滞后。例如，设备招标采购滞后主要是指设备采购慢于原定计划，设备未及时到货，影响现场正常施工。

四是成本入账管理风险，涉及项目预算与建设进度不匹配、超前或滞后入账、成本入账科目错误。例如，项目预算与建设进度不匹配主要是指项目预算未根据项目实际建设进度及时调整，引发系列管理问题。

五是投资进度管理风险，涉及投资计划与建设进度不匹配、虚报、瞒报投资、预估建设进度填报投资完成。例如，投资计划与建设进度不匹配主要是指投资计划未根据项目实际建设进度及时调整，引发系列管理问题。

3）外部环境风险。外部环境风险是指外部出现的影响电网基建项目计划执行、建设推进、数据统计的环境风险。涉及区域规划调整、监管政策调整、政策处理遇阻、第三方履约风险、外部关联工程建设进度滞后、外部环境不可预见因素，如图 10 所示。

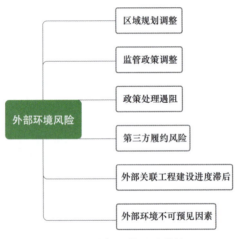

图 10　外部环境风险结构

3. 风险防控措施

风险防控的前提，需要结合不同类型数据特征和异动表现，总结差异化的风险特征和风险成因，结合历史项目排查经验和典型案例，系统梳理并总结实用性强的风险防控措施，从而助力各单位明确风险治理方向，控制风险点不利影响，提升项目管控能力。

与常见风险点一一对应，将风险防控措施有针对性地分为数据质量、业务管理、外部环境三大类。风险防控措施结构如图 11 所示。

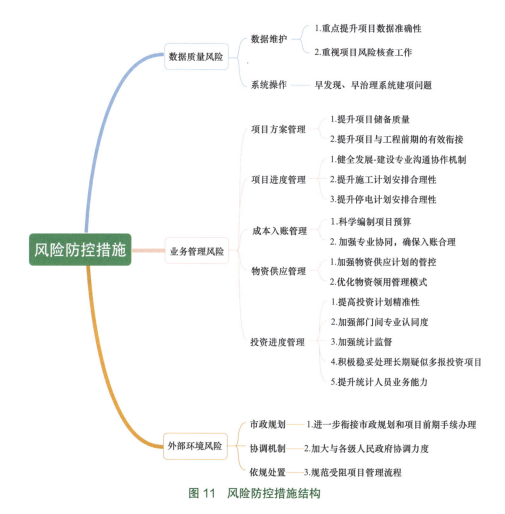

图 11　风险防控措施结构

（1）数据质量风险防控。针对数据质量风险，提出两点具体防控措施。数据质量风险防控措施如图 12 所示。

图 12　数据质量风险防控措施

1）做好数据维护。一是重点提升项目数据准确性，涉及网上电网平台数据应加强投资填报环节与关联系统的核对工作，提高单项层级四项费用解析准确性；涉及基建管理系统数据应根据项目的实际建设进度，滚动调整施工进度计划，并及时准确维护各分部分项工程的进度数据；涉及ERP数据应及时办理配电网项目的领退料手续；涉及调控云和PMS数据应及时做好项目投产相关数据维护。二是重视项目风险核查工作。强化各层级、各专业部门的沟通协调机制，不定期抽查在建项目现场，及时发现项目各系统数据与现场不相符问题。同时，应结合"三率合一"告警项目清单，持续梳理并治理发展、财务、设备、建设、物资、调控、互联网专业预警项目数据，提升项目数据质量。

2）做好系统操作。早发现、早治理系统建项问题。35kV及以上项目重点筛查编码不同问题，10(20)kV项目应定期进行ERP和PMS中的已建项目对比，及时治理系统中有差异的项目，保证项目范围和内容一致。

（2）业务管理风险防控。针对业务管理风险，提出五点具体防控措施。业务管理风险防控措施如图13所示。

图13　业务管理风险防控措施

1）做好项目方案管理。一是提升项目储备质量。针对10（20）kV配电网项目投资规模小、数量多、建设周期短的特点，落实项目可研（初步）设计深度要求和现场实施可行条件，避免后续方案发生重大变更，引发工程量和物资需求量的大幅调整。35kV及以上电网项目在可研阶段应充分考虑建设部门实施困难，避免后期初步设计发生重大变更，引发建设规模和四项费用大幅变化。二是提升项目与工程前期的有效衔接。在项目前期阶段，建设部门应积极参与可研方案的评审和现场勘察，及早预判工程前期办理难点，从而精准制定后续的里程碑关键节点计划。

2）项目进度管理。一是健全发展—建设专业沟通协作机制。掌握工程建设的实际情况和现实困难，准确判断建设进度，发现疑似问题及时沟通。促进监管单位、属地单位、施工单位三方协作，协调解决建设中出现的问题。二是提升施工计划安排合理性。推动建设部门从源头做好关键里程碑节点进度计划的编制，并应重点关注关联工程的建设进度匹配性问题，避免后续工程久建难投。三是提升停电计划安排合理性。对于停电困难的项目，应结合生产部门检修计划，科学制定可行过渡方案和施工方案，合理安排施工时序和停电时间。

3）成本入账管理。一是科学编制项目预算。财务部门综合发展部投资计划和建设部里程碑计划，合理审定项目管理部门上报的年度预算，建立预算执行预警机制；项目管理单位发现项目预算不足时，应积极协调财务部门滚动调整预算。二是加强专业协同，确保入账合理。项目管理部门及时完成项目进度款入账流程，建设和物资部门协同配合督促供应商按时完成到货接收单据和验收单据办理；项目管理部门和物资部门按合同约定时间发起服务类和物资类资金支付流程办理，确保成本入账和资金支付及时。

4）物资供应管理。一是加强物资供应计划的管控。项目管理部门根据施工进度计划，合理提出相应物资的供应需求；物资管理部门督促供应商严格按期交货，避免物资不到位，影响建设工期。二是优化物资领用管理模式。对因预算不足而无法办理物资出库的项目，建设部门沟通财务部门进行年度项目计划间的灵活调整。线缆类物资计划提报应严格落实初步设计批复方案，分盘管理，减少退库流程，减轻清仓利库压力。

5）投资进度管理。一是提高投资计划精准性。结合现场实际情况和施工进度计划，投资计划专业应合理下达年度投资计划。二是加强部门间专业认同度。落实数据"谁产生，谁负责"的原则，进一步明确源端系统数据责任。三是加强统计监督。积极深入电网基建项目建设现场，按照统计管理办法要求，严格执行投资统计报表制度。四是积极稳妥处理长期疑似多报投资项目。组织项目管理部门核实项目情况，加快项目推进，确保统计数据符合现场实际。

（3）外部环境风险防控。针对外部环境风险，提出三点具体防控措施。外部环境风险防控措施如图14所示。

1）市政规划。进一步衔接市政规划和项目前期手续办理。规划专业应密切跟踪市政总体规划的修编情况，及时滚动更新电网规划，确保地区电力设施布局规划有效适应市政规划新目标。前期专业根据规划项目的变化情况，及时办理电网规划项目用地，纳入国土空间规划调整大纲，为后续工程前期手续办理提供合法依据。

2）协调机制。加大与各级人民政府协调力度。积极争取重点电网建设项目纳入省、市、县重大项目建设计划，争取政府有关职能部门重视与支持；积极建立与地方政府的政策处理协调联动机制，减少施工受阻事件，避免停工、窝工。对于临时性、突发性的建设工程，积极做好与政府部门沟通汇报，尽快落实土地和线路路径审批手续，确保项目落地实施。

图 14　外部环境风险防控措施

3）依规处置。规范受阻项目管理流程。对因政府配套工程影响建设进度的建设项目，应采取必要的措施，如拆分工程、单独建设等，保证项目顺利推进；对因客观原因确实无法推进的工程项目，如电源项目本体烂尾、外部关联项目取消等，导致公司负责工程无法顺利实施，应考虑项目建设的中止与终止。

三、特色亮点

（一）创新提出投资风险核查体系

该研究以电网基建项目投资执行风险动态预警机制为基础，全面总结了项目投资管理难点及执行风险，运用科学的数理分析方法开展量化分析，首次系统性地构建了投资执行风险核查体系，从基本核查方法和重点项目核查思路两个方面入手，创新性地提出投资进度曲线异常、建设进度曲线异常、入账进度曲线异常、物资供应异常和设备投运异常五类重点问题核查方法，为投资执行风险管控提供方法保障。

（二）构建投资落地执行保障机制

首次完成了涵盖"项目风险核查方法—投资执行风险分析—风险防控措施"在内的整套研究，规范了项目投资执行风险排查和防范的管理流程，不仅为专业人员提供全面、高效、准确把握项目执行风险防控的思路，提高了风险防控的主观能动性，提升了工作效率，减轻了基层工作负担，同时还为公司和电网高质量发展战略目标落地提供强有力的支撑。

（三）强化电力行业投资管理水平

该研究数据来源可靠，风险核查及防控整体思路清晰，运用统计分析工具，探索了具有推广价值的投资执行风险管控模式，全面应用效果显著，为相关电力企业提供了权威可靠的指导。

四、应用展望

（一）应用范围

2021年起，该研究成果在国家电网公司经营区全面推广应用，覆盖公司总部6部门、6分部、27家省、297家地市、1787家县公司。在电网基建项目投资执行风险全面核查、问题整改及事前防控工作中，该研究为统计人员提供了科学的研究思路和规范的方法支持，为项目规划、建设、运行相关专业的管理人员提供技术指导，并且为其他公司固定资产专项的投资风险核查及防控工作提供参考。

（二）应用成效

（1）全面保障投资风险可管可控。该成果的应用，是公司贯彻落实中央关于进一步发挥统计监督职能的重要体现，提升了统计监督监测和整改督察能力，在监测预警的基础上，形成"整改—防范"闭环，推动电网基建投资执行管控由"事后被动整改"向"事前主动防控"转变，保障专业管理人员及时排查现场问题、推进专业协同管理、保障投资精准落地、降低监察审计风险，公司投资执行风险防控水平明显提升。

（2）全面规范项目管理统筹联动。国网发展部牵头，组织基建、设备、物资、调度、互联网等专业，建立风险协同治理机制，构建了一套项目全过程"数据融合监测、业务协同提升"的管控模式，助力专业人员精准定位管理薄弱环节，开展多报投资、虚报投产、超期建设等专项治理，有效推进了投资统计由发展专业的"单打独斗"监管变身为全业务"组合拳"管控，并在公司规模化应用。

（3）全面推进多元数据互通互用。该成果集成发展、基建、调度、设备等多维数据，实现了跨专业融合、全链条贯通，利用大数据技术挖掘海量数据资源价值，提高了投资统计规范性、数据准确性和管理有效性，大大提高了公司投资统计领域的数字化和智能化水平，是公司实施大数据战略的重要举措，对提高公司发展经营效率具有重要意义。

（三）推广应用前景

该成果在公司电网管理投资执行风险管控工作中取得了显著的成效，可进一步向其他发展业务和投资专项推广应用，具有良好的推广应用前景。

1. 建立公司其他专项投资风险防范和保障机制

成果建立的"指标预警—项目核查—风险研判—整改防控"风险防控体系，已得到实践验证，可推广至其他 15 个专项，推动国家电网构建链路完整、覆盖全面的风险防范保障机制。成果的推广有助于打造更精细、更全面的风险防范体系，保障公司各专项投资的精准落地。

2. 为优化规划执行及财务预算执行管控模式提供实践支撑

成果建立的投资风险核查防控机制，与规划执行及财务预算执行风险防范具有较强的相似性，大大减少了成果推广的技术困难，将有助于公司从大数据和管理的角度，提前开展谋划，促进规划落地，保障财务预算执行，在巡视与审计工作中掌握主动，具有良好的推广前景。

五、参考文献

［1］国家电网有限公司发展策划部.国家电网有限公司统计分析优秀成果汇编（2017—2019 年）.北京：中国电力出版社，2018.

［2］国家电网有限公司发展策划部.国家电网有限公司生产统计工作指南.北京：中国电力出版社，2018.

［3］国家电网有限公司发展策划部.国家电网有限公司投资统计工作指南.北京：中国电力出版社，2018.

［4］张慧涛，康可，蔡战友，等.配电网项目开展全过程工程咨询探讨.中国电力企业管理，2021，6（18）：72–73.

［5］杨春华.电力企业投资风险防范措施.中国电力企业管理，2021，6（18）：40–41.

以做真用实投资统计为目标的"139"多维管理探索实践

主要完成人

陈斌发；孙兵；齐清；林立新；张晶；韩潇潇；程科

主要完成单位

国网北京市电力公司；国网北京市电力公司昌平供电公司；国网北京市电力公司信通分公司

摘　　要

为进一步规范投资统计工作质量，确保数据真实性和有效性，国网北京市电力公司（以下简称"公司"）自2018年底以来，重点针对以往投资统计管理中存在的支撑基础材料不齐全、数据统计依据不规范、投资完成管理粗放等问题，从规章制度和标准建设入手，不断丰富完善投资统计台账制度、签字留痕制度、数据质量校验制度，并同步探索建立月度会调度、统计数据质量考核、统计数据分析挖掘等常态化工作方法，逐步完善形成"一套标准、三项制度、九类措施"的投资统计多维管理体系，总结提炼为固定资产投资统计"139工作法"，成为全面指导和规范日常投资统计工作的指南。该方法明确了固定资产投资统计的原则、理念和基础指标定义，涵盖了各类型固定资产统计工作的规范标准、工作流程、台账格式和基础支撑性材料的收集方式，规范了投资统计工作从启动到完成考核的全过程。2018年底至今，在实践中不断修订调整、丰富完善，有效提升了工作效率和数据质量，实现与投资计划安排执行的有效衔接，为公司项目管理质量的整体提升发挥了积极作用。

关 键 词

固定资产投资；统计；139 工作法；标准；制度

一、工作背景

一是统计数据真实性要求越来越高。近年来，中央陆续印发了《关于深化统计管理体制改革提高统计数据真实性的意见》《统计违纪违法责任人处分处理建议办法》《防范和惩治统计造假弄虚作假督察工作规定》等文件，要求健全统计数据质量责任制，坚持依法统计，强化统计督察，严肃查处统计违纪违法行为，对统计数据真实性、准确性要求越来越高。

二是投资统计数据质量监管难度大。投资统计数据是项目全过程管理质量和实际建设进度的体现，可行性研究（以下简称"可研"）、初步设计（以下简称"初设"）、物资、计划等前端环节工作深度、工作质量均会对投资统计数据质量产生影响。同时，投资统计项目类型多样，建设模式、出资方式、统计方法也不尽相同，对投资统计数据质量监督带来较大挑战。

三是投资统计管理基础薄弱。长期以来，面对管理困难和业绩对标双重压力，一定程度上存在通过统计数据疏导指标压力的现象，导致指标年底翘尾、计划踩线完成。实际中还存在统计标准不全面、统计行为不规范、数据来源不清晰、数据责任不明确等现象，基层人员缺乏正确开展投资统计的理念，甚至存在投资统计按照时间进度均分全年计划或在年底前按照年度计划一次报齐的情况，影响投资统计数据质量。

四是信息技术为投资统计提供有力支撑。近年来，随着"大云物移智链"等新技术广泛应用，公司智能采集与信息化建设深入推进，为创新统计管理，变革统计生产方式，进一步提升统计数据真实性和准确性，深入挖掘统计数据价值提供了有力支撑。

二、工作思路

按照全方位夯实投资统计基础、全链条规范投资统计流程、全要素提升投资统计质量的原则，从"面—线—点"三个层面共同发力，改变原有统计模式，从根本上建立起做真用实的统计格局。

"面"上要全面覆盖固定资产投资各类别，明确统计职责、统计标准和统计方法，确保统计数据有据可依，奠定统计工作的基础。"线"上要贯通投资统计数据质量管理的全过程，选取关键节点，通过概算解析、台账会签、质量校核环节的有序衔接和管控,建立环环相扣的质量管理链条,保证最终数据的准确性。"点"上要丰富管理举措,要将"面"和"线"制定的标准和制度具体落实到实际工作中并发挥切实效果,从制度宣贯、资料收集、质量考核、信息化建设等不同维度制定实施措施,确保管理体系落在实处、发挥实效。

三、主要内容

基于上述思路,国网北京市电力公司研究制定了固定资产投资统计"一套标准体系、三项管理制度、九类工作措施",归纳提炼为"139工作法",是全面指导和规范北京公司投资统计工作的指南,具体包括以下内容:

(一)一套标准体系

编制《国网北京市电力公司固定资产投资统计工作标准》(以下简称《标准》),综合引用和全面归纳政府统计部门、中电联、国家电网公司对固定资产投资统计的相关要求,结合公司工作实际进行个性化补充完善,以"投资统计与投资计划标准统一"为原则,整体搭建投资统计管理体系,配套制定投资统计台账制度、数据支撑制度和数据检查制度,进一步规范统计行为、夯实投资统计管理基础,全面保障统计数据质量。

该《标准》充分明晰投资统计工作在基础管理、概预算解析、过程统计、开工投产四个方面共33项指标的定义内容和统计口径、覆盖范围,分别明确电网基建、零星购置、政府纳统等各类型固定资产统计工作的规范标准、工作流程、台账格式和基础支撑性材料的收集方式,建立覆盖固定资产全领域的工作指导体系,为投资统计工作的顺利开展奠定基础。

(二)三项管理制度

三项管理制度展示图如图1所示。

1. 建立以概预算等"计算基准值"为基础的"统计台账制度"

针对投资统计建立台账管理制度,按照不同单项、不同费用类型的维度分解项目;依托台账整合计划、概算、预算、建设进度、入账成本等关联信息,实现多渠道数据的汇集,引入"投资完成计算基准值"概念,明确选取办法作为计算依据,直观展示投资完成数据产生过程,成为准确实现实物量统计的基础,为数据质量提升发挥决定性作用。

台账采用分门别类地制定方式,结合35kV及以上电网基建、10kV及独立二次电网基建、零购、纳统等不同项目类型、不同管理要求、不同实际情况分别制定和明确,并同步建立工程建设人员签字确认制度,实现对数据负责,强化一线源头数据的获取质量。

图 1　三项管理制度展示图

2. 建立以建设过程关键要素为依据的"数据支撑制度"

收集项目概算、预算、工程进度单、订货合同、设备签收证明、工程入账数据截屏等第一手资料，做好数据支撑材料的保管和留存，进一步推动管理纵深，将质量把关前置到数据产生的第一环节，强化意识、落实责任，保证原始数据的准确性和有效性，避免源头数据错误引发的根本性问题。

数据支撑制度注重一线基础材料对统计数据的支撑效果，结合公司"以预算为基础、以决算为目标"的统计原则予以明确，是对签字确认制度的有效补充和延伸。基础数据支撑材料整合了工程建设管理、财务入账管理等跨专业基础资料，实现对投资统计工作数据质量的有效支撑。

3. 建立以"三率合一"为主要手段的"多维数据检查制度"

深化应用国家电网公司"三率合一"系统功能，推进投资完成数据与基建、财务等专业数据集成，以投资完成进度、工程建设进度、成本入账进度"三率"为主线，开展三维数据联合比对，准确定位异常进度和异常数据，剖析异常根源，实现工程投资统计数据质量动态预警。

数据检查制度是贯穿投资统计全过程的质量管理举措，在"三率合一"实现线上实时监测的基础上，探索建立《35kV 及以上基础表》《10kV 及以下基础表》等线下监测工具予以补充和完善，全面直观展现投资完成与计划、合同、物资、入账等维度的数据差异，进一步扩大数据校验的范围，使检查体系更加满足公司"投资统计与投资计划标准统一"的统计管理需求，全面保障数据质量。

（三）九类工作措施

九类工作措施展示图如图 2 所示。

5.强化投资统计数据质量考核

4.搭建多种数据校核体系

6.做好报送统计局投资完成工作

3.收集关键要素留存

2.建立完善的统计台账体系

7.推动实现电网基建项目投资统计报表自动生成

1.宣贯落实《投资统计工作标准》

8.开展投资统计前序环节分析实证应用

9.探索投资统计数据价值深化应用

图 2　九类工作措施展示图

措施 1：宣贯落实《投资统计工作标准》

2018 年以来，每年组织一次投资统计专业集中培训，发布并讲解《固定资产投资统计工作标准》等文件，并对每年动态调整内容进行最新宣贯，对统计名录、报表体系、指标定义、工作流程、工作标准进行明确；每月投资报表工作前 3 个工作日，组织召开月度投资统计工作安排电话会，结合当月重点和存在的问题，再次提示和宣贯，保证统计标准和各项管理要求落实到位。

措施 2：建立完善的统计台账体系

发展部分类制定电网基建、零星购置等项目投资统计台账，作为归集统计基础数据的重要载体；各单位充分运用台账，做好概算、预决算、决算和建筑、安装、设备、征拆、其他费用进展数据的收集，每月按时完成投资完成数据的计算和统计；各单位严格落实台账基础数据签字存档程序，明确工程建设部门对数据质量的责任，落实数据"谁产生、谁负责"的要求。

措施 3：收集关键要素留存

严格落实《固定资产投资统计工作标准》中关于项目开工、设备到货、合同签订、项目投产等关键节点支撑材料的收集留存要求，积累第一手统计资料数据和信息；统计人员充分运用关键要素资料，厘清数据责任，做好数据核查、订正工作，把好数据质量关；发展部定期组织采用自查、互查、抽查方式，对投资完成存疑项目的关键要素资料留存情况进行检查，通报检查结果。

措施 4：搭建多种数据校核体系

组织深化"三率合一"功能应用，建立常态化工作机制，推动工作有序开展；各单位有序落实国家电网公司"三率合一"月度视频会议和公司相关工作要求，对数据完整性、匹配情况进行及时修订，重点对投资计划完成率、工程进度完成率、成本入账完成率偏差率大的项目进行原因分析和问题整改；完善《重点项目清单》内容，运用 ERP 系统实现工程资金支付、合同签订、协议库数据"一键集成"，与投资完成数据开展多维度对比分析，及时发现报表质量问题；探索开展基层单位报表质量互查，开展"一带一"互帮互助，重点开展错误检查和校核，不断提升报表数据质量。

措施 5：强化投资统计数据质量考核

结合实际工作需要，每年修订发布"统计工作质量管理"评价标准，进一步细化错误类别和评价办法，更好地发挥考核引导作用；每月定期统计发布投资统计数据质量问题，开展分级认定和质量考核，将考核结果纳入业绩考核评价、业绩考核评选；进一步加强统计数据质量管理机制，汇总常见问题和频发错误清单，完善闭环管控流程，确保统计数据质量。

措施 6：做好报送统计局投资完成工作

严格落实《固定资产投资统计工作标准》中关于报送统计局投资完成相关指标定义、统计范围的相关要求，做到准确统计；严格落实统计局投资报送项目规模、工作流程，落实生产技改等专项投资入库证明新规定，按时向统计局做好各类项目申报、投资完成额的报送工作，做到不重不漏、应统必统；引入"一体化管理指数"指标，公司每月开展 35kV 及以上项目报统计局和报国家电网公司投资完成对比，供电公司负责 10kV 项目对比工作，及时发现数据质量问题，及时开展修订。

措施 7：推动实现电网基建项目投资统计报表自动生成

落实国家电网公司自动智能投资统计设计理念和技术要求，结合公司网上电网、基建管控、PMS、ERP 等系统部署实况，研究明确统计取数逻辑，优化链路畅通，加强源端系统数据治理和质量提升，实现开工投产时间、规模和投资完成数据的自动获取、自动计算、报表自动生成。以做准采集值为起点，对采集值不合理的项目，从源端数据、链路贯通、计算逻辑等方面梳理原因，分类制定解决措施；以校核值匹配采集值为目标，组织开展采集值和校核值对比分析，消化遗留问题、堵住新增校核值差异，逐步实现采集值完全准确、校核值与采集值完全匹配、投资完成准确反映工程建设实际的目标。开展开工投产时间和规模治理专项提升，重点推进源端支撑性文件按时完整上传系统、字段信息维护及时准确，对存在客观差异的项目开展原因分析，推进源头管理制度完善，实现真实开工、及时投产。

措施8：开展投资统计前序环节分析实证应用

组织全面梳理项目管理全链条关键里程碑节点运行规律，深入分析施工现场实际情况，引入"已投产、主体工程已完工、正常建设、受阻停工、未开工"五类建设进度分类，总结提炼投资完成进展规律，有效评估项目单位上报投资进度的合理性，科学预测年度投资完成规模，辅助年中计划合理调整；各单位以合理预测的年度投资完成值为基础，做好与计划管理人员的配合沟通，反馈投资计划执行情况，提出年度投资计划调整建议，切实发挥投资统计数据在前序环节的应用作用。

措施9：探索投资统计数据价值深化应用

结合投资统计、工程管理工作实际，编制投资统计数据分析应用年度计划，明确数据价值挖掘的角度和方向；重点围绕投资项目多维系统管控，融合发展、建设、财务、物资等多业务，打通资产全周期管理各环节，形成对项目建设进度、项目造价水平、项目资金动态监测等多角度的分析成果，强化投资项目管理和投资精准决策支撑；滚动开展经营发展综合评价和投入产出效率分析，探索开展典型区域电网规划、项目投资、电量增长全过程分析，实现投资统计与生产统计的数据联动。

四、特色亮点

一是完善了投资统计管理体系。"139工作法"规范了投资统计的指标定义、数据来源、计算标准和校核方法，创新制定了与工程概算解析、单项工程、建设进度相结合的电网基建项目台账制度，结合实际工作需要建立"计算基准值""一体化管理指数"、每月报表会等统计方法和管理思路，一步步引导基层统计人员掌握投资统计的方法、树立起真实做好投资统计的理念，全面夯实了投资统计工作的基础。

二是明晰了投资统计职责界面和数据责任。《国家电网有限公司关于深入贯彻落实中央防范和惩治统计造假、弄虚作假要求的意见》（国家电网办〔2019〕918号），明确了数据"谁产生、谁负责"的原则，对统计数据责任主体进行了明确。通过建立"139工作法"，全面梳理了投资统计业务的全流程，明晰了建设、财务、设备、营销等专业部门在产生投资统计数据的不同环节承担的相应责任，进一步明确了相关主体的数据质量职责，在保证投资统计业务顺利开展的基础上，强化了各专业对投资统计数据的重视程度。

三是实现了投资统计和前序环节的有效衔接。投资统计管理体系的建立和统计方法，都是以投资统计和投资计划方法相统一为目标不断优化完善的，通过统计台账、与工程建设进度相结合的统计方法、三率合一的数据校验规则等多种方式，牢固树立投资完成据实反映工程现场实际的理念，并将这种思路向投资计划环节传递，实现投资统计与计划环节的有效衔接，使完成不再盲目追赶计划，而是两者都向工程建设实际看齐，辅助投资计划科学合理地下达和调整。

五、应用展望

"139 工作法"立足于公司投资统计管理的实际，落实国家统计局、国家电网公司、北京市统计局关于固定资产投资的管理思路，应用多年来，取得显著成效。从数据质量上看，投资统计数据经得起国家电网公司、统计局等数据质量核查，公司连续多年蝉联"北京市诚信统计单位"称号。从推进工程上看，投资统计更加真实地反映了工程建设的实际情况，更加准确地暴露了工程受阻、拆迁难等问题和困难，从提升北京市固定资产投资的角度入手，协调政府解决 CBD 拆迁等重点难点问题，为推进项目进展创造了条件。从辅助计划上看，通过真实准确的投资统计，及时发现年初下达计划的执行偏差，通过工程建设进度实际来测算年度投资完成水平，为计划的科学性调整提供支撑。

下一步，结合国家电网公司"网上电网"建设应用和自动智能投资统计的发展方向，将"139 工作法"嵌入信息系统建设环节，并逐步扩充项目一体化管理、全量项目（含外部全资）管理等平台建设，借助信息化手段，发挥更大的作用。

六、参考文献

［1］发展统计〔2021〕17 号.国网发展部关于印发《国家电网有限公司统计报表制度（2021 年统计年报和 2022 年定期报表）》的通知.

［2］国家电网发展〔2022〕234 号.国家电网有限公司关于开展电网基建项目自动智能投资统计工作的通知.

［3］都秀文电网子公司投资规模模型的研究 [D].大连：大连海事大学，2013.

［4］罗一哲.浙江省电网年度投资方案的优化研究 [D].杭州：浙江工商大学，2013.

电网投资项目协同管理机制的
创新构建及成效

主要完成人

严慧峰；向颖；童典；李小云；周松林；吴沛霖；李紫鹃；袁译川；张勇

主要完成单位

国网湖南省电力有限公司

摘　要

国网湖南省电力有限公司（以下简称"公司"）电网投资项目管理各环节统计数据存在失真风险，同时，统计数据应用不足、决策支撑能力不够、协同机制不畅等问题普遍存在，严重影响公司发展质效。以各业务流程环节为依托，贯通投建运调各专业系统，建设项目协同管理信息化系统，借助大数据分析手段强化项目投资执行管控，推动投资统计数据"归真"，有力保障项目协同管理决策支撑基础数据的可靠性；以电网投资项目为研究对象，创新构建项目协同管理机制，强化综合性、相关性、信息化诊断分析，提高公司精益管理效率和经济效益。一是通过跨专业贯通投建运调系统信息，获取真实准确的投资统计数据，用于量化分析，形成稳定、可靠的数据源头；二是创新项目协同管理链路，以实现各业务科学管控、有机衔接为目标，制定项目协同管理规则，明确项目管理流程环节上各专业部门职责和要求，形成常态化的项目科学管控机制、特色化的项目协同管理做法，保障项目协同管理高效；三是深化各专业统计数据应用分析，联合诊断发现问题，充分发挥协同机制效用，正向强化项目投资执行管控，反向推动统计数据"归真"，实现电网投资项目的闭环、精益管理。

关 键 词

大数据分析；投资统计；协同管理；精益发展

一、工作背景

（一）投资统计数据失真带来风险隐患

统计数据存在失真风险，部分单位存在数据质量责任不落实、管控流程不健全、检查监督不到位等问题，尤其在管理困难和业绩对标双重压力下，部分基层单位通过统计虚报疏导指标压力，导致项目投产、投资完成等关键数据失真，指标年底翘尾、计划踩线完成现象频发。而部分专业或单位机械地以统计数据作为考核依据，但对数据真实性要求不足、保障不够，一定程度上加重统计作假风险。因此，仅仅依靠统计专业难以通过失真指标发现项目执行中存在的问题，迫切需要有力的系统工具及监测方法来保障投资统计数据的真实可靠。

（二）项目协同管理决策支撑能力不足

电网投资项目投资、建设、运行等阶段存在多个专业部门参与，协同管理各项决策深度依赖于统计数据的及时性、可靠性与全面性。一方面，统计数据采集手段相对传统，未完全实现源头自动采集，且各专业数据间存在口径不一致、要求不统一等问题，导致数据信息无法闭环，难以满足多因素、多场景、多维度分析要求，无法充分发挥统计数据决策支撑作用。另一方面，受限于传统思维及专业壁垒，公司各层级尚未形成高效实用的统计数据应用机制，多专业协同分析不够、应用针对性不强，无法有力支撑项目协同管理决策，造成经营风险。

（三）机制不畅限制投资管控精益发展

项目内部管理存在粗放、不精细的问题，协同机制不顺，专业壁垒仍然存在，互相间通气不足、成果共享不够，造成大量的资源浪费。尤其项目执行中发现的问题，往往非单个专业可以解决，需集合多专业力量协同处理，而专业间的协同响应速率不高、协同力度不够大、沟通时间较长，导致无法快速解决问题，大大限制了项目投资管控的精益化发展。

在上述背景下，公司亟须创新建立一套项目协同管理机制，在明晰各专业职责、规范协同模式、统一业务要求等方面提供制度和机制保障，进而能够充分调动各专业协同力量，联合分析诊断项目问题，精准定位责任单位及部门，确保能够在发现问题时迅速采取应对措施，推动公司投资管控精益化发展。

二、主要内容

在牢牢把握项目管理主线的基础上，公司进一步规范投资统计管理，积极促进发展、建设、设备、财务、物资、调度等多业务融合，强化项目协同管理，从跨专业贯通投建运调信息、建立项目组织实施网络、深化统计数据分析应用等三个维度入手，有效预防系统统计数据失真情况，强化电网基建项目执行精准管控，推动项目协同精益管理。

（一）跨专业贯通投建运调信息，保障数据源头精准

结合国家电网公司"投资发展统计主线"在公司试点工作要求，会同科信、建设、运检、调控等相关业务部门以及国网湖南信息通信分公司、相关系统研发厂商，确定项目相关信息指标口径，协商规划项目管理信息共享范围，建立和完善各业务系统间信息交互接口，构建项目协同管理数据资源库，实现覆盖电网项目投资建设运行全过程的数据大融合，保障项目信息资源的贯通、投资统计数据源头的精准。

一是深入开展基建现场视频监控信息接入调研，研究新技术支撑统计数据源头自动采集，充分利用现有的图像识别技术、监控终端技术、智能定位技术，研究开工、投产信息自动采集方案。

二是协商投建运调信息融合规则，建立和完善各业务系统间信息交互接口，统一信息推送方式，建立相应市州试点单位，分步实现投建运调信息接入。

三是研究开工、投产信息自动采集和投资完成自动生成方案，推进投资计划信息、基建现场图像信息、运检设备信息和调度运行信息集成，构建项目协同管理数据资源库，保障项目信息跨专业顺畅交互。

公司项目协同管理数据资源库构架如图1所示。

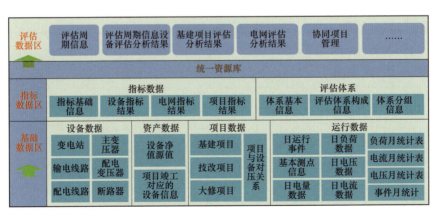

图1　公司项目协同管理数据资源库构架（一）

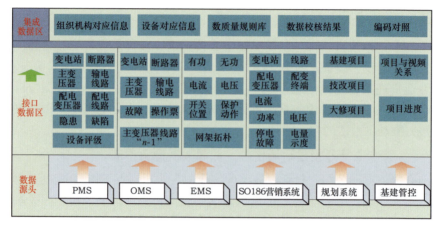

图 1　公司项目协同管理数据资源库构架（二）

（二）建立项目组织实施网络，保障项目管控协同高效

建立公司电网投资项目协同管理和应用统筹协调机制，推动形成职责明晰、协同推进的工作格局。成立领导小组、工作小组、技术小组，每个小组承担不同的职责和功能，形成"一横两纵"执行架构，横向强化与各专业部门之间的协同配合，纵向组建由发展部牵头、建管单位紧密配合的"1+15"工作小组，以国网湖南经研院为技术指导、公司 14 个地市经研所全线支撑的技术小组，为项目监测分析及精益管控提供坚实的人员保障。

1. 明确各专业业务分工，建立省、市、县三级职责体系

建立省、市、县三级职责体系，明确各层级各专业在专业管理、业务协同、监督考核以及信息系统维护录入职责，建立电网投资项目各责任部门参与的立体式责任网络。各层级各专业职责分工见表 1。

表 1　　　　　　　　　　各层级各专业职责分工

层级	部门	角色	电网投资项目类型	专业管理描述	专业协同主要职责	监督检查	信息系统维护
省公司	发展部	归口管理	电网投资项目	规划、项目前期、计划和统计等发展专业管理	协同归口管理	组织	维护本专业系统
	建设部	专业负责	电网 35kV 及以上项目	进度、安全、质量、技术、技经等专业管理	责任部门	参与	维护本专业系统

层级	部门	角色	电网投资项目类型	专业管理描述	专业协同主要职责	监督检查	信息系统维护
省公司	财务部	专业负责	电网投资项目	预算、核算、资产、资金等专业管理	责任部门	参与	维护本专业系统
	设备部	专业负责	10kV及以下项目	"全过程"管理和运维检修等专业管理	责任部门	参与	维护本专业系统
	科网部	专业负责	无	支撑公司信息化建设，提供专业支持	责任部门	参与	支撑公司信息化建设
	物资部	专业负责	电网投资项目	物资的计划、采购、合同、仓储、质量、履约和应急物资、废旧物资处置、非物资采购、标准化等专业管理	责任部门	参与	维护本专业系统
	调控中心	专业负责	无	电网调度运行、设备监控、调度计划、运行方式、继电保护、调度自动化等专业管理	责任部门	参与	维护本专业系统
地市公司	发展部	归口管理	电网投资项目	规划、项目前期、计划和统计等发展专业管理	协同归口管理	组织	维护本专业系统
	其他部门	参照省公司	参照省公司	参照省公司	参照省公司	参照省公司	参照省公司
县公司	发展部	归口管理	电网投资项目	规划、项目前期、计划和统计等发展专业管理	协同归口管理	组织	维护本专业系统
	其他部门	参照省公司	参照省公司	参照省公司	参照省公司	参照省公司	参照省公司

2. 建立有章可循的协同管理制度，规范协同管理运作模式

以业务流和信息流为主线，明确电网项目协同管理的职责和流程，为协同管理运作提供制度保障。一是结合发展、财务、物资、基建、运检、调度等部门的管理职责，以电网项目投资建设运行业务融合为目标，制定《国网湖南省电力有限公司电网投资信息化协同管理规定》，形成统一、规范的电网投资项目协同管理制度，打造"目标一致、业务闭环、运行高效"的协同管理模式，明确相关部门管理界面和流程。二是针对各专业信息系统存在的数据质量不齐、业务要求不一等问题，从数据源头抓起，切入投资统计数据产生的各个环节，发布《国网湖南省电力有限公司电网基建项目自动智能投资统计工作实施方案》，统一《电网基建项目投资统计关键指标表》，建设全数据"共建、共维、共享、共治"的工作机制，强化专业协同，推动形成数据真实、管理协同、运行高效的投资统计新局面，服务公司精准投资管控，促进公司和电网高质量发展。

（三）深化统计数据分析应用，推动项目协同精益管理

1. 充分发挥协同机制效用，正向强化项目执行管控能力

2015年以来，公司基于统计数据监测及分析应用，积极开展项目协同管理，持续、多维监测重点工程、重要类型、重大投资项目执行情况，及时预警异常动态，迅速采取处理措施，推动解决各类问题近四百项，有力保障了项目的顺利实施。

一是针对系统监测发现年底"集中"在 ERP 入账现象严重，导致预算超支、财务监管困难等问题，公司迅速启动项目快速协同管控机制，组建覆盖综合计划项目管理人、财、物问题所涉部门及专业的快速协调队伍，由分管领导参与项目全过程管理并定期召开项目进度协调会，主持解决项目执行过程存在的突出问题，要求项目进度执行严重滞后的部门会上"说清楚"，采取"限时赶超"措施，从根源解决指标问题；财务部门组织各建设管理单位按月上报主网基建工程投资预算分析报告及报表，持续跟踪分析项目进度，从需求提报、合同签订与履行、物资领用、项目结算等关键节点，分析预算偏差原因，在会上定期通报，以辅助各建管单位及时加以纠正和解决，提高财务预算执行率。

二是针对在建工程长期挂账、结决算办理不及时等问题，严格账期管理，将超时限申请开账、挂账两年以上在建工程、工程结决算办理及时性纳入同业对标考核体系，督促直接责任部门与相关配合部门，在规定时限内闭环落实，确保问题处置快速有效、跨专业协调高效规范。

三是推动综合计划各专项项目进度执行情况由以往牵连考核转变为直接纳入公司"三系一创"考核，对各项目管理部门进行月度预警、通报和季度考核，

通过考核制度强化对各责任单位的管控，提高协同管理响应效率。

2. 深化跨专业数据分析，反向推动投资统计数据"归真"

公司发展部牵头组织相关专业定期开展跨专业的电网投资项目协同管理联合检查，通过发展、基建、财务、物资跨专业数据联合分析，实时监测批复概算、需求提报、领料退料、建设投产、财务结算、调度运行等关键节点，以工程建设进度、投资完成进度与成本结算进度匹配率为抓手，及时预警系统四大链条（里程碑链条、资金链条、投资控制链条、物流链条）异常问题，分析原因厘清责任并迅速反馈至问题专业，由对口专业提出改进措施和考核意见，并监督落实，通过强化项目协同管控，推动统计数据源头治理，切实保障投资统计数据真实可靠。公司 2015~2016 年"三率"曲线如图 2 所示。

图 2　公司 2015~2016 年"三率"曲线

2016 年，公司发展部在进行"三率"联合分析时，发现"某 ±800kV 特高压直流工程（湖南投资部分）"项目存在投资完成进度、成本入账进度以及业主项目部形象进度报表之间单项工程数目不一致，内容不能相互对应等问题，公司加强电网基建投资项目统计信息多层级审核机制，通过各层级统计信息审核机制，及时发现问题并迅速反馈，会同发展部、建设部、财务部等相关专业协商，将单项工程由原 15 项核减至 14 项，并督促核减单项"某某 ±800kV 换流站站内通信工程"在 ERP 系统中进行销项，将问题消除在萌芽阶段，确保投资统计数据的准确性和严肃性，有效满足国企国资监管要求。

2018 年，在项目常规监测过程中发现"某某村中低压配电网新建工程"存在投资进度异常，发出疑似多报投资预警，通过核查项目建设进度、物资发料等情况，发现该项目由于施工进度超预期，调用了其他工程物资，同时受限于项目预算，导致项目无法进行正常的物资调拨。该类问题在配电网项目执行中频频发生，针对该问题，公司发展部协调物资部、设备部、财务部等专业部门，对物资调拨管理流程、投资计划分解与财务预算调整的对接模式等共同进行优化，减少工程物资混乱现象发生，确保线上线下实质等效，实时监测项目投资执行，为公司和电网发展决策提供准确的数据支撑。

2019 年，针对湖南省内电力项目投资统计报送主体不明确的历史问题，公司积极推进政企联动，实现内外协同，有效保障投资统计数据真实、准确。公司联合湖南省统计局，共同开展电网建设固定资产投资统计数据报送原则及表式优化，从根本上提升投资统计数据的准确性，规范统一电力项目投资报送，全面杜绝投资统计错报、漏报等问题的发生。

三、特色亮点

公司基于统计数据，协同开展问题诊断分析，统筹各专业部门有效排除干扰因素，破除专业壁垒，有效推动项目的投资计划执行、里程碑计划执行、财务成本入账全过程跟踪，有效保障重点项目的按期投产，企业运行效率效能明显提升。

（一）协同管理渐入佳境，企业管理效益显著提升

公司在正确把握改革方向与内部管理需要的基础上，将统计数据的做真用实作为基础，贯通各环节数据，通过明确职责和流程并固化成制度，全面解决公司在电网投资项目管理中的各种不协同问题，持续改善公司管理短板，公司管理效益大幅提升。公司坚持每季发布《全口径全过程项目投入统计分析报告》，对电网项目投资完成与项目入账成本匹配情况进行分析。如 2016 年三季度，通过财务资金、物资到货以及建设结算等环节协同分析，发现公司各项固定资产入账成本与投资完成差值率为 39.81%，表明入账滞后明显，提出强化投资和预算节点计划的执行、规范基建项目工程管控、规范合同结算管理等三条保证项目及时入账的建议，被公司各业务部门采纳后，成本入账率指标提升明显；至 2017 年三季度，公司各项固定资产入账成本与投资完成差值率同比降至 22.51%，促进了企业管理效益的显著提升。相关管理经验《创新项目协同管理归真投资统计数据》获国家电网公司 2017 年度优秀卓越管理案例优秀奖。

（二）重点工程协同高效分析，助力解决公司迎峰度夏（冬）保供难题

基于电网投资项目统计数据，公司通过扩展统计范围和局部拓展数据收集深度，引导地市对所属项目进行重要等级分类，对 A 类重点工程按周开展常规监测，及时感知项目执行偏差，针对性开展原因分析并采取相应措施。2016 年，

公司利用月度统计数据排查出负荷重过载配电变压器 121 台，其中 4 台属系统台账错误、其中 88 台协同设备专业安排技术改造途径进行解决，未落实解决途径的 29 台配电变压器及时协同规划和计划纳入电网投资项目解决。2019—2021年，国网湖南长沙供电公司利用系统重点监测长沙地区 500kV 宁乡、220kV 农大、110kV 市场等 56 个"630 攻坚"项目，预警各类异常问题 163 项；针对重点项目工期短、建设环境复杂等导致的"三率"曲线不匹配问题，国网湖南长沙供电公司强化专业协同，科学铺排工作计划，有效统筹施工、验收以及倒闸操作，实时优化电网方式与停电安排，积极克服"三考"保电、暴雨天气影响，成功推动 11 个风险项目实现有序投产；针对由于征地、补偿等原因导致的 17个项目进度滞后问题，国网湖南长沙供电公司发展部积极开展属地协调，争取政策支持，在电网建设上努力打破政府与企业、地方与行业之间的界线，实现了变电站用地、线路塔基占地青赔、耕地占补平衡由政府资金兜底，推动政府出台解读国家环保新规明确城区电缆下地范围等一系列政策措施，有效保障了重点项目的顺利实施。长沙地区近几年多批次"630 攻坚"项目的顺利投产切实保障了长沙顺利通过 2021 年迎峰度冬以及 2022 年年初雨雪冰冻天气考验，为三安光电、三一智卡等一批制造业标志性项目提供充足电力供给，成为全市重大产业项目、轨道交通等重点工程的坚强能源保障，有力支撑了长沙经济社会快速发展，彰显了公司在实施强省会战略、强化电力支撑方面的央企担当和主动作为。

（三）内外协同规范项目投资统计规则，政企联动保障投资统计数据质量

公司基于项目协同管理经验及系统报送统计数据过程中发现的问题，主动作为，积极征集相关意见，组织各市州单位相关人员开展讨论、修订，对湖南省统计局原有电网建设投资统计报表制度进行了优化，一是明晰各单位统计相关职责，要求由省电力公司组织所属建管单位按照要求进行统计，统一完成联网直报平台的报送，由省统计局负责布表，避免出现各级统计部门重复报送、多方出口等问题；二是明确项目布表原则及依据，重申了"在地统计、据实统计"原则，细化了布表依据，并提供相关表式，规范统计指标，规避了统计口径不一致的问题；三是规范跨区项目投资数据报送，按照"项目不可分割"原则，要求各跨市州、县电网建设项目投资数据不可拆分。修订意见报送省统计局，获省统计局相关领导充分认可最终获采纳，以联合发文形式下发《关于加强电网建设固定资产投资统计数据报送工作的通知》（湘统函〔2019〕29 号），有效保障了投资统计数据质量。2019、2020 年，公司获评省统计局发布的省直管投资统计项目先进单位。

四、应用展望

公司通过贯通投建运调信息，灵活应用信息化系统监控项目执行；建立健全机制和制度，提升电网项目协同管理水平；对内深化跨专业数据分析，切实推动投资统计数据归真；对外联动政府强化协同，规范统一投资统计数据报送；借助系统大数据分析，有效支撑投资决策工作等系列做法，充分发挥电网投资项目协同管理，全面提升了公司管理和经营质效。在未来，更加需要充分发挥大数据手段监测分析能力，归真用实统计数据，落实精益规范管理要求，创新开展项目协同管理，提升数据价值与服务质量，改进管理基础短板，有力支撑公司和电网科学发展。

五、参考文献

［1］周洪建.浅析固定资产投资统计基础建设工作[J].时代经贸，2019(36).

［2］施宁娜.关于电网建设投资统计方法的优化及建议[J].现代物业，2013（3）.

［3］陈瑾.现代企业投资风险的统计度量与分析[J].中外企业家，2017（1）：111–111.

［4］赵吴鹏，胡中鲲，莫平生.电力基建项目固定资产投资统计指标体系研究[J].科技经济市场.2016（11）.

［5］林瑞振.大数据时代投资统计数据处理技术探究[J].知识经济.2019（16）.

电网企业"四链融合"精准投资管理体系的构建及应用

主要完成人

钟彬；黄薇；秦旷宇；钱唯克；陈启昉；徐冰雁；刘杨名；李冰若

主要完成单位

国网上海市电力公司；国网上海市电力公司金山供电公司；国网上海市电力公司市北供电公司

摘　　要

为落实国家"稳经济、稳投资"工作要求，适应电网发展新形势和输配电价监管新要求，进一步提升精准投资管理水平，国网上海市电力公司（以下简称"国网上海电力"）打造技术经济链、数据应用链、创新管理链、价值创造链"四链融合"的精准投资管理新体系，通过应用基于级联神经网络的投资规模测算体系、基于"三率合一"的投资执行分析机制、基于图像识别的自动投资统计方法、基于同期售电量的投入产出分析模型的四项管理工具，有效解决投资计划编制缺乏标准和数据支撑、投资执行不规范、投资统计数据不准确、投资效益分析不精准问题，推动电网投资高质量发展。

关　键　词

四链融合；精准投资管理体系；自动投资统计

一、工作背景

（一）电网投资面临的形势

一是电网发展环境复杂对投资精准性要求提升。受新冠肺炎疫情冲击，国际环境更趋复杂严峻，我国经济持续回升的基础尚不稳固，售电量增长将持续保持低速徘徊。同时，电网企业坚决贯彻国家降价降费部署，电网业务盈利能力受到较大影响，经营发展面临挑战远超以往，要求电网企业必须更加注重科学投资、精准投资，提升投资效率效益。

二是行业监管政策对电网投资精准性要求提升。电力体制改革持续推进，输配电价改革已由"建机制、核水平"转入"严监管"阶段，输配电成本监审和价格核定趋严，要求电网企业必须在投资管理等方面更加规范、透明、高效，通过实现精准投资，满足监管对固定资产投资与输配电业务相关性、有效性、合理性的要求。

（二）投资管理业务现状

国网上海电力全面落实国家电网公司提出的"精准投资，精益管理"的管理理念，组织开展了投资能力测算、项目后评价等一系列工作，在精准投资管理方面取得了一定实效，但仍存在着以下不足：

一是投资规模安排精准性有待提升。年度投资规模确定及具体项目年度投资计划安排目前仍然以计划编制人员经验为主导，缺少具体标准，与项目规划、前期的衔接不够精准。

二是投资监控统计准确性有待提升。在项目前期阶段，如征地、动迁、可行性研究（以下简称"可研"）批复、项目核准、初步设计（以下简称"初设"）批复等环节具有一定不确定性，导致超合理周期情况时有发生，国网上海电力对项目前期进度缺乏有效监控与督导手段。在项目实施阶段，投资计划完成情况由各单位项目经理根据"形象进度"自主申报，通过人工申报和管控数据，数据采集的及时性、客观性、真实性、准确性难以得到保障。

三是投资经济效益评价精准性有待提升。在投入产出方面尚缺乏有效分析方法，电量和用户对接分析难度较大。此外，在投资效益经济评价时，由于售电量数据难以采集，一般采用预测值进行评价，电量预测数据受气候、经济形势、电价政策等各种不确定性因素影响，与实际电量存在较大的偏差。

二、主要内容

（一）研究思路与框架

基于上述背景，国网上海电力通过建立体系、引入方法、搭建平台，推进技术经济链、数据应用链、创新管理链、价值创造链"四链融合",建立一套测算准、执行准、定位准、评价准的精准投资管理新体系。一是在投资计划编制方面,构建基于级联神经网络投资规模测算体系的技术经济链,建立项目里程碑计划与投资规模安排间的关联关系,基于项目形象进度安排,配置投资计划。二是在投资执行监督方面,构建基于"三率合一"的投资执行分析机制的数据应用链,以电网基建项目为切入点,通过科学设定监测方法、监测规则,形成由发展、建设、物资、财务等专业部门深度参与的电网基建工程全流程管控机制。三是在优化管理方面,构建基于图像识别的自动投资统计方法的创新管理链。依托图像识别技术及建模技术,实时快速地对施工现场进行全方位地图像采集并构建三维模型,对典型电网投资项目建筑和设备结构进行多维空间解剖,明确各个维度空间的投资占比,建设性地提出投资智能化统计方法。四是在效益评价方面,构建基于同期售电量的投入产出分析模型的价值创造链。基于同期线损系统"站—线—变—户—表"的拓扑关系,应用同期售电量数据,结合项目投资完成额,开展变电站投入产出效益分析。

电网企业"四链融合"精准投资管理体系的总体框架如图 1 所示。

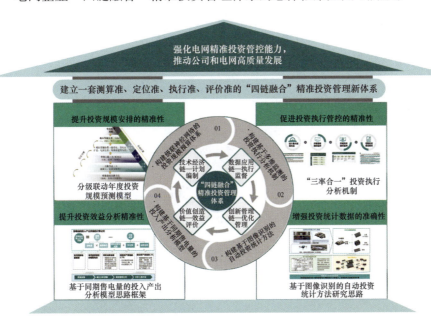

图 1 电网企业"四链融合"精准投资管理体系的总体框架

（二）主要研究内容

1. 技术经济链：在计划编制方面，构建级联神经网络的投资规模测算体系

国网上海电力以电网基建项目为切入点，研究推进基于级联神经网络的投资计划全链条精准联动、测算与分析体系建设。级联神经网络的投资规模精准测算体系是基于项目总投资、合理的施工前期周期与项目现场形象进度的固定拓扑结构与数学计算模型，通过科学设定各层级权重和阈值，自最小网络开始，通过自动计算和自动补充单元，最终形成多层结构的年度投资计划。

（1）具体细化施工前期周期。国网上海电力采集 2016—2018 年新开工里程碑项目中核准批复日期、初设批复日期、实际开工日期以及农用地转性、动拆迁等基本信息，通过历史数据回归，合理确定不同外部环境影响因素下的合理施工前期办理周期。对涵盖各电压等级的 54 类项目的主体进度与具体进度节点进行梳理，形成完备的各进度节点的项目合理工期库，并计算出工程各进度节点的合理工期。

（2）科学确定投资规模权重。基于基建管控系统、投资计划管理系统等数据信息，通过历史数据分析，确定各类项目专业类别、主体节点与具体节点占形象进度的权重，从而实现进度节点与进度权重的科学固化。

（3）精准构建级联测算模型。以形象进度具体节点为基石，将投资规模按照"五层分解、设置权重、自动计算、自下而上"，按照级联层层分解、层层联动的投资规模计算思路，逐级细化、分解，形成投资计划自动计算的网络拓扑结构。分级联动年度投资规模预测模型如图 2 所示。

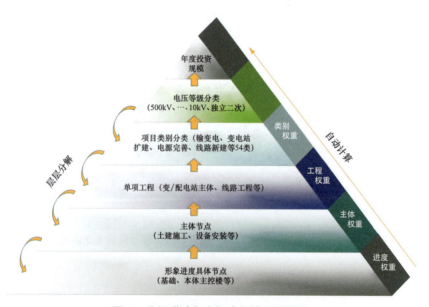

图 2　分级联动年度投资规模预测模型

1）五层分解。电压等级第一层分类。按电压等级分为500kV、220kV、110kV、35kV、10kV、独立二次。

项目类别第二层分类。按输变电、变电站扩建、电源完善、线路新建、营商环境低压业扩配套、架空线入地至配电自动化主站新建工程共计细化分解为54个项目类别。

单项工程第三层分类。按变（配）电站本体、线路工程，对单项工程进行分解。

主体节点第四层分类。按土建施工、设备安装、设备调试、线路施工、电缆施工，对项目主进度节点进行分解。

形象进度具体节点第五层分类。依据基建管控系统，按基础、本体主控楼、组塔施工、电缆敷设等形象进度具体节点对主体节点进行分解。

2）设置权重。项目类别与单项工程的权重取具体数值，来源为可研或初步设计概算批复总投资和单项工程投资。主体节点与形象进度具体节点权重取自基建管控系统。形象进度具体节点由各项目单位发展部、建设部共同填报。

3）自动计算。各项目单位发展部仅需填写项目总投资及单项工程投资，同时会同建设部与项目管理中心，维护形象进度具体节点的投资目标预计完成权重，依托数学模型，实现单个项目的投资计划自动生成。

将级联神经网络计算方法，通过分级联动年度规模预测模型（如下），实现项目年度投资计划的自动计算。

$$\text{项目年度投资}=\text{项目总投资}\cdot\left[\sum_{i=1}^{m}X_i\left(\sum_{j=1}^{n}W_{ij}\sum_{k=1}^{l}W_{ijk}F_{ijk}\right)\right]$$

式中　X_i——虚拟变量，$X_i=0$ 或 1；

　　　i——项目类型，共 m 个项目类型（$i=1$，…，m）；

　　　W_{ij}——i 类型项目，进度计划主体节点 j 占项目组成的权重（$j=1$，…，n）；

　　　W_{ijk}——i 类型项目，进度计划主体节点 j 下的进度计划具体节点 k 占主体节点的权重（$k=1$，…，l）；

　　　F_{ijk}——i 类型项目，进度计划主体节点 j 下的进度计划具体节点 k 当年计划完成比例。

其中，各个单项工程的进度计划节点由各单位项目建设管理部门编制的里程碑计划确定。通过上述方法，实现里程碑计划与投资计划的精准匹配，夯实了投资计划编制的基础。

4）自下而上。基于级联神经网络拓扑结构，从最底层的形象进入具体节点，通过五层结构，将投资计划层层汇总至各电压等级的第一层网络，科学地自下而上形成年度投资规模。

（4）智慧编制项目投资计划。依托"网上电网"平台，将固化的全电压等级、各专业类型的电网基建项目进度节点与进度权重，在精准投资信息系统中实现。依托"精准投资管理系统"平台开展电网基建项目投资计划编制与项目执行进度的个性化功能开发，实现投资计划自动编制、年度规模科学确定与线上进度异动监测在统一平台操作以及数据共享。

2. 数据应用链：在执行监督方面，构建"三率合一"的投资执行监测机制

国网上海电力通过构建一套常态化的"三率合一"投资执行监测机制，建立涵盖"事前、事中、事后"的电网基建项目多专业、全流程、跨部门协同管控模式，重点监督项目开工、建设、投产全过程的信息准确性和管理合规性，实现项目建设全过程动态监测和管控，着力提升项目全过程精益化管控水平。

（1）科学制定监测规则。国网上海电力通过开展项目首尾监控，以常规指标监测和异常指标监测相结合的方式，深入分析当前投资完成报送过程中存在的问题，确保项目在控、可控、能控。

1）开展项目首尾管控。制定电网基建项目"首尾管控"监测规则，对项目开工、投产进行规范管理。其中项目开工须完成 ERP 建项、收发货金额不为零，完成施工合同签订，取得开工报告、初设批复文件；项目投产需在 ERP 操作施工完成并提供竣工验收报告、调度命名文件、启委会会议纪要、调度运行截图等相关佐证材料。

2）开展常规与异常指标监测。国网上海电力围绕立项到结项关键环节完成情况制定 5 项常规指标，重点针对投资完成偏差情况、投资执行合规方面制定 6 项异常指标，通过常规指标与异常指标监测相结合的方式，全过程动态跟踪投资执行情况。常规指标与异常指标的监测内容见表 1。

表 1　　　　　　　　　　　常规指标与异常指标的监测内容

指标类别	序号	指标名称	监测内容
常规指标	1	ERP 建项情况	监测完成可研、初设审批的项目在 EPR 完成"建项"操作、搭建架构的情况
	2	投资完成情况	按月统计截至当期累计完成投资情况。投资完成率 = 本年投资完成 / 本年下达投资计划值
	3	合同签订情况	监测通过公司经法系统流转、已正式生成二维码的项目施工合同情况。 合同签订率 = 本年合同签订金额 / 本年下达投资计划值

续表

指标类别	序号	指标名称	监测内容
常规指标	4	成本入账情况	监测物资与服务合同收发货进度情况。成本入账率＝本年成本入账金额／本年下达投资计划值
	5	资金支出情况	监测项目费用实际支付情况。资金支出率＝本年资金支出金额／本年下达投资计划值
异常指标	1	投资完成与成本入账偏差	监测投资完成与成本入账的偏差情况
	2	投资执行黑名单	监测疑似多报投资与连续多年下达投资仍未投产项目
	3	开工超过三个月仍未领料	监测开工超过三个月仍未有 ERP 物资领料的项目
	4	投产后仍领料	监测项目投产（ERP 已操作施工完成且统计口径竣工）仍领用物资情况
	5	连续三个月建设进度无进展	监测连续三个月无建设进度的项目
	6	无施工许可证	监测 2019 年以来无施工许可报送投资完成的项目

（2）开发自动统计功能。在 ERP 系统中开发自动统计报表，获取项目建筑、设备、安装、其他四项费用的收发货、资金支出等数据，实现电网基建项目投资自动统计和智能预警提示功能，监测投资完成疑似多报、资金支出异常等问题，提升统计数据报送准确性。

（3）构建日通报管控模式。按照"问题清单、逐日整改、现场抽查"的思路，通过大数据分析锁定问题清单，按日通报各类疑似虚报项目的督查整改进度，按月现场抽查典型项目投资形象进度，有效防范统计违法风险，保障投资执行过程合规性。

3. 创新管理链：在优化管理方面，构建基于图像识别的自动投资统计方法

国网上海电力依托国家电网公司数字化基建新方向，融合 BIM、人工智能等新技术，应用基于图像识别的自动投资统计方法，构建现场实际建设信息多渠道采集及图像识别和人工判定、过程信息全程追溯、投资执行科学管控的投资统计数字化生态，动态监控全过程形象进度，提高数据准确性与真实性，提升投资统计管理效率效益。

（1）开展现场信息采集及三维模型建立。针对项目施工现场室外区域，国

网上海电力采用无人机空中倾斜摄影技术，实时快速对施工现场全方位获取全景图像，并运用 ContextCapture 建模软件建立三维模型。

【示例】某 110kV 变电站运用无人机倾斜摄影技术室外场建模成果如图 3 所示。

图 3　某 110kV 变电站运用无人机倾斜摄影技术室外场建模成果

针对项目施工现场室内区域，国网上海电力通过布设轨道机器人，搭载三维激光扫描仪，定期获取现场精准三维坐标信息，对复建出的三维点云数据进行处理后，直接导入到 CAD、revit 等软件，快速建立高精度高分辨率的三维模型。

【示例】某 110kV 变电站室内扫描建模结果如图 4 所示。

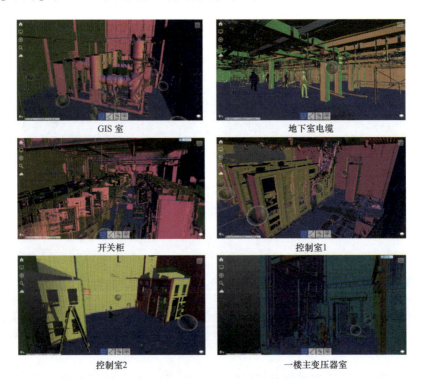

图 4　某 110kV 变电站室内扫描建模成果

（2）开展输变电工程投资统计空间解剖。国网上海电力结合大量工程现场调研成果，对典型项目的建筑信息模型（BIM模型）进行解剖，细化投资统计颗粒度，形成若干与三维地理信息系统（3DGIS）模型易关联的投资统计分解空间。对输变电工程项目按变电站、土建、进线工程进行空间解析，分割成12个一级分区、16个二级分区。输变电工程项目空间维度解析如图5所示。

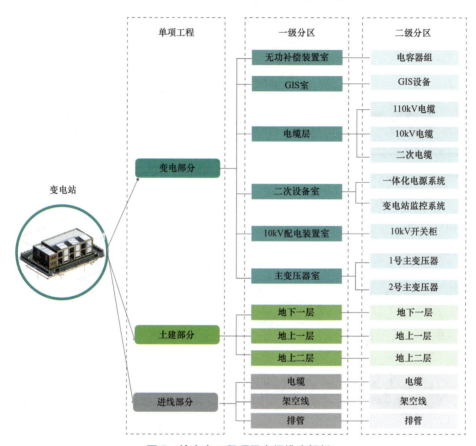

图5　输变电工程项目空间维度解析

（3）开展实际进度与形象进度关联匹配。将建立的3DGIS模型与BIM模型底层数据结构进行匹配，实现"图数一致"。

1）变电站部分：将3DGIS模型与BIM底层数据分六个区域按照模型统一命名规则［如主变压器调制传递函数（MTF）、开关柜（SCT）等］进行匹配，"拼图式"地将现场模型嵌入BIM模型。

【示例】某变电站关联嵌入如图6所示。

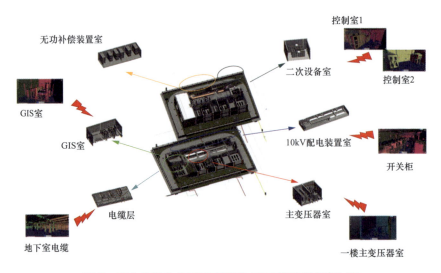

图6 变电站部分3DGIS模型与BIM模型关联嵌入图

2）土建部分：将运用无人机倾斜摄影技术建立的3DGIS模型按三个区域嵌入BIM模型，参照与变电站部分相同的规则进行关联匹配。

【示例】某变电站土建部分关联嵌入如图7所示。

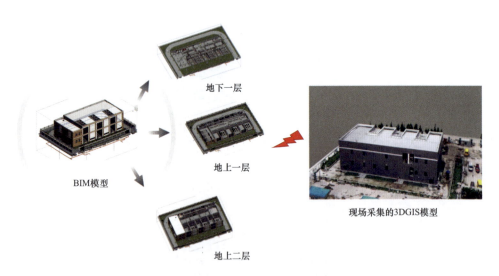

图7 某变电站土建部分关联嵌入图

3）进线部分：架空线部分按以杆塔为基准点对运用无人机倾斜摄影技术建立的3DGIS模型和BIM模型进行定点匹配。电缆部分一般位于工程隐蔽位置，且排管内存在已敷设电缆，由于建模困难，其投资统计方式暂时用信息系统（ERP）收发货数据近似替代。

【示例】某变电站架空线部分关联嵌入如图 8 所示。

BIM模型　　　　　　　　　　　　　无人机倾斜摄影成果（架空电力线）

图 8　某变电站架空线部分关联嵌入图

（4）智能统计输变电工程投资完成规模。开展对历史输变电工程造价结构统计分析，基于 BIM 三维设计的各空间按通用造价初步估算各分区投资规模占总投资的比例。各分区投资比例见表 2。

表 2　　　　　　　　　　按三维设计解析各空间投资比例

分区名称	主要特征	通用造价	投资占比
主变压器	通常是三个独立的主变压器室，一期安装一至两台主变压器	每台主变压器 250 万元，按两台主变压器测算	15%
电缆层	安装电缆支架，敷设电缆，通常有消防水泵房	估测 300 万元	7%
110kV GIS 室	安装 110kV GIS 配电装置，通常规划为 12 个间隔，1 台主变压器对应 4 个间隔	每个间隔约 65 万元，按两台主变压器对应 8 个间隔测算	12.5%
10kV 开关室	通常双列布置，规划 6 段母线，一台主变压器对应两段母线	平均一台开关柜按 10 万元计，每段母线平均 13 柜	12.5%
无功补偿区	通常安装 9 组电容，一台主变压器对应 3 组电容	一组电容平均按 15 万元计	2.5%
二次设备室	通常安装 4 列屏位，一期会预留少量屏位	包含全站二次及通信辅控系统，估测约 430 万元	10.5%

说明：占比的分母取的是工程总投资。统计测算时可根据实际需要调整。

结合工程投资总额计算出各空间投资额，按照模型空间关联匹配进度，确定当月投资完成额，判断出投资完成水平。智能统计输变电工程投资完成规模方法如图9所示。

图9 智能统计输变电工程投资完成规模方法

4. 价值创造链：在效益评价方面，构建基于同期售电量的投入产出分析模型

一体化电量与线损管理系统作为国家电网公司的关键业务平台，全面、准确、实时贯通营配调数据，有效衔接投资建设、生产运行、营销服务等环节，基于一体化电量与线损管理系统采集的同期售电量数据具有全面、同步、颗粒度细、针对性强的特点。国网上海电力通过建立基于同期售电量的电网投入产出精准统计分析模型，深化同期电量价值挖掘，为促进公司经营发展、政府有效决策提供支撑。

（1）采集变电站投入产出数据。

1）采集变电站产出数据。选择作为典型案例分析的变电站，在一体化电量与线损管理系统中采集该变电站的供电量、售电量数据。其中售电量分为台区用户售电量和高压用户售电量。台区售电量包括台区用户售电量和台区线损，为提高数据处置效率，在开展分析时暂不考虑台区线损。同期电量数据采集来源如图10所示。

2）采集变电站投入数据。对相关变电站投资计划数据、决算转资数据进行采集，一般依托网上电网、ERP系统进行采集，明确形成资产的价值，支撑后续计算项目投运后每年形成的折旧成本、运维成本。

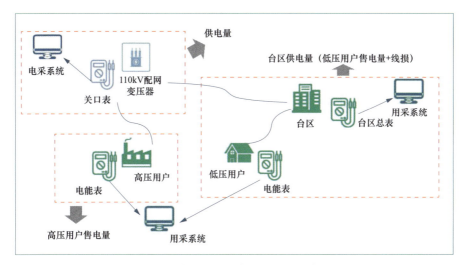

图 10 变电站同期电量数据采集来源

（2）建立数据分析逻辑和规则。

1）明确电量数据的计算分析逻辑。

根据变电站的拓扑关系图，按照"站—线—变—户—表"的关系，梳理该变电站供电范围内的线路、用户，建立电量分析逻辑关系（见图 11）。在进行数据分析时，先按照每个变压器包含的高压用户、台区用户，对电量数据进行归集。

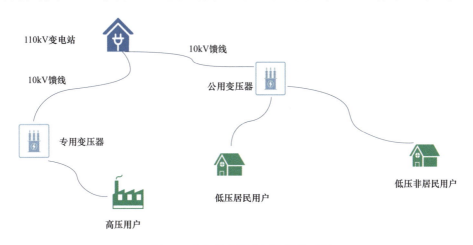

图 11 变电站电量分析逻辑关系图

2）变电站输变电能力利用率分析。考虑到变电站最高负荷并不能代表项目投资的经济性，因此，利用一体化电量与线损管理系统精准采集变电站供电量、售电量的数据优势，对变电站输变电能力利用效率进行计算，公式如下：

$$变电站输变电能力利用效率 = \frac{全年实际供电量}{全年理论供电量} \times 100\%$$

供电量从一体化电量与线损管理系统采集，全年理论供电量按照变电站容量与全年小时数的乘积计算。

若利用效率大于60%，则变电站利用效率较高，但存在重载、超载风险，应在今后加强地区网架投资。

若利用效率小于30%，则变电站利用效率偏低，应考虑进一步优化网架，提高负载水平。

【示例】计算2017—2020年某变电站的利用率，见表3。

表3 某变电站输变电能力利用率

项目	2017年	2018年	2019年	2020年
供电量（万kWh）	23707	36894	36034	56895
主变压器容量（MVA）	243	274.5	274.5	274.5
全年最高供电量（万kWh）	124805	140983	140983	140983
变电站输变电能力利用效率	19.00%	15.34%	14.99%	25.78%

2017—2020年该变电站的利用效率均小于30%，利用效率偏低，应考虑进一步优化网架，提高负载水平。

3）后评价报告售电收入预测验证。在电网投资项目后评价报告中售电量数据一般为预估值，通过一体化电量与线损管理系统实现了变电站售电量数据的精准采集，可对该预估值进行偏差修正，保证投入产出精准分析。

【示例】以某110kV变电站为例，后评价报告估算售电收入与基于同期售电量的输配电收入对比表见表4。

表4 后评价报告预测售电收入与基于同期售电量的输配电收入对比表

指标	后评价报告与同期电量数据计算值	2017年	2018年	2019年	2020年	2021年
售电量（万kWh）	预测电量	8140	9541	9641	12148	15792
	同期售电量	5809	7933	7265	8617	8962

续表

指标	后评价报告与同期电量数据计算值	2017 年	2018 年	2019 年	2020 年	2021 年
售电收入（万元）	预测售电收入	1719	2015	2036	2565	3335
	输配电收入	1336	1825	1671	1551	1613
售电收入偏差率		22%	9%	18%	40%	52%

除 2018 年外，应用预测电量计算的售电收入与基于同期售电量计算的输配电收入存在的偏差率均达到 15% 以上，2021 年预测售电收入与输配电收入的偏差率最高达 52%。

4）变电站投入产出效益分析。对变电站投入产出效益分析方法主要分为三个步骤：

a. 计算输配电收入。根据政府核定的输配电价、同期售电量，计算输配电收入。按照输配电价监管结果，2017—2019 年输配电价为 0.23 元 /kWh，2020—2022 年为 0.18 元 /kWh。由于完成对客户的售电，并非某一级输变电设备单独发挥作用，故要对该售电收入按电压等级进行分割，按照后评价项目的一般经验，110kV 变电站输配电收入分配比例一般为 25%。

b. 计算输配电成本。国网上海电力固定资产投资完成后，每年形成折旧成本和运维成本，针对需要评价的投资项目，计算其折旧成本、运维成本。按照输配电价监管结果，折旧率为 5.7%，运维成本约为资产原值 2%。

c. 计算投入产出水平。根据售电收入、投入成本，计算该变电站的运行经济效益。对变电站年成本、年收入进行趋势分析，总结结论。

三、特色亮点

（一）优化投资管理模式

突出价值创造、效率优化的导向。以建立体系、引入方法、搭建平台为抓手，构建覆盖投资计划编制、执行监督、投资统计、效益评价全链条融合的精准投资管理模式，促进各专业横向衔接、各层级纵向贯通、各环节信息一致，实现"投资决策全优化、进度信息全统一、管控评价全支撑"，进一步提升投资效益。

（二）创新投资管理手段

坚持技术驱动、数字赋能的理念。运用无人机、机器人、图像识别技术及人工智能技术，实现视频信息模型化，建立一项运用科技手段的新型数据统计监督机制。依托"网上电网"、同期线损系统等平台，持续挖掘电网数据价值，为上海公司投资管理决策提供有力支撑。

四、应用展望

（一）效益分析

1. 提升投资规模安排的精准性

通过引入级联神经网络模型有效解决虚列投资计划、计划编制缺乏标准和数据支撑等问题，提升电网投资规模安排的精准性和电网发展效率。2019—2021 年，国网上海电力精准安排基建投资总额分别为 114.83 亿、100.01 亿、92.39 亿元。

2. 促进投资执行管控的精准性

通过建立"三率合一"的投资分析监测机制，动态监控在建项目执行情况，深入分析执行异常原因，有助于发现问题后及时采取整改措施，解决投资"三率"存在较大偏差、投资执行不规范等问题，切实提高精准投资执行管控能力。2021 年国网上海电力投资执行有序高效，全年电网投资的转资规模达 119.07 亿元、超出前两年平均转资规模约 20 亿元，投资转资率 101.57%、同比增加 18 个百分点，创近五年新高，有效扭转公司固定资产净值下降趋势，获得国网上海电力领导批示肯定。

3. 增强投资统计数据的准确性

通过引入基于图像识别的自动投资统计方法，解决投资统计数据客观性不足、实际建设形象进度与投资计划、投资完成脱轨等问题，有效提升数据采集效率、采集质量，对投资统计数据的真实性、有效性加强了监管，确保统计数据的真实性，增强数据合规性。

4. 提升投资效益分析的精准性

通过建立基于同期售电量的电网投入产出分析模型，能准确定位某个区域某个变电站的经济效益、输变电工程的投资回报率的测算，为投入产出效益精准分析提供支撑，同时将同期售电量的应用范围从电量的实施监测、产业分析向前延伸至电网投资后评价，为公司项目后评价机制完善、多维度电量效益分析提供支撑。

（二）应用情况

国网上海电力选取典型项目，应用"四链融合"精准投资管理体系，开展投资执行监督、投资统计、投资后评价的分析，验证体系的合理性、科学性。

（三）应用前景

电网经营发展环境复杂严峻，国资监管和行业监管趋于严格，对电网企业强化精准投资提出更高的要求。国网上海电力将进一步推广应用"四链融合"精准投资管理体系，并深化信息系统数据联通融合，切实提高投资的精准性和有效性。

五、参考文献

无。

基于数据归真理念的电网基建项目进度监测分析与实践

主要完成人

鲜其军；刘云平；马瑞光；程超

主要完成单位

国网四川省电力公司；国网四川省电力公司经济技术研究院

摘 要

面对电网基建项目投资、建设管理中存在的统计数据失真、数据利用不充分、跨部门数据不匹配等问题，国网四川省电力公司（以下简称"公司"）主动作为，率先提出了投资统计"归真"、以建设进度来归真投资进度的管理理念，并对选取的典型电网基建项目进行了综合性"归真"分析。本文以工程建设进度、投资完成进度与成本结算进度匹配率为抓手，从外部环境、计划编制、工程建设、报账管理等环节，系统梳理了电网基建项目建设进度落后于投资进度、成本入账进度落后于归真投资进度的原因，提出了电网基建项目投资管理策略改进建议，为公司加强电网基建项目全过程管理，建立基于工程建设进度、投资完成进度、成本结算进度"三率合一"的电网基建项目投资统计月度分析机制积累了宝贵经验。本文提出了投资进度归真方法，同时量化分析了税金、概算结余、入账滞后对归真投资进度、入账进度"两率"差异的影响，为公司推进投资统计精准管理，探索投资统计自动生成提供了坚实支撑。

关　键　词

电网基建；数据归真；进度管控；三率合一

一、工作背景

为了强化项目投资全过程管控能力，监督电网基建项目施工建设、入账结算等关键节点，及时、准确地掌握公司电网基建项目进展状况，解决部分投资统计数据失真问题，提升投资统计数据质量，公司率先提出归真投资进度的工作理念，通过建设进度对投资进度进行归真换算，并尝试建立归真投资进度与财务入账进度的关联关系。通过上述指标的交叉分析，互为校验，准确定位项目建设管控薄弱点，深入探索提升投资统计数据质量的方式和方法。

本文选取公司建设管理的典型大中型电网基建项目为研究对象，对项目的投资完成进度与工程建设进度的匹配情况、归真投资进度与入账成本进度的匹配情况等内容进行深入分析，详细阐述了投资统计"归真"的管理理念、以建设进度来归真投资进度的具体做法，并从外部环境、计划编制、工程建设、报账管理等环节总结了建设、投资、入账进度不匹配的主要原因，为全面加强电网基建项目投资管理，加强统计数据校验提供了新思路，为探索投资统计数据自动生成、提高投资统计数据准确性提供了方法和案例支撑。

二、主要内容

（一）研究思路和基本框架

要实现对电网基建项目进度的科学监测，必须深入贯彻投资计划执行全过程管理的基础理念，充分利用公司各类系统数据资源，厘清各类专业数据的逻辑关系，形成电网基建项目执行过程的数据画像。必须坚持提升投资统计数据准确率的工作目标导向，紧密结合公司估算概算、里程碑计划、施工计划、投资统计报量等专业管理规定，建立起投资统计数据校验的方式方法。因此，本文的主要工作思路为：依托电网基建项目跨部门多元数据资源，厘清项目基本情况，深入挖掘电网基建项目管理中涉及的发展、建设、财务等专业核心指标，尝试建立各专业指标之间的比对校验关系，并深入分析关联指标不匹配的原因，最终提出改善电网基建项目管理薄弱环节、提升进度管理水平的意见和建议。本文的主要研究思路如图1所示。

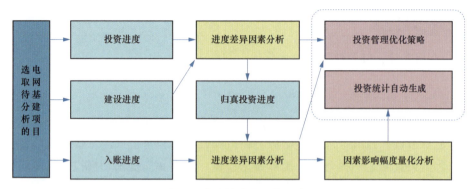

图 1　本文的主要研究思路

（1）选取研究对象。以公司在管的电网基建项目为研究对象，重点收集项目的施工计划、建设进展、成本入账等关键信息，全面掌握公司在管电网基建项目的基本情况，优选典型项目进行研究。

（2）提出对投资进度进行归真的管理理念和方法。以投资进度普遍快于实际建设进度为切入点，紧密结合四川电网基建项目建设的外部环境和具体情况，重点对项目的投资进度和建设进度差异情况进行分析，系统梳理建设进度出现滞后的共性原因。在此基础上，建立投资进度归真的管理理念，提出归真投资进度的计算方法，按照实际建设进度对投资完成进度进行归真。

（3）归真投资进度与入账进度的比对校验分析。首先，针对归真后的投资进度与入账进度的差异情况进行系统性分析，将项目分为新开工、投产、续建三类，紧密结合各类项目管理所处的阶段，分别分析入账进度与归真投资进度产生差异的原因。其次，以归真投资进度与入账进度差异的量化分析为主要研究内容，分析税金、概算结余、入账滞后等客观因素对归真投资进度与入账进度"两率"差异的具体影响，为判定归真投资进度与入账进度"两率"的合理差异范围，建立归真投资进度与入账进度的校验关系提供参考。

（4）总结分析。对全文分析内容进行总结，提出电网基建项目投资计划全过程管理改进策略，提升公司管理水平。

（二）归真投资进度理念的提出与计算方法

1. 项目投资进度与建设进度的差异分析

经过系统梳理与筛选，本文共选取公司当年在管的 183 个 110kV 及以上电网基建项目作为研究对象。根据统计结果，大部分工程的形象进度与投资完成进度吻合较好，但仍然有 68 个项目的投资完成进度与工程建设形象进度的差值大于 5%，个别项目的投资完成进度甚至大幅超前于实际建设进度。综合来看，项目投资进度与建设进度产生差异的主要原因是实际建设进度拖慢，具体可以分为以下几类。

（1）因施工现场地处高原，自然条件苦寒，施工受气温、天气影响严重，频繁被迫停工，导致工程建设进度滞后较多，多发生在自然条件相对恶劣的三州一市地区。对于此类项目，物资部通过催促供应商加快物资供应，保障设备及时到货，建设部则通过倒排工期，加派人手，可适度加快工程建设进度。随着工程的进一步推进，工程建设进度与投资完成进度的差异将逐步减小。

（2）施工地居民以电磁辐射、安置补偿、青苗赔偿等原因频繁阻工，导致工程现场进度较慢，多发生在人口密度较大，耕地资源较多的地区。此类项目由于阻工原因较为复杂，解决周期一般较长，短期内工程建设进度与投资完成进度的差值率难以减小。

（3）因政府规划用地调整、政府投资项目推迟等原因导致项目工期严重落后，多发生在成都周边等城镇化建设发展较为迅速的地区。此类项目一般处于停工状态，能否顺利推进与政府规划、政策等密切相关。由于部分项目主要设备已采购，施工监理招标已完成，土地款已支付，工程建设进度与投资完成进度的差值率在短期内难以改变。项目投资进度与建设进度出现差异的主要原因如图2所示。

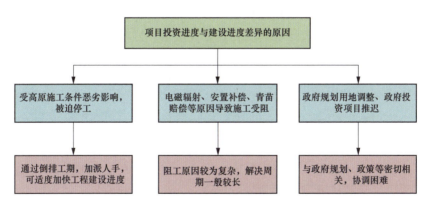

图2 项目投资进度与建设进度出现差异的主要原因

考虑到投资完成进度一般结合综合计划报送，与投资计划匹配，工程建设进度则因各种客观不可控因素出现不同程度的滞后。因此可以初步判断，投资完成进度数据可能出现了一定程度的失真，已无法准确反映项目的实际进展情况，亟须进行"归真"处理。

2. 投资完成进度"归真"理念与计算方法

为了真实反映项目的工程形象进度，更加准确地表达项目实际完成的投资量，本文提出对投资完成进度进行归真的理念。即按照项目实际施工进度和项目概算等信息，折算出相对真实的投资进度完成值，具体算法为

$$\xi = \sum_{i=1}^{n} \theta_i A_i \bigg/ \sum_{i=1}^{n} A_i$$

式中　ξ——项目归真投资进度；

　　　θ_i——项目第 i 个单项工程的建设进度，取自基建管控系统；

　　　A_i——第 i 个单项工程的概算投资。

例如，若某个输变电工程包含三个单项工程，每个单项工程的概算投资分别为 A、B、C，截至当期统计时间节点，每个单项工程的实际建设进度为 $x\%$、$y\%$、$z\%$，则该工程的归真投资进度为

$$\xi = \frac{A \cdot x\% + B \cdot y\% + C \cdot z\%}{A + B + C}$$

每个单项工程的实际建设进度按照公司基建管理相关规定进行计算，可以直接从基建管控系统抽取，也可以由单项工程的里程碑节点细化至单位工程层级后，按照施工进度计划及执行情况加权求和得到。

本质上，归真投资进度是工程建设进度的货币化体现，以资金量的形式间接反映了项目的实际建设情况和实际投资完成量。同时，由于归真投资进度的计算主要取决于各单项工程的实际建设进度，且数据取自建设专业的基建管控系统，避免了由于人为原因导致的超报、虚报行为，数据的准确性、真实性相对更容易得到保障。

（三）归真投资进度与入账进度的校验分析

1. 归真投资进度与入账进度差异原因分析

为了进一步验证归真投资进度的合理性，建立归真投资进度和入账进度的校验关系，需要进一步分析归真投资进度与入账进度的差异。经初步统计，新开工、续建、投产三类项目归真投资进度与成本入账进度的差值分别为 14.26%、19.96%、13.83%。可以看到，虽然归真投资进度和入账进度都以资金量的形式反映了项目的实施进度，但仍然有着不小的差异，入账进度明显小于归真投资进度，二者无法直接形成互相校验，需要对差异原因进行更加详细地分析。不同工程阶段项目的平均归真投资进度与平均成本入账进度如图 3 所示。

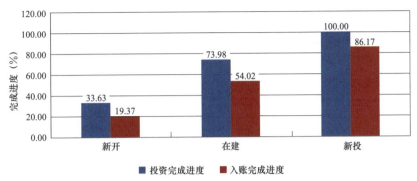

图3 不同工程阶段项目的归真投资完成进度与入账成本完成进度

经过深入调研分析，导致项目入账进度相对较低的主要原因有：

（1）财务入账工作环节较多，耗时较长。一般情况下，从施工单位报量开发票到财务入账需要1个月左右的时间，而建管部门上报的工程进度一般又会滞后于现场实际进度1个月左右，再考虑到财务会签报账过程手续繁杂，成功将工程建设进度反映到财务入账处至少需要2个月的时间。因此当月统计得到的成本入账完成情况往往与实际的工程进度并不相符。

（2）物资款项入账进度滞后。一是物资款项开发票不及时，个别物资供应商未将发票与物资一起交付，需要反复催促才能提供票据，造成部分物资费用无法及时入账。二是因为部分工程施工进度比计划超前，物资实际到货比计划到货时间提前，但按规定在计划到货时间之前不能办理入账。

（3）施工费用入账不及时。施工单位由于难以出具预付款保函，大多主动放弃施工预付款，在建设过程中只有进度款，部分施工单位甚至因为各种原因不申报进度款，因此造成部分施工费用在财务入账环节没有及时得到体现。

（4）部分费用尚未支付。由于部分工程正在办理工程结算，根据施工、监理、设计、咨询合同的约定，尚未达到向相关供应商支付尾款、质保金的条件，存在部分施工费未付清、物资款未付完的情况，需要在办理工程决算之后完成支付。

（5）概算结余率较大。一是物资、非物资经国网、省公司统一招标，主要设备中标价格一般低于概算批复价格，费用有较大节余；二是工程实际发生的工程量一般比初步设计（以下简称"初设"）批复规模偏小；三是工程基本预备费、工程建设监督检测费等其他费用一般未发生。

（6）入账成本不含税金。项目总投资是含税价，但是财务口径的入账工程成本为不含税价。在"营改增"的大环境下，这部分费用至少会造成10%~13%的差值率。

新开工、续建、投产三类项目入账进度出现滞后的主要原因如图4所示。

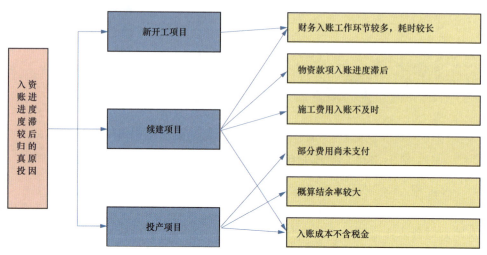

图4　新开工、续建、投产三类项目入账进度出现滞后的主要原因

2. 归真投资进度与入账进度差异影响因素量化分析

为了系统建立归真投资进度与入账进度的互为校验关系，有必要对上文提到的主要差异原因进行量化分析。

（1）税金的影响。一般来讲，项目总投资等于初设概算批复金额，造价管理界面的初设概算是含税价，但是财务口径的项目入账工程成本为不含税价，在"营改增"的大环境下，这部分费用规模也比较大，会对成本入账进度与工程形象进度的差值率产生较大的影响。

根据目前阶段的国家税收政策，对于物资类费用，需要缴纳的税金比例约为17%，施工类费用约为11%。除此之外，其他费用包括项目前期费用、基本预备费、招标费、监理费等多种费用，构成较为复杂，每一种费用的税金比例也不相同。但是一般情况下，其他费用在项目总投资中的占比较小，因此可以暂时取统一税率进行粗略统计，本文暂将其他费用的税率调整为6%来进行分析。

根据各项目入账成本的费用构成情况和不同费用的税金比例，可以对入账成本进行更为精确的归真处理：归真入账成本 = 物资类入账成本 × （1+17%）+ 施工类入账成本 × （1+11%）+ 其他类入账成本 × （1+6%）。

按照费用构成法计算得到的税金相对入账成本的比例如图5所示。可以看到所选取的181个发生了入账的项目中，各项目税金的占比分布在6%~17%之间的区间内。

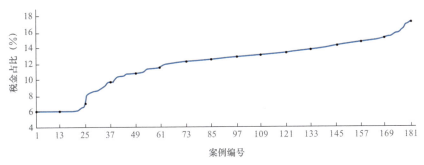

图 5　税金占入账成本的比例

（2）概算结余、入账滞后等因素的影响。根据前文的分析，影响成本入账完成进度的主要因素除了税金之外，还有概算结余、费用未结清、入账滞后等多种因素。为了简化问题，本文选取了已投产的 51 个 110kV 项目作为研究对象，首先按照费用构成法剔除税金造成的影响，对每个项目的归真投资完成进度与成本入账进度的差值情况进行重新计算，获得了如图 6 所示的结果。

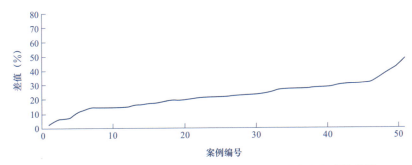

图 6　已投产 110kV 项目归真投资完率与入账成本完成率的差值

选取项目的计划总投资与建筑、安装、设备、其他投资占比共 5 个指标来表征项目投资的规模与构成等特征，然后采用 K—均值聚类分析法对归真投资进度与成本入账进度的差值和项目投资特征之间的相互关系展开研究。经过多次聚类尝试与分析，可以将这 51 个项目大体分为三类。项目聚类结果见表 1。

表 1　　　　　　　　　　　　　　项目聚类结果

分类结果			
类别	类别 1	类别 2	类别 3
案例数量	18	10	23

最终聚类中心			
指标	类别 1	类别 2	类别 3
计划总投资	6888.41	4201.2	1058.45
差值率	0.235	0.329	0.273
建筑概算占比	0.12	0.1	0.04
安装概算占比	0.33	0.44	0.39
设备概算占比	0.34	0.23	0.37
其他概算占比	0.21	0.23	0.21

根据聚类中心的分布可以看到，第一类项目的计划总投资明显大于其他两类，归真投资进度与成本入账进度的差值也相对较小，此类项目概算中建筑、安装、设备与其他费用的比例相对较为平均。第二类项目的计划总投资比第一类略小，但安装费用占比较高，设备费用占比较低，归真投资进度与成本入账进度的差值是三类项目中最大的。第三类项目的计划总投资明显小于前两类项目，建筑的费用明显偏低，归真投资进度与成本入账进度的差值介于前两类项目之间。

根据分析结果初步可以形成以下判断：①计划总投资越大的项目，归真投资进度与成本入账进度的差值越有可能较小。这是因为计划总投资越大的项目，一般工程量较大，工期也较长，施工中发生的各种费用有较好的条件分批次完成入账。而对于计划总投资较小的项目，一般建设工期较短，容易出现费用集中入账、滞后入账的情况，从而导致较低的成本入账完成率。②建筑、安装费用占比较高的项目，归真投资进度与成本入账进度的差值越有可能偏大。这是因为，建筑、安装费用一般包含了施工费用，施工单位常常因为报账手续复杂等客观原因出现报账滞后，从而导致施工费用支付不及时、入账延后。

可以看到，除了税金之外，其他因素对归真投资与成本入账进度差值的影响十分复杂，各因素之间相互交织，目前还很难对每一个因素的影响幅度进行准确量化。但本文的研究思路和相关成果，可以为今后科学建立归真投资进度与成本入账进度之间的校验关系、实现投资统计数据的自动生成提供坚实的支撑。

（四）项目投资管理策略改进建议

1. 投资计划方面

一是规范投资计划的编制，按照工程建设的规律和周期，科学编制开工投产里程碑进度计划，合理确定年度投资规模；二是加强项目异动监测分析，对已下达计划的项目，确保项目按时有序实施，对工程规模发生变化的项目及时调整投资计划；三是加强进度监督与考核，对项目物资提报、招标采购、合同签订、合同履约、物资领用、支出入账实施全过程督促管控。

2. 项目建设进度方面

一是合理安排建设时序，科学编制项目施工进度计划，全力克服影响工程施工的各类困难，加快项目推进进度；二是强化基建管控系统数据管理，提升建设进度数据维护的准确性和时效性，真实反映现场施工进展。

3. 物资管理方面

一是继续加强物资计划及物资技术规范书审查，避免出现因管理文件错误导致不能及时完成采购的情况；二是加强物资合同签约履约管理，根据工程进度制定物资供应计划，督促供应商按时供货。

4. 财务入账方面

全力加快财务入账进度。要求物资管理部门与项目管理部门对每月支付给供应商的货款及施工费进度款进行及时准确地提报，督促施工单位及时按进度申请预付款，确保物资设备入库后及时入账。项目投资管理策略改进建议如图7所示。

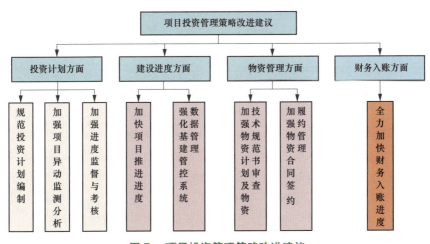

图7　项目投资管理策略改进建议

三、特色亮点

（1）率先提出了投资统计"归真"的管理理念，以建设进度来归真投资进度，为全面加强电网基建项目投资管理，加强统计数据校验，提高投资统计数据准确性提供了新思路。

（2）系统梳理了电网基建项目建设进度滞后产生的原因，为合理安排计划工期，提高电网基建项目建设管理水平提供了参考。

（3）对归真投资进度与入账进度的差异原因进行了深入分析，指出了项目支出入账管理存在的问题，为提高项目成本入账管理水平指明了方向。

（4）量化分析了税金、概算结余、入账滞后对归真投资进度、入账进度"两率"差异的影响，为确定"两率"合理差异区间，实现投资统计精准管理，探索投资统计自动生成提供了支撑。

（5）从计划、物资、建设、财务等多个专业提出了电网基建项目管理策略改进建议，为提高投资完成进度、工程建设进度和成本入账进度的匹配度，强化投资项目全过程管控能力，提供了解决方案。

四、应用展望

本文提出的投资统计"归真"做法，本质上是将建设进度与投资进度、建设进度与入账进度进行两两对比，实现了建设部"工程建设"、发展部的"投资完成"以及财务部的"入账成本"三个关键指标的交叉分析，互为校验，能够准确定位项目建设管控薄弱点，与国家电网公司"三率合一"的基本理念完美契合，为公司建立基于工程建设进度、投资完成进度、成本入账进度的电网基建项目投资统计月度分析机制积累了宝贵经验，为"三率合一"监测分析体系的建设、推广和实施打下了坚实的基础。

本文提出的投资统计数据归真方法，为通过工程建设进度合理推算投资完成进度提供了思路；开展的归真投资进度与入账进度差异影响因素分析，对税金、概算结余、入账滞后等各类因素的影响进行了初步量化，建立了入账进度与实际投资进度的关联关系。相关成果可以为深入推进"三率合一"体系建设，通过采集工程建设和成本入账进度，实现投资统计数据的自动生成提供参考。

本文提出的电网基建项目投资管理策略改进建议，准确把握了现有管理工作的各项薄弱点，明确了改进提升的方向，对于推动公司发展、建设、财务、物资等专业管理水平提升，助力公司实现高质量发展具有重要指导意义。

五、参考文献

［1］赵昊鹏，胡中鲲，莫平生．电力基建项目固定资产投资统计指标体系研

究 [J]. 科技经济市场，2016，（11）：99-100.

　　［2］施宁娜 . 关于电网建设投资统计方法的优化及建议 [J]. 现代物业，2013，（3）：84-85.

　　［3］聂婧 . 河北电网 220kV 输变电工程造价统计对比分析 [J]. 黑龙江科技信息，2013，（4）：105-106.

　　［4］张雯，肖雪梅，王磊 . 电网工程项目预算闭环管控简析 [J]. 华电技术，2015，（10）：60-62.

　　［5］周子毓 . 电网项目全口径全过程统计指标体系研究 [J]. 企科技创新与应用，2015，（2）：182-183.

　　［6］徐志奇 . 电网投资评价系统模型研究与应用 [D]. 北京：华北电力大学，2012.

基于 BIM 的新型投资统计应用模式实践

主要完成人

钟彬；徐冰雁；秦旷宇；刘杨名

主要完成单位

国网上海市电力公司；国网上海市电力公司金山供电公司

摘　要

为实现投资统计智能科学化管理，国网上海市电力公司（以下简称"国网上海电力"）积极应用网上电网、ERP 等系统，实现多方信息的联动及项目过程进度管控，促进投资精准化、高效化。对照国家大力倡导的数字经济、信息技术与传统产业融合、全面实现国家电网公司数字化转型、做真用实统计数据等目标，智能自动统计实现仍存在自动统计源头不通、数据统计失真、数据价值挖掘不够等问题。国网上海市电力公司依托总部数字化基建新方向，融合建筑信息模型、人工智能等新技术，将数字化基建、现场图像识别、空间统计、物料号与 BIM 设备智能关联等新技术应用于投资统计实践中，赋予了投资统计"感知"和"智慧"，并将以上工作经验进行总结归纳，编写"基于 BIM 的新型投资统计应用模式实践"成果。

关　键　词

投资统计、BIM、图像识别、智能关联

一、工作背景

随着建筑信息模型（building information modeling，BIM）技术在建筑领域的充分利用，电网建设数字化设计、数字化交付已成为基建管理重要组成部分，另外，人工智能技术、5G 技术提升了工程现场信息采集和分析能力。"十三五"以来，国网发展部立足发展业务需求，建成"数据一个源、电网一张图、项目一个库、业务一条线、应用一平台"的"网上电网"系统，并提出"主动适应改革要求，加快实现精准投资，切实提高电网发展质量和效率"的工作目标。然而，当前投资统计信息系统通过基建信息系统采集，投资完成数据主要依靠建设部项目经理手工填写。因此，投资完成率数据填报准确性、真实性主要依赖工作人员工作质量，项目统计口径有偏差、真实性准确性无法保证，缺少技术手段进行校验、复核。由于存在指标考核压力，部分基层单位甚至虚报投资，造成数据失真，加大了项目管理风险。另外，国网上海电力投资统计聚焦于投资完成规模，与项目开工、物资收货、设备进场、变电施工等关联性不足，与工程里程碑进度难以匹配，降低了投资统计数据的应用价值。综上，从当前投资统计管理及"网上电网"的建设情况看，存在自动统计源头不通、数据统计失真、数据价值挖掘不够及"网上电网"创新应用有待加强等问题。

二、主要内容

（一）主要思路

针对背景所述问题，结合"网上电网"平台的智能化投资统计模块和个性化建设，研究主要思路如下：一是研究 BIM 三维模型解析。将 BIM 模型进行分解，按照投资统计需求的管理颗粒度进行分解，便于后期开展模型信息匹配和投资统计。二是研究基于图像识别技术的三维建模，通过无人机、激光点阵采集项目现场信息并建模。三是研究图像与 BIM 三维模型的自动识别匹配，通过大数据和深度学习对历史数据进行集群训练，对 BIM 模型与三维识别模型进行自动识别匹配。四是研究三维模型自动生成投资完成率。基于项目现场建模与BIM 设计模型的比对分析结果，设定分解的投资完成规模标准，自动生成项目投资完成率。五是研究基于 3D GIS 的智能数字化管控分析。建立投资计划数据信息、投资统计数据信息、工程设计建设 BIM 数据信息的三维模型信息的数据偏差、比对、校验分析方案。六是设计 3D GIS 全息生态投资统计展示方案。建立相关投资统计数据三维模型展示方案，为深度挖掘数据价值，完善国网上海电力现有的投资统计分析系统功能提供支撑。

1. BIM 三维模型解析

通过与数字化基建系统进行集成，对 BIM 底层投资数据结构进行解析，按空间解析 BIM 三维模型获得各个空间的投资规模，对电网基建项目进行区域分割，分为土建、变电、进线三部分。BIM 三维模型解析如图 1 所示。

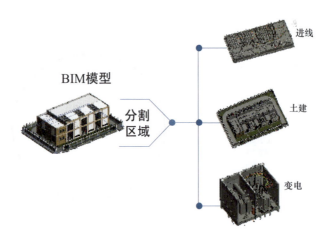

图 1　BIM 三维模型解析

（1）土建部分分割。将 BIM 模型根据土建实际情况分割成地下 1 层、土建 1 层、土建 2 层三个区域。

（2）变电部分分割。将 BIM 模型根据变电实际情况分割成主变压器、电缆层、GIS 室、开关室、无功补偿区、二次设备室六个独立空间。

（3）进线部分分割。架空线部分按以杆塔为基准点进行分割，其中电缆部分建模困难，过渡方案以 ERP 收货值近似替代。架空线分割与建模如图 2 所示。

图 2　架空线分割与建模

（4）BIM 模型构建。通过集成的方式获取数字化基建（BIM）系统内 Revertor 软件制作的 BIM 模型 RVT 2018 格式文件，在系统搭建项目的 BIM 三维模型。根据项目不同的电压等级、项目类型、单项工程类型进行分割部分的组件化，形成 BIM 模型组件资源库，为 BIM 模型的便捷构建及展示提供基础组件支持。

2. 基于图像识别技术的三维建模

依托图像识别技术实时、完整地采集项目现场信息，结合 BIM 模型在 BIM 给定的坐标上通过照片采集、视频监控、无人机倾斜摄影、智能统计机器人等手段对施工现场进行三维建模，构建现场图像识别智能应用，实现视频信息模型化，模型结构化，从而进一步实现统计分析数字化。

（1）现场采集。通过现场拍摄照片、视频监控、无人机倾斜摄影、智能统计机器人三维激光扫描等技术获取项目现场的室内室外、实时施工即时图像。照片采集通过现场手机拍照获取施工现场状况；视频监控通过架设视频监控方式，实时获取现场实时影像；无人机倾斜摄：通过采用无人机空中倾斜摄影技术，获得三维影像。智能统计机器人，通过室内布设轨道机器人，搭载三维激光扫描仪，定期获取现场精准三维坐标信息与项目工程室内的建设情况信息。工程现场图像采集如图 3 所示。

图 3　工程现场图像采集

（2）现场实景联合三维模型（3D GIS）构建。按照 BIM 模型设定的坐标，开展现场空间建模。其中，照片三维建模，通过相机等设备对物体进行采集照片，经计算机进行图形图像处理以及三维计算，从而全自动生成被拍摄物体的三维模型；智能统计机器人的快速建模，依托室内智能统计机器人，其搭载的三维激光扫描设备，能够提供扫描物体表面的三维点云数据，可快速建立高精度高分辨率的三维模型；倾斜摄影三维建模，通过无人机搭载五个不同的角度采集影像，获取地面物体更为完整准确的信息，由倾斜影像生成三维模型。

3. 基于人工智能图像自动识别

首先，利用计算机对图像进行处理、分析和理解识别各种不同模式的目标和对象；然后，再根据图片灰阶差进一步识别处理；最后，通过人工智能集群训练，从而实现自动识别。

（1）模型数字图像处理。对 BIM 模型及 3D GIS 模型图像根据 BIM 模型部分进行分割，将图像中的边缘、区域等有意义的特征部分提取出来，通过计算机对图像进行去除噪声、增强、复原、分割、提取特征等处理的方法，对图像进行处理。

（2）图像配准学习。首先，通过对比分析大量的图像进行配准学习，对特征进行提取得到特征点，通过 Autodesk Revit，Navisworks 将特性 Revit 数据导入，通过进行相似性度量找到匹配的特征点对，然后，通过匹配的特征点对得到图像空间坐标变换参数，最后，由坐标变换参数进行图像配准。

（3）基于人工智能图形识别自动匹配。根据现场实际建设关键节点及建设安排，结合项目施工节点在建设部、发展部的管理要求，抽象关键节点及进度信息，将采集的 3D GIS 模型与 BIM 模型通过图像配准学习进行图像识别自动进行嵌入匹配，分区域构建现场实际建设进度模型，为图像识别及人工智能判定进度提供基础。人工智能图形识别自动匹配如图 4 所示。

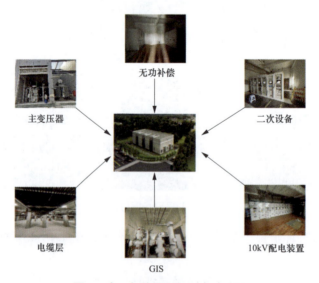

图 4 人工智能图形识别自动匹配

4. 投资完成自动生成

基于 BIM 模型与 3D GIS 模型的搭建与嵌入，依托现场实际情况，通过嵌入三维模型对现场实际建设进度进行解析，解析的数字化进度与项目总投资进行计算，自动生成投资完成值，做到投资完成值精准解析、智能生成。

（1）项目现场实际建设进度数字化。通过 ERP 工程账号与投资统计项目进行匹配，确认项目一致性；通过 ERP 中所挂物料编号与 BIM 模型进行关联解析，以 BIM 模型各区域分割模型和物资供应情况生成基于物资的投资完成进度 BIM 模型。通过无人机、激光扫描、热成像等技术进行现场拍摄；依托图像识别技术实时、完整采集项目现场实际建设信息、设备到场情况；通过人工智能技术生成基于现场图像的投资完成进度 BIM 模型，完成现场实际建设进度的数字化转换，其中包含各电压等级、各项目类别、各单项工程、各主体节点的实际建设进度。

（2）投资完成模型搭建。根据 3D GIS 模型与 BIM 模型生成的嵌入模型，得出实际建设进度。按照项目的电压等级、项目类型、单项工程等信息得出对应的三维设计解析的 BIM 分割空间，根据实际情况设置各空间的投资占比，结合空间匹配进度，确定当月投资完成值，构建投资完成模型，实现投资完成值自动生成。

（3）投资完成偏差阈值模型搭建。通过级联神经网络投资进度模型生成的理论投资值与投资完成模型自动生成的投资完成值进行比对。以往年历史数据进行校验分析得出不同电压等级、不同项目类型、不同单项工程的偏差预警，在阈值范围内允许人工修复校准，提高系统容错率，实现系统自动投资更加精准化，合理化。

5. 智能数字化投资统计管控分析

通过阶段性的全景图形和现场实景联合三维模型，并与 BIM 进度模型进行对比，计算工程实际完成情况，准确地监控工程进度。依托图像识别技术实时、完整采集项目现场信息，通过人工智能技术对现场采集数据与投资计划、基建数字化信息进行自动、智能地校核验证分析，实现视频信息模型化，模型结构化，建立完整的输变电工程数字化信息库，推演出虚拟现实的三维空间模型与投资实际完成量，进一步实现统计分析数字化，开展统计智能分析。

（1）电网基建偏差预警模型搭建。针对现场实景联合三维模型人工智能统计形成的现场实际建设进度数据，结合 BIM 模型建设进度，搭建不同电压等级、工程类型的电网基建项目偏差预警模型，确定校核方案，设定预警阈值。其中：自动投资完成进度与现场投资进度采集值偏差预警模型，通过获取投资完成模型中的投资完成进度和基建管控中的根据实际建设进度获取的投资完成进度采集值，根据往年历史数据搭建不同电压等级、工程类型预警模型并设定阈值，对两者进行校核分析，实现项目的偏差预警；级联神经网络投资进度与自动生成投资完成进度偏差预警模型，通过获取级联神经网络的下达的投资计划的理论投资进度和自动生成的投资进度，根据往年历史数据搭建不同电压等级、工程类型预警模型阈值，对两者进行校核分析，实现预警；ERP收货信息与实际建设进度中物资收货进度偏差预警，通过获取ERP的物资收货进度和实景联合三维模型的现场实际收货进度，根据往年历史数据搭建不同电压等级、工程类型预警模型阈值，对两者进行校核分析，实现预警。

（2）电网基建项目智能化管控。依托电网基建偏差预警模型，对自动生成的投资进度、实际建设进度、基建管控建设进度进行校核分析，并与ERP物资收货进度进行偏差对比，实现电网基建项目计划执行进行数字化统计分析，自动生成报表进行数字化监测，自动监测预警各层级项目异常进度。

6. 3D GIS全息生态投资统计

基于采集项目的实景联合三维模型、基建管控BIM模型、投资完成模型对项目进行全景3D模型展示，通过点击模型穿透至统计图，跟踪项目的实际建设情况、项目竣工状态、投资计划情况、投资完成情况，做到图数一致，并对异常项目进行告警可视化预警。

（1）图像模型化。采用视频捕捉技术，覆盖各单位全景项目，实现图像信息智能识别，图像向模型化方向转换。

（2）模型结构化。基于大量模型，实施大数据赋能，整合资源，对模型进行结构化处理，挖掘模型价值。

（3）结构数字化。对实际建设进度结构化信息、投资进度结构化信息、基建管控建设进度结构化进行数字化智能转换，摆脱人工填报的瓶颈和弊端。

（4）展示平台化。数据在平台中通过动态展示技术，在大屏上展现可视化统计成果。

（5）进度状态化。对实际建设进度、投资进度、基建管控建设进度通过三维模型状态化转换，相互交验，保证数据真实、正确。

（二）取得成效

1. 工程现场摄影拍照录入，赋予投资统计现场视觉

采集现场图像与识别赋予投资统计"眼睛"。依托图像识别技术，对施工现场进行实时、全方位的图像采集，并通过多种建模技术，实时快速地对施工现场（含建筑室内外情况）构建全景图像和三维模型，立体呈现工程项目现场施工进度和现状，投资统计工作不再受困于办公室。打造了现场图像识别App，集统计、展示、记录存储多功能，以无人机（输变电工程）、三维激光扫描（站内GIS设备等）与智能手机拍摄（配电站、电缆等）多种方案得到全景、三维、清晰影像，适应不同类型项目，实现较高识别成功率。项目经理按投资空间采

集施工现场电气设备照片，同步上传系统，系统自动进行图形识别，计算投资完成进度，无须投资统计管理人员至现场判断、监督投资进度。现场采集影像并上传如图 5 所示，现场影像智能识别如图 6 所示。

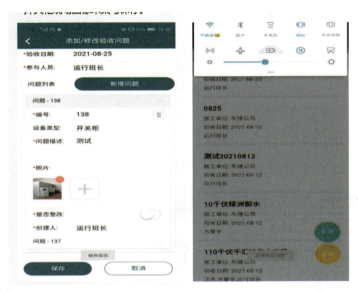

图 5　现场采集影像并上传

图 6　现场影像智能识别

2. 生成空间统计模型，全电压等级项目全景空间再现

生成空间多维模型并识别赋予投资统计"智慧"。对典型电网投资项目（如输变电工程）建筑和设备结构进行多维空间解剖，明确各维度空间的投资典型投资占比、典型建设进度形象，建设性地提出空间多维统计模型及统计规则。通过图像建模、模型智能识别，赋予投资统计进度值，为投资智能统计和监督分析提供依据。在国网发展部统计处的指导下，首次提出"输变电工程投资空间"理念，构建完成基于无人机与三维激光扫描的图像识别 3D GIS 模型，建立输变电工程"三个状态"（进线、土建、变电），与"六个空间"（主变压器室、GIS 室、开关室、无功补偿室、二次设备室、电缆层）的三维统计模型。变电站空间统计模型如图 7 所示。

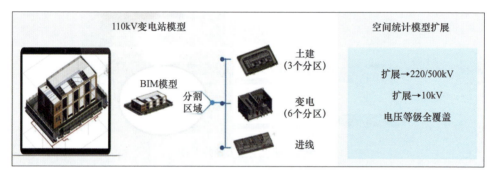

图 7　变电站空间统计模型

3. 空间统计模型转换数字，建设完成进度智能显现

110、220、500kV 等输变电工程，按单项工程分为变电、土建和进线三个部分。其中，变电部分分为六个子空间，分别为无功补偿装置室、GIS 室、电缆层、二次设备室、配电装置室和主变压器室。按照典型项目分析，对变电六部分进行空间统计模型构建，形成不同空间模型对应不同项目完成进度，实现一见模型、就出数据。以 220kV 输变电工程为例，无功补偿装置室、GIS 室、电缆层、二次设备室、配电装置室和主变压器室空间，投资完成占比分别为4.37%、43.76%、7%、21.35%、1.91% 和 22%。

土建工程空间，分为外墙装修、零米层、地上一层和结构封顶四部分，与3D GIS 模型相匹配。各空间投资完成占比定为零米层 30%、地上一层 20%，结构封顶 20%，以及外墙装修 30%。

变电站空间统计模型与投资完成占比如图 8 所示。

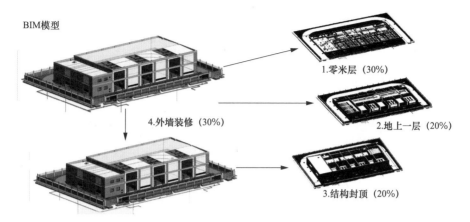

图 8　变电站空间统计模型与投资完成占比

架空线工程，将空间模型分为立杆及架线两部分。其中，立杆投资完成占比为 40%，架线为 60%。其中，立杆完成投资计算模型为：立杆完成投资 = 40% × 总投资 × 完成立杆数 / 总杆数；架线完成投资 =60% × 总投资 × 完成架线长度 / 总长度。

排管工程，空间模型为工井。排管工程完成投资计算模型为：排管工程完成投资 = 总投资 × 完成工井数 / 总工井数。

电缆工程，空间模型为电缆敷设长度。电缆项目完成投资 = 总投资 × 完成电缆敷设长度 / 总电缆敷设长度。

4. 物料 ID 与 BIM 模型 ID 关联，生成进度模型互相校核

ERP 物料关联 BIM 设备赋予投资统计监督"感触"。基于现场采集的实时统计信息，准确地监控工程进度，并将各建设单位提交的投资统计数据、ERP 系统的工程与物资收发货数据进行比对校核。消除基建管理、物资管理、投资管理、投资统计四个专业管理壁垒，确保现场实际建设情况与计划安排、物资供货、基建管控有效衔接，杜绝虚报投资完成现象，确保工程建设目标准确执行。利用 BIM 三维设计模型 ID 和 ERP 物料台账 ID 进行六大设备匹配，实现数据和模型的关联匹配。首先，依托三维交付系统，导入 ERP 主设备编号，通过关联匹配，自动生成 ERP-BIM 收发货三维模型，如无功补偿室，BIM 中模型 ID 为电容器（CAP），ERP 物料 ID 为 500051626 或 500123695，形成关联匹配关系。其次，以 ERP 系统中的收货进度，形成 ERP-BIM 三维进度模型。最后，以 ERP-BIM 三维进度模型为基准（理论上应该最准确），校核基建管控、现场图像识别的投资完成进度，三种三维模型中的投资计划完成进度相互校核，监测基建管控、提报投资统计、ERP 收发货数据的真实性。ERP 主设备物料编码与 BIM 模型主设备代码关联如图 9 所示。

图 9 ERP 主设备物料编码与 BIM 模型主设备代码关联

（三）案例解析

1. 基于现场影像 BIM 建模的智能投资统计应用案例

220kV ZS 站为 2021 年在建项目，变电容量：240 万 kVA 2 台，线路长度：约 75km，概算总投资：13.75 亿元。其中，变电部分为 2.14 亿元；线路部分为 11.61 亿元。

通过无人机倾斜摄影进行三维拍摄，工程现场图形识别，建立三维 BIM 模型，智能分析投资进度完成情况。无人机倾斜摄影如图 10 所示，基于影像生成三维模型如图 11 所示。

图 10 无人机倾斜摄影

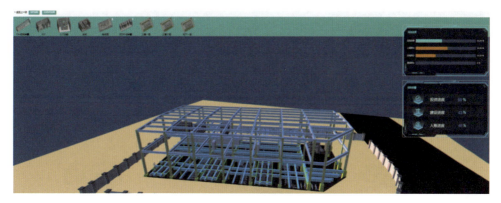

图 11　基于影像生成三维模型

上传无人机拍摄影像后，识别主变压器已经安装到对应位置，三维模型图更新完成，右侧总体进度由 43.34% 变成 51.67%，左侧变电建设进度由 33.32% 变成 49.98%。故形象进度可标示为：右侧投资进度由 5.96 亿元推进至 7.10 亿元，左侧变电建设部分进度由 0.71 亿元推进至 1.07 亿元。统计周期内，工程整体累计投资进度为 8.17 亿元，当月进度为 1.5 亿元。

2. 基于物料关联 BIM 建模的智能投资统计应用案例

国网上海金山供电公司 110kV 某项目，物料 ID 与 BIM 模型 ID 关联生成投资完成进度的典型应用如下：

第一步：ERP 系统中导出收货信息。第二步：以物料编码 ID 与 BIM 类别代码匹配。第三步：生成 BIM 模型及投资计划完成率。

导出物料收货清单如图 12 所示，物料编码与 BIM 模型的匹配如图 13 所示，生成 BIM 模型及投资计划完成率如图 14 所示。

采购申请	请求的项目	采购订单编号	采购订单行	WBS 元素	物料	物料描述	采购订单数量	订单单位	单价（不含税	单价（含税）	采购订单生效	交货日期	中标日期	电子商务标示符
500165671	190	500131023	260	16662B16000	500128477	保护金具-防振	903.000	付	41.03	48.01	2017/5/19	2017/9/15	2017/5/15	MD201700088400001
500165671	60	500131023	60	16662B16000	500121229	地线耐张通用,	3	套	56.41	66.00	2017/5/19	2017/9/15	2017/5/15	MD201700088400002
500165671	210	500131023	280	16662B16000	500120432	66kV导线悬垂	342	套	161.54	189.00	2017/5/19	2017/9/15	2017/5/15	MD201700088400003
500165671	220	500131023	290	16662B16000	500120437	66kV导线悬垂	12	套	288.89	338.00	2017/5/19	2017/9/15	2017/5/15	MD201700088400004
500165671	120	500131023	190	16662B16000	500120561	66kV导线耐张	117	套	270.94	317.00	2017/5/19	2017/9/15	2017/5/15	MD201700088400005
500165671	140	500131023	210	16662B16000	500120362	66kV导线跳线	62	套	105.98	124.00	2017/5/19	2017/9/15	2017/5/15	MD201700088400006
500165671	130	500131023	200	16662B16000	500120554	66kV导线耐张	12	套	118.80	139.00	2017/5/19	2017/9/15	2017/5/15	MD201700088400007
500165671	20	500131023	20	16662B16000	500082911	OPGW光缆,2	18.340	千米	5,402.00	6,320.34	2017/5/19	2017/9/15	2017/5/15	MD201700088500001
500165671	70	500131023	100	16662B16000	500122804	交流棒形悬式	366	支	89.74	105.00	2017/5/19	2017/9/15	2017/5/15	MD201700088600001
500165671	150	500131023	220	16662B16000	500053120	铁塔,AC66kV,	328.290	吨	5,662.39	6,625.00	2017/5/19	2017/9/15	2017/5/15	MD201700088900001
500165671	10	500131023	10	16662B16000	500026702	钢芯铝绞线,JL	100.500	吨	12,512.00	14,639.04	2017/5/19	2017/9/15	2017/5/15	MD201700089200001
500165669	20	500131021	20	16662B16000	500014596	变电站支架,钢	9.000	吨	6,991.45	8,180.00	2017/5/19	2017/9/15	2017/5/15	MD201700089300001
500165669	10	500131021	10	16662B16000	500014592	变电站构架,钢	27.000	吨	6,991.45	8,180.00	2017/5/19	2017/9/15	2017/5/15	MD201700089300002
500165672	130	500131024	190	16662B16000	500113415	钢管杆（桩）,	30.500	吨	5,330.77	6,237.00	2017/5/19	2017/9/15	2017/5/15	MD201700089500001
500165672	140	500131024	200	16662B16000	500122793	交流盘形悬式	174	片	41.03	48.01	2017/5/19	2017/9/15	2017/5/15	MD201700090000001
500165672	10	500131024	10	16662B16000	500026702	钢芯铝绞线,JL	9.970	吨	12,512.00	14,639.04	2017/5/19	2017/9/15	2017/5/15	MD201700090100001
500165670	20	500131022	20	16662B16000	500100418	智能变电站线	2	套	60,000.00	70,200.00	2017/5/22	2017/9/15	2017/5/15	MD201700111300001
500165670	30	500131022	30	16662B16000	500090317	智能变电站变	1	套	82,000.00	95,940.00	2017/5/22	2017/9/15	2017/5/15	MD201700111300002
500165670	10	500131022	10	16662B16000	500113775	智能变电站监	1	套	1,146,000.00	1,340,820.00	2017/5/22	2017/9/15	2017/5/15	MD201700111300003
500165669	120	500131021	140	16662B16000	500123712	电容器组串联	3	台	2,136.75	2,500.00	2017/5/22	2017/9/15	2017/5/15	MD201700111600001
500165669	130	500131021	150	16662B16000	500121731	10kV框架式电	1	组	42,564.10	49,800.00	2017/5/22	2017/9/15	2017/5/15	MD201700111600002
500165669	140	500131021	160	16662B16000	500123717	电容器组串联	3	台	2,649.57	3,100.00	2017/5/22	2017/9/15	2017/5/15	MD201700111600003
500165669	110	500131021	130	16662B16000	500123739	10kV框架式电	1	组	33,504.27	39,200.00	2017/5/22	2017/9/15	2017/5/15	MD201700111600004
500165668	10	500131020	10	16662B16000	500031219	66kV油浸有载	1	台	729,300.00	853,281.00	2017/5/22	2017/9/15	2017/5/15	MD201700111700001
500165669	60	500131021	60	16662B16000	500112835	66kV三相隔离	4	组	23,253.00	27,206.01	2017/5/22	2017/9/15	2017/5/15	MD201700111900001

图 12　导出物料收货清单

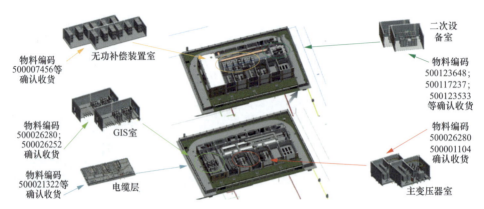

图 13　物料编码与 BIM 模型的匹配

根据物料供货进度，该项目总体进度为 84%，其中土建部分 75%，变电部分 80%，进线 100%。

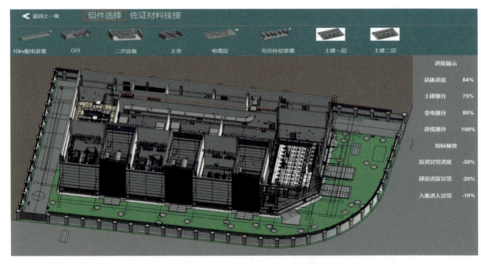

图 14　生成 BIM 模型及投资计划完成率

三、特色亮点

1. 引入更新更好技术，实现统计技术的升级迭代

引入进度管控 App、图像识别技术，进一步提高采集效率与精准度，监控现场设备、电缆等建设进度；构建基于无人机与三维激光扫描的图像识别 3D GIS 模型，建立输变电工程"三个状态"（进线、土建、变电），与"六个空间"（主变压器室、GIS 室、开关室、无功补偿室、二次设备室、电缆层）的三维统

计模型，提出"拼图式"空间智能统计理念；基于 ERP 物料 ID 关联 BIM 设备 ID，形成 ERP-BIM 三维建模方法，形成物资供应进度、基建管控进度、提报进度联动校核，确保进度数据真实可靠。

2. 多种数字化应用方案，推动统计工作数字化转型

依托网上电网系统，在自动统计模块中个性化增加 BIM 三维拼图统计模块，实现 3D 模型全景展现。设计 BIM 三维模型管理、3D GIS 模型管理、投资完成进度管理、3D GIS 管控分析建设、ERP 收发货三维模型管理、物资收发货三维监测管理、BIM-3D GIS-ERP 三生生态管理等模块，全面实现投资统计监督的数字化。

3. 构建多类空间统计模型，实现全电压等级多维空间模型覆盖

按照典型项目分析，对变电六部分、土建三部分，电缆项目、架空线项目构建了空间统计模型，创造性地开展"拼图式"空间智能统计。BIM 模型电压等级从 500kV 输变电工程覆盖至 10kV 配电网工程，空间划分包括 GIS 室、无功补偿装置室、电缆层、二次设备室、配电装置室、主变压器室等，实现全电压等级、多维空间的全覆盖。

4. 提出基于物资的"三维监测理念"，丰富投资统计监测手段

利用 BIM 三维设计模型 ID 和 ERP 物料台账 ID 进行六大设备匹配，实现数据和模型的绑定。将 BIM 构建的类别代码与物料代码相匹配，自动生成 ERP 收发货三维模型，校核投资计划完成情况，丰富了投资统计监测手段。

四、应用展望

基于 BIM 的新型投资统计模型应用研究成果，国网上海市电力公司后续将深入开展电网基建项目投资计划数字化、基建工程数字化、统计数字化。基于"网上电网"平台的三维模型智能化投资统计模块的个性化建设，融合各业务信息系统数据资源，全面开展电网基建项目投资计划数字化、基建工程数字化、统计数字智能化，实现自动统计数据源头可追溯，根据现场实际建设进度自动生成投资统计进度，与基建三维管控系统相互校核、验证、预警，解决投资进度不准确、数据不真、建设目标不协同、系统之间不校核等问题，提高数据准确性与真实性，进一步提升投资统计管理效率效益。

五、参考文献

［1］张建平，余芳强，李丁.面向建筑全生命期的集成 BIM 建模技术研究[J].土木建筑工程信息技术，2012，4（1）：6-14.

〔2〕梁群，曲伟.运用 BIM 技术进行建设项目全寿命周期信息管理 [J]. 时代农机，2015（6）.

〔3〕陈继良，张东升 .BIM 相关技术在上海中心大厦的应用 [J]. 建筑技艺，2011（1）：104–107.

适应高质量发展战略的电网投资统计数据精准化管理

主要完成人

王春建；陈若兴；韩思雨；陈宏伟；邹刚；肖辉旭；时圣尧

主要完成单位

国网吉林省电力有限公司；国网吉林省电力有限公司吉林供电公司；国网吉林省电力有限公司经济技术研究院

摘　　要

"十三五"以来，国网吉林省电力有限公司（以下简称"国网吉林电力"）聚焦高质量发展战略，落实国家电网公司"一业为主、四翼齐飞、全要素发力"的发展布局，着力推动质量变革、效益变革、动力变革，为实现高质量发展提供战略指引。统计体系作为国家推动高质量发展的六大体系之一，战略作用日益凸显，其数据的真实性、准确性和有效性是提升电网企业经营管理水平及科学决策的重要依据，电网基建的投资统计是电网企业的核心数据，其管理质效尤为重要。国网吉林公司针对目前电网基建统计工作的管理现状及存在的问题，以进一步提高统计数据质量、提升吉林电网投资效率效益、深入挖掘统计数据价值为目标，以明晰职责、规范流程、数据共享、创新实践为原则，从管理和技术两方面，研究构建坚持依法合规、健全数据职责、投资刚性管控、创新统计方式、挖掘数据价值、助力"双碳"目标共六个维度的电网投资统计管理体系，有效提高了国网吉林电力投资统计数据的真实性、准确性、完整性和及时性，为国网吉林电力践行高质量发展理念、构建新型电力系统、服务"双碳"目标提供坚强的数据支撑和有力的统计保障。

关 键 词

高质量发展；投资统计；三率合一；精准投资

一、工作背景

（一）履行央企责任，服务国家高质量发展的重要保障

"十三五"以来，国网吉林电力全面贯彻新发展理念。按照"一业为主、四翼齐飞、全要素发力"总体布局，全面推动高质量发展的各项工作部署，切实解决发展不平衡、不充分的问题，形成更高效率、更高质量的投入产出关系，真正实现高质量发展。统计体系作为国家推动高质量发展的六大体系之一，战略作用日益凸显。电力统计数据是能源行业的"风向标"，是宏观经济的"晴雨表"，是各级政府和社会广泛关注的关键指标，在当前稳中有变、变中有忧的经济新形势下具有更加突出的重要作用。高质量发展战略要求电网企业必须"生产"真实准确、及时完整的电力统计数据，使其成为谋划发展思路、制定政策措施、实施调控管理的信息基石和可靠依据，更好地服务党和国家的工作大局，服务宏观经济策略，更好地推动能源革命，实现高质量发展。

（二）贯彻中央统计工作部署，强化依法治企的基本要求

随着中国特色社会主义进入新时代，统计工作进入了以改革促发展、以创新促转型的新阶段。习近平总书记从党和国家事业全局高度，多次对统计工作作出重要指示批示。随着中央巡视、国家审计、国资监管等监督检查的进一步常态化，主动适应监管、顺从改革趋势是电网企业发展的必然选择。电力统计数据特别是电网投资数据作为审计、监管、检查的主要切入点，必须牢固树立各层级人员法律风险防控意识，加快构建完备有效的合规制度体系，坚持依法统计、依法治统，做到统计数据真实准确，数出有据。

（三）推动公司战略转型，加快实现发展目标的必然选择

随着输配电价改革、增量配电投资业务试点、售电侧放开、集体企业改革改制等工作的全面落地，国网吉林电力正处于战略转型的关键时期，经营业绩将由主要依赖售电量增长模式转变为成本控制、投资管控水平提升、新兴业态开拓等全要素共同发力的新模式。电网基建投资作为电网企业固定资产投资

的重中之重，其统计数据的"真实、准确、完整、可信"是战略决策、生产经营、市场预测的重要依据。高质量发展战略目标提出了"加强公司投资风险防范""强化精准投资和精益管理""加强资金精益调控一体化""实现电网数字化转型"等一系列具体要求。为贯彻落实高质量发展战略，推动国网吉林电力发展方式从规模速度型向质量效益型转变，迫切需要进一步完善统计指标体系，优化统计分类，提高统计数据的真实性、及时性、准确性，准确反映工作效率、管理效益和发展质量情况。

二、主要内容

以实现国网吉林电力高质量发展战略目标为统领，以进一步提高统计数据质量、提升国网吉林电力投资效率效益、深入挖掘统计数据价值为目的，以明晰职责、规范流程、数据共享、创新实践为原则，深入贯彻落实党中央、国务院关于进一步提高统计数据真实性工作的重要部署，研究从坚持依法合规、健全数据职责、投资刚性管控、创新统计方式、挖掘数据价值、助力"双碳"目标六个维度构建电网投资统计数据精准化管理体系，精准化管理六个维度如图1所示。

图1 电网投资统计数据精准化管理体系

总体思路：国网吉林电力从管理和技术两方面抓好六个维度内容，对电网投资统计数据实施精准化管理。管理措施主要体现为坚持依法合规、健全数据职责、投资刚性管控共三个维度；技术措施主要体现为创新统计方式、挖掘数据价值、助力"双碳"目标共三个维度。在"四级联动、分级负责"基础上，充分依托"网上电网"数字化建设成果，实现数据源头一致、内外部数据自动获取、项目全过程信息可追溯、可评价，为各级人员提供科学、高效的投资管理手段，并基于管理和技术方面的维度建设，分别列举典型的案例说明管理实施效果。电网投资统计数据精准化管理主要内容框架如图 2 所示。

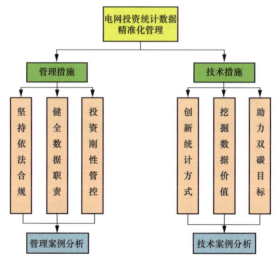

图 2　电网投资统计数据精准化管理主要内容框架图

（一）坚持依法合规，提高统计质效

1. 坚持依法统计

在新时代国家电网公司统计工作方针引领下，依法统计既是统计专业人员坚守党纪国法底线的基本遵循，也是确保统计数据真实性、客观性和及时性的法律保障。国网吉林电力严格按照《中华人民共和国统计法》《中华人民共和国统计法实施条例》等法律法规要求，深入开展依法统计工作。将统计法律法规列入年度普法计划和培训必修课程，大力开展普法常态化工作，有效提高各层级干部员工法律风险防控能力，营造"不敢假、不能假、不想假"的统计生态，切实做到统计数据真实准确、数出有据。

2. 落实通用制度

国网吉林电力认真研究梳理国家电网公司涉及电网投资统计的各项通用制度，结合投资统计工作实际，构建了"1+3"投资统计制度体系。"1"即《国家电网公司投资管理规定》一项基本制度，"3"即《国家电网公司统计管理办法》《国家电网公司统计信息发布管理规定》《国家电网公司统计数据质量管理规定》共三项统计制度。按照国家电网公司进一步做好通用制度落地执行的有关要求，广泛开展培训宣贯，充分发挥国家电网公司通用制度的支撑保障作用。"1+3"投资统计通用制度体系如图 3 所示。

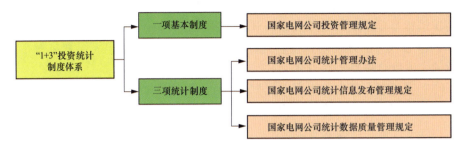

图 3 "1+3" 投资统计通用制度体系

（二）健全数据职责，强化统计归口管理

1. 健全数据质量责任制

根据《中华人民共和国统计法实施条例》《防范和惩治统计造假弄虚作假督查工作规定》《国家电网有限公司关于落实中央提高统计数据真实性要求的意见》（国家电网办〔2018〕1200号）等文件的相关要求，进一步明确各部门、各专业、各环节、各岗位的数据质量责任。对于统计数据质量，各部门、单位主要负责人负主要领导责任，分管负责人负直接领导责任。按照数据"谁产生、谁负责"的原则，数据提供部门负第一责任，统计归口部门负统计专业监督责任。

2. 坚持统计归口管理

充分发挥发展部作为国网吉林电力投资统计归口管理部门的核心作用，按照国家电网公司深化依法治企、依法统计、依法治统的基本要求，协同建设部、设备部、财务部等部门，扎实做好统一指标体系、统一数据来源、统一报表制度、统一统计发布等各项工作，统筹做好不同专业、不同口径、不同周期的指标差异分析，完善指标统计规范，健全报表审批制度，规范数据发布流程，切实解决统计工作指标分散、解释多头、填报重复、数出多门等问题。

（三）投资刚性管控，保障工程建设成效

国网吉林电力不断强化电网基建投资的全过程、全方位管理，健全投资风险防范机制，坚持科学投资、稳健投资、精准投资、有效投资，杜绝低效无效投资，基于"网上电网"自动智能投资统计和精准投资管理平台，开展计划刚性管控专项行动，保障基建工程建设成效。主要举措：

（1）制定总体策略。在年初将投资计划刚性管控工作列入国网吉林电力年度提质增效和发展工作要点，严格按照计划开展新开工和投产项目里程碑管理工作，召开加快推进电网基建计划执行进度专题会议，协同相关部门对电网项

目进行全面梳理，对加快推进项目执行进度进行深入研究。

（2）月度执行管控。基于"网上电网"自动智能投资统计平台，对投资执行情况进行月度监测，定期发布新开工里程碑执行情况通报，强化项目执行管控和评价考核。加强计划调整管控，对不能完成的计划，积极谋划应对举措，持续加大项目储备力度。

（3）领导牵头督办。由国网吉林电力主要领导主持召开项目建设投资进展推进会议，同时按照负责部门、供电公司、重大项目三个维度每半个月对投资完成情况进行督办，确保年度投资计划全量、足额完成。

（四）创新统计方式，加强投资过程管控

按照国家电网公司关于加快形成跨部门、跨专业、跨领域数据管理体系，推进数据汇集融合共享的要求，国网吉林电力牢固树立互联网思维，以问题为导向，针对现阶段投资统计工作存在的数据源头不一致、跨系统数据无法完全共享问题，依托国家电网公司数字化建设成果，深入应用"三率合一"数据监测分析体系。根据电网基建项目开工、投产、投资完成、形象进度等网上统计模型，以建设部工程建设形象进度、发展部投资完成进度与财务部入账成本进度完成率为抓手，建立了发展、建设、设备、财务、物资等多专业、多环节数据联动校验机制，扎实推进系统集成和数据治理。主要举措：

1. 加强项目信息统一管理

基于网上电网平台，在开展网格化规划的基础上，从规划、可行性研究（以下简称"可研"）、投资计划编制与下达、ERP建项、PMS管理、过程管控、投资统计等环节，构建全过程信息一致、项目颗粒度精准的10kV及以上电网项目管控流程。以电网基建项目为主线，通过统一数据标准，唯一数据源头，实现规划、计划、投资、财务、建设、运行、统计等各环节项目信息一致、数据共维共享、全寿命周期可追溯分析。

2. 加大异常数据排查工作力度

为实现电网投资完成进度与实际项目建设进度、入账进度三个关键指标的精准匹配和管控，按照国家电网公司要求，国网吉林电力大力开展投资统计相关字段、信息、数据及三率曲线的关联匹配和数据排查治理等工作。一是检查ERP、基建管控系统、规划计划系统、网上电网等平台重点字段完整率和单项匹配率是否达到100%，准确维护项目初步设计（以下简称"初设"）概算数据；二是根据《电网基建项目"三率合一"数据监测分析体系月度建设进展情况的通报情况》，对产生预警的电网基建项目，会同建设部、设备部、财务部及时开展数据治理，根据项目实际进展情况出具情况分析说明并提出解决措施，确保项目采集值、曲线告警率满足相关指标要求；三是进行66kV及以上电网基建项

目"三率合一"偏差预警模型验证与分析工作，通过收集 2014 年以来已完成决算电网基建项目的初设批复、项目概算明细、财务决算报告，填报电网基建结余率参数测算表，通过计算结果测算不同电压等级、单体工程类型三率偏差合理区间，确定偏差阈值标准，实现工程进度三率偏差动态预警。

3. 推进投资统计数字化系统应用

在网上电网、基建管控、ERP、PMS 等系统相互贯通实现统计基础数据自动采集的基础上，构建"投资—建设—运行—调度"的全过程管理链条，全面开展电网投资统计线上报送和"三率合一"数据监测分析。在月度投资完成报送工作方面，首先从基建管控、ERP 等系统获取建设进度、入账金额等数据，在确认与项目管理单位提报的投资完成值匹配度满足相关要求后，方可完成最终上报，彻底改变了投资统计线下填报、人工修正误差的传统模式。通过运用"三率合一"数据监测分析体系，开展理论曲线管理与分析预警，充分发挥大数据的监督作用，梳理投资计划执行存在的问题，及时提出改进建议，加强督导落实，最终推进国网上海电力电网投资统计数据归真，真实反映电网投资管理工作的实际状态。

（五）充分挖掘数据价值，支撑电网高质量发展

国网吉林电力深入应用"网上电网"平台，紧密围绕高质量发展战略、乡村振兴、新用户负荷接入、电能替代等重点项目，融合经济社会、能源政策等外部数据和各专业内部数据，深入挖掘投资统计数据价值，辅助优化投资计划方案，精准指导电网诊断分析、项目后评价及电网业务高质量发展评价报告的科学编制。

国网吉林电力整合投资项目全过程数据，充分发挥电网基建"三率合一"数据监测分析体系与精准投资管理平台算法模型优势，进一步挖掘海量数据资源价值，从社会公共效益、资产回收效益、安全运行效益、绿色环保效益、业务创新效益等方面，构建"项目—设备—运行"数据关联链条，实现投、建、运、调数据的全面贯通，形成投资、生产信息的双向流动，真正做到先行先试。在国网吉林电力 2018—2021 年电网发展诊断分析等投资研究工作中，运用全业务数据资源和大数据分析体系，统一数据来源，实现各专业相关数据直接采集，充分挖掘数据价值。主要举措：

（1）以落实规划目标为导向，基于"网上电网"平台统计数据，分析现状电网差距，提出发展需求。

（2）以解决发展问题为目标，准确定位电网薄弱环节，研究未来 2~3 年电网发展潜在问题，提出诊断问题清单。

（3）根据问题清单，逐项制订解决措施，关联具体投资项目，明确解决期

限，基于问题清单和解决措施建立台账并分解到各级电网。

（4）应用"网上电网"数据客观真实地反映吉林电网发展现状和薄弱环节，有效支撑国网吉林电力电网基建项目投资计划编制，做到"投资统计"指导"投资计划"，支撑电网高质量发展。

（六）助力"双碳"目标，提升新能源配套送出项目建设质效

"十三五"以来，吉林省大力发展风能、太阳能、生物质能等新能源产业，开工建设"陆上风光三峡"新能源重大项目，奋力实现"碳达峰、碳中和"目标。国网吉林电力基于"网上电网"系统，应用电网基建"三率合一"数据监测分析体系，对公司建设的新能源配套送出工程建设周期进行全流程监测，及时发现建设进度、投资进度、入账进度、物资进度存在的问题，实现新能源本体与配套送出工程的同步投产，提升新能源配套送出项目建设质效，助力吉林省"双碳"目标的实现。主要措施：

（1）对比分析在建 66kV 及以上新能源配套送出项目投资采集偏差率与覆盖率，排查在建项目投资完成是否与实际形象进度相符，加快推动源端系统建设进度维护，确保投资采集值偏差率与覆盖率指标不断提升。

（2）排查项目投资计划执行风险，分析问题根源，通过加快现场施工进度、科学调整年度投资计划、定期问题通报、绩效考核等方式，杜绝项目投资风险发生。

（3）针对新能源配套送出项目建设工期大大低于合理工期现象，分析产生原因，总结缩短工期的有效做法，为新能源配套送出专项工程及同类线路工程投资管理提供借鉴参考。

（4）分析新能源配套送出项目初设概算与可研估算一致率情况，针对部分新能源配套送出项目初设可研资金偏差率较高问题，分析产生原因并提出相应措施建议。

（七）管理案例分析——以实现 10kV 配电网项目精准投资为目标的投资全过程管理

为确保 10kV 项目按照里程碑计划有序实施，进一步提升投资统计精准化管理水平，国网吉林电力采取一系列有效措施，对各地市 10kV 项目开展精准督导，取得显著成效。以国网吉林供电公司 10kV 电网项目投资全过程管理为案例进行经验总结与评价。主要做法：

（1）制订投资计划刚性管控专项行动方案，成立以国网吉林供电公司"一把手"为组长的专项行动领导小组，加强组织领导，明确责任分工，细化任务分解，确保本年投资计划顺利完成。

（2）严格履行投资计划确认流程，召开 10kV 配电网项目立项与项目里程碑安排确认审定会，实行项目立项与本年项目投资质效挂钩方式，对于本年度无

法完成建设任务导致投资计划调整单位，下年度将压缩其项目规模并在年底予以专业考核。

（3）会同各专业分析问题根源，按照各专业《电网基建项目"三率合一"数据监测分析体系月度建设进展情况的通报情况》，分析各专业存在问题，制定整改措施，督促问题整改。

（4）密切跟踪项目建设进度，发展部会同运检专业，规范投产佐证材料，统一报告模板、明确签字、盖章流程，确保投产佐证材料依法合规。

（5）科学调整投资计划，按照10kV配套送出工程与变电站本体同步投运原则，根据项目建设进度计划，对2021年18项农网10kV项目投资计划进行调整，确保与变电站本体工程建设时序一致。

通过对10kV配电网项目的精准化管理，国网吉林电力近三年10kV电网大中型及农网改造升级项目，按里程碑计划100%完成年度建设任务，高质量完成投资统计工作。在有效增加公司固定资产的同时，进一步加强了吉林省配电网网架结构和供电可靠性，农网装备水平、智能化水平得到全面提升，为助力吉林省加快乡村振兴，早日实现农业现代化提供了坚强的电力保障。

（八）技术案例分析——基于"三率合一"数据监测体系的电网基建预警项目案例分析

国网吉林电力深入应用"三率合一"数据监测分析体系，以建设部工程建设形象进度、发展部投资完成进度与财务部入账成本进度完成率为抓手，扎实开展投资过程管控和预警信息治理。以吉林南500kV变电站220kV送出工程（2016—2020年）为案例进行经验总结与评价。主要做法：

（1）开展双随机检查。随机选择检查对象，采用线下查阅、线上核查、现场检查等多种方式开展"双随机"工作。结合"三率合一"，坚持问题导向，形成问题线索清单，着重对投资异常项目进行跨专业问题排查，规范投资统计，加强日常监管工作。

（2）推进源端数据归真。协同专业管理部门，开展线下数据与线上数据核查工作，治理源端数据，明确统计口径，减少人工问题导致数据偏差，包括工程开工投产日期、投资完成等数据。

（3）提高项目投资报表精准度。开展实际、理论曲线管理与分析预警，共发现该项目存在建设工期过长、投资完成与项目实际建设进度存在偏差、系统建设进度维护不及时、入账进度略滞后于投资进度等问题，并进行专项剖析和治理。

通过对电网基建项目从可研、初设、投资、建设进展、财务入账等多个方面的日常"三率合一"监控，发现了近三年来电网基建项目建设过程中存在的建设进度维护不及时、前期征地受阻影响工程进度、入账进度滞后实际投资、疫情防控收紧影响里程碑计划等诸多问题并提出了针对性措施建议，实现了电网投资统计数据及时性、准确性，有效发挥了投资统计的监督作用，加强了投资执行管控。

三、特色亮点

（一）构建了"1+3"投资统计制度体系

构建了"1+3"投资统计制度体系，制定了相应实施方案和工作标准，编制《国网吉林省电力有限公司通用制度要义表》，提出了《国网吉林省电力有限公司通用制度宣贯传递单》，明确对应子业务领域岗位，建立健全以通用制度为标尺的工作标准和流程管控机制，有效保障投资统计制度标准的落地执行。

（二）健全了数据质量责任制

健全数据质量责任制，落实投资执行过程各流程责任，对于统计数据质量，按照"谁产生、谁负责"的原则，进一步明确各部门、各专业、各环节、各岗位的数据质量责任，统一指标体系、统一数据来源、统一报表制度、统一统计发布，切实提高统计数据质量。

（三）构建了全过程投资管控模式

通过年初制定总体策略、月度开展执行监测、领导牵头半月督办构建了全过程投资管控模式，从管理方式上联合相关部门和建设管理单位共同加快推进项目执行进度，保障基建工程建设成效，确保年度投资计划高质量完成。

（四）建立了数据联动校验机制

基于"投资—建设—运行—调度"的全过程管理链条，建立了发展、建设、设备、财务、物资等多专业、多环节数据联动校验机制，全面开展电网投资统计线上报送和"三率合一"数据监测分析，扎实推进系统集成和数据治理。

（五）提高了统计数据应用成效

充分发挥电网基建"三率合一"数据监测分析体系与精准投资管理平台算法模型优势，进一步挖掘海量数据资源价值，紧密围绕乡村振兴、电能替代、新能源并网等重点项目，辅助优化投资计划方案，精准指导电网诊断分析、项目后评价及电网业务高质量发展评价报告的科学编制，支撑公司高质量发展。

（六）提升了"陆上风光三峡"建设质效

依托"网上电网"自动智能投资统计平台，准确定位了新能源配套送出工程投资执行过程中存在的各类风险隐患，确保了新能源配套送出项目按照里程碑计划有序实施，有效解决了新能源机组并网与配套送出工程建设时序不同步问题，满足了新能源机组并网需求，提升了吉林省"陆上风光三峡"建设质效。

四、应用展望

（一）应用成效

该成果在国网吉林电力范围内 9 家地市公司及建设分公司全面推广应用，通过电网基建投资统计精准化管理的深入应用，实现了数据质量责任制落实到位，投资统计填报执行有力，统计数据更加精准有据，投资统计效率显著提升。相关管理成果获评为国家电网公司 2020 年度管理创新推广成果、国网吉林省电力有限公司 2019 年、2020 年度管理创新成果，已发表电力企业管理创新等论文 2 篇，在投 1 篇。

1. 在规避投资风险、减少无效投资方面

近三年，依托"三率合一"数据监测分析体系，监测国网吉林电力全量在建电网基建项目共计 5563 个，覆盖项目全过程 46 个关键指标，实现了全电压等级项目、各层级、各专业、各环节建设投资执行的月考核、周监测，保障投资精准落地，有力支撑公司提质增效。应用监测结果，国网吉林电力高效开展了针对疑似多报投资、疑似提前上报投产、超期建设等专项治理。通过优化项目执行过程资源配置、调整风险项目投资计划，减少无效投资，累计节约投资成本 2606 万元，实现年度投资和里程碑计划完成率 100%，满足了高质量发展战略提出的"加强公司投资风险防范""强化精准投资和精益管理"要求，有力地保障了公司投资精准落地执行，降低了监察审计风险。

2. 在管控资金支出，降低融资成本方面

依托项目里程碑、横道图等规划目标，根据"三率合一"实际、理论曲线管理与分析预警，科学预测电网基建项目实施过程中的资金需求，以物资采购、工程服务合同为载体，动态管控资金支出排程，有序备付工程资金支出，优先利用公司自有现金流量，优化带息负债边界管控阈值，合理控制带息负债规模，有效降低融资成本。近三年，通过合理匹配融资节奏，资金使用增量效益 1391 万元，满足了高质量发展战略提出的"加强资金精益调控一体化"要求，显著提升投资精准化管理成效。

3. 在提高统计分析效率、减少人力成本支出方面

通过规划计划信息管理平台、网上电网系统的应用，在投资数据统计环节进行了自动统计，深入开展投资完成值和开工投产情况校验，解决了手动报表数量和指标量逐年扩大问题；在统计分析环节对在建项目建设推进情况进行了自动监测分析，通过自动检测分析加强了统计分析频度、广度、深度，精准指导了电网诊断分析、项目后评价、高质量发展评价等投资问题研究。虽然统计工作量成倍增加，但统计人员数量未变，近三年累计节约人力成本 2430 万元，满足了高质量发展战略提出的"实现电网数字化转型"要求，提高了统计分析效率。

4. 在提升"陆上风光三峡"建设质效、助力"双碳"目标方面

通过"网上电网"自动智能投资统计平台的应用，及时发现了"陆上风光三峡"新能源配套送出工程投资执行过程中存在的风险隐患，促进了物料供应方式的优化和立体交叉作业方式的创新。2019 年以来，新能源配套送出工程累计投资超 15 亿元，保障了超过 700 万 kW 的新能源按时并网。2022 年国网吉林公司在建新能源配套送出项目投资采集值偏差率 9.75%，较常规线路工程采集值降低 11.06 个百分点，投产项目平均建设工期 6.9 个月，较同期投产项目缩短 4.6 个月，大大提升了"陆上风光三峡"新能源配套送出项目建设质效，助力吉林省"双碳"目标实现。

（二）应用前景

下一步，国网吉林电力将持续依托国家电网公司构建的自动智能投资统计平台，迭代实施六个维度的电网投资统计数据精准化管理，持续推广应用全电压等级电网投资统计体系，不断完善评价指标，提升指标计算分析与监测水平，加强源端数据维护，保证数据链路畅通，实现基础数据自动采集、数据质量智能校验、统计指标自动计算、统计报表自动发布，持续开展"三率合一"问题排查和治理，深入挖掘数据价值，适应公司高质量发展战略要求，提升投资统计工作质效。

五、参考文献

［1］刘道新，张健，靳夏宁 . 基于"三率合一"的电网基建项目投资执行风险防范手册 [M]. 国家电网有限公司发展策划部 .

［2］司永强 . 电力投资管理效益的提升途径分析 [J]. 现代工业经济和信息化，2015，17（2）：25-26.

［3］赵吴鹏 . 供电企业电网精准投资管理体系研究 [J]. 科技经济导刊，2019，27（6）：217.

［4］林彬 . 浅析电网建设项目投资管理 [J]. 企业管理，2012，10：125-126.

［5］林显军 . 配网基建工程投资完成率的对策研究 [J]. 贵州电力技术，2014，17（3）：50-52.

［6］于宁，胡庆喜 . 基建项目投资全过程管理研究 [J]. 建筑技术开发，2014，41（12）：49-50.

第二篇　理论方法创新

引言

　　自动投资统计水平的提升离不开理论方法的创新。为优化三率监测分析体系、辅助投资精准决策，国家电网公司发展策划部在理论方法研究上不断求新求变。聚焦电网投资统计执行管理过程中的重点、难点、复杂点，综合运用大数据分析、人工智能以及数字孪生等各类技术，寻求理论方法的突破与创新。在三率监测、风险预警、物资管控、造价分析等方面，研究构建三率合一曲线簇模型、投资执行风险偏差阈值模型、投资统计多维监督模型、物资管理供应模型、工程造价预测模型等。多年积累的一系列创新成果，既为电网基建自动投资统计夯实理论基础，更为电网投资精益管控提供先进方法工具。

35kV 及以上电网基建项目"三率合一"监测预警分析体系研究与应用

主要完成人

张健；靳夏宁；宋毅；吴志力；姜世公；胡丹蕾；赵冬

主要完成单位

国网经济技术研究院有限公司

摘　要

随着新一轮电力体制改革不断深化，电网企业内部精益化管理需求和外部监管力度不断加强，新形势对投资项目的精益化管理水平提出了更高要求。为提升电网项目精益化管理的预判和预控能力，提高管控目标的科学性和管控措施的有效性，在国家电网公司发展策划部的指导下，国网经济技术研究院有限公司以 35kV 及以上电网基建项目为切入点，以数据挖掘技术为基础，融合发展部"投资完成率"、基建部"建设完成率"、财务部"入账完成率"（以下简称"三率"），建立了电网基建项目"三率合一"数据监测分析体系。该研究成果在服务国家电网投资策略、优化项目全过程精益管控工作中得到了广泛应用。

该项目主要开展两方面的研究：一是利用聚类分析等技术，建立"三率合一"预测分析模型；二是基于大数据分析投资－建设－入账的进度规律，研究建立多业务协同的动态预警模型，提出分级分类的动态预警标准体系，设计了自下而上和自上而下相结合的双侧联动偏差排查机制。

该研究成果在规范投资统计数据、优化项目管控模式、加强项目协同管理等相关工作中取得显著成效：一是该研究成果可用于指导电网基建项目有序建设，降低资金占用，增强投资有效性，为经济新常态下电网企业投资决策提供参考；二是该项目提出的协同预测技术、动态预警模型和联动排查机制，有助于规范投资统计数据，有效推进了电力行业投资执行全过程管理数字化变革。

关 键 词

三率合一；监测分析；动态预警；双侧联动排查

一、分析背景

（一）目的和意义

"十四五"期间，电价面临持续下调压力，电网"两头薄弱"问题依然存在，电力企业发展能力和投资需求矛盾日益凸显，体制机制适应性和运营效益、管理效率亟须提升。在内外部环境复杂多变的形势下，迫切需要聚焦效率效益，强化精益管理，找准薄弱点、出血点，夯实基层管理，做实精益管理，推进现代管理。

然而，面对电网基建项目投资规模大、项目数量多、影响因素复杂等管理特点，仅依靠传统人工监控投资执行过程风险存在工作量大、监管效率较低、监管准确性不高等问题，难以适应当前投资管理数字化、精益化的新要求。因此，基于创新变革统计生产方式、实现投资执行过程精益管控的工作目标，该项目以电网基建项目全流程各专业数据为基础，在项目投资－建设－运行全过程管理链条上，研究"三率"，开展面向智慧统计的"三率合一"数据监测分析管理创新与示范应用。该项目研究突出战略导向，加强横向协同，通过开展多环节信息联动校验，促进问题数据实时治理、主要指标自动生成、现场异动在线监测、业务管理协同高效，为国家电网高质量发展提供决策支撑，对推动建设具有中国特色国际领先的能源互联网企业具有重大意义。

（二）主要解决的问题

电网基建项目是一个十分复杂的系统，在电网基建项目建设全生命周期内，环境、人员、技术、经济、管理等众多未知、随机或模糊等不确定性因素大量存在并不断变化，这些因素所引发的风险往往会给基建项目的建设实施及后期投运的稳定性带来威胁。

产生这种风险的原因固然有管理不善、风险因素认识不足等方面因素，但更重要的是缺乏系统科学的项目海量数据统计、挖掘、分析与应用手段，缺乏有效的电网基建项目执行预警方法，缺乏对项目管理模式的理解认识，导致在电网基建项目建设过程中无法提前识别、评估风险，以致无法采取积极有效的措施应对风险。

因此，在内部精益化管理需求和外部监管力度不断加强的内外部环境下，该项目通过研究管理目标预测、偏差衡量、管控落地等问题，重点解决电网基建项目管理中业务流程不衔接、管理要求不一致、信息交互不通畅等不协同问题，主动防范风险发生，确保项目建设目标顺利实现。

二、分析内容

（一）分析思路和方法

基于上述研究背景，该项目以电网基建项目为研究对象，从数据统计、目标预测、动态预警、项目管控、业务管理等方面，全方位、多角度地开展研究，克服项目管理目标难以科学预测、目标偏差难以准确衡量、管控手段难以有效落地等困难，有效提高电网基建项目计划科学性和管控有效性，提升项目协同管理水平。分析思路如图1所示，具体包括以下几方面。

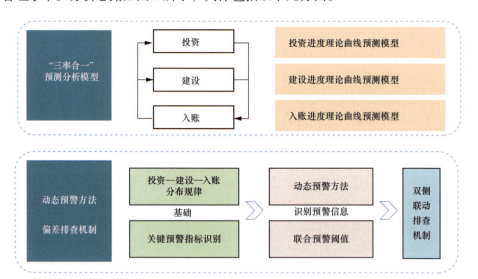

图1 分析思路

1. 利用聚类分析等技术，建立"三率合一"预测分析模型

一是开展发展、建设、财务3大业务逻辑关系调研。明确电网基建项目跨部门管理的三个核心指标，即发展部"投资完成率"、基建部"建设完成率"、财务部"入账完成率"，进而提出"投资、建设、入账"完成率"三率合一"监

测预警分析体系建设思想。二是基于聚类分析技术，开展发展、建设、财务大数据联合分析，设计全过程28个主要节点、158个关键指标的合理业务逻辑，建立"三率"理论进度预测模型。

2. 分析电网基建项目"投资、建设、入账"三方面的耦合关系，提出电网基建项目动态预警方法

一是以全国范围内不同省市、不同电压等级的2634个基建项目为例，挖掘某年6月底投资、建设、入账的进度数据，分析其分布规律。二是考虑模型构建、指标梳理、预警体系之间的贯通性，以指标实用性、独立性、可获取性为原则，引入投资、建设、入账预警指标，监测电网基建项目投资执行、成本入账、建设进度的实际完成情况。三是形成电网基建项目"投资—建设—入账"影响指标集，运用工程项目管理理论和时差理论，确定电网基建项目动态预警区间和预警阈值。四是基于模型、曲线与指标之间的映射与隶属关系提出电网基建项目双侧联动的偏差排查机制。

（二）主要分析内容

1. "三率合一"预测分析模型

深度挖掘不同电压等级、不同单体性质的电网基建项目投资、建设和入账的内在关系，构建多维理论曲线预测的分析框架；基于统计分析、聚类分析等方法，辅助构建差异化（分区域、分电压等级）的电网基建项目投资进度、建设进度、入账进度三大理论曲线预测模型，为项目过程管控提供了可量化的参考标准，提高了项目过程管理水平。

（1）建设进度理论曲线预测模型。建设进度理论曲线反映工程建设进度，以完工百分比表示各分部分项工程量的完成情况，是成本、投资理论曲线预测的重要依据，其设计原则一是以基于工期计算的计划完工百分比估算工程量；二是由里程碑节点细化至单位工程层级，如图2所示。

输变电工程各月建设进度完成率 = ∑变电单位工程各月累计进度百分比 × 各单位工程权重 + ∑线路单位工程各月累计进度百分比 × 各单位工程权重。其中，单位工程各月建设进度完成率 = 单位工程各月累计工期 / 单位工程计划总工期。

同时，针对西北、东北地区，考虑冬季施工影响，1、2月基本无建设进度，可以根据项目所属地区气候特点，选择是否剔除受冬季施工影响的项目及具体月份，构建电网基建项目工程建设进度理论曲线预测模型，具体见表1。

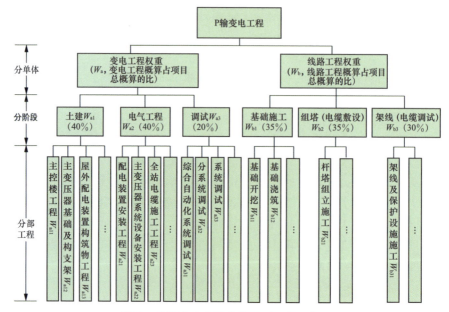

图 2 建设进度理论曲线预测思路示意图

表 1 建设进度理论曲线预测模型示例

序号	进度计划名称	计划类型	计划开始时间	计划完成时间	计划工期(天)	调整后计划工期	基建管控系统权重	归一化权重	2015年8月1日	2015年9月1日	2015年10月1日	2015年11月1日	2015年12月1日	……	2018年1月1日	合计
1	土建施工	里程碑计划	2016年8月15日	2017年6月30日	310	220	40%	40%	0.0%	0.0%	0.0%	0.0%	0.0%		0.0%	100.0%
2	主控楼(联合楼)	分部工程	2016年12月13日	2017年6月30日	200	110	22%	28.6%	0.0%	0.0%	0.0%	0.0%	0.0%		0.0%	100.0%
3	配电装置系统建、构筑架	分部工程	2016年12月13日	2017年4月20日	129	39	22%	28.6%	0.0%	0.0%	0.0%	0.0%	0.0%		0.0%	100.0%
4	主变压器基础及构支架	分部工程	2016年12月13日	2017年5月20日	159	69	8.0%	10.4%	0.0%	0.0%	0.0%	0.0%	0.0%		0.0%	100.0%
5	电缆沟及电缆隧道	分部工程	2017年4月1日	2017年6月1日	62	62	6.0%	7.8%	0.0%	0.0%	0.0%	0.0%	0.0%		0.0%	100.0%
6	"围墙及大门(包括站外护坡、排洪沟及警卫室)"	分部工程	2016年12月13日	2017年6月30日	200	110	8.0%	10.4%	0.0%	0.0%	0.0%	0.0%	0.0%		0.0%	100.0%
7	站内外道路	分部工程	2016年12月23日	2017年6月30日	190	100	5.0%	6.5%	0.0%	0.0%	0.0%	0.0%	0.0%		0.0%	100.0%
8	屋外地基工程	分部工程	2016年8月15日	2016年12月20日	128	128	3.0%	3.9%	0.0%	0.0%	0.0%	0.0%	0.0%		0.0%	100.0%
9	室外排水及雨污水系统建、构筑物	分部工程	2016年12月22日	2017年5月20日	149	59	3.0%	3.9%	0.0%	0.0%	0.0%	0.0%	0.0%		0.0%	100.0%
10	设备安装	里程碑计划	2017年2月21日	2017年8月10日	171	171	40%	40%	0.0%	0.0%	0.0%	0.0%	0.0%		0.0%	100.0%
11	主变系统设备安装	分部工程	2017年5月25日	2017年6月10日	17	17	15.0%	15.8%	0.0%	0.0%	0.0%	0.0%	0.0%		0.0%	100.0%
12	主控及直流设备安装	分部工程	2017年6月30日	2017年7月20日	21	21	12.0%	12.6%	0.0%	0.0%	0.0%	0.0%	0.0%		0.0%	100.0%
13	配电屏安装	分部工程	2017年5月28日	2017年6月20日	26	26	30.0%	31.6%	0.0%	0.0%	0.0%	0.0%	0.0%		0.0%	100.0%
14	无功补偿装置安装	分部工程	2017年5月26日	2017年7月1日	37	37	5.0%	5.3%	0.0%	0.0%	0.0%	0.0%	0.0%		0.0%	100.0%
15	站用电装置安装	分部工程	2017年6月1日	2017年7月2日	32	32	5.0%	5.3%	0.0%	0.0%	0.0%	0.0%	0.0%		0.0%	100.0%
16	全站电缆施工	分部工程	2017年6月10日	2017年7月10日	31	31	15.0%	15.8%	0.0%	0.0%	0.0%	0.0%	0.0%		0.0%	100.0%
17	全站雷及接地装置安装	分部工程	2017年3月11日	2017年4月20日	41	41	10%	10.5%	0.0%	0.0%	0.0%	0.0%	0.0%		0.0%	100.0%
18	全站电气测制装置安装	分部工程	2017年7月14日	2017年8月10日	28	28	3.0%	3.2%	0.0%	0.0%	0.0%	0.0%	0.0%		0.0%	100.0%
19	设备调试	里程碑计划	2017年8月21日	2017年9月15日	26	26	20%	20%	0.0%	0.0%	0.0%	0.0%	0.0%		0.0%	100.0%
20	设备调试	分部工程	2017年8月21日	2017年9月15日	26	26	100.0%	100.0%	0.0%	0.0%	0.0%	0.0%	0.0%		0.0%	100.0%
	变电工程当月进度计划完成比例								0.0%	0.0%	0.0%	0.0%	0.0%		100.0%	100.0%
	变电工程累计进度计划完成比例								0.0%	0.0%	0.0%	0.0%	100.0%		100.0%	100.0%
	变电工程累计实际进度完成比例								0.00%	0.0%	0.0%	0.0%	0.0%		90.0%	
	土建施工阶段完工进度								0.00%	0.0%	0.0%	0.0%	0.0%		0.0%	
	设备安装阶段完工进度								0.00%	0.0%	0.0%	0.0%	0.0%		0.0%	
	设备调试阶段完工进度								0.00%	0.0%	0.0%	0.0%	0.0%		0.0%	

表头说明：某110kV输变电工程建设进度目标时序预测曲线模型 变电站新建工程；是否考虑冬季施工影响 否；考虑剔除月份 以1~3月为例；里程碑计划节点是否包含分部工程(请从右侧选择)；土建施工 是 设备安装 是 设备调试 是

（2）入账进度理论曲线预测模型。以工程建设进度理论曲线预测模型为基础，提出入账进度理论预测模型搭建的主要思路。设计原则是以批复概算为基础，剔除税金和工程决算结余的影响，建立入账进度理论曲线预测模型，如图 3 所示。

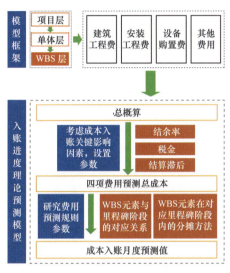

图 3 入账进度理论曲线预测思路示意图

1）先分阶段：分别针对不同电压等级输变电工程所包含的单体工程，依据概算及里程碑阶段，设定工程工作分解结构（work breakdown structure，WBS）元素与里程碑阶段的对应关系，确定工程 WBS 元素分摊对应的计划开始及结束时间。

2）再分月：在上述分阶段基础上，推算 WBS 元素对应业务的成本入账时间，并根据费用特性确定分摊规则，将明细概算分解到项目生命周期的各个月份，绘制月度成本目标时序预测曲线。

根据上述已设定的模型规则，建立入账进度理论曲线预测模型，将各成本费用分解到相应的年、月，见表 2。

（3）投资进度理论曲线预测模型。投资进度理论曲线反映工程固定资产投资额占概算的比例，其中固定资产投资额是以货币形式表现的建造和购置固定资产的工作量。根据相关定义规定，投资与成本的差异在于：成本管理涵盖开工前的工程前期以及投产后的项目关闭时点，投资完成管理的阶段仅是里程碑阶段中的开工和投产时间之间，所以 WBS 元素分摊规则设置时，需考虑投资完成值的管理特征。

表2　入账进度理论曲线预测模型示例

项目名称	概算金额（含增值税，单位：元）	调整系数	增值税率	概算金额（不含增值税，单位：元）	计划开始时间	计划完成时间	2015年8月	2015年9月	……	2017年3月	合计	校验
一、其他费用	4351090	81%	—	3541787			264818	180713	85262	85262	3541787	—
建设场地征用及清理费	1431484	100%	—	1431484	2015年8月21日	2016年8月24日	—	119290	—	—	1431484	—
工程监理费	319943	100%	6%	319943	2016年8月24日	2017年9月20日	—	—	24611	24611	319943	—
项目前期工作费	264818	100%	6%	264818	2015年8月21日	2015年8月21日	264818	—	—	—	264818	—
勘察设计费	737075	100%	6%	737075	2016年8月24日	2016年8月24日	—	61423	32705	32705	737075	—
其他	1234470	34%	—	425167	2016年8月24日	2017年9月20日	—	—	27946	27946	425167	—
建设期贷款利息	363300	100%	—	363300	2016年8月25日	2017年9月20日	—	—	—	—	363300	—
二、建筑工程费	3641282	97%	17%	3519663		2017年6月30日	—	—	552557	611760	3519663	—
三、设备购置费	7680000	100%	17%	79573080			—	—	—	3072000	79573080	—
主变压器就位	2304000	97%	17%	2245478		2017年5月25日	—	—	—	—	2245478	—
一次设备就位	2304000	97%	17%	2245478		2017年5月26日	—	—	—	—	2245478	—
二次设备就位	3072000	97%	17%	2993971		2017年3月1日	—	—	—	3072000	2993971	—
四、安装工程费（含装置性材料）	2214955	—	11%	1888028			—	—	—	140586	1888028	—
（一）全站调试	1766394	85%	11%	1505674	2017年2月21日	2017年8月10日	—	—	—	140586	1505674	—
（二）安装费	448561	85%	11%	382353	2017年8月21日	2017年9月15日	—	—	—	—	382353	—
变电站小计	17887327	—	—	17078024			264818	180713	673820	3909608	17078024	—
变电站累计金额	17887327	—	—	17078024			264818	445531	4604120	8513728	17078024	—
变电工程小计	17887327	—	—	17078024			264818	180713	637820	3909608	17078024	—
变电工程累计金额	17887327	—	—	17078024			264818	445531	4604120	8513728	17078024	—

设计原则：以成本WBS元素分摊规则为基础，考虑投资管理涵盖的建设阶段设置投资分摊规则，且采用有别于成本入账预测的分摊基数，直接以批复概算作为工程WBS元素分解基数，如图4所示。

根据上述已设定的模型规则，建立投资进度理论曲线预测模型，将各成本费用分解到相应的年、月，见表3。

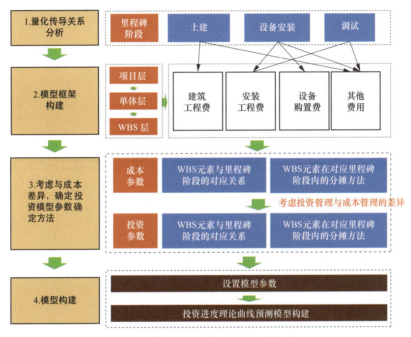

图4　投资进度理论曲线预测思路示意图

表3　　　　　　　　　投资进度理论曲线预测模型示例

项目名称	概算金额（含增值税，单位：元）	计划开始时间	计划完成时间	2015年3月	……	2016年4月	……	合计
一、其他费用	3987697			255735		94331		3987697
1. 建设场地征用及清理费	1278669	2015年3月30日	2015年9月30日	—		—		1278669
2. 工程监理费	291066	—	—			58213		291066
3. 项目前期工作费	255735	—	2015年3月30日	255735		—		255735
4. 勘察设计费	748572	2015年3月30日	2015年4月20日			—		748572
5. 建设期贷款利息	397293	2015年9月30日	2016年8月30日			36118		397293
6. 其他	1016362	—	2016年8月30日			—		1016362

续表

项目名称	概算金额（含增值税，单位：元）	计划开始时间	计划完成时间	2015年3月	……	2016年4月	……	合计
二、建筑工程费	3779013	2015年9月25日	2016年3月9日	—		—		3779013
三、设备购置费	8167719	—	2016年3月9日	—		3267088		8167719
主变压器就位	1937588	—	2016年3月10日	—		—		1937588
一次设备就位	2492247	—	2016年3月20日	—		—		2492247
二次设备就位	3737883	—	2016年4月20日	—		3737883		3737883
四、安装工程费	2419621	—	—	—		1197327		2419621
（一）安装费（含装置性材料）	2110237	2016年3月10日	2016年5月9日	—		1197327		2110237
（二）全站调试	309384	2016年5月10日	2016年7月10日	—		—		309384
变电站小计	18354050	—	—	255735		4558746		18354050
变电站累计金额	18354050	—	—	255735		16526725		18354050

（4）"三率"曲线联合分析。根据上述"三率"预测模型的构建思路，生成投资、建设和入账三条理论曲线，如图5所示。

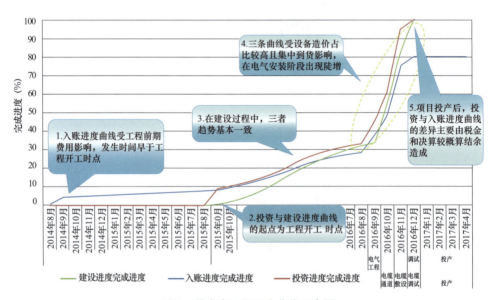

图5　某变电工程理论曲线示意图

观察图 5 发现，三条理论曲线的特征具体为：

1）入账进度曲线受工程前期费用的影响，发生时间早于开工时点。

2）投资管理范围始于项目开工时点，因此，投资进度曲线与建设进度曲线的起点一致，均为工程开工时点。

3）建设进度是入账进度和投资进度的依据，因此，在项目建设过程中，建设、入账和投资趋势基本一致。

4）在 35kV 及以上电网基建项目投资中，设备费用占比较大，且其到货较为集中，基本发生在设备安装开始时点，因此，三条曲线会受设备造价占比高且集中到货影响，在电气安装阶段出现陡增。

5）项目投产节点，由于投资反映形象进度，入账反映实际花费成本，成本较概算会存在结余和税金差异，因此在投产时点，入账与投资会存在天然的差异，即税金和结余。

2. 动态预警方法和偏差排查机制

针对不同部门之间存在的业务流程不协调问题，深入剖析电网基建项目"投资－建设－入账"三方面的耦合关系，采用项目管理理论、时差理论、风险管理理论以及其他相关技术，提出电网基建项目动态预警方法及偏差排查机制。

（1）电网基建项目"投资—建设—入账"分布规律研究。为了研究电网基建项目资金与建设的内在规律，以全国范围内不同省市、不同电压等级的 2634 个基建项目为例，统计截至某年 6 月底的投资、建设、入账的进度数据，两两比较其分布规律，并通过线性回归方法拟合趋势关系曲线，如图 6 所示。

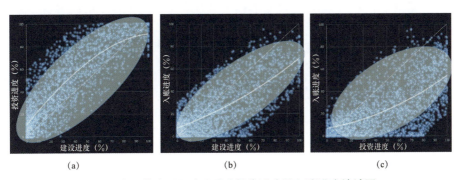

（a）　　　　　　　　　　　（b）　　　　　　　　　　　（c）

图 6　全国基建项目建设进度投资进度及入账进度统计图

（a）建设—投资；（b）建设—入账；（c）投资—入账

通过挖掘上述项目投资、建设、入账的进度数据，可以得到以下一般规律（＞＝表示领先的意思）：

项目前期（0%～10%），入账进度＞＝投资进度＞＝建设进度；

项目中期（10%～90%），投资进度＞＝建设进度＞＝入账进度；

项目后期（90% ~ 100%），建设进度＞＝投资进度＞＝入账进度。

项目投资进度、建设进度、入账进度在不同时期领先程度不同，这与项目实际执行情况相符。前期材料采购、预付款等一部分成本提前完成；中期投资计划匹配引领项目建设施工；后期项目建设竣工验收后，投资与入账随之完成。

（2）电网基建项目投资、建设、入账关键预警指标识别。电网基建项目进展过程中受多重因素影响，为了强化监测的针对性，开展关键预警指标识别。首先，结合电网基建项目总体特征及实际情况，构建电网基建项目动态预警指标库，包括投资预警、建设预警、入账预警三个维度，共十项指标。然后，为了提高预警指标监测精度和效率，运用解释结构模型剔除冗杂多余指标，运用邻接矩阵和可达矩阵分析指标二元关系，绘制阶层结构图，解析投资、建设、入账三个维度指标互相影响结果，筛选出电网基建项目关键预警指标，如图7和图8所示。

其中，源头影响指标包括监测点位置和管理水平，通过影响建设进度间接影响其他指标。最终影响指标为投资调整率和实际月度投资完成率，位于最顶层，受其他指标的影响。过程影响指标是源头影响向最终影响传递的中间环节，并且具有很强的相互关联性，这些指标既受下层因素的影响，也通过影响下层因素直接或间接影响最终因素，在整个阶层结构图处于核心位置。因此，为了增强预警的直观程度和提高预警的反馈效率，剔除源头影响指标和最终影响指标，保留过程影响指标作为关键预警指标，见表4。

表4　　　　　　　　　　电网基建项目关键预警指标

维度	指标	是否为关键预警指标
投资预警指标	实际投资完成率 S1	关键
	实际月度投资完成率 S2	非关键
	投资进度偏差率 S3	关键
	投资调整率 S4	非关键
入账预警指标	入账完成率 S5	关键
	成本入账偏差率 S6	关键
建设预警指标	监测点位置 S7	非关键
	建设进度完成率 S8	关键
	建设进度偏差率 S9	关键
	管理水平 S10	非关键

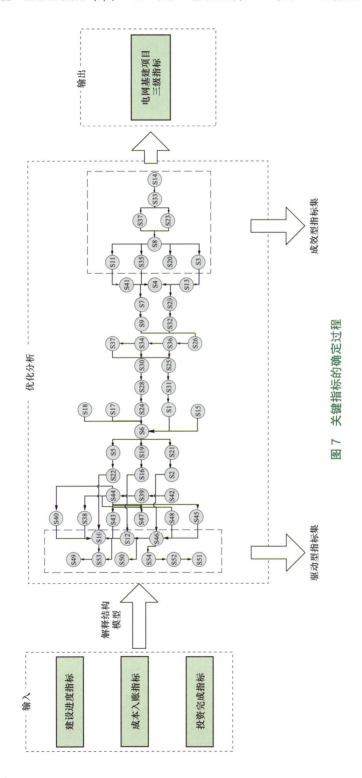

图 7 关键指标的确定过程

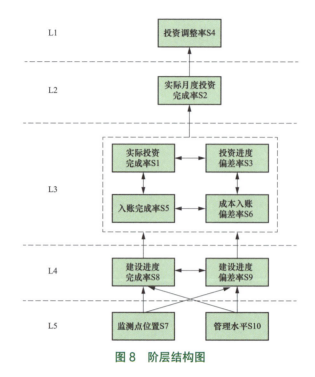

图8 阶层结构图

（3）电网基建项目动态预警方法。为了研究输变电项目动态预警方法，该项目采用网络图法分析项目实际进度和计划进度的预警阈值。某输变电工程的计划和实际的网络图如图9和图10所示。

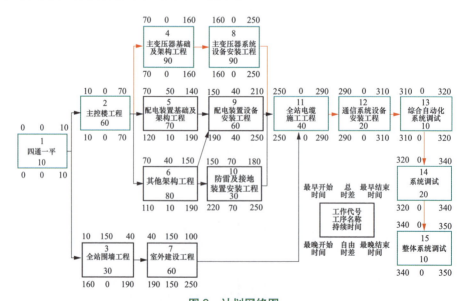

图9 计划网络图

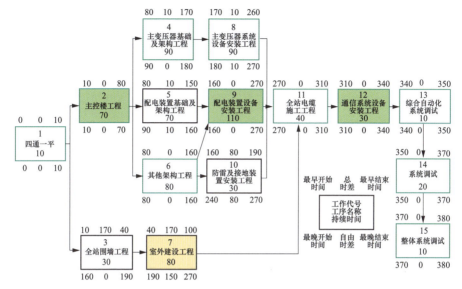

图 10　实际网络图

该项目计划总工期为 340 天，位于关键线路上的工序依次为：四通一平→主控楼工程→主变压器基础及架构工程→主变压器系统设备安装工程→全站电缆施工工程→通信系统设备安装工程→综合自动化系统调试→系统调试→整体系统调试（图中粗黑线线路）。

然而，实际施工时发现，该项目工期延误 30 天，关键线路发生变化，工序变为：四通一平→主控楼工程→其他架构工程→配电装置设备安装工程→全站电缆施工工程→通信系统设备安装工程→综合自动化系统调试→系统调试→整体系统调试。

对比计划网络图与实际网络图中的关键线路和关键工序，绘制计划累计工期与实际累计工期曲线，如图 11 所示。主控楼工程延误 10 天，仍为关键工序；室外建设工程延误 20 天，计划与实际均为非关键工序，图中不再进行标示；配电装置设备安装工程延误 50 天，由非关键工序变为关键工序；通信系统设备安装工程延误 10 天，仍为关键工序。

根据图 11 的偏差信息，运用预警阈值分析各个工序延误对总工期的影响。主控楼工程预警阈值为 0，实际延误 10 天，超出预警阈值，触发动态预警；室外建设工程预警阈值为 150 天，延误 20 天，未超出预警阈值，不触发动态预警；配电装置设备安装工程预警阈值为 40 天，延误 50 天，超出预警阈值，触发动态预警；通信系统设备安装工程预警阈值为 0，延误 10 天，超出预警阈值，触发动态预警。

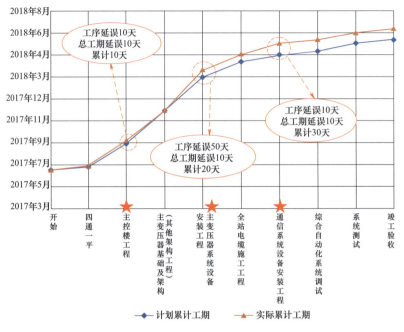

图 11　计划累计工期与实际累计工期曲线

（4）电网基建项目联合预警阈值测算方法。为了实现电网基建项目投资、建设、入账的联合预警和交叉比对，明确项目资金和建设偏差可接受范围，该项目基于统计学理论，针对各节点测算投资、建设、入账的联合预警阈值。首先，汇总各省公司用于计算结余率的所有样本，采用 95% 的置信水平计算结余率区间，得到结余率计算结果，见表 5。

表 5　　　　　　　变电工程、架空线路工程结余率上下限（％）

单体类型	数量（个）	结余率下限						结余率上限					
		建筑	安装	设备	其他	动态	静态	建筑	安装	设备	其他	动态	静态
变电工程	24	0	4	14	29	15	14	7	8	17	31	16	19
架空线路工程	54		6		30	13	13		10		36	17	16

其次，根据各项指标计算方法及联合阈值计算步骤，得到阈值计算结果。以新建 500kV 变电工程为例，其阈值计算结果见表 6。

表6   新建 500kV 变电工程阈值计算结果（%）

单体工程层面	工程前期		土建		设备安装		调试		投产	
	下限	上限	下限	上限	下限	上限	下限	上限	下限	上限
投资进度与建设进度偏差率	0	0	0	0	0	0	0	0	0	0
入账进度与建设进度偏差率	0	0	0	− 21	−17	−33	−34	−50	−46	−50
投资进度与入账进度偏差率	0	0	0	21	17	34	33	50	47	50

由表6可见，投资进度与建设进度偏差率上限和下限从开始到结束均为0%。入账进度与建设进度偏差率在土建阶段开始出现，之后安装、调试、投产各个阶段入账进度滞后建设进度，并保持在一定范围内。投资进度与入账进度偏差率在土建阶段开始出现，之后安装、调试、投产各个阶段投资进度领先入账进度。

（5）电网基建项目双侧联动排查机制。在项目动态预警的基础上，为实现对预警项目全面、系统的排查，该项目研究提出了"自上而下"和"自下而上"相结合的双侧联动偏差排查机制，能够实现告警项目迅速定位、精准分析，有效解决了项目进度拖延、资金脱节等问题，如图12所示。

1）自下而上就是传统的"单侧"偏差排查方法。各部门根据投资完成、建设进度、成本入账的计划安排与实际执行情况，分别监测三项指标各自完成率，保证在预警阈值内。例如，针对建设进度，基建部可重点分析计划网络图中的关键线路，寻找超出动态预警阈值的关键节点，对各个工序中可能存在的风险加以识别和评估。

2）自上而下是一种多部门协同的偏差排查方法。发展部、基建部、财务部等相关部门联合监测投资、入账、建设完成率的偏差，维持在联合预警阈值内，通过顶层设计的手段实现电网基建项目宏观统筹及协同管控，避免出现投资、成本与建设脱节的现象。

双侧联动偏差排查机制综合考虑了发展、基建、财务等部门对项目的具体要求，根据电网基建项目关键预警指标及动态预警信息，自下而上监督投资、建设和入账进度，及时对预警信息做出防控对策，自上而下保证资金和建设同步，降低投资—建设—入账互相之间的偏差。

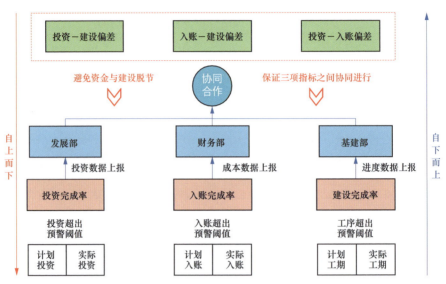

图 12 双侧联动偏差排查机制思路

以某输变电工程为例，其"三率"曲线如图 13 所示。通过"自下而上"分析图中三条曲线，可以发现：投资完成呈阶梯状，存在投资未按月及时报送问题；成本入账进度曲线先缓后陡，存在成本入账统计上报不及时现象。通过"自上而下"联合分析还可以发现：投资进度曲线、入账进度曲线与建设进度曲线偏离较远，投资完成脱离现场实际超前上报，成本入账滞后明显，存在建设与投资脱节的现象。

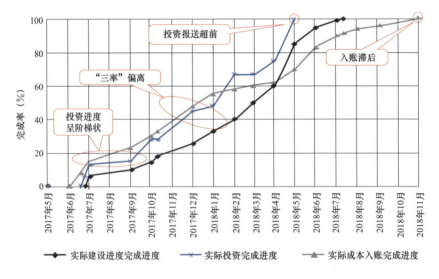

图 13 某输变电工程"三率"曲线

（三）分析的创新点

1. 管理思路创新

践行"网上电网"管理理念。紧扣投资统计管理需求，提出全过程贯穿、多业务耦合的项目协同管理思路，创新性地构建"投资、建设、成本"完成率"三率合一"监测预警分析体系，改变了人工监控投资执行过程的传统管理方式，实现了投资统计管理的高效协同、智能作业，切实提升了业务质量和工作效率。

2. 管理手段创新

坚持数据驱动管理创新。基于发展、基建、财务、设备、物资、调度等多专业数据，探索电网项目计划—投资—建设—运行各环节互联互通，实现数据自动识别、预警自动报告、业务在线交互，为电力行业提供适应数字化转型的智慧统计管理手段。

3. 管理模式创新

突出战略导向，加强横向协同。建立电网基建项目横纵双向的闭环管控及多部门联动的协同管理机制，推进电网基建项目投资管理全专业融合、全流程贯通、全数据共享。该项目研究提出了层层细化的预警标准体系，改变了通常的"一刀切"的管理模式，实现了兼顾差异性与高效性的项目管理模式创新。

三、特色亮点

1. 总体亮点

该研究成果可用于指导电网基建项目有序建设与科学统计，为项目投资、建设、入账进度预测提供解决方案，为经济新常态下国家电网综合计划编制及项目过程管控提供技术支撑。该项目提出的跨部门跨业务数据交叉排查分析方法，可用于电网基建项目趋势预判、事前管控、隐患排查等工作，有利于在管理模式变革潮流和外部监察审计机制中掌握主动，具有广阔的应用前景。

2. 分项亮点

（1）"三率合一"预测分析模型。基于统计分析、聚类分析等方法，构建不同电压等级、不同单体性质的电网基建项目"投资、建设、入账"完成率理论曲线预测模型，为项目过程管控提供了可量化的参考标准，提高了项目过程管理水平。

（2）动态预警方法。基于模型—指标—曲线以及分层指标的隶属映射关系，针对电网基建项目执行过程中"三率"实际进度与计划进度的偏差，提出了动态预警方法。微观上确定每道工序的预警区间，宏观上对比实际工期与计划工期的偏差，及时、准确地提供预警信息。

（3）双侧联动偏差排查。设计电网基建项目双侧联动偏差排查方法，强调三项内容的协同推进，克服了单侧偏差排查机制管理直线化的缺陷，有助于规避投资、成本与建设脱节的风险。

四、应用展望

1. 应用范围

在全网各单位全量 35kV 及以上电网基建项目中推广应用。

2. 应用成效

（1）发挥了大数据监督作用。"三率合一"全面覆盖电网基建项目从规划、前期、计划、预算，到开工、建设、投产，再到结算、决算的全过程信息，通过三率算法自动识别源端系统数据质量、自动预警项目执行异常节点，为企业实现项目管理的数字化、智能化奠定基础。

（2）实现了跨部门联合应用。基于发展部的投资计划执行监控、财务部的财务预算执行监控、基建部的里程碑计划执行监控，信通部的多系统项目主数据匹配监控等应用场景，协同各部门集管理合力共同应用"三率"工具，全方位、多角度加强项目执行过程管控，进一步提升项目计划和预算的执行效率。

（3）推动了项目协同管理创新。通过开展发展、基建、财务、物资跨部门串行数据联合分析，及时发现建设过程中施工调整但计划未同步调整等部门间管理不协同问题，推动各专业高效协同解决问题、规避风险，有效提升项目全过程精益化管控水平。

（4）提高了投资决策准确性。项目发挥"三率"理论曲线算法模型优势和数据优势，应用投资、建设、成本跨业务数据综合评价和交叉分析方法，实现对项目建设进程的合理性分析，为项目管理全过程数据分析、闭环反馈与辅助决策积累有效数据和典型案例，为精准投资决策的实施提供数据支撑。

五、参考文献

［1］何永秀. 电力综合评价方法及应用 [M]. 北京：中国电力出版社，2011.

［2］杨爱华，刘禄韬. 合理设置项目里程碑的五个依据 [J]. 项目管理技术，2008（8）：67–69.

［3］韩小康，牛佳，卢梅. 项目进度计划预警及跟踪反馈体系构建 [J]. 项目管理技术，2018，16（8）：26–29.

［4］邵帅，李铭，单政扬. 电网运行效率和投资效益评价指标体系研究 [J]. 吉林电力，2018，46（5）：10–13.

［5］李云峰，张勇. 国家电网公司资产全寿命周期管理框架体系研究 [J]. 华东电力，2010，38（8）：1126–1131.

10kV 及以下电网基建项目"三率合一"自动投资统计算法模型研究

主要完成人

安鹏；荣鹏；岳彩阳；单来支；王庆；张寒；樊冰剑

主要完成单位

国网山东省电力公司泰安供电公司；国网山东省电力公司

摘　　要

10kV 及以下电网基建项目作为电网建设的重要组成部分，具有项目数量多、单项投资额小等特点。当前 10kV 及以下电网基建项目投资完成数据统计与报送缺乏客观、统一的自动计算标准与方法，传统线下手工计算仍为主要报送模式，使得投资统计工作不仅量大、效率低且准确性、客观性与及时性均不高，难以满足统计数据真实、适应外部投资监管以及落实国家电网公司数字化转型发展战略的要求。

为提高统计数据质量，实现 10kV 及以下电网基建项目自动投资统计，落实国家电网公司数字化转型发展战略，在综合考虑系统取数来源、10kV 及以下电网基建项目建设管理特点的情况下，基于 10kV 及以下电网基建项目建设全过程工程形象进度与价值量传导关系，分别从设备部开工投产里程碑、财务部成本入账和发展部投资完成三个维度，研究 10kV 及以下电网基建项目投资完成自动统计方法，实现投资完成及开工投产信息的自动生成与报送，提升投资统计数据准确性、客观性、及时性及管理效率效益。

关 键 词

10kV 及以下电网基建项目；自动投资统计；数字化转型

一、工作背景

（一）投资精益化管理的需要

随着国家电网公司内部精益化管理理念不断深化，对精准投资策略、提升电网建设成效提出更高要求，然而当前 10kV 及以下电网基建项目存在项目数量多、工期短、投资统计易受主观干扰、统计数据质量欠佳、各单位投资统计缺乏科学统一的计算标准等特点。部分地市公司按照批次打包报送 10kV 及以下电网基建项目投资完成额，管理颗粒度较粗，难以适应当前 10kV 及以下电网基建项目投资精益化管理要求。因此亟须探索一种科学、有效的方法，统一计算标准、细化管理颗粒度，提升投资精益化管理水平。

（二）把握数字化转型发展契机的需要

数字化转型是国有企业改革、电网发展战略落地的重要路径与必要条件。然而当前 10kV 及以下电网基建项目投资完成数据统计与报送仍以传统线下手工计算为主，工作量大，投资统计效率不高，难以适应国家电网公司数字化转型发展战略。为积极贯彻国家电网公司对数字化转型的要求，把握数字化转型发展契机，亟须充分利用当前国家电网公司系统数据，研究 10kV 及以下电网基建项目投资完成自动统计方法，提高投资统计工作效率、数据质量，用数据驱动投资完成报送的科学性、真实性及准确性。

二、主要内容

（一）研究框架

基于生产管理系统（PMS）、企业资源计划（ERP）、网上电网数据，挖掘分析 10kV 及以下电网基建项目管理特点，研究投资完成自动统计方法，确定建模方向与思路，构建 10kV 及以下电网基建项目自动投资统计模型，实现自动投资统计。研究框架如图 1 所示。

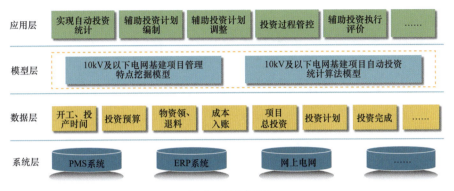

图 1 研究框架

（二）研究内容

1. 基于海量数据，摸底工程管理特点

充分利用已有 ERP、PMS、网上电网 10kV 及以下电网基建项目海量数据，应用统计分析、相关性分析等数据分析方法深度挖掘数据价值，摸底 10kV 及以下电网基建项目管理特点，为实现 10kV 及以下电网基建项目自动投资统计奠定基础。

（1）10kV 及以下电网基建项目建设工期挖掘与分析。基于 PMS 系统配电网基建项目实际工程时间节点数据，统计分析近两年 10kV 及以下电网基建项目建设工期情况，掌握 10kV 及以下电网基建项目工期分布规律及建设特点，为构建投资采集值监督 10kV 及以下电网基建项目实际投资完成提供参考。从 10kV 及以下电网基建项目建设工期情况可以看出，80% 以上的 10kV 及以下电网基建项目建设工期较短，平均工期 6 个月。10kV 及以下电网基建项目建设工期统计分析如图 2 所示。

（2）10kV 及以下电网基建项目投产趋势挖掘与分析。基于 PMS 系统 10kV 及以下电网基建项目实际工程时间节点数据，统计分析年度内项目完工、投产时间分布情况，掌握 10kV 及以下电网基建项目建设特点，合理预判投产趋势，为监督 10kV 及以下电网基建项目投资完成报送合理性提供参考。从投产趋势可以看出一季度受计划未下达、春节或冬季施工等影响，基本无或较少竣工投产；二、三季度项目投产数量骤增，达到峰值；四季度投产项目逐渐下降。10kV 及以下电网基建项目投产趋势分析如图 3 所示。

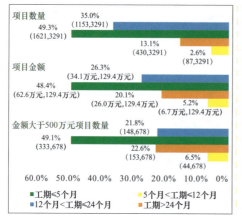

山东	数量占比	金额占比	金额大于500万元项目数量占比	平均工期（月）
工期≤5个月	35.0%	26.3%	21.8%	3.1
5个月<工期≤12个月	49.3%	48.4%	49.1%	8.9
12个月<工期≤24个月	13.1%	20.1%	22.6%	15.3
工期>24个月	2.6%	5.2%	6.5%	25.2
合计	100%	100%	100%	7.8

图2　10kV 及以下电网基建项目建设工期统计分析

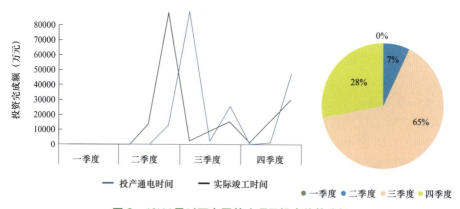

图3　10kV 及以下电网基建项目投产趋势分析

（3）10kV 及以下电网基建项目费用构成挖掘与分析。项目概算一般包含建筑工程费、安装工程费、设备购置费、其他费用四项，收集已竣工投产 10kV 及以下电网基建项目竣工决算报告四项费用数据，区分项目类型、建设性质挖掘分析四项费用占比规律，辅助模型构建，10kV 及以下电网基建项目不同项目类型、不同建设性质四项费用占比情况如图4所示。

（4）10kV 及以下电网基建项目结余率挖掘与分析。收集已竣工投产 10kV 及以下电网基建项目概算、决算数据，区分项目类型、建设性质挖掘分析 10kV 及以下电网基建项目结余率规律，辅助构建自动投资统计算法，10kV 及以下电网基建项目不同项目类型、不同建设性质结余率如图5 所示。

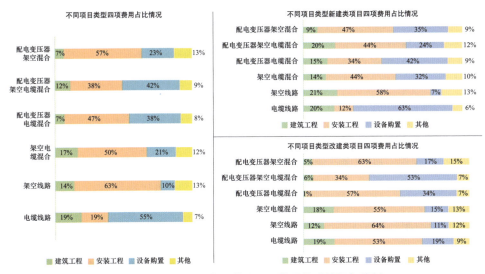

图 4 10kV 及以下电网基建项目费用构成挖掘与分析

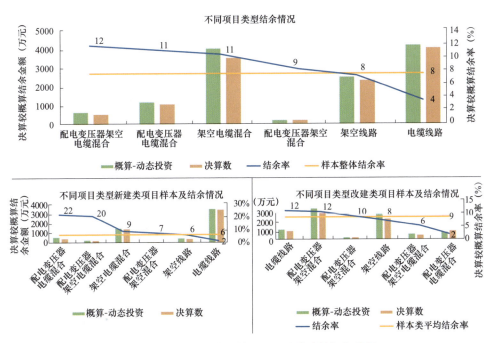

图 5 10kV 及以下电网基建项目结余率挖掘与分析

2. 创新统计方式，支撑自动投资统计

针对以往投资统计工作中存在"人工报送、标准不统一"等问题，基于 10kV 及以下电网基建项目管理特点、项目各环节管理颗粒度、系统数据质量，以国家统计局固定资产投资统计原则，结合投资统计报送的业务特点，创新提出投资完成自动统计方法，最大程度避免人工干预，客观反映项目实际进展，提高10kV及以下电网基建项目投资统计报送质量及工作效率。

（1）创新10kV及以下电网基建项目投资完成自动统计算法。10kV及以下电网基建项目投资完成自动计算方法，即投资采集值，投资完成自动采集报送期间为从工程开工开始，至工程投产结束。开工当月按照还原税金后的物资及服务累计已发生入账成本计算开工当月投资完成额，该算法一直延续至投产月份前，投产当月按照项目批复概算额与累计已完成投资额的差额计算投产当月投资额。基于投资采集值算法，通过自动获取建设进度、物资领用进度以及财务入账进度数据，区分四项费用由单项自动汇总计算投资完成。具体算法如图6所示。

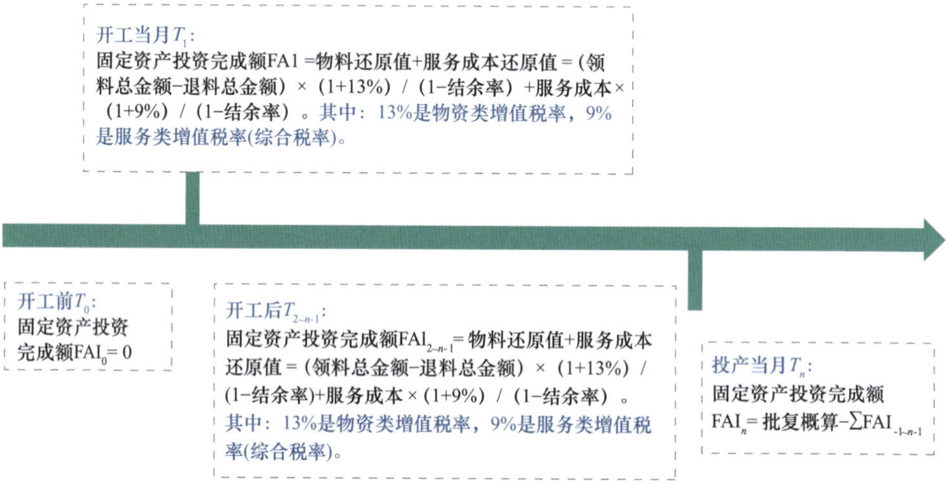

图6 10kV及以下电网基建项目投资完成自动统计算法示意图

（2）统计报表自动生成。厘清10kV及以下电网基建项目管理各环节颗粒度以及系统数据情况，明确直接获取类指标、计算生成类指标取数来源，通过融合发展、设备、财务等不同专业部门规划计划、PMS、ERP等系统数据，构建10kV及以下电网基建项目自动投资统计模型，通过自动获取数据，自动实现报表自动生成，助力10kV及以下电网基建项目自动统计。模型构建框架如图7所示。

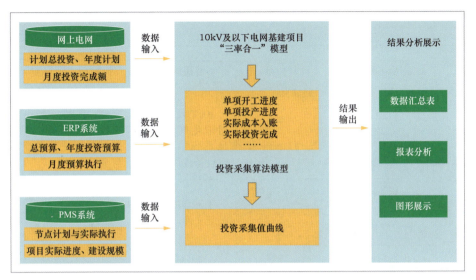

图 7 10kV 及以下电网基建项目自动投资统计模型构建框架示意图

投资统计报表相关指标及数据来源见表 1。

表 1 投资统计报表相关指标及数据来源

指标类型	指标名称	计算关系	填报依据	数据来源系统
直接获取类指标	建设规模（条、长度、座、台、容量）	—	工程初步设计批复文件	PMS 系统—配电网建设改造管理—计划项目管理—工程量
	初步设计（以下简称"初设"）批复概算（建筑、安装、设备、其他）	—	工程初步设计批复文件	PMS 系统—配电网建设改造管理—项目初设管理—初设成果查询统计
	开工时间	—	工程开工报告	PMS 系统—配电网建设改造管理—实施进度管理—工程开工
	本年新开工规模（条、长度、座、台、容量）	—	工程初步设计批复文件	PMS 系统—电网建设改造管理—计划项目管理—工程量

指标类型	指标名称	计算关系	填报依据	数据来源系统
直接获取类指标	投产时间	—	10kV 及以下项目取生产管理信息系统中最后一台设备投运时间	PMS 系统—配电网建设改造管理—实施进度管理—节点计划与执行查询
	本年投产能力（条、长度、座、台、容量）	—	工程初步设计批复文件	PMS 系统—配电网建设改造管理—计划项目管理—工程量
	工程建设进度（变电、线路）	—	工程实际建设进度	—
	本年投资计划	—	国家电网公司综合计划下达文件	发展部（规划计划信息管理平台—综合计划）
计算生成类指标	累计下达计划	累计下达计划= Σ已下达的全部投资计划	—	—
	自开始建设累计完成投资	项目开工后，按各单项工程还原税金后的物资及服务累计已发生入账成本计算当月投资完成额，工程实际投产当月，按概算值拉平投资完成	—	—
	自年初累计完成投资	自年初累计完成投资 = 自开始建设累计完成投资 − 截至上年 12 月底累计完成投资	—	—

3. 研究投资统计分析方法，强化投资过程管控

基于 PMS 系统 10kV 及以下电网基建项目建设数据、规划计划系统投资完成数据、ERP 系统成本入账数据构建实际建设进度、实际投资完成进度、实际入账进度等曲线，为 10kV 及以下电网基建项目过程管控提供支撑。以建设进度曲线为例，具体构建方法如下：

（1）实际建设进度建模方法。考虑到 10kV 及以下电网基建项目建设周期平均均在 2~3 个月，工期较短，且单项数量较多，全年季度投产情况分布较合理，可以考虑按子项投产法构建建设进度曲线。子项投产法仅考虑开工与投产节点，采用单项开工 / 投产法，将进度转换为价值量，按照"单项—项目—县公司—市公司—省公司—总部"自下而上汇总（见图 8），具体如下：

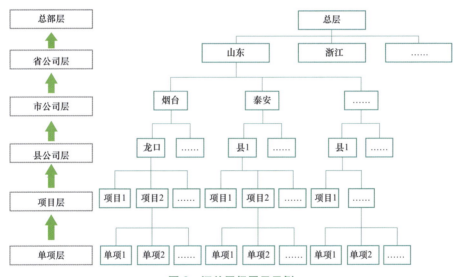

图 8 汇总层级展示示例

1）单项层级曲线构建方法。

a. 单项开工进度曲线：10kV 及以下电网基建项目开工必须有施工合同才视为真实开工，在单项实际开工当月，将单项建设进度直接计为 100%，单项建设进度乘以计划总投资（对应 PMS 系统中单项工程的"计划规模"）折算为当月开工进度价值量，形成单项开工进度曲线。

基于 PMS 系统中"计划规模"及"工程开工实际时间"字段，如当前时间小于工程开工实际时间，单项开工进度为零。如当前时间大于或等于工程开工实际时间，单项开工进度等于计划规模。

b. 单项投产进度曲线：10kV 及以下电网基建项目投产必须有竣工验收报告才视为真实投产，在单项实际投产（对应 PMS 系统中的"实际竣工验收时间"）当月，将

单项建设进度直接计为100%，单项建设进度乘以计划总投资（对应PMS系统中单项工程的"计划规模"）折算为当月投产进度价值量，形成单项投产进度曲线。

基于PMS系统中"计划规模"及"竣工验收实际时间"字段，如当前时间早于工程投产实际时间，单项投产进度为零。如当前时间晚于或等于工程投产实际时间，单项投产进度等于计划规模。

建模过程中，仅以单项开工及投产进度曲线作为实际建设进度的参考以及投资完成管控边界。

2）项目层级曲线构建方法。

a.开工进度曲线：项目层开工进度以"项目编码"字段为条件，由单项层级单项开工进度求和计算得出。

b.投产进度曲线：项目层投产进度以"项目编码"字段为条件，由单项层级单项投产进度求和计算得出。

3）单位层级曲线构建方法。

a.开工进度曲线：单位层（县、市、省、总部）开工进度以项目所属"单位名称"为条件，由项目层开工进度层层汇总计算得出。

b.投产进度曲线：单位层（县、市、省、总部）投产进度以项目所属"单位名称"为条件，由项目层投产进度层层汇总计算得出。

（2）模型曲线展示。同理，构建投资完成、入账成本等曲线，模型以开工及投产两条进度曲线作为10kV及以下电网基建项目实际建设进度曲线，作为投资完成管控边界，当投资完成曲线超出两条进度曲线范围较大时，则可判断投资完成疑似虚报。配电网基建项目进度曲线展示示意图如图9所示。

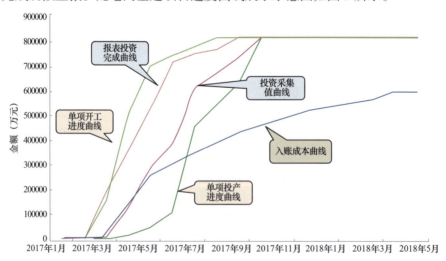

图9　配电网基建项目进度曲线展示示意图

（3）多层级投资过程管控。基于 10kV 及以下电网基建项目建设管理特点，结合总部、省公司、市公司、县公司等各层级管理需要，构建省公司—市公司—县公司—项目多级管控曲线，反映不同层级项目建设、投资进度。实际应用中，可通过上一层级曲线穿透至下一层级，追溯异常曲线根源，及时发现项目建设、投资进度异常，采取措施、有效管控。

10kV 及以下电网基建项目多层级管控曲线展示示意图如图 10 所示。

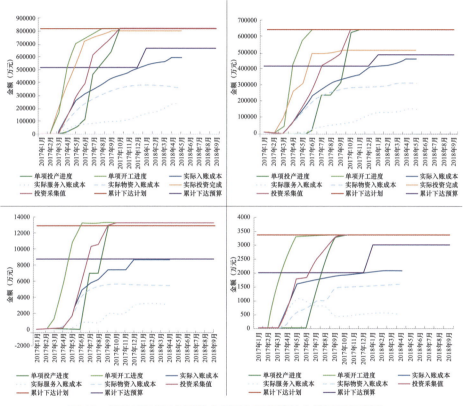

图 10　10kV 及以下电网基建项目多层级管控曲线展示示意图

三、特色亮点

（一）应用成效

1. 投资采集值自动计算，投资完成报送效率提升

通过应用 10kV 及以下电网基建项目自动投资统计模型，系统自动取数计算投资采集值，投资采集值与实际报送投资完成互相校验，大幅提升报送投资完成数据的真实性与准确性。投资采集值与实际报送投资完成并轨期间，经治理，

系统数据质量也相应提升以支撑投资采集值自动计算，目前投资采集值已基本替代传统报送投资完成，自动投资统计已基本实现。

2. 执行过程实时管控，业务问题及时治理

通过应用 10kV 及以下电网基建项目自动投资统计模型，可实时查看"县公司—市公司—省公司"单项开工进度、单项投产进度、实际入账进度、实际投资完成、投资采集值进度曲线，曲线可反映项目集中开工与投产、成本入账不及时、PMS 系统数据维护不及时等问题，根据曲线实时反映的业务异常状况，国网山东公司组织市公司、县公司分析业务原因，并及时治理，目前业务问题均已得到解决。

3. 模型精益管控，提升资源配置能力

通过应用 10kV 及以下电网基建项目自动投资统计模型，基于异常曲线，分析曲线异常背后业务原因，科学预判工程投资完成趋势、精准管控工程成本支出水平，合理确定投资需求，准确安排年度投资计划，最大限度地提升电网投资效益。

（二）特色亮点

1. 创新投资统计算法，实现自动投资统计

在透彻理解国家统计局固定资产投资统计原则，厘清 10kV 及以下电网基建项目管理各环节颗粒度以及系统数据质量情况的基础上，结合投资统计报送业务、10kV 及以下电网基建项目管理特点，简化投资统计按照四项费用统计逻辑，改为与业务实际更加贴合区分物资及服务的统计方式，统筹结合物资领用、服务成本相关数据，构建实用化的投资统计算法，实现电网基建项目投资完成的自动统计，最大程度避免人工干预，客观反映项目实际进展，落实投资统计业务数字化转型落地。

2. 突破专业孤立现状，实现部门协同管理

通过将实际建设进度（实际开工曲线、实际投产曲线）、实际入账进度、实际投资进度曲线相结合，将各专业部门关联协同，促进 10kV 及以下电网基建项目各专业部门协同管理，提高配电网基建项目投资完成报送的真实性与准确性。

3. 多层级联动管理，提升项目管理效率

将日常行政垂直管理思路，融入 10kV 及以下电网基建项目管理中，实现横向跨部门，纵向"县公司—市公司—省公司"三级联动的管理模式，为 10kV 及以下电网基建项目管理提供了管理工具与新思路。

四、应用展望

（一）合理预测项目阶段费用，支撑投资计划编制

基于设备部 10kV 及以下电网基建项目建设计划，考虑合理工期与历史数据时序分布特点，与设备部、财务部等业务部门共同确定阶段费用合理化规则，统一管控标准、统一编制工具，精准编制年度计划、年度预算，有效衔接工程进度计划、投资计划与投资预算。

（二）动态追踪执行情况，支撑投资计划年中调整

模型应用于 10kV 及以下电网基建项目投资完成、成本入账、项目建设执行的动态追踪，及时预警项目建设过程中发生的规划调整、施工受阻、物资供应不及时等情况，支撑投资计划调整。

（三）建立过程监测指标，支撑项目过程管控

基于进度曲线与各业务部门相关关系，建立项目过程监测指标，为电网投资过程管控提供有力手段与工具，通过广泛协同建设、设备、财务、物资等专业部门及时发现、解决管理难点、堵点问题，促进项目管理全链条中所涉及的各相关专业部门管理水平共同提升。

（四）完善投资执行评价，实现投资计划管理闭环

支撑计算年度投资计划执行偏差率、投资计划完成率等常规监测指标计算，引导各单位在进行工程投资计划编制以及执行过程中，能够按照 10kV 及以下电网基建项目"三率合一"管控模式充分沟通、精准编制，确保工程投资计划完成进度与工程形象进度紧耦合，强化投资计划执行考核与评价，提高成本与工程形象进度、投资完成进度指标的匹配程度，实现投资计划管理闭环。

五、参考文献

［1］寇凌岳，王婧，刘娟 . 电网建设项目投资优化模型及实施策略研究 [J]. 能源技术经济 .2012（4）.

［2］韩江磊 . 基于价值管理的电网企业投资分析研究 [J]. 现代经济信息 . 2016（17）.

［3］钱唯克，钟彬，陈启昉，童林白，张小红 . 电力体制改革对电网企业投资管理的影响及对策 [J]. 经营与管理 .2017（10）.

［4］周京龙，吴向明，马国真 . 基于动态排序的电网投资精准决策建模仿真 [J]. 现代电子技术 .2017（23）.

［5］夏玉兰 . 居舍 . 论电力体制改革对电网企业投资管理的影响及对策 [J]. 2018（4）.

电网基建项目投资执行风险差异化阈值计算及预警方案研究

主要完成人

马蕾；车佳辰；文凡；宋红芳；陈俊；童志明；崔勤越；郑航；陈彦佐

主要完成单位

国网浙江省电力有限公司；国网浙江省电力有限公司经济技术研究院；国网浙江省电力有限公司金华供电公司；国网浙江省电力有限公司绍兴供电公司；国网浙江省电力有限公司宁波供电公司；国网浙江省电力有限公司衢州供电公司

摘　　要

为贯彻落实国家电网公司协同共享专项行动工作要求，进一步发挥大数据价值，提升公司投资管理效率效益，根据《加强业务协同促进数据共享工作实施方案》，国网浙江省电力有限公司作为牵头单位开展 35kV 及以上电网基建项目投资执行风险阈值研究与分析验证相关工作，通过收集近几年已竣工决算项目概算、决算明细数据，基于项目执行风险偏差预警模型，测算各省 35kV 及以上不同电压等级、工程类型的电网基建项目执行风险偏差阈值，并结合本单位实际需求，开展偏差预警模型应用、分析、阈值修正工作，最终实现分省差异化偏差预警。

该成果充分考虑了管理状况、项目类别、建设阶段、外部扰动等多种因素，以偏差预警阈值标准测算的准确性为根本目标，模型验证工作针对阈值测算整个过程设定了样本筛选、结余率测算、阈值测算等不同的测算阶段。采用成熟的统计分析方法，针对每一阶段均开展了合理性和实用性分析，确保了模型参数的准确性。该成果以分省形式开展，形成了从地区、电压等级、项目类型、单项、四项费用等层层细化的差异化预警标准体系，改变了通常的"一刀切"的管理模式，使得成果应用更贴近业务管理实际，实用性更强。

关 键 词

电网基建；偏差预警；差异化阈值

一、工作背景

（一）目的和意义

1. 项目管控要求不断强化

2020 年 1 月，党中央、国务院印发《防范和惩治统计造假、弄虚作假督察工作规定》，要求提高统计真实性。2020 年 2 月，国家电网公司印发《国家电网有限公司关于印发公司 2020 年重点工作任务的通知》（国家电网办〔2020〕74号）文件，要求落实中央防范和惩治统计造假工作要求，提高统计数据真实性。2020 年 3 月，国网发展部连续印发相关文件，要求创新统计手段，加快推进电网基建项目"三率合一"数据监测分析体系深化应用，加强项目全方位、全过程管控，提升统计数据质量，支撑公司和电网高质量发展。

2. 项目管控方式需更加精准

为实现电网基建项目投资执行全过程精益管控，国家电网公司提出推进电网基建项目"三率合一"监测分析体系建设，通过投资、入账、建设三条进度曲线偏差动态监测项目执行状态。由于电网基建项目在不同地区、不同类型、不同电压等级、不同单项均表现出不同的"三率特征"，因此迫切需要按照省份、类型、电压等级等不同属性构建不同的曲线偏差预警阈值标准，实现项目执行过程的"一省一策"动态精准监测。

（二）主要解决的问题

1. 明确阈值测算样本项目筛选标准

阈值标准需基于标准的样本项目数据进行测算，因此合理的样本项目选取标准对阈值准确性至关重要。在确定样本筛选标准时，需剔除异常数据，避免影响样本项目数据的特征分析。

2. 提出"一省一策"预警阈值标准

国家电网公司经营区内各区域存在差异，电网基建项目投资执行管理不能"一刀切"，需要考虑各区域内不同电压等级、建设性质、工程类别的项目的合理阈值区间，设置差异化偏差阈值。

二、主要内容

（一）主要思路

1. 确定样本筛选标准

通过制定样本筛选规则，以进度计划编制合理、建设管理过程规范、项目工期正常的项目作为初始样本，以样本项目的相关参数作为偏差预警模型的参照依据，测算各省项目执行风险指标偏差的合理阈值区间。

2. 剔除异常数据

阈值标准的准确性直接关系到预警模型开展动态监测的准确性。需对阈值计算的每一个计算过程开展分析，研究模型是否准确筛选了合适的样本项目，计算的阈值标准是否能达到动态监督的要求。确保形成科学合理的阈值标准，实现差异化动态监测预警的目的。

3. 建立差异化偏差阈值测算模型

建立项目执行风险偏差预警指标体系，通过三率指标间的两两交叉对比，判断数据真实性、项目推进进度情况。以 3σ 准则为理论基础，基于样本项目的实际执行情况，构建不同电压等级、建设性质、工程类别的三率指标偏差的阈值测算模型，确定合理的阈值区间。

（二）确定样本筛选标准

样本筛选的合理性直接关系到偏差预警标准计算的准确性，样本筛选标准的确定至关重要。因此，针对样本筛选规则，需结合各省项目管理的实际情况，分析模型设定规则和参数是否合理，与本省管理实际是否契合。根据电网基建项目"三率合一"偏差预警模型设计规则，样本初始筛选标准设定见表1。

表 1　　　　电网基建项目"三率合一"偏差预警样本筛选规则

层级	判定范围	电压等级（kV）	建设类型	上限	下限	备注
项目	开工时间判定	全等级		60	−70	日

续表

层级	判定范围	电压等级（kV）	建设类型	上限	下限	备注
项目	工期合理性判定	110	新建	16	7	月
项目		110	扩建	13	3	月
项目		110	改造	12	2	月
项目		220	新建	19	10	月
项目		220	扩建	16	6	月
项目		220	改造	15	5	月
项目		500	新建	21	12	月
项目		500	扩建	18	8	月
项目		500	改造	17	7	月
土建施工（变电工程）	分部工程计划时间合理性判定	220kV 以上		120		日
土建施工（变电工程）		220kV 及以下		90		日
设备安装（变电工程）		220kV 以上		120		日
设备安装（变电工程）		220kV 及以下		90		日
基础（线路工程）		220kV 以上		90		日
基础（线路工程）		220kV 及以下		60		日
组塔（线路工程）		220kV 以上		90		日
组塔（线路工程）		220kV 及以下		60		日
架线（线路工程）		220kV 以上		90		日
架线（线路工程）		220kV 及以下		60		日

分析以上规则，样本项目初始筛选标准主要有三个方面：

一是合理工期判定。

二是里程碑节点与其分部工程计划时间的合理性判定。

三是项目开工时间判定，判断项目里程碑开工时间与分部分项最早开工时间差异。鉴于模型当前设置（−70，60）的偏差范围已较为宽松，不宜再放宽上下限；另外，考虑到需保证足够的样本项目数量，上下限范围也不宜过小。因此，该研究暂不对此项目开工时间标准进行调整，重点针对工期合理性、分部工程计划时间合理性进行验证研究。

1. 项目合理工期

（1）工期合理性标准设立方法。为科学合理制定项目合理工期标准，有以下几个原则：一是参考国网相关文件规定和样本筛选模型确定的工期标准，确保合理工期标准制定科学性；二是充分考虑本省电网基建工程实际管理现状，不追求过高的筛选标准，以保证足够的样本数量，确保合理工期标准制定的合理性。三是合理工期的确定应做好项目分类，不同项目类别采用不同的工期标准。为确保合理工期的确定具有较好的代表性，以国网浙江省电力有限公司（以下简称"国网浙江电力"）为例，从规划计划信息系统导出投产时间在2016—2018年的110~500kV的各类电网基建项目，按照新建、改造、扩建和输变电、变电、线路等不同维度开展了工期分析。

分部工程时间合理性标准的设立主要分为以下五步。

第一步，从相关信息平台收集项目数据，包含：项目名称、电压等级、建设性质（新、改、扩）、工程类别（输变电、变电、线路）、线路长度、变电容量、实际开工时间、实际投产时间等关键属性。

第二步，核对修正项目属性。样本项目的建设性质、工程类别信息来源于规划计划一体化平台中的规划模块。部分样本基本属性维护错误，可能导致项目工期合理性判断错误，故对样本库项目进行校核修正，确保样本基本属性维护正确。

第三步，剔除工期明显异常的项目。按照不同电压等级、建设性质和工程类别，设定相关标准，剔除工期过短、过长的明显异常的项目，确保工期分析的准确性。

第四步，对疑似工期超长项目进行工期还原。按照不同电压等级、建设性质和工程类别，设定相关标准，确定疑似工期超长项目。针对该类项目，通过基建管控系统记录的停工时间，剔除异常停工时间，逐一对项目工期进行还原。

第五步，确定工期阈值。

分部工程时间合理性标准确定方法如图1所示。

在确定工期阈值时，经过以上剔除异常工期项目、疑似超长工期项目工期还原后，剩余项目按项目建设性质、工程类别，分9种类型开展分析，根据项目数量，分成三种方案，进一步确定工期上下限阈值。

下限确定：经分析模型测算方法，模型假设电网工程工期符合正态分布，按照 80% 的置信水平来确定工期上下限。可以看出，模型只是按照统计方法进行了简单计算，考虑到部分项目由于建设内容较少，其工期可能明显小于模型测算的下限。因此，下限的确定可不按照模型测算结果，直接根据工期实际情况和经验判断给出。

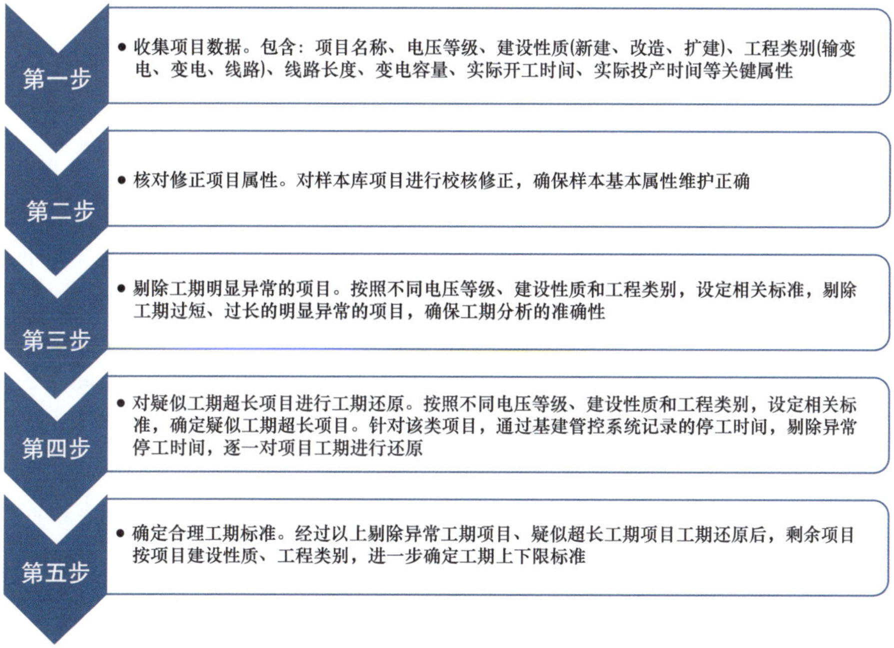

第一步
- 收集项目数据。包含：项目名称、电压等级、建设性质(新建、改造、扩建)、工程类别(输变电、变电、线路)、线路长度、变电容量、实际开工时间、实际投产时间等关键属性

第二步
- 核对修正项目属性。对样本库项目进行校核修正，确保样本基本属性维护正确

第三步
- 剔除工期明显异常的项目。按照不同电压等级、建设性质和工程类别，设定相关标准，剔除工期过短、过长的明显异常的项目，确保工期分析的准确性

第四步
- 对疑似工期超长项目进行工期还原。按照不同电压等级、建设性质和工程类别，设定相关标准，确定疑似工期超长项目。针对该类项目，通过基建管控系统记录的停工时间，剔除异常停工时间，逐一对项目工期进行还原

第五步
- 确定合理工期标准。经过以上剔除异常工期项目、疑似超长工期项目工期还原后，剩余项目按项目建设性质、工程类别，进一步确定工期上下限标准

图 1 分部工程时间合理性标准确定方法

上限确定：考虑到电网项目在实际建设过程中，受到的影响因素较多，各类项目本身就存在工期超出预期的倾向，因此，上限标准的准确与否对项目工期合理性的影响更大。根据统计项目数量的多少，按照以下两种情况确定上限标准：

一是对于样本较多的类型，其工期分布呈一定的峰状分布，采用以下两种方案。

方案一：工期上限取值则按照进一步筛选后样本库的 90% 覆盖率确定。

方案二：工期上限取值按照进一步筛选后样本库的 80% 覆盖率确定。

二是对于样本少的类型，覆盖率变化跨度过大，无法按照以上两种方案，暂按模型测算结果确定最终工期上限。

即分成三种方案确定最终工期上下限阈值标准，见表 2。

表2 最终工期上下限阈值标准确定方法

方案	工期下限	工期上限
一	按各类型项目初筛下限固化	按样本90%筛选确定上限值
二	按各类型项目初筛下限固化	按样本80%筛选确定上限值
三	按各类型项目初筛下限固化	模型测算结果确定上限

（2）合理性标准。针对分部工程时间合理性标准，主要有：

一是500kV项目变电站工程：开工里程碑计划不能晚于其分部工程最早开工时间120天以上，投产里程碑计划不能早于其分部工程最晚完工时间。

二是500kV线路工程：开工里程碑计划不能晚于其分部工程最早开工时间90天以上，投产里程碑计划不能早于其分部工程最晚完工时间。

三是220kV、110kV变电站工程：开工里程碑计划不能晚于其分部工程最早开工时间90天以上，投产里程碑计划不能早于其分部工程最晚完工时间。

四是220kV、110kV线路工程：开工里程碑计划不能晚于其分部工程最早开工时间60天以上，投产里程碑计划不能早于其分部工程最晚完工时间。

里程碑与分部工程开工时间关系示意图如图2所示。

图2 里程碑与分部工程开工时间关系示意图

为分析以上标准的合理性，结合实际项目基础数据，对项目实际时间节点与筛选标准的差异进行统计分析，评判标准设置合理性。

以国网浙江电力测算结果为例，三种方案中，方案一、方案二是按照样本项目覆盖率90%和80%来测算工期上限，方案三是按照工期测算工具来测算工期上限。以220kV新建输变电、110kV新建输变电为例，三种方案的工期上限均较为接近，模型测算结果可以作为最终方案。

2. 分部工程计划时间合理性

对于项目里程碑计划、施工进度计划的核查，可以结合建设部门合理工期标准、各分部分项工程施工特点，通过设定数据合理性判定业务规则，初步核查建设部门进度计划数据合理性。具体示例如下：

（1）检查项目层里程碑计划工期合理性。工期是指从开工到投产的工程建设阶段所持续的时间，投产以完成试运行为标志。结合国网基建建设进度管理要求，区分电压等级、项目建设性质（新建、扩建、改造）判断项目层里程碑计划工期合理性。以"110kV常规新建输变电工程"为例，判断其合理工期：根据项目里程碑计划中的"工程计划开工时间""计划投产完成时间"计算出该项目建设工期，工期在7~16个月则判断为正常，东北、西北地区可考虑工期在上述基础上，再增加3个月。

（2）核查项目层里程碑计划与单体层施工进度计划是否脱节。以"工程开工时间"核查为例，判断异常条件：取施工进度计划中土建（变电工程）、基础或电缆通道（线路工程）阶段计划开始时间，若与里程碑计划中的项目开工时间偏差60天以上则显示异常。

（3）检查建设部门编制的不同类型单体工程施工进度计划合理性。以判断变电工程"土建"里程碑计划时间与其各主要分部工程计划时间是否脱节为例，判断异常的条件：

条件一：①若各主要分部工程最早开始时间早于土建里程碑阶段开始时间90天/120天的；②或各主要分部工程最晚完成时间超过土建里程碑完成时间90天/120天的；③或若各主要分部工程最早开始时间晚于等于土建里程碑完成时间。注：220kV及以下为90天；220kV以上为120天。

条件二：或各主要分部工程的开始时间与完成时间与土建里程碑的开始、完成时间完全相同。

上述任意一条显示异常，则本条逻辑判断结果显示异常。

3. 各省样本筛选标准结论

各省利用国家电网公司下发的工期测算工具，结合自身项目管理实际情况，同步开展工期合理标准的确定工作，均形成了符合本省实际的工期筛选标准。

各省开展工期分析主要有以下三种方式：

一是系统默认工期标准符合本省情况，不做修改，主要是山东公司。

二是利用工期测算工具，并结合本省实际综合确定工期筛选标准。主要有青海、安徽、浙江、福建、甘肃、宁夏、四川、湖北、湖南、河北、西藏、重庆、江西、辽宁14家省公司。

三是根据本省项目建设情况，直接调整确定工期筛选标准。主要有北京、吉林、冀北、江苏、山西、上海、黑龙江、蒙东、天津、河南、新疆、山西12家省公司。

以110kV新建输变电工程为例，部分省公司上下限确定情况如图4所示。

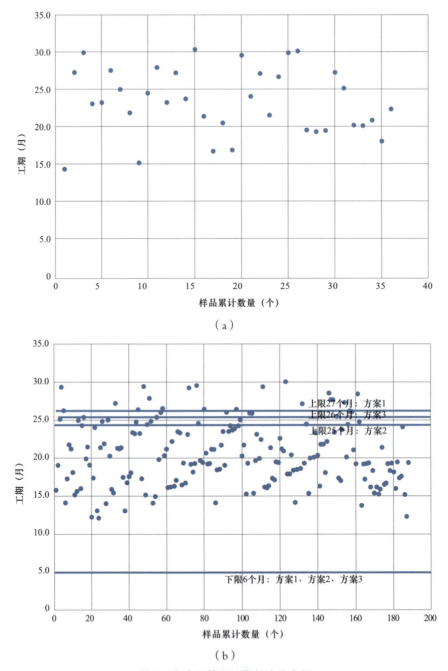

（a）

（b）

图3 各电压等级工期长度分布图

（a）220kV 新建输变电工期散点图；（b）110 kV 新建输变电工期散点图

工期上限最大的为江西公司，工期上限标准为 33 个月。工期上限最小的为湖南、北京、陕西、山东、天津等公司，上限标准为系统默认值。

工期下限最小的为江西、浙江、甘肃、四川等公司，下限标准为 3 个月。下限标准最大的为安徽公司，下限标准为 11 个月。

工期标准修正后，大部分省公司可入库项目比重均得到较大提高，如图 5 所示。

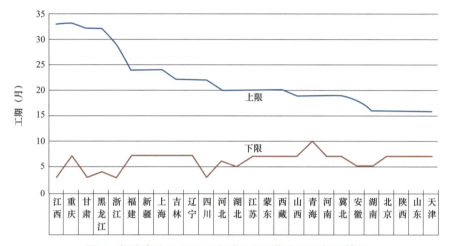

图 4　部分省公司 110kV 新建工程工期上下限标准情况

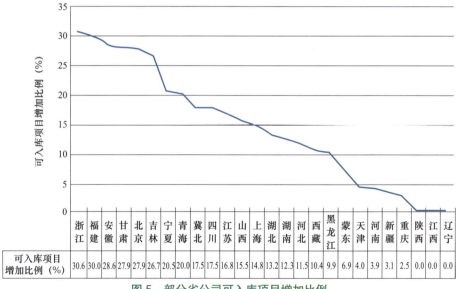

	浙江	福建	安徽	甘肃	北京	吉林	宁夏	青海	冀北	四川	江苏	山西	上海	湖北	湖南	河北	西藏	黑龙江	蒙东	天津	河南	新疆	重庆	陕西	江西	辽宁
可入库项目增加比例（%）	30.6	30.0	28.6	27.9	27.9	26.7	20.5	20.0	17.5	17.5	16.8	15.5	14.8	13.2	12.3	11.5	10.4	9.9	6.9	4.0	3.9	3.1	2.5	0.0	0.0	0.0

图 5　部分省公司可入库项目增加比例

应用以上分析结论，各省均形成了适合本省的样本项目筛选标准。以浙江公司为例，最终形成样本筛选标准见表 3。

表 3　　　"三率合一"偏差预警样本筛选标准示例（浙江公司）

层级	判定范围	电压等级	建设类型	工程类别	上限	下限	备注
项目	开工时间判定	全等级			60	−90	日
项目	工期合理性判定	110kV	新建	输变电	26	6	月
项目			新建	线路	29	3	月
项目			扩建	输变电	17	3	月
项目			扩建	变电	10	3	月
项目			改造	输变电	27	3	月
项目			改造	变电	17	3	月
项目			改造	线路	30	3	月
项目		220kV	新建	输变电	31	12	月
项目			新建	线路	30	3	月
项目			扩建	输变电	21	6	月
项目			扩建	变电	15	6	月
项目			改造	输变电	32	6	月
项目			改造	变电	15	5	月
项目			改造	线路	33	3	月
项目		500kV	新建	输变电	34	9	月
项目			新建	线路	36	6	月
项目			扩建	输变电	29	9	月
项目			扩建	变电	17	6	月
项目			改造	输变电	17	7	月
项目			改造	变电	17	7	月
项目			改造	线路	17	7	月
土建施工（变电工程）	分部工程计划时间合理性判定	220kV 以上			120		日
		220kV 及以下			90		日
设备安装（变电工程）		220kV 以上			120		日

续表

层级	判定范围	电压等级	建设类型	工程类别	上限	下限	备注
设备安装（变电工程）	分部工程计划时间合理性判定	220kV 及以下			90		日
基础（线路工程）		220kV 以上			90		日
		220kV 及以下			60		日
组塔（线路工程）		220kV 以上			90		日
		220kV 及以下			60		日
架线（线路工程）		220kV 以上			90		日
		220kV 及以下			60		日

（三）异常数据剔除

第一步，从相关信息平台收集项目数据，包含：项目名称、电压等级、建设性质（新、改、扩）、工程类别（输变电、变电、线路）、线路长度、变电容量、实际开工时间、实际投产时间等关键属性。

第二步，核对修正项目属性。样本项目的建设性质、工程类别信息来源于规划计划信息管理平台中的规划模块。部分样本基本属性维护错误，可能导致项目工期合理性判断错误，故对样本库项目进行校核修正，确保样本基本属性维护正确。

第三步，剔除工期明显异常的项目。按照不同电压等级、建设性质和工程类别，设定相关标准，剔除工期过短、过长的明显异常的项目，确保工期分析的准确性。

第四步，对疑似工期超长项目进行工期还原。按照不同电压等级、建设性质和工程类别，设定相关标准，确定疑似工期超长项目。针对该类项目，通过基建管控系统记录的停工时间，剔除异常停工时间，逐一对项目工期进行还原。

（四）阈值测算

1. 测算理论基础

电网基建项目执行风险偏差阈值标准测算模型主要以 3σ 准则为理论基础。3σ 准则又称为拉依达准则，它是假设一组检测数据只含有随机误差，对其计算处理得到标准偏差，按一定概率确定一个区间，认为凡超过这个区间的误差，就不属于随机误差而是粗大误差，含有该误差的数据应予以剔除。在正态分布中，σ 代表标准差，μ 代表均值。$X=\mu$ 即为图像的对称轴。3σ 原则：

数值分布在 $(\mu-\sigma, \mu+\sigma)$ 中的概率为 0.6827；

数值分布在 $(\mu-2\sigma, \mu+2\sigma)$ 中的概率为 0.9544；

数值分布在 $(\mu-3\sigma, \mu+3\sigma)$ 中的概率为 0.9974。

因此，可以认为，Y 的取值几乎全部集中在 $(\mu-3\sigma, \mu+3\sigma)$ 区间内，超出这个范围的可能性仅占不到 0.3%。故项目执行风险偏差阈值标准上下限以 $(\mu-3\sigma, \mu+3\sigma)$ 来确定。具体步骤如下：

项目执行风险偏差阈值的测算主要依靠规划计划信息管理平台相关功能进行分析测算。本部分模型验证的主要目的：一是验证系统功能的可用性；二是验证模型算法及参数设置的合理性。

2. 阈值测算方法

阈值标准的准确性直接关系到预警模型开展动态监测的准确性。需对阈值计算的每一个计算过程开展分析，研究模型是否准确筛选了合适的样本项目，计算的阈值标准是否能达到动态监督的要求。

阈值计算主要以全口径系统为依托，针对每一步计算结果进行分析，研究模型的适用性。根据计算阶段，分析每个阶段存在的异常样本项目，按照不同类别分别剔除异常样本项目后，由系统计算初步阈值。

（1）原始数据：是对样本原始数据的展示，只与前期的样本项目有关，不需做特别的分析。

（2）第一步计算：计算对各样本项目分阶段的理论进度，仅需要对投产阶段的理论投资、建设、入账进度进行初步分析，针对理论投资、建设进度未达到 100% 的项目以及理论入账进度未达到 80%（扣除结余率）的项目进行分析，考察其是否需要剔除出样本库。

（3）第二步计算：计算各阶段理论进度之间的差异，不需做特别的分析。

（4）第三步计算：系统功能已支持按照计划阶段、偏差类型进行展示各偏差的最大值、最小值和均值。通过系统导出相关数据后，对各阶段偏差情况进行分步统计，剔除异常样本项目。

（5）阈值计算及修正：分析阈值计算结果，对存在异常的计算结果进一步分析，修正阈值标准。

3. 偏差阈值测算结果分析

由于阈值标准指标划分了前期、土建、安装、调试、投产、结算等多个计划阶段，同时在指标层级上也分为单项层级和建筑、安装、设备、其他等四项费用层级。初步分析，阈值标准指标的四项费用和计划阶段之间存在一定的内部逻辑关系，需进行规律性特征的分析。以新建变电工程为例，各阶段阈值特征如下：

（1）工程前期阶段，由于变电工程前期实际变电建设进度和投资进度均为0，入账进度仅发生其他费用中"建设场地征用及清理费""项目前期工作费""勘察设计费"，因此除其他费存在偏差外，其余偏差均为0。

（2）土建阶段，除建筑费和其他费用外，安装、设备等费用上下限均为0。

（3）其他阶段，投资进度与建设进度偏差率，除其他费用外，上下限理论上应均为0。

主要结论：一是初版阈值的测算结果对样本数量较为敏感，样本数量较少时，计算结果不够理想。二是单体层面总的偏差阈值结果相对理想，但四项费用层面的测算结果较差。初版阈值结果的合理性还需结合后续典型项目验证，进一步研究模型的优化重点和方向。

项目偏差阈值结果区间示例如图6所示。

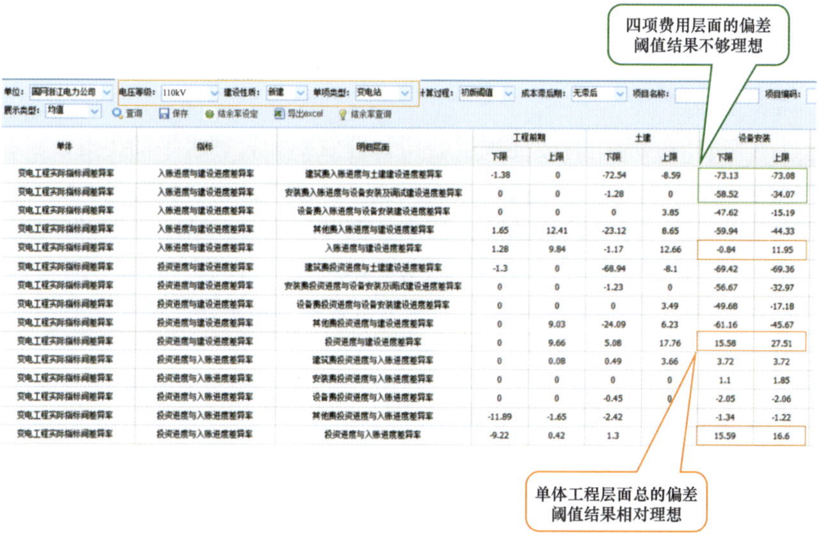

图6　项目偏差阈值结果区间示例

三、特色亮点

电网基建项目执行风险偏差预警差异化阈值研究从模型思路、参数设定及成果应用上均具有很强的创新性。

（1）预警模型构建思路科学严谨。模型设计思路严谨，基于成熟的统计分析理论充分考虑了管理状况、项目类别、建设阶段、外部扰动等多种因素，通过多业务数据协同分析，设计了严谨的阈值标准测算思路和方法。将理论与实际相结合，通过实际业务数据优化模型参数，在通用模型方法上形成了电网基建项目过程差异化管控。

（2）模型参数确定设计严格精确。为保证偏差预警阈值标准测算的准确性，模型验证工作针对阈值测算整个过程设定了样本筛选、异常值剔除、阈值测算等不同的测算阶段。采用成熟的统计分析方法，针对每一阶段均开展了合理性和实用性分析，确保了模型参数的准确性。

（3）预警标准确定确保差异化和实用化。电网基建项目执行风险偏差动态预警阈值测算以差异化的形式开展，形成了从地区、电压等级、项目类型、单项、四项费用等层层细化的预警标准体系，改变了通常的"一刀切"的管理模式，使得成果应用更贴近业务管理实际，实用性更强。

四、应用展望

（一）推广应用情况

1. 应用范围

在全网各单位全电压等级电网基建项目中推广应用。

2. 应用成效

通过研究成果的应用有效促进了公司管理效率和管理水平的提升。一是有效加快项目建设和转资进度，加快资产形成效率，做大公司有效资产。二是有效提升项目管理规范性，规避监管风险，适应外部监管和公司战略转型的需要。三是促进业务数据积累，提升数据价值。模型应用积累大量的有价值的项目过程业务信息，将进一步促进模型参数优化，同时为业务数据价值进一步挖掘打下基础。

（二）推广应用前景

该研究成果通用性强，依托国家电网公司统一部署的网上电网系统，可实现各省公司的全覆盖，结合各省电网项目管理实际，形成差异化的电网项目全过程动态监督体系，适用性好，专业工作结合度强，推广价值高。

五、参考文献

无。

电网基建项目投资计划执行风险预警模型及应用

主要完成人

周明；马莉；王枫；卢生炜；武强；孙利平；周鑫；朱正雨；张杨

主要完成单位

国网湖北省电力有限公司；国网湖北省电力有限公司经济技术研究院；国网湖北省电力有限公司荆州供电公司；湖北华中电力科技开发有限责任公司

摘　　要

国网湖北省电力有限公司（以下简称"国网湖北电力"）面对项目实际投资进度滞后于计划进度、项目未及时完成结决算、审计等问题，为保证全年计划圆满收官，国网湖北电力以电网基建工程发展、财务、基建、物资专业大数据为基础，全面梳理项目管理全链条关键里程碑节点运行规律，构建投资计划执行风险预警模型。并结合110~750kV输变电工程案例数据开展实践应用，研究如何加强项目计划执行过程监测，提升部门之间数据信息传递效率，从而进一步提升项目管控能力，及时发现项目潜在风险并做出应对措施。以扎实的数据、科学的算法，支撑投资计划管理"编制科学、执行精准、调整有据"，助力电网精准投资、精益管理。

关　键　词

计划执行；风险要素；风险监测；风险预警

一、工作背景

（一）工作背景

自"十三五"以来，为提高电网运营综合效率及质量，践行"主动改革、精确投资"理念，国网发展部立足大数据时代，挖掘数据资源保障电网管理事业良性发展内在潜能，制定了《国网发展部关于印发电网基建项目"三率合一"数据监测分析体系深化应用工作方案》，提升国家电网公司总体效益。在国网发展部指导下，国网湖北电力全面开展了投资统计数据质量治理专项行动，致力打造以统计数据为核心的全新数据监测分析体系，精准把握项目执行风险，高效排查问题隐患，力争进一步提升国网湖北电力投资项目管理水平。

（二）工作现状

当前反映电网年度投资计划执行情况的投资完成数据，存在"年中冲高，年底翘尾"现象，电网项目建设过程中也存在开工即停工、连续停工 3 个月及以上、实际建设工期超过合理工期以及报送投资额与基建建设进度或财务入账进度不匹配等问题。但由于不能及时获取项目建设全过程数据，电网基建工程全过程管控缺乏有力抓手，不能全面、及时地掌握项目当前情况，不利于电网投资计划执行分析与年中计划科学调整。

因此，开展电网基建项目投资执行风险分析，通过全方位监控风险监测指标，排查风险项目内部隐患，并及时采取措施是十分必要的。同时，基于分析结果持续完善预警项目监测规则，加强各部门之间的数据互通，有利于高质量完成国网湖北电力年度投资计划任务。

二、主要内容

该研究成果以电网基建工程发展、财务、基建、物资专业大数据为基础，全面梳理项目管理全链条关键里程碑节点运行规律，构建投资计划执行风险预警模型，并通过 110~750kV 输变电工程部分工程案例评估当前上报投资进度的合理性，评估电网基建投资计划执行风险并量化风险额度。

（一）风险预警模型框架及构建思路

1. 在建未投项目投资计划执行风险测算

针对在建未投的项目，其投资计划执行风险额确定思路如下：首先，根据实际建设进度、工程成本入账进度与投资完成进度偏差情况，将偏差超过一定标准的项目纳入投资计划执行存在初步风险的项目清单。其次，测算风险额的偏差程度，测算投资完成上报值与归真后投资完成（针对数据质量不高的项目，将成本入账按照 20% 的结余率还原作为归真后投资完成）偏差，将偏差程度较大（暂定大于 500 万元）的中高级风险项目纳入初步调整项目清单。最后，根据项目的风险额确定项目的投产里程碑是否需要进行调整。计算项目已发生期间风险额，并预测原计划投产里程碑是否需要变更，最终确定本年投资计划执行风险额，为投资调整决策提供支撑。

2. 计划 10~12 月新开项目投资计划执行风险测算

针对 10~12 月预计新开项目，年度投资计划执行风险的确定取决于开工里程碑与年度下达投资计划是否匹配，同时，综合考虑项目所处的地区以及环境特征，预判年度下达投资计划能否在本年剩余期间内完成。针对预计开工项目，直接根据计划开工里程碑至年底 12 月的时间间隔，按照投资完成月均上报投资比例（5%）计算本年可能完成投资，与累计下达计划的差作为投资执行风险额。

投资执行风险额 = 预测投资发生值 − 年初下达计划

3. 已投产项目投资计划执行风险测算

由于已投产项目投资建设已基本完成，不再对其投资执行过程风险进行评价，因而本研究仅针对 110kV 及以上电网基建项目中在建未投的项目进行投资执行风险评估及风险额测算。测算的具体思路如下：

以工程建设进度、投资完成进度以及成本入账进度三者匹配率为管控抓手，基于电网工程全过程发展、建设、财务等部门大数据，识别电网基建项目全过程可能存在的关键风险要素，明确风险要素识别与量化规则，构建电网基建项目投资计划执行风险评估模型，量化电网基建项目投资进度管理风险等级，批量、快速、准确识别电网基建项目全过程风险情况，辅助投资计划年中调整"有依据"，提升电网项目投资管理效益与效率。

（1）开展数据收集。收集 110kV 及以上的电网基建项目全过程相关数据，包括项目属性、工程建设进度、成本入账、投资完成、实际与计划开工时间、实际与计划投产时间等基础信息。

（2）风险要素识别。分析并筛查能够综合反映电网基建项目协同管理的综合指标与要素，作为识别电网项目投资进度管理的关键风险要素。

（3）风险量化评估。综合评判各风险要素，制定识别各风险要素的判别规则，根据量化评分表对电网基建项目进行风险评分，根据风险评分将项目的风险划分为高、中、低三个风险等级。

（4）根据电网基建项目风险等级评价，结合实际投资上报投资与归真投资完成的偏差，确定电网基建项目投资计划执行风险额。

（二）风险预警规则设计

1. 确定风险要素

通过调研电网基建项目管理涉及的各相关部门，了解电网基建项目全过程发展、基建、财务等部门项目管理过程中存在的关键节点和问题。将投资完成进度与建设及入账进度匹配情况、连续停工超 3 个月项目、超期工程、投资完成四季度可能翘尾以及是否为外部审计重点关注项目等情况，作为识别电网项目投资进度管理的关键风险要素。

2. 识别风险要素规则

根据上述已确定的关键风险要素，基于发展、建设、财务等部门电网基建项目全过程数据，制定风险要素识别规则，具体识别规则如下：

（1）投资进度与基建建设进度不匹配识别规则：

当实际建设进度小于或等于30%，且 |（实际投资完成进度－实际建设进度）| ＞【10%】时，则为投资进度与建设进度不匹配项目；

或当实际建设进度大于30%，且 |（实际投资完成进度－实际建设进度）| ＞【50%】时，则为投资进度与建设进度不匹配项目。

（2）投资进度与财务入账进度不匹配识别规则：

当实际建设进度小于或等于30%，且 |（实际投资完成进度－实际入账进度）| ＞【10%】时，则为投资进度与财务进度不匹配项目；

或当实际建设进度大于30%，且 |（实际投资完成进度－实际入账进度）| ＞【50%】时，则为投资进度与财务进度不匹配项目。

（3）超期工程判断规则：电网基建项目当前实际已建设工期（月份）超过国家电网公司输变电工程进度管理办法中规定的常规新建输变电工程合理工期上限 6 个月及以上的工程，则判断为超期工程。不同电压等级输变电工程具体超期工程判断规则为：

110（66）kV：（当前月份－工程实际开工月份）＞【19 个月】；

220（330）kV：（当前月份－工程实际开工月份）＞【22 个月】；

500kV：（当前月份－工程实际开工月份）＞【24 个月】；

750kV：（当前月份－工程实际开工月份）＞【25 个月】。

（4）连续停工超 3 个月项目：基于电网基建项目实际建设进度月度数据，剔除冬季施工影响，检查 4~12 月期间是否存在连续停工 3 个月及以上的情况。

（5）投资完成四季度可能翘尾项目：判断是否为投资完成四季度可能翘尾项目，具体识别规则如下：

当实际建设进度小于或等于30%，若［年初下达投资计划－本年累计投资完成－项目概算 × 理论投资完成月度增速（5%）× 剩余预测月份］＞0，则为投资完成四季度可能翘尾项目；

或当实际建设进度大于30%，若［年初下达投资计划—本年累计投资完成—项目概算 × 理论投资完成月度增速（25%） × 剩余预测月份］＞0，则为投资完成四季度可能翘尾项目。

上述理论投资完成月度增速是根据典型工程初步确定的，具体计算规则如下：若项目设备费成本已入账，则上述识别规则中理论投资完成月度增速按照【5%】计算；若项目设备费成本未入账，则上述识别规则中理论投资完成月度增速按照【25%】计算。

（6）外部审计重点关注项目：对于项目性质是"三区两州"深度贫困地区、国家贫困县、煤改电、冬奥会等类型的项目，即为外部审计重点关注项目。针对具有此类标签的项目，对于其判定存在投资计划执行风险的项目，应重点关注其至年底的投资执行情况，充足资源保证项目投资计划按期完成。

3. 风险量化评分与等级评定

（1）根据上述识别出的风险，制定投资进度风险预警评分规则，具体风险评分规则见表1。

表 1 　　　　　投资进度风险预警项目风险评分规则

序号	风险要素		风险得分
1	投资进度与建设进度、与入账进度同时偏差过大		1分
2	报送投资进度与基建、财务进度不匹配程度（右侧为偏差额度）	当实际建设进度小于或等于30%，且偏差率小于或等于10%；或当实际建设进度大于30%，且偏差率小于或等于50%	0分
		当实际建设进度小于或等于30%，且偏差率大于10%且小于或等于20%；或当实际建设进度大于30%，且偏差率大于50%且小于或等于60%	1分
		当实际建设进度小于或等于30%，且偏差率大于20%且小于或等于30%；或当实际建设进度大于30%，且偏差率大于60%且小于或等于70%	2分
		当实际建设进度小于或等于30%，且偏差率大于30%且小于或等于40%；或当实际建设进度大于30%，且偏差率大于70%且小于或等于80%	3分
		当实际建设进度小于或等于30%，且偏差率大于40%；或当实际建设进度大于30%，且偏差率大于80%	4分

续表

序号	风险要素	风险得分
3	超期工程	2分
4	连续停工超过 3 个月	2分
5	四季度可能翘尾项目	2分
6	外部审计重点关注项目	3分

每个电网基建项目根据相应规则作出上述风险因素评定，并根据上述风险要素得分计算项目风险得分。

单个项目风险得分 = 报送投资与基建、与财务偏差均较大的异常项目得分 + 投资偏差程度风险得分 + 超期工程风险得分 + 连续停工超过 3 个月风险得分 + 四季度可能翘尾项目风险得分 + 外部审计重点关注项目风险得分。

（2）确定项目风险得分规则，将其划分为低、中、高三个等级，其中暂设 3 分及以下为低风险；4~7 分为中风险；8 分及以上为高风险。根据计算项目的风险得分，给出项目风险低级、中级和高级的评价。

（3）暂时将风险等级为中级和高级项目纳入初步风险清单。

4. 项目投资计划执行风险测算

根据电网基建项目纳入初步风险清单，测算项目投资计划执行风险额。风险金额 =（自开始累计自动生成投资完成 + 本年剩余年度预测完成投资）− 自开始累计投资计划。

项目已发生期间风险额：用累计自动生成投资完成减去累计投资完成作为风险额。

5. 确定预测期间

（1）计算得出理论建设进度曲线的月平均建设进度为 11%；每个项目剩余的建设进度除以月平均建设进度，得到该项目建设所需的时间。

（2）以当前时间 9 月为例，由于 9 月底至 12 月共计 3 个月，最大的预测期间为 3 个月。将每个项目预计还需建设的月度与 3 个月进行对比，大于 3 个月的，直接取 3 个月，小于或等于 3 个月的直接取计算得到的预测周期，作为初步的预测期间。

（3）针对有"计划投产时间字段"（计划投产时间在 10 月、11 月与 12 月）的项目，计算给定的计划投产时间距离当前时间差。

（4）对（2）和（3）中的预测月份进行对比。

若预测月份超过按照计划投产计算的月份2个月及以上的，则直接取按照平均建设进度折算的月份，否则取按照"计划投产时间"折算的月份。

6. 确定本年投资计划风险额

（1）若当前时间与实际开工时间之差小于6个月（一般土建阶段的工期），且入账进度小于40%（设备费入账占比经验值），剩余月度内投资按照每月5%（投资完成月平均增速）预测同时加上20%（投资中设备费入账，月投资增速）。

（2）若间距大于或等于6个月，且入账进度大于40%，剩余月度投资按照每月5%预测。

（3）针对新开项目缺失数据的项目，其至年底12月的剩余月度时间进入设备安装阶段概率较小，直接按照5%的匀速报送投资。根据预测的投资进度乘以总投资（概算）得到剩余月度预测投资。

根据调整初步风险额，确定项目风险额。通过计算得到的初步风险额将其超过本年投资计划、总投资（概算）的项目进行调整，得到项目风险额。项目风险额调整思路如图1所示。

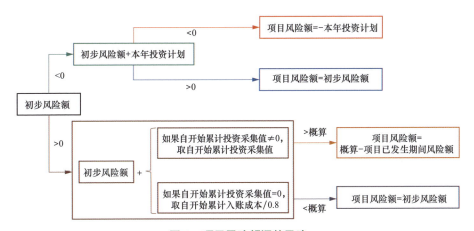

图1 项目风险额调整思路

（三）风险监测分析实践

通过对国网湖北电力所有基建项目电网基建项目的监测分析得出，大量的风险项目集中在110~750kV项目，在110~750kV项目中出现投资完成风险较高以及投资计划不足风险项目中选取某个工程作为典型案例分析。

1. 投资完成风险较高项目

国网湖北电力某220kV输变电工程批复概算27252万元，2020年6月开工，计划 2021 年 10 月投产，累计下达计划 27252 万元，累计投资完成 19960 万元。其中，2021 年下达计划 19652 万元，已投资完成 12360 万元。该 220kV 输变电工程"三率合一"曲线如图 2 所示。

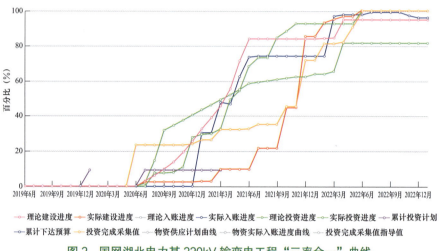

图 2　国网湖北电力某 220kV 输变电工程"三率合一"曲线

由图 2 可知三率测算情况，截至 2021 年 8 月底，累计投资采集值 8618 万元，截至 12 月底预测完成值 21778 万元。对照累计下达计划，预计 5474 万元存在完成风险。通过风险评估，该项目风险原因为：线路规划与项目所在工业园冲突，建设进度已滞后。经与建设部门深入分析，项目单位计划部门已申报调减投资计划 2000 万元（与测算值差距 3474 万元），并将计划投产时间调整至 2022 年 4 月。

2. 投资计划不足风险项目

国网湖北电力某 110kV 输变电工程批复概算 5914 万元，2020 年 8 月开工，计划 2022 年 2 月投产，累计 / 本年下达计划 3735 万元，累计 / 本年投资完成 3750 万元，已超过本年下达计划。该 110kV 输变电工程"三率合一"曲线如图 3 所示。

由图 3 可知三率测算情况，截至 2021 年 8 月底，累计投资采集值 4432 万元，截至 12 月底预测完成值 4261 万元。对照累计下达计划，年度计划不足风险 526 万元。经核实，因项目建设进度较快，调整投产时间到 2021 年，项目单位已申报调增 979 万元（与测算值差距 453 万元）。

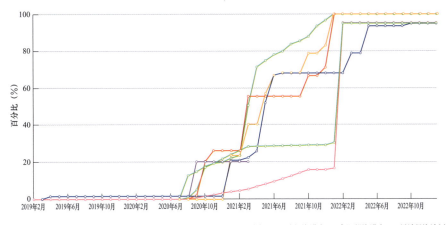

理论建设进度　实际建设进度　理论入账进度　实际入账进度　理论投资进度　实际投资进度　累计投资计划
累计下达预算　投资完成采集值　物资供应计划曲线　物资实际入账进度曲线　投资完成采集值指导值

图3　国网湖北电力某110kV输变电工程"三率合一"曲线

（四）风险管理应对措施

通过对国网湖北电力目前情况以及上述案例进行深入分析，风险项目出现的问题总结为：项目建设过程流程管控力度不够，各部门协调存在脱节、投资计划精准性不强，对于需要在项目进度以及投资情况上及时做出改变的情况应对不及时，在此针对大多数项目提出以下应对措施：

1. 强化计划执行"事中"监测分析

深化应用电网基建"三率合一"，推进各专业部门业务协同，建立计划执行月度分析、季度通报、年度考核、重点核查的工作机制，提出月度告警项目清单，对于出现项目进度与投资情况不匹配的问题及时反馈给有关部门，同时建立省、市、县三级联动的异常项目"销号"机制，加快项目进展情况，推动投资按期执行、按期转资。

2. 及时再决策，统筹计划调整优化

结合计划执行"事中"监测分析结论和项目现场情况，对实际进度与计划安排相差较大的项目按季度测算投资计划调整建议，释放不必要计划额度，实现投资计划安排"按需为出"，更好地统筹解决紧急项目投资需求，提升资源配置能力。

三、特色亮点

国网湖北电力投资管理严格遵守《国家电网有限公司投资管理规定》《综合计划管理办法》《投资项目负面清单》等有关规定，严格履行"三重一大"决策程序，严守投资红线。形成以"规划为引领、年度投资计划为指导、里程碑计划为手段、后评价和审计等为整改提升"的投资管控体系。

（一）建立风险协同管控机制

国网湖北电力组织市、县公司电网基建全过程管理相关业务部门成立各层级投资执行管控联合工作组，基于建立的电网基建项目风险协同管控机制按照年度计划要求及时督导市、县公司项目执行过程中本专业问题落实和整改，协调管理过程中存在的问题，对于风险项目实施情况在部门之间做到信息互通。通过国网湖北电力发展部牵头，会同相关部门，逐级开展市、县供电公司电网监管类固定资产投资后评价，根据评价结论对市、县公司开展考核，对低效无效投资问题突出单位，加强投资和成本精准管控，引导投资聚焦效率效益。

（二）优化项目建设流程

项目前期，科学制定项目方案，提升项目质量。结合现场条件，考虑项目实施难度，强化项目可研设计深度。落实好项目前期工作，提高里程碑计划精准性。项目建设中，加强建设、物资、财务等部门之间的协同，合理安排施工计划，规范成本入账、物料领用流程管理，保证物资按时到位且充足，成本入账及时准确。整个项目投资过程，精确科学地制定投资计划，加强对投资执行情况的统计监督工作，协同相关部门积极稳妥地处理项目风险点。

（三）优化风险识别方法

在电网基建项目风险额的测算模型的基础上，优化项目投资计划执行风险测算方法，持续进行投资执行"三率合一"月度监测分析工作，不断完善预警项目风险监测规则，全方位监控可能诱发高风险的监测指标，挖掘潜在风险项目。

四、应用展望

（一）应用情况

1. 提升风险监测应用水平

与国网湖北电力之前风险监测成果相比，通过业务融合与协同，提高了发展专业的数据实时性、准确性，以及运检专业项目建设信息的一致性，促进各专业系统整体数据质量，提升系统应用水平。同时在风险预警方面及时对项目的运行情况有完整的监控，通过数据及时将所需要的调整进行反馈，从而对投资计划进行调整。

2. 加强风险监测手段

通过本成果的运用，对电网基建投资计划执行情况进行全过程监测分析，加强计划执行过程监测，不断完善预警项目监测规则，全方位监控风险监测指标，及时发现项目潜在风险。同时完善部门协同管理，建立良性的问题闭环管理制度，实现风险项目问题监测、治理、反馈的闭环管理流程，降低计划执行风险，消除项目进度滞后、烂尾等现象。

3. 提高投资风险管理效益

该成果帮助国网湖北电力推进三率工具应用和优化，量化外部因素对项目管理的影响，合理估算项目可完成情况，统筹全局，科学下达年度投资计划，如 220kV 年度投资计划项目 82 个，下达投资计划 24.39 亿元，本年投资完成 15.06 亿元，计划完成率 61.74%，截至 8 月底累计投资完成报表值 41.2 亿元，投资采集值 39.77 亿元，疑似多报投资完成 1.43 亿元。经测算，计划完成风险项目 6 个，风险额约 1.99 亿元；计划不足风险项目 4 个，风险额约 1.96 亿元。计划执行过程中，根据项目投资执行情况及时调整投资计划，对确实无法完成年度投资计划的项目及时提出计划调整建议，对因客观原因计划调出的项目及时整改。

（二）应用推广

1. 风险监测数据协同角度

该成果基于电网基建项目风险额的测算模型，根据合理"三率合一"数据反馈，提高了单项层级四项费用解析准确性，确保与相应系统该字段数据一致从而达到提升风险监测数据及时性和真实性的效果。可推广应用到基建管控系统中，通过数据维护管理，督导各单位及时录入里程碑关键节点信息，按月维护项目资金链条数据，建立电网基建项目风险协同管控机制，从而确保系统维护建设进度与现场实际建设进度保持一致。

2. 风险识别应用协同角度

该成果以项目执行全过程数据指标为基础，由"点"及"面"，建立动态预警监测机制，重点监控识别诱发风险程度高的检测指标，从而全方位多角度校验各电压等级电网基建项目数据及业务间逻辑关系。进一步对目前的风险分析系统进行优化提升，达到及时发现异常以及预警投资执行风险的效果。

3. 风险协同管控角度

该成果基于电网基建项目风险协同管控机制，实现了各个部门通过建立横向协同、纵向贯通的投资执行管控体系，达到了对项目执行过程全方位、多角度的管控。同时对不同项目之间进行深度分析，为计划调整提供了客观、真实的信息支撑，切实提高了公司精准投资决策能力。下一步可健全后评价成果应用反馈机制，并将后评价成果作为促进项目建设各环节精益管理的重要手段，逐步提升投资管理水平，提升电网投资效益。

五、参考文献

[1] 陈美香，吕贤敏，郭真. 基于"三率合一"的投资统计前序环节深化应用 [J]. 轻松学电脑，2019（24）：463–464.

[2] 边小军，卢永平，陈志梅，等. 浅谈三率合一数据监测体系 [J]. 探索科学，2019（12）：21.

[3] 罗前深. 电力基建工程项目的风险管理研究 [J]. 百科论坛电子杂志，2018（24）：422.

[4] 倪春花，郁媛媛. 电网基建投资风险分析及控制 [J]. 商品与质量，2020（37）：219.

[5] 黄河，杨俊义. 基于"三率合一"的电网项目计划进度执行偏差统计研究 [J]. 工程建设与设计，2022（3）：216–218.

[6] 林润英. 电网基建工程项目后评价研究 [J]. 当代经济，2009（20）：22–23.

[7] 贺丽芳. 电力营销中的电力风险分析与应对 [J]. 东方企业文化，2015，000（11）：262–262.

[8] 张俊驰. 电网型基建项目风险防范措施的研究 [J]. 科技资讯，2021，19（16）：33–35.

[9] 杨晶. 电力基建工程项目风险管理研究 [J]. 大科技，2016（2）：258–259.

固定资产投资统计多维协同管控模型的构建与应用

主要完成人

杜海红；潘文明；陈黎明；罗希；陈和升；姚晖

主要完成单位

国网安徽省电力有限公司；国网安徽省电力有限公司铜陵供电公司

摘　要

当前新一轮电力体制改革不断深入，电网企业投资监管日益加深，给电网企业投资管理带来巨大冲击。输配电价改革由"建机制"转为"强监管"，电网投资有效性成为各方监管的重点，电网企业必须更加注重投资的效益与效率。加之，国家电网公司提出要开源节流、提质增效，主动适应改革，切实提高管理质效。投资管理作为电网投资的重要内容，其当前的管理水平有待进一步提升——当前投资完成测算及年中投资调整均缺乏科学的量化工具和手段，难以支撑科学、精益的管理目标，也难以适应复杂背景下国家电网公司效益目标的实现。

为进一步提升投资管理的科学性、精益性，国网安徽省电力有限公司（以下简称"国网安徽电力"）主动适应电价改革和国家电网公司"开源节流、提质增效"的发展要求，以110kV及以上电网基建项目投资过程管理为切入点，以电网工程全过程财务、发展、基建、物资数据为基础，构建固定资产投资统计多维协同管控模型，依据项目里程碑计划，开展项目年度投资完成预测及年中投资调整研究，切实支撑年度投资计划编制和调整工作，合理配置投资资源，有效压降不必要的投资，提高了投资资源分配效率。

关 键 词

电网基建项目；投资完成；投资统计多维协同管控模型

一、研究背景

电网基建项目作为电网建设的重要组成部分，其对电网和社会经济的发展具有至关重要的作用。近年来，电网投资规模的增加、投资监管趋严等因素的变化，使得电网投资管理面临较大的挑战。受投资计划完成指标的刚性约束，投资完成的真实性易受计划的影响，因此投资计划编制的科学性与准确性至关重要。

（一）深化"三率合一"理论曲线模型的应用

当前投资计划编制、投资执行和投资计划调整缺乏科学的量化工具和手段支撑，有必要依托"三率合一"理论曲线模型框架，深化三率理论曲线模型应用，基于实物量与价值量之间的传导关系，辅助科学构建投资计划编制模型，拓宽三率模型在投资前序环节的应用。

（二）融合项目全链条数据深挖数据价值

随着网上电网系统项目全链条数据的接入，当前已积累了基建、物资、投资等专业的海量业务数据，有必要依托大数据分析技术，深入挖掘历史项目建设进度、物资采购、投资完成的业务发生规律，进而为项目里程碑计划、物资采购计划以及投资计划编制提供数据依据。

二、研究内容

（一）研究框架

该研究以 110kV 及以上电网基建项目投资全过程管理为切入点，以电网工程全过程发展、建设、财务、物资等数据为基础，全面梳理投资链条关键里程碑节点时序规律，构建固定资产投资统计多维协同管控模型，支撑投资计划管理"编制科学、执行精准、调整有据"，实现电网科学、精准投资，助力国网安徽电力高质量发展。固定资产投资统计多维协同管控模型的构建与应用业务架构如图1所示。

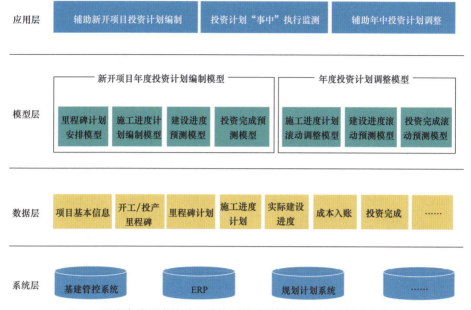

图 1　固定资产投资统计多维协同管控模型的构建与应用业务架构

（二）研究内容

1. 探索数据及业务发生规律，夯实投资计划预测基础

为构建投资统计多维协同管控模型，夯实模型预测基础，收集相关数据，开展建设工期规律、物资链条关键业务节点规律挖掘。

（1）基建建设工期规律数据挖掘。根据项目里程碑节点数据，构建建设工期数据挖掘与多维分析模型，挖掘历史建设工期特点，辅助指导同类项目里程碑计划排程。分析模型区分电压等级、建设性质等多个维度，开展项目整体、单项工程整体（变电、架空）、单项关键里程碑阶段三方面建设工期分析。电网基建工程建设工期多维数据分析结果示意图如图 2 所示。

（2）物资全流程关键节点规律分析。通过梳理国网安徽电力"放管服"政策对于物资采购模式范围的变化，理清其对不同电压等级电网项目关键里程碑节点安排以及年度投资计划安排的影响与传导机制，并深入分析物资链条相关里程碑节点时序规律。

一是研究"放管服"政策对物资链条的影响。2019 年国网安徽电力推行"放管服"政策对 2 种物资采购模式的范围界定进行了变化，具体见表 1。

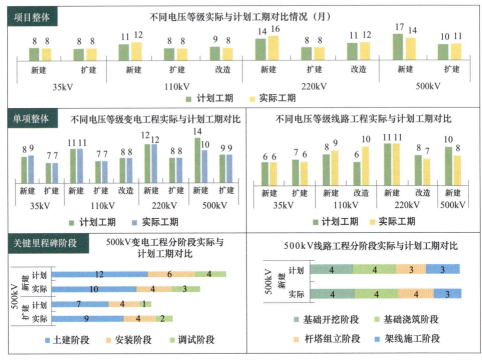

图2 电网基建工程建设工期多维数据分析结果示意图

表1 2019年公司推行"放管服"政策对2种物资采购模式的影响

电压等级	物资	采购形式	2019年"放管服"影响
35.110（66）kV	设备	协议库存	由集中采购转变为协议库存，物资供应周期大大缩短，仅受物资生产周期和运送影响
	材料	协议库存	
220kV	设备	集中采购	无影响
	材料	协议库存	由集中采购转变为协议库存，物资供应周期大大缩短，仅受物资生产周期和运送影响
500kV 及以上	设备	集中采购	无影响
	材料	集中采购	无影响

二是开展物资链条全流程业务规律分析。集中采购与协议库存两种采购模式对物资相关的关键里程碑节点以及各环节时序规律。不同采购模式物资关键里程碑节点如图3所示。

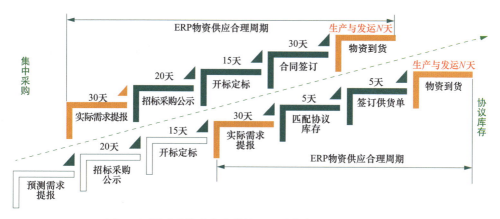

图3　不同采购模式物资关键里程碑节点安排规律示意图

2. 构建固定资产投资统计多维协同管控模型的构建与应用

（1）构建项目里程碑计划排程模型。基于项目工期以及物资链条关键里程碑节点的时序规律，充分考虑电网基建项目建设特点、采购批次、物资交货周期等因素对安排项目投资的影响，区分集中采购和协议库存采购模式，构建人财物协同的项目里程碑计划排程模型，支撑项目建设进度计划安排。

以集中采购模式为例，假设已知项目预计投产时间，具体步骤如下：

1）根据预计投产时间，结合工期规律，倒排开工里程碑计划。

2）根据里程碑节点工期规律，倒排关键里程碑节点计划开始和计划结束时间。

3）根据安装阶段里程碑计划时间，得到设备进场时间。

4）根据物资进场时间，结合物资合理供货周期，倒推物资需求提报时间。

5）根据倒推的物资需求提报时间，匹配国家电网公司采购批次安排，确定主要物资需求提报时间。

6）根据确定的物资需求提报时间，结合不同物料的物资生产和运送周期，确定招标采购、合同签订、物资供应、设备到场时间。

集中采购模式电网基建项目里程碑排程思路示意图如图4所示。

（2）构建新开项目投资计划编制模型。基于项目里程碑计划安排、工程建设进度以及投资形成三者间的影响传导机制，建立建设实物量与价值量的转化关系，构建新开项目投资完成预测模型，实现新开项目总投资计划的年度科学分解。

1）确定投资控制系数。研究测算不同电压等级、项目类型等多维属性的投资结余情况，根据结余情况，设置四项费用投资控制系数，以提高投资资源分配效率。一般在预测项目年度投资完成时，可用的依据仅有项目可行性研究（以下简称"可研"）估算［初步设计（以下简称"初设"）概算］，为缩小可研估算（初设概算）与实际所需投资的偏差，考虑不同地市以及不同电压等级以及

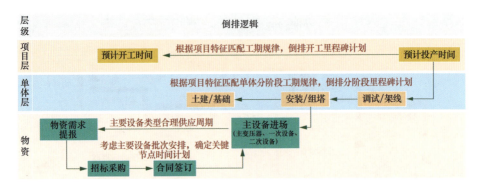

图 4　集中采购模式电网基建项目里程碑排程思路示意图

不同建设性质等多维属性的结余率情况，进而设置投资控制系数（投资控制系数 =1– 结余率）。投资控制系数参数见表 2。

表 2　　　　　　　　　　　　投资控制系数参数

地市公司 （暂时未作为筛选判断条件）	安徽池州	电压等级	110（66）kV	建设性质	新建							

投资控制系数参数=1-结余率

结余率（目前引用仅考虑了电压等级、单体类型和建设性质，未考虑地市公司，同时结余率仅是概算和决算的偏差，没有可研和决算数据的偏差）

单体类型	变电工程		架空线路工程		电缆线路工程		光缆通信		站内通信		其他	
项目名称	结余率1：决算数据与可研估算偏差	结余率2：决算数据与初设概算偏差	结余率1：决算数据与可研估算偏差	结余率2：决算数据与初设概算偏差	结余率1：决算数据与可研估算偏差	结余率2：决算数据与初设概算偏差	光缆通信结余率1	光缆通信结余率2	站内通信结余率1	站内通信结余率2	其他结余率1	其他结余率2
一、其他费用	20%	10%	20%	10%	20%	10%	20%	10%	20%	10%	20%	10%
建设场地征用及清理费	20%	10%	20%	10%	20%	10%						
工程监理费	20%	10%	20%	10%	20%	10%						
项目前期工作费	20%	10%	20%	10%	20%	10%						
勘察设计费	20%	10%	20%	10%	20%	10%						
建设期贷款利息	20%	10%	20%	10%	20%	10%						
其他	20%	10%	20%	10%	20%	10%						
二、建筑工程费	10%	20%	20%	10%	20%	10%						
三、设备购置费	20%	10%	—	20%	10%							
主变压器就位	20%	10%	—	—	—							
一次设备就位	20%	10%	—	—	—							
二次设备就位	20%	10%	—	—	—							
四、安装工程费	20%	10%	20%	10%	20%	10%						
（一）安装费 （含装置性材料）	20%	10%	20%	10%	20%	10%						
（二）全站调试	20%	10%	20%	10%	20%	10%						

注：结余率2（概算和决算的结余）直接取自后面的结余率参数测算，但结余率1（可研估算和决算的结余）之前的结余无测算值。

　　2）建设进度预测。按照"分部工程—里程碑节点—单项工程"的顺序，开展项目建设进度预测。具体测算逻辑如下：分部工程月建设进度预测值 = 月度工期 / 分部工程总工期；里程碑计划节点月度建设进度预测值 = Σ（各分部工程月建设进度 × 各分部工程造价权重）；单项工程月度建设进度预测值 = Σ（各里程碑计划节点月建设进度 × 里程碑节点造价权重）。根据上述计算逻辑，设计模型，具体模型示例见表 3。

新开项目投资进度预测模型示例

表3　变电站新建工程建设进度预测

选择方案：方案

是否考虑冬季施工：否　考虑剔除月份 1~3 月

施工速度计划所含里程碑计划节点（请从右侧选择）

序	进度计划名称	项目类型	计划开始时间	计划完成时间	计划工期（天）	调整后计划工期（天）（删除冬季施工）	分部工程工序顺序	基建管控系统初始权重	工序衔接天数（土建/设备安装/设备调试开始（天））	是否包含分部计划节点	归一化权重	土建施工 2017年11月1日	是 2017年12月1日	设备安装 2018年1月1日	是 2018年2月1日	设备调试 2018年3月1日	是 2018年4月1日	…… 2018年12月1日	合计
1	工程开工	里程碑计划	2017年11月3日																
2	土建施工	里程碑计划	2017年11月18日		244	154	—	40%	—		40%	5.3%	12.7%	12.7%	11.5%	12.7%	12.3%	0.0%	100%
3	主控楼（联合楼）	分部工程	2017年12月18日	2018年7月10日	200	110	2	22%	30	包含	28.6%	0.0%	7.0%	15.5%	14.0%	15.5%	15.0%	0.0%	100%
4	配电装置楼系统建、构筑物	分部工程	2018年1月7日	2018年5月15日	129	45	2	22%	50	包含	28.6%	0.0%	0.0%	19.4%	21.7%	24.0%	23.0%	0.0%	100%
5	主变压器基础及电缆沟道	分部工程	2018年2月6日	2018年6月14日	159	75	4	9%	50	包含	10.4%	0.0%	0.0%	15.7%	17.6%	19.5%	18.9%	0.0%	100%
6	电缆沟及电缆道	分部工程	2017年12月21日	2018年4月18日	62	18	2	6%	90	包含	7.5%	0.0%	0.0%	0.0%	21.0%	50.0%	29.0%	0.0%	100%
7	围墙及大门（包括站外护建挡墙及警卫室）	分部工程	2017年11月23日	2018年5月16日	190	60	3	9%	30	包含	10.4%	0.0%	9.3%	20.7%	18.7%	20.7%	20%	0.0%	100%
8	站内外道路	分部工程	2018年7月20日	2018年6月5日	100	100	—	9%	10	包含	6.5%	1.6%	16.3%	16.3%	14.7%	16.3%	15.8%	0.0%	100%
12	设备安装	里程碑计划	2018年9月14日	2018年10月21日	94	94	—	40%	—		40%	0.0%	0.0%	0.0%	0.0%	0.0%	0.0%	0.0%	100%
13	主变压器系统设备安装	分部工程	2018年9月13日	2018年8月30日	17	17	2	15%	37	包含	15.5%	0.0%	0.0%	0.0%	0.0%	0.0%	0.0%	0.0%	100%
14	站变及配电装置安装	分部工程	2018年9月13日	2018年10月3日	21	21	7	12%	17	包含	12.6%	0.0%	0.0%	0.0%	0.0%	0.0%	0.0%	0.0%	100%
15	配电装置安装	分部工程	2018年9月13日	2018年10月8日	26	26	4	30%	3	包含	31.6%	0.0%	0.0%	0.0%	0.0%	0.0%	0.0%	0.0%	100%
16	无功补偿装置安装	分部工程	2018年9月19日	2018年10月19日	37	37	3	5%	1	包含	5.3%	0.0%	0.0%	0.0%	0.0%	0.0%	0.0%	0.0%	100%
17	站用配装置安装	分部工程	2018年9月14日	2018年10月14日	32	32	6	6%	19	包含	5.3%	0.0%	0.0%	0.0%	0.0%	0.0%	0.0%	0.0%	100%
18	全站电喷施工	分部工程	2018年9月13日	2018年10月15日	31	31	5	15%	0	包含	15.3%	0.0%	0.0%	0.0%	0.0%	0.0%	0.0%	0.0%	100%
21	设备调试	里程碑计划	2018年10月22日	2018年11月21日	31	31	—	20%	—		20%	0.0%	0.0%	0.0%	0.0%	0.0%	0.0%	0.0%	100%

| 变电工程计划进度计划完成比例 | | | | | | | | | | | | 2% | 5% | 5% | 5% | 5% | 5% | 0% | 100% |
| 变电工程累计进度计划完成比例 | | | | | | | | | | | | 2% | 12% | 12% | 17% | 22% | 27% | 100% | 100% |

注：变电工程土建施工考虑冬季施工影响，设备安装及调试暂未考虑剔除冬季施工影响。

3）投资完成预测。基于建设进度预测值，考虑实物量与价值量的转化关系，区分四项费用，构建新开项目投资完成预测模型。建筑工程费和安装工程费采用完工百分比法测算投资完成额；设备费根据里程碑计划安排中关键物资计划节点时间预测设备费投资完成额；其他费用根据建设场地征用及清理费、工程监理费等明细费用发生特征，在计划开工和投产之间按照月分摊或一次性计入规则预测各明细费用投资完成额。根据上述计算逻辑，设计模型，具体模型示例见表4。

4）具体案例。选取某220kV变电站主变压器扩建工程进行验证。该项目基本信息：批复概算为9790万元，为变电扩建工程，计划开工时间为2018年6月，计划投产时间为2019年7月。2018年下达投资计划3000万元。根据其开工前已知信息，校验年度投资完成预测模型。

a.根据项目属性匹配工期参数。该项目为220kV，扩建变电工程项目。由于该项目，设备采购模式为集中采购，因此物资链条关键节点参数设置采用集中采购模式参数。项目整体平均工期见表5，该项目各阶段平均工期及阶段衔接工期见表6。

表5　　　　　　　　　　　　　　　　　项目整体平均工期

类别	平均工期（月）
项目平均工期	13

表6　　　　　　　　　　　该项目各阶段平均工期及阶段衔接工期

单体工程	阶段	阶段工期均值（月）	阶段衔接（月）
变电工程	土建	10.3	—
	设备安装	7.3	−3.1
	调试	3.8	−1.5

b.关键里程碑节点预测。根据该项目基本信息，该项目预计开工时间为2018年6月，预计投产时间为2019年7月。以下是该项目层、单体层及物资层里程碑节点预测情况。

表4　新开项目投资完成预测预测模型示例

××省×市×110kV输变电工程投资完成预测

请根据当前阶段选择投资控制系数　　仅有可研估算

项目名称	概算/可研金额（含增值税，单位：元）	投资控制系数	概算金额（含增值税，单位：元）	计划开始时间	计划完成时间	2017年11月1日	2018年4月1日	2018年7月1日	2018年8月1日	……	2018年12月1日	合计	校验
一、其他费用	4430400		3544320			2105473	110681	110681	110681			3544320	—
建设场地征用及清理费	1431484	80%	1145187	—	2017年11月3日	1145187	—	—	—			1145187	—
工程监理费	339140	80%	271312	2017年11月3日	2018年12月21日	19379	19379	19379	19379			271312	—
项目前期工作费	280707	80%	224566		2017年11月3日	224566	—	—	—			224566	—
勘察设计费	781299	80%	625039	2017年11月3日	2017年11月3日	625039	—	—	—			625039	—
建设期贷款利息	363300	80%	290640	2017年11月3日	2018年12月21日	20760	20760	20760	20760			290640	—
其他	1234470	80%	987576	2017年11月3日	2018年12月21日	70541	70541	70541	70541			987576	—
二、建筑工程费	4260300	90%	4260300		—	226983	523807	331745	—			4260300	—
三、设备购置费	8985600	80%	7188480						2156544			7188480	—
主变压器就位	2695680	80%	2156544		2018年8月14日				2156544			2156544	—
一次设备就位	2695680	80%	2156544		2018年9月13日							2156544	—
二次设备就位	3594240	80%	2875392		2018年9月13日							2875392	—
四、安装费（含装置性材料）	2458600	80%	1966880				—	205281	530308			1966880	—
（一）安装工程费	20134900	80%	608031				—	205281	530308			608031	—
（二）全站调试	448561	80%	358849				634498	647706	2,797533			358849	—
变电站小计	20134900		16959980			2332456	5522356	7567498	10254030			16959980	—
变电站累计投资金额	20.134.900		16959980			2332456	5522356	7567498	10254030		16959980	16959980	—

（a）项目层里程碑节点。开工投产里程碑预测结果见表7。

表7 开工投产里程碑预测结果

预计开工时间	2018 年 6 月 1 日
预计投产时间	2019 年 7 月 1 日

（b）单体层里程碑节点。单体工程关键里程碑节点预测结果见表8。

表8 单体工程关键里程碑节点预测结果

单体工程类型	建设里程碑	计划开始时间	计划结束时间	建设阶段工期（月）	工序衔接时间间隔（月）（为负数表示重叠）
变电工程	土建施工	2018 年 6 月 1 日	2019 年 3 月 28 日	10.00	（2）
	设备安装	2019 年 2 月 19 日	2019 年 7 月 19 日	5.00	（1）
	设备调试	2019 年 6 月 12 日	2019 年 8 月 29 日	2.57	0

（c）物资链条里程碑节点。物资链条里程碑节点结果见表9。

表9 物资链条里程碑节点结果

物资类型	实际物资需求提报时间（2）	根据国网招标批次确定最晚的物资需求提报时间（3）	物资招标采购完成时间（4）	物资合同签订时间（5）	主要设备进场时间（1）
设备	2018 年 9 月 22 日	2018 年 10 月 18 日	2018 年 12 月 22 日	2019 年 1 月 21 日	2019 年 2 月 19 日
主变压器	—	2018 年 10 月 18 日	2018 年 12 月 22 日	2019 年 1 月 21 日	—
一次设备	—	2018 年 10 月 18 日	2018 年 12 月 22 日	2019 年 1 月 21 日	—
二次设备	—	2018 年 10 月 18 日	2018 年 12 月 22 日	2019 年 1 月 21 日	—

c. 预测建设进度。根据关键里程碑节点，可预测出土建、设备安装及调试阶段的进度，进而预测整体进度为 20.6%，2018 年底实际建设进度为 0.6%，相差 7%。建设进度预测结果见表 10。

表 10 建设进度预测结果

阶段	权重	截至 2018 年 12 月底预测进度
土建	30%	69%
设备安装	60%	0%
调试	10%	0%
预测整体进度		20.6%
2018 年底实际进度		20%
差异		0.6%

d. 新开项目年度投资预测。根据建设进度及概算信息，预测年度投资完成，其具体结果见表 11。

表 11 新开项目年度投资预测结果

类别	概算数	截至 2018 年预测投资数	2018 年下达投资计划	2018 年投资完成	2018 年底成本入账	其中设备入账	成本按综合税率 10% 还原
值（万元）	9790	881	3000	3000	1535	0	1706
占概算的百分数	—	9%	31%	31%	16%	0%	17%
预测数的合理性	—	该项目设备费概算为 4120 万元（占比 42%），2018 年根据预测进度安排，未进入设备安装阶段，物资也未到货，投资完成最多完成 27%，实际下达 3000 万投资计划较多。 预测投资进度为 21%，与还原税后入账进度偏差在 4% 左右，考虑成本入账有滞后因素，预测投资数具有一定参考价值					

（3）构建年度投资计划滚动预测模型。基于投资采集值（自动生成值），考虑分部工程最短安全工期，构建投资计划滚动预测模型，辅助年度投资计划精准调整。模型具体构建步骤如下：

1）施工进度计划滚动预测。考虑分部工程最短安全工期，按照"分部工程—里程碑节点—投产节点"的顺序，自下而上进行施工进度计划时间滚动预测。施工进度计划滚动预测逻辑见表 12。

表 12 施工进度计划滚动预测逻辑

层级	时间节点	节点进度时间滚动预测逻辑	
分部工程	开始时间	按照实际数据更新计划开始时间；若无，则直接以原计划开始时间作为初始预测开始时间	
	完成时间	按照实际数据时间更新计划完成时间；若无，则按照后续规则更新	分部工程（原计划完成时间－实际开始时间）≥各分部工程最小工期，则认为其不会影响计划完成时间，则各分部工程预测完成时间取原计划完成时间
			若各分部工程（原计划完成时间－实际开始时间）＜各分部工程最小工期，则认为其影响项目计划完成时间，则各分部工程按照计划工期天数，向后顺延最小工期确定其结束时间；则其他相关工序也按照对应（实际开始时间－计划开始时间）将工期向后移动
里程碑节点	开始时间	min（各分部工程预测开始时间）	
	完成时间	max（各分部工程预测完成时间）	
投产	投产时间	max（里程碑节点完成时间）	

2）工程建设进度滚动更新。将项目建设全周期分为历史期间和预测期间，建设进度滚动更新逻辑：历史已发生的区间，直接用月度实际发生建设进度替换更新；剩余预测期间，则根据滚动更新的施工进度计划，开展剩余期间建设进度预测更新。建设进度滚动更新示例见表 13。

3）投资完成滚动预测。依据建设进度滚动预测结果，滚动更新投资完成额预测值，其具体预测规则：历史期间直接用月度实际投资采集值滚动更新原投资完成预测值；预测期间根据滚动预测的建设进度，按照新开项目计算方法滚动预测剩余期间投资完成额。投资完成滚动更新示例见表 14。

4）测算年中计划调整额。以项目自开工累计数据为基准，剔除跨年因素影响，区分历史区间以及预测区间，归真历史投资完成真实情况，并预测剩余期间需要的计划额度，两者分别测算出来的差额合计则为建议计划调整额。具体

表 13　建设进度滚动更新示例

××市××110kV 输变电工程建设进度曲线预测

| 是否考虑冬季施工影响 | 否 |
| 当前时间 | 2017 年 3 月 |

考虑剔除冬季施工，剔除的月份为 3 月

序号	进度计划名称	计划类型	剩余预测期间开始时间	剩余预测期间完成时间	计划工期（天）	调整后计划工期（天）	当前时间累计进度	基准管控系统权重	是否包含分部工程	归一化权重	实际值					预测值	合计
											2016 年 8 月 1 日	2016 年 9 月 1 日	2016 年 10 月 1 日	2016 年 12 月 1 日	……	2019 年 2 月 1 日	
1	工程开工	里程碑计划	2016 年 8 月 19 日	2016 年 8 月 24 日	6	6.00	3%	10%		40%	0.2%	0.9%	0.9%	16.8%		0.0%	100%
2	土建施工	里程碑计划	2017 年 3 月 1 日	2017 年 7 月 1 日	123	92.00	39%	22%	包含	28.6%	0.0%	0.0%	0.0%	15.5%		0.0%	100%
3	主控楼（联合楼）	分部工程	2017 年 3 月 1 日	2017 年 7 月 1 日	123	92.00	60%	22.0%	包含	28.6%	0.0%	0.0%	0.0%	24.0%		0.0%	100%
4	配电装置系统建筑物	分部工程	2017 年 3 月 1 日	2017 年 4 月 21 日	52	21.00	49%	8.0%	包含	10.4%	0.0%	0.0%	0.0%	19.5%		0.0%	100%
5	主变压器基础及构支架	分部工程	2017 年 3 月 1 日	2017 年 5 月 21 日	82	51.00	0%	6.0%	包含	7.8%	0.0%	0.0%	0.0%	0.0%		0.0%	100%
6	电缆沟及电缆隧道	分部工程	2017 年 4 月 13 日	2017 年 6 月 13 日	62	62.00	0%	40.0%	包含	40%	0.0%	0.0%	0.0%	0.0%		0.0%	100%
11	设备安装	里程碑计划	2017 年 3 月 1 日	2017 年 8 月 10 日	163	163.00	0%	15.0%	包含	15.8%	0.0%	0.0%	0.0%	0.0%		0.0%	100%
12	主变压器系统设备安装	分部工程	2017 年 5 月 25 日	2017 年 6 月 10 日	17	17.00	0%	12.0%	包含	12.6%	0.0%	0.0%	0.0%	0.0%		0.0%	100%
13	主控及直流设备安装	分部工程	2017 年 6 月 30 日	2017 年 7 月 20 日	21	21.00	0%	30.0%	包含	31.6%	0.0%	0.0%	0.0%	0.0%		0.0%	100%
14	配电装置安装	分部工程	2017 年 5 月 28 日	2017 年 6 月 22 日	26	26.00	0%	5.0%	包含	5.3%	0.0%	0.0%	0.0%	0.0%		0.0%	100%
15	无功补偿装置安装	分部工程	2017 年 5 月 26 日	2017 年 7 月 1 日	37	37.00	0%	5.0%	包含	5.3%	0.0%	0.0%	0.0%	0.0%		0.0%	100%
16	站用配电装置安装	分部工程	2017 年 6 月 13 日	2017 年 7 月 14 日	32	32.00	0%	3.0%	包含	3.2%	0.0%	0.0%	0.0%	0.0%		0.0%	100%
19	全站电气照明装置安装	分部工程	2017 年 7 月 14 日	2017 年 8 月 10 日	28	28.00	0%	20.0%	包含	20%	0.0%	0.0%	0.0%	0.0%		0.0%	100%
20	设备调试	里程碑计划	2017 年 8 月 21 日	2017 年 9 月 15 日	26	26.00	0%				0.0%	0.0%	0.0%	0.0%		0.0%	100%
	变电工程当月进度										0.1%	0.4%	0.4%	6.7%		0.0%	100%
	变电工程累计进度										0.1%	0.5%	0.8%	12.3%		100%	100%

表 14　投资完成滚动更新示例

项目名称	概算/可研金额(元)	内控系数	概算金额(元)	截至当前累计投资采集值	更新开始时间	更新完成时间	实际值				预测值	合计	校验
							2016年8月1日	2017年2月1日	2017年3月1日	...	2018年9月1日		
一、其他费用	4430400	90%	3987360	2244141	2017年3月1日	2018年10月1日	2244141	—	91748		91748	3987360	—
建设场地征用及清理费	1431484	90%	288336	1288336	—	2016年8月19日	1288336	—	—		—	1288336	—
工程监理费	339140	90%	305226	—	2017年3月1日	2018年10月3日	—	—	16065		16065	305226	—
项目前期工作费	280707	90%	252636	252636	—	2016年8月19日	252636	—	—		—	252636	—
勘察设计费	781299	90%	703165	703169	—	2016年8月19日	703169	—	—		—	703169	—
建设期贷款利息	363300	90%	326970	—	2017年3月1日	2018年10月3日	—	—	17209		17205	326970	—
其他	1234470	90%	1111023	—	2017年3月1日	2018年10月3日	—	—	58475		58475	1111023	—
二、建筑工程费	4260300	90%	3834270	1912697	—	—	8170	581843	630935			3834270	—
三、设备购置费	8985600	90%	8087040	6425740	—	2017年4月1日	—	—	664520			8087040	—
主变压器就位	2695680	90%	2426112	498390	—	2017年5月25日	—	—	—			498390	—
一次设备就位	2695680	90%	2426112	498390	—	2017年5月26日	—	—	—			498390	—
二次设备就位	3594240	90%	3234815	664520	—	2017年4月1日	—	—	664320			664320	—
四、安装工程费	2458600	90%	2212740						143980			2212740	—
(一)安装费(含装置性材料)	2010939	90%	1809035						143980			1809035	—
(二)全站调试	448561	90%	403705									403705	—
变电站小计	20134900	90%	18121410	2252311			2252311	581843	1531183		91748	18121410	—
变电站累计金额	20134900	90%	18121410	2252311			2252311	10427012	11958195		18121410	18121410	—

计算逻辑为：建议计划调整额 = 历史期间应调整投资 + 预测期间应调整投资 =（自开始累计上报投资 − 自开始累计投资采集值）+[（自开始累计下达投资计划 − 自开始累计上报投资）− 剩余期间预测投资完成额]= 自开始累计下达投资计划 −（自开始累计投资采集值 + 剩余期间预测投资完成额 ）。

5）具体案例。选取某 220kV 输变电工程项目，含 2 个规模单体：变电工程和架空线路工程。该项目基本信息：批复概算为 17019 万元，2019 年累计下达投资计划 12500 万元。计划开工时间为 2018 年 5 月，原计划投产时间为 2019 年 7 月。根据实际建设进度、实际入账进度等信息，对投资统计多维协同管控调整模型进行校验。具体步骤如下：

a. 里程碑滚动。变电工程里程碑节点滚动见表 15，架空线路工程里程碑节点滚动见表 16。

表 15　　　　　　　　　　　　变电工程里程碑节点滚动

阶段	计划开始时间	计划完成时间	实际开始时间	实际结束时间	预测开始时间	预测结束时间
土建	2018 年 5 月	2019 年 8 月	2018 年 7 月	—	—	2020 年 1 月
安装	2019 年 8 月	2019 年 10 月	—	—	2019 年 8 月	2020 年 1 月
调试	2019 年 11 月	2019 年 3 月	—	—	2019 年 11 月	2020 年 3 月

表 16　　　　　　　　　　　　架空线路工程里程碑节点滚动

阶段	计划开始时间	计划完成时间	实际开始时间	实际结束时间	预测开始时间	预测结束时间
基础	2018 年 12 月	2019 年 5 月	2019 年 4 月	—	—	2019 年 7 月
组塔	2019 年 5 月	2019 年 8 月	—	—	2019 年 6 月	2019 年 9 月
架线	2019 年 10 月	2020 年 3 月	—	—	2019 年 10 月	2020 年 3 月

b. 建设进度滚动。变电工程建设进度预测见表 17，架空线路工程建设进度预测见表 18。

表 17   变电工程建设进度预测

变电工程	截至 6 月实际累计进度	2019 年底预测累计进度	物资链条信息校核安装节点
土建	88%	100%	—
安装	0%	94%	预计 2019 年可进入安装阶段，设备可到货出库。因此，预测设备费于 2019 年计入投资，符合逻辑
调试	0%	40%	—
单体进度	35%	86%	—

表 18   架空线路工程建设进度预测

架空线路	截至 6 月实际累计进度	2019 年底预测累计进度
基础	21%	100%
组塔	0%	100%
架线	0%	65%
单体进度	8%	89%

c.投资进度滚动。建议投资调整额见表 19。

表 19   建议投资调整额

单体工程	概算	累计下达投资计划	累计上报投资完成（截至 4 月底）	截至 2019 年底预测投资完成	建议投资调整
变电工程	9790	9100	6844	11170	+2070
架空线路工程	6704	7000	5566	7164	+164
合计	16494	16100	12410	18334	+2234

（三）成果深化应用场景

1.辅助新开项目年度投资计划编制

针对预安排项目，基于项目规划投产时间，倒排项目里程碑，为建设、物资等部门提供项目里程碑排程安排建议；并利用新开项目年度投资计划编制模型，合理测算预计新开项目年度投资计划，提出预安排项目年度投资计划建议。以某 220kV 输变电工程为例，对模型加以验证，根据投资统计多维协同管控模型，根据概算及建设进度测算 2018 年底投资完成 3846 万元，入账成本 2599 万元，按照税率还原后的成本为 3249 万元，与预测年底投资完成相比，偏差为 597 万元，该项目概算 17019 万元，占比 3.5%，相对较小，模型测算结果具有一定的合理性。

2. 辅助续建项目年度投资计划调整

在每年 8~10 月年中投资计划调整阶段，应用投资统计多维协同管控模型，辅助电网基建续建项目年中计划调整工作。一是辅助厘清投资计划完成风险项目。依托三率监测分析体系，测算 110kV 及以上项目投资计划年度执行风险情况，发现可能存在完成风险的项目，及时提供给相关部门，推动项目问题及时解决。二是辅助投资计划年中调整需求审核。该模型可辅助地市公司投资计划管理人员校核建设单位投资计划调整需求。省公司层面投资计划管理专责依据该模型测算的投资计划调整建议结果，分析基层单位投资计划调整需求合理性，并形成上报国家电网公司的投资计划调整建议。仍以某 220kV 输变电工程为例，根据投资统计多维协同管控模型，截止到 2018 年 9 月底，历史期间自开始累计投资采集值根据入账成本按照税率还原后为 2545 万元，自开始累计投资完成 3816 万元，截至 9 月底自开始累计投资计划 4000 万元，根据续建项目投资计划调整模型，预计期间投资完成 1301 万元，根据历史期间与预测期间投资执行情况，建议该项目年中调减计划 154 万元。本年入账成本 3110 万元，按照税率还原后的成本与项目主要单体累计下达投资 4000 万元相比，投资计划超出 113 万元，预计可能年底无法完成，呈现年底调减趋势，与模型测算调整的方向相同，程度基本相同。

3. 辅助支撑投资统计工作

依托固定资产投资统计多维协同管控模型的构建与应用，结合大数据技术分析确定投资规模控制系数，合理安排项目投资总目标，同时科学预测年度投资完成，辅助合理安排项目年度投资目标。以电网基建项目"三率合一"投资采集值（自动生成值）为基准，对比投资完成报表值以及成本入账，通过交叉比对校验，及时发现偏差较大的疑似异常项目。2019 年，联合财务、建设等部门，现场检查项目，及时发现了项目实施阶段存在的问题，督促工程建设进展。

三、特色亮点

（1）构建项目里程碑排程模型，科学统筹资源安排。充分考虑建设特点、采购批次、物资交货周期等因素，建立建设、投资和物资关联，基于发展、建设、物资专业大数据，全面梳理与挖掘不同电压等级、物资采购模式的电网基建项目关键里程碑节点时序规律，构建项目里程碑排程模型，实现项目里程碑计划的合理安排，辅助科学统筹投资、建设和物资等资源安排，提高资源使用效率。

（2）构建了年度投资计划编制与调整模型，为投资计划编制与调整工作提供了一套切实可行的量化解决方案。基于"三率合一"理论曲线模型框架，结合大数据技术分析确定投资规模控制系数，合理安排项目投资总目标；同时基于项目里程碑计划安排、工程建设进度以及投资形成三者间的影响传导机制与量化关系，理顺投资完成滚动预测逻辑，构建固定资产投资统计多维协同管控模型，实现了对投资完成较为科学、合理的预测，提升了电网投资统计管理水平。

四、应用展望

（一）初步应用情况

一是该工具的应用提升了投资完成率。2019 年，联合财务、建设等部门，现场检查项目 26 个，及时发现了项目实施阶段存在的问题，督促工程建设进展。截至 11 月底，国网安徽省电力有限公司铜陵供电公司 110~500kV 电网基建项目本年投资计划完成率 92%，同比增长了 8 个百分点。

二是该工具的应用有效压降了不必要投资。在年中投资调整阶段，应用固定资产投资统计多维协同管控模型，选取国网安徽省电力有限公司铜陵供电公司、国网安徽省电力有限公司合肥供电公司等开展 110~500kV 在建项目全量应用，以自开工累计数据为基准，通过基建管控和 ERP 数据测算历史区间实际完成投资，预测四季度完成投资，提出调减 3.15 亿元投资计划建议，为年中投资调整提供参考。

（二）展望未来

一是进一步强化计划管理的科学性，辅助提升电网投资效益。一是扩大应用范围。固定资产投资统计多维协同管控模型初步为投资专责开展投资完成预测及年中投资调整提供了量化支撑，提高了常规工作效率，下一步建议在优化模型工具的基础上，进一步发挥该工具在投资管理上的价值，考虑扩大试点应用范围，若应用效果良好，可考虑推广至其他省市，以从整体上提升投资计划管理的科学性。二是拓展其应用场景。固定资产投资统计多维协同管控模型的构建与应用除辅助年中投资调整工作外，可进一步拓展其应用场景，提高使用频次，按月度应用该工具，及时发现问题，并及时反馈调整，降低项目年度投资计划调整风险，推动项目投资有效执行，提升年度投资完成率，夯实输配电价核定基础。

　　二是进一步提升专业协同能力。该模型工具涉及的发展、建设、财务等多个专业部门，其测算结果的准确性取决于各部门数据和业务管理要求的协同程度，为充分发挥该工具的应用价值，需将相关协同管理工作机制落到实处，以进一步推动部门合作，共同支撑该工具在提升公司整体投资效益效率方面的作用。

五、参考文献

［1］袁琪，张超 . 电网基建计划管理 [J]. 科技资讯 .2011（35）：158–160.

［2］颜永敏 . 电网基建计划编制管理探讨 [J]. 广东科技 .2013（18）.

［3］黄梦兰，秦笑 . 规范投资计划管理，推进电网协调发展 [J]. 现代经济信息 .2016（30）.

［4］电建设工作〔2019〕271 号　国网安徽省电力有限公司关于加强输变电工程初步设计方案和概算管理意见的通知 .

35kV 及以上电网基建项目全过程数字化智能化可视化统计监督

主要完成人

唐杰；杨乐；赵辛；杨俊义；薛禾雨

主要完成单位

国网江苏省电力有限公司泰州供电分公司；国网江苏省电力有限公司；国网江苏省电力工程咨询有限公司

摘　　要

在外部投资监管力度加强、内部提质增效的背景下，基层单位投资项目执行精益管控和统计精准监督面临挑战。在传统的管理模式中，投资项目管理在大局意识提升、专业管理融合、过程管控留痕、投资质效提升四个方面存在进一步优化提升的空间。该成果以问题和目标为导向，针对存在优化提升空间的四个方面，从投资项目管理"事前、事中、事后"三个阶段，分别梳理出具体优化举措，在"事前"环节，全面梳理项目自 ERP 建项至关闭全过程流程节点，明确各专业管控要求，前移统计监督关口，自动提醒相关专业开展关键节点工作，支撑投资进度精细管控；在"事中"环节记录各流程节点完成状况，动态跟踪项目执行情况，纠正投资执行过程中可能存在的偏差并及时发出预警，防范投资重大风险；在"事后"环节建立评价指标体系，从合规性、及时性、合理性三个方面对项目实施过程打分，形成正向反馈和优化迭代机制，促进管理闭环优化；最终强化统计监督对各专业管理的支撑作用，形成管理合力，提升投资项目管理数字化、智能化和可视化水平。

关 键 词

统计监督；事前提醒；事中预警；事后评价

一、工作背景

电网基建项目是电网企业固定资产投资的重要组成部分，是电网发展战略落地的重要载体，其管理质量高低与电网发展密切相关。近年来，随着电网投资需求旺盛、监管巡查趋严、关键业绩考核等因素的变化，投资项目管理面临较大的挑战。国家电网公司提出了电网高质量发展、精准投资和做真用实统计数据的要求，基层单位投资项目管理水平需要进一步提升，亟须发挥统计监督优势，促进业务和数据进一步融合，形成管理合力，提升管理质效。

电网投资规模大、项目数量多、类型复杂，在传统的管理模式中，还存在以下优化的方面：一是在大局意识提升方面。项目管理涉及多部门、多专业管理人员，各专业管理人员重点关注本专业工作质量，对本专业在项目全流程中的定位感知不足，对上下游专业的工作进展了解不够，影响实施效率。二是专业管理融合方面。项目实施涉及发展、建设、财务、物资等多个专业，各专业的管理要求共同促进项目规范开展。专业间衔接有待进一步畅通，专业间管理需要进一步融合。三是过程管控留痕方面。大中型电网基建项目周期较长，各专业管控要求和成果分散在各专业系统中，相关系统间的信息交互不够顺畅，在项目实施发生偏差时，无法及时追溯到问题源端，影响问题或风险纠偏。四是投资质效提升方面。投资评价是促进管理闭环的重要环节，评价指标难以统一度量，评价得分无法直接累加，评价成果需要及时传达至相关专业并促进管理优化。

针对上述存在优化提升的几个方面，在投资项目"事前、事中、事后"全过程统计监督的实践过程中，发现：提升大局意识需要梳理项目自计划下达至投产转资过程中各专业工作节点和管控要求，形成项目全生命周期生长轨迹，促进相关专业深入了解项目实施全过程；专业管理融合需要全面统筹各专业管理要求，转换为数字逻辑，在关键节点工作开展前发出提醒，实现业务流程线上流转；过程管控留痕需要跟踪项目进展情况，记录工作成果，针对可能存在的风险发出预警；提升投资质效需要建立科学的评价指标体系，形成评价结论，促进专业管理优化。这些举措分别具有数字化、智能化和可视化的特征，能够发挥投资统计专业"以数字说话,用数字决策,凭数字优化"的优势,提升项目全过程精益化管理的预判和预控能力,提高管控目标的科学性和路径的有效性。

二、主要内容

(一)研究思路

以问题和目标为导向,针对上述提到的存在优化提升的四个方面,分别从投资项目"事前、事中、事后"三个阶段,制定具体举措,提升投资项目管理数字化、智能化和可视化水平❶,通过开展全过程统计监督,实现闭环管理。研究思路如图 1 所示。

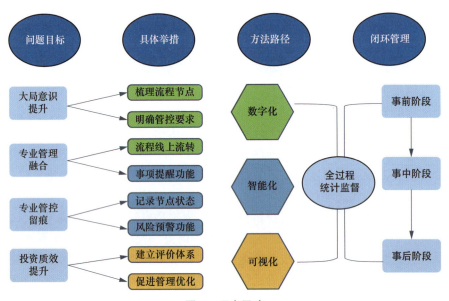

图 1　研究思路

根据研究思路开展具体统计监督工作,主要包括梳理投资管理过程关键环节以及关键环节关注的重点内容,基于业务关注的重点,建立指标体系,构建投资执行"事前"提醒模型、"事中"监测预警模型和"事后"评价模型,强化统计监督管理机制服务各方的作用,保障规划目标有效落地,促进电网高质量发展。统计监督模型如图 2 所示。

---

❶　每项举措均可能体现"数字化、可视化、智能化"中的一项或多项,图中仅展示最突出的方面。

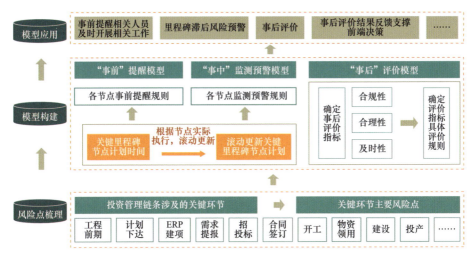

图2　统计监督模型

（二）提升各专业大局意识，梳理项目全过程节点

传统管理模式下，统计监督范围从项目开工节点开始。但工程前期相关节点决定了项目能否按计划开工。该成果将统计监督节点前移至工程前期阶段。

梳理 35kV 及以上电网基建项目在工程前期、工程建设以及两算阶段涉及的计划下达、ERP 建项、需求提报、招标、项目开工、工程建设、竣工投产、工程结算、竣工决算、ERP 项目关闭等关键节点，按照时间轴绘制成项目全流程节点图，促进相关专业管理人员了解整体项目实施流程，提升定位意识和大局意识。项目全流程节点图如图 3 所示。

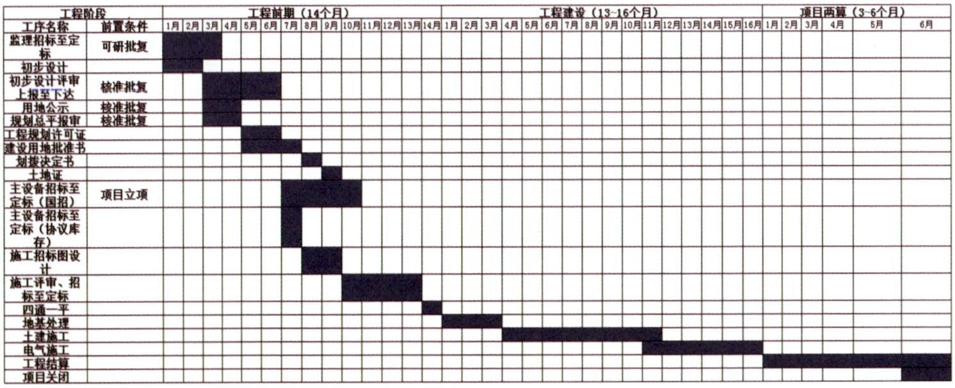

图3　项目全流程节点图

在此基础上，根据各专业内在管控要求，整理出主要关键节点所涉及的业务内容以及关注重点，为后续指标体系的建立和模型搭建奠定基础。项目关键

节点关注内容见表1。

表 1   **项目关键节点关注内容**

关键节点	主要业务内容	关注重点
计划预算下达	计划、预算下达情况	（1）计划下达准确性。 （2）计划/预算执行情况
	设计变更情况	初步设计导致总投资发生变更的情况：分析各单位当年度电网基建项目设计变更项目数量情况，并对涉及大额（超过10%）动态投资额变动的项目予以关注
ERP 建项	ERP 建项条件	（1）ERP 建项条件：投资计划和预算检验完毕。 （2）ERP 建项的及时性：满足条件后，是否及时在 ERP 建项
	系统间关联匹配率	分析各单位规划计划信息管理平台，基建管控系统、ERP 系统项目关联匹配率，检查项目管理范围的一致性
需求提报	需求提报及时率	检查需求提报是否及时
	需求提报率	需求提报金额的合规性，是否超过初步设计（以下简称"初设"）或可行性研究（以下简称"可研"）
合同签订	合同签订及时率、合规	在定标时间后 30 天内是否及时签订了合同
	合同签订金额偏差性	通过获取 ERP 系统项目合同签订金额，计算合同签订金额与概算的偏差性
物资领用	物资领用时间与建设进度匹配率	（1）项目建设过程中物资领用时间的及时性：检查物资成本发生时间与设备安装进度是否匹配。 （2）检查项目投产后是否仍有大额物资领用发生
	主要物资领用规模异常	检查项目领用变压器等主要物资规模超过可研批复建设规模的情况，检查项目间是否有物资调剂情况
项目开工	项目开工率分析	（1）单位整体开工情况：分地市（或区县）统计各季度本年累计、当季度新增开工项目数量、计划开工里程碑完成率。 （2）关注滞后开工的项目情况
	项目开工合规率	项目报送开工的条件是否满足：根据规定，项目报送开工设计、监理、施工服务合同需签订

续表

关键节点	主要业务内容	关注重点
工程建设	连续停工三个月以上	（1）分析 35kV 及以上电网基建项目建设过程中连续停工超过三个月情况。 （2）清理在建项目清单中的问题项目：针对实质性停工项目，分析其是否停工超过 3 年或者投资烂尾项目，及时走项目终止程序，终止项目
	超期工程	统计分析当前项目实际已建设工期是否超过国网标准合理工期；尤其针对重大超期程度严重的项目，重点关注
	三率匹配异常	统计分析电网基建项目自开始累计工程建设进度、投资完成、工程成本进度"三率"匹配是否异常
竣工投产	投产及时、合规、合理性	（1）投产率情况。 （2）投产合规性：是否满足投产条件。 （3）投资及时性：滞后计划投产时间的程度
	投产真实性	（1）通过获取 PMS 系统数据，分析对应变电站、变压器或线路投运日期，如该日期在项目开工日期之后、当前日期之前，则认为该项目投产，反之未投产。 （2）投产时点，新建类电网基建项目主要物资（变压器、架空、电缆等）领用规模与 PMS 设备台账规模是否一致
物资退库	物资退库合理性	物资退库金额占领用金额的比例不能过大
工程结算	工程结算合规性	工程结算是否满足相关业务流程
	工程结算及时性分析	分析项目工程结算时间的及时性，是否在投产后规定时间内结算
	概算结余情况分析	项目投资资源的利用效率：项目层、已决算完项目各电压等级、各工程类型投资结余情况
竣工决算	项目决算及时性分析	分析项目工程决算时间的及时性，是否在投产后规定时间内结算
转资	转资合规性	转资前是否完成相关决算文件和审计报告
ERP 项目关闭	项目关闭及时率	关闭的及时性：检查项目是否在 ERP 系统正式转资后 5 日内完成项目最终关闭。针对未及时关闭的项目予以重点关注

（三）促进专业管理融合，构建"事前"提醒模型

将专业关注重点转换成数字逻辑，制定提醒规则，在关键节点计划时间前提醒业务人员及时开展相关工作，保障项目按规范、按标准、按计划实施。主要节点事前提醒规则表见表2。

表 2　　　　　　　　　　主要节点事前提醒规则表

里程碑关键节点	事前提醒基准	事前提醒规则
需求提报	服务计划需求提报时间前	依托开工时间和招标计划自动计算需求提报时间，招标金额小于概算金额提醒
	物资计划需求提报时间前	依托开工时间和招标计划自动计算需求提报时间，招标金额小于概算金额提醒
合同签订	服务计划合同签订时间前	定标时间（中标通知书下达后）提醒
	物资计划合同签订时间前	物资部统一安排，无须事前提醒
计划编制	三年计划编制时间前	均衡开工、均衡投产等相关要求提醒
土地手续办理	项目计划开工时间前	项目计划开工前 6 个月 +6 个月提醒业务人员及时办理土地手续
项目建设	风险点发生前	连续停工、超长周期等风险预警
停电计划上报	停电计划上报计划时间前	停电计划时间前 5 天进行提醒
工程结算	工程计划结算时间前	（1）220kV 及以上输变电工程竣工后 100 天完成结算，结算后 80 天完成决算；决算金额和概算差异小于 20% 提醒。 （2）110kV 及以下输变电工程竣工后 60 天完成结算，结算后 30 天完成决算；决算金额和概算差异小于 20% 提醒
ERP 项目关闭	ERP 系统转资时间后	资产台账生成后提醒业务人员及时关闭 ERP 系统

服务需求提报是影响项目开工的易发因素。根据确定的开工计划时间和年度招标批次安排情况，自动测算年度开工项目对应的服务招标批次，并在该招标批次开放时，提醒相关人员及时开展工作。服务需求提报节点示例图如图 4 所示。

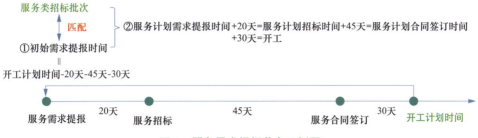

图 4　服务需求提报节点示例图

以江苏泰州六助 220kV 扩建工程为例，需求提报预警如图 5 所示。根据预警规则计算得出，该项目的计划服务需求提报时间为 2021 年 5 月 24 日，招标批次应为 2021 年第 3 批次，如图 6 所示。该项目的实际项目服务需求提报时间为 2021 年 4 月 7 日，实际招标年度和招标批次为 2021 年第 3 批次，如图 7 所示。

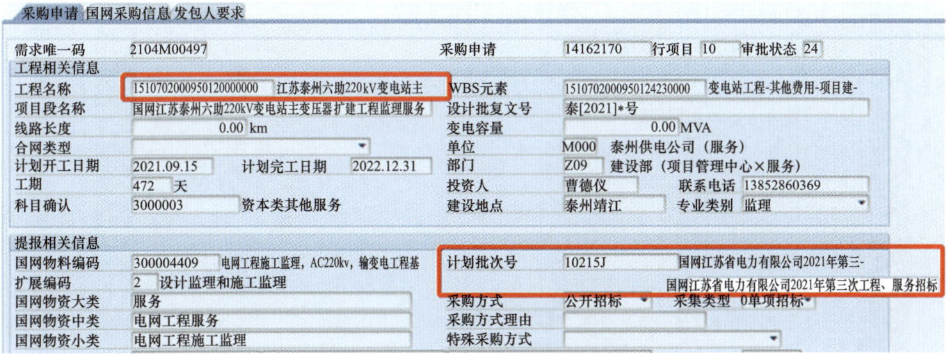

图 7　需求提报批次实际结果

（四）实现过程管控留痕，构建"事中"预警模型

通过系统自动集成项目进展数据，动态掌握事前提醒事项执行情况。出现异常情况时，发出告警，并由相关专业部门提供整改措施。

以项目实施进度为例，制定规则如下：

（1）判断当前所处关键节点实际执行情况的提前性和滞后性。若当前所处节点的实际执行时间比计划时间早，则当前节点的提前执行不会对后续关联节点产生影响，无须滚动后续关联节点的计划时间；若当前节点的实际执行时间比计划时间晚，则需判断当前节点实际执行时间上的滞后是否会对后续关联节点产生影响，即执行第二步。

（2）判断当前关键节点执行的实际时间与后续关联节点计划时间的时间间隔是否在合理时间间隔内。若两者的时间间隔在合理间隔内，则无须滚动后续

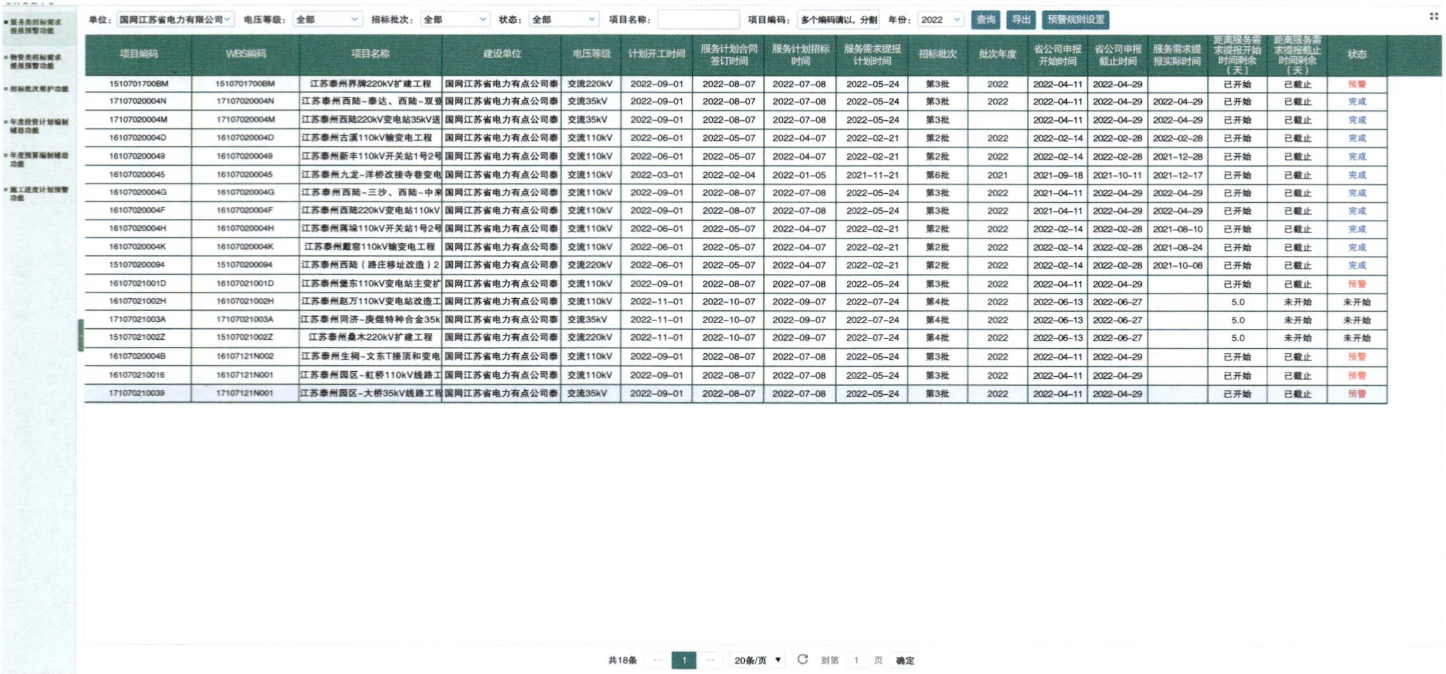

单位：国网江苏省电力有限公司 电压等级：全部 招标批次：全部 状态：全部 项目名称： 项目编码：多个编码请以，分割 年份：2022 查询 导出 预警规则设置

项目编码	WBS编码	项目名称	建设单位	电压等级	计划开工时间	服务计划合同签订时间	服务计划招标时间	服务需求提报计划时间	招标批次	批次年度	省公司申报开始时间	省公司申报截止时间	服务需求提报实际时间	距离服务需求提报开始时间剩余（天）	距离服务需求提报截止时间剩余（天）	状态
1510701700BM	1510701700BM	江苏泰州界牌220kV扩建工程	国网江苏省电力有点公司泰	交流220kV	2022-09-01	2022-08-07	2022-07-08	2022-05-24	第3批	2022	2022-04-11	2022-04-29		已开始	已截止	预警
17107020004N	17107020004N	江苏泰州西陆~泰达、西陆~双登	国网江苏省电力有点公司泰	交流35kV	2022-09-01	2022-08-07	2022-07-08	2022-05-24	第3批	2022	2022-04-11	2022-04-29	2022-04-29	已开始	已截止	完成
17107020004M	17107020004M	江苏泰州西陆220kV变电站35kV送	国网江苏省电力有点公司泰	交流35kV	2022-09-01	2022-08-07	2022-07-08	2022-05-24	第3批		2022-04-11	2022-04-29	2022-04-29	已开始	已截止	完成
16107020004D	16107020004D	江苏泰州古溪110kV输变电工程	国网江苏省电力有点公司泰	交流110kV	2022-06-01	2022-05-07	2022-04-07	2022-02-21	第2批	2022	2022-02-14	2022-02-28	2022-02-28	已开始	已截止	完成
16107020049	16107020049	江苏泰州新丰110kV开关站1号2号	国网江苏省电力有点公司泰	交流110kV	2022-06-01	2022-05-07	2022-04-07	2022-02-21	第2批	2022	2022-02-14	2022-02-28	2021-12-28	已开始	已截止	完成
161070200045	161070200045	江苏泰州九龙~洋桥改接寺巷变电	国网江苏省电力有点公司泰	交流110kV	2022-03-01	2022-02-04	2022-01-05	2021-11-21	第6批	2021	2021-09-18	2021-10-11	2021-12-17	已开始	已截止	完成
16107020004G	16107020004G	江苏泰州西陆~三沙、西陆~中来	国网江苏省电力有点公司泰	交流110kV	2022-09-01	2022-08-07	2022-07-08	2022-05-24	第3批	2022	2021-04-11	2022-04-29	2022-04-29	已开始	已截止	完成
16107020004F	16107020004F	江苏泰州西陆220kV变电站110kV	国网江苏省电力有点公司泰	交流110kV	2022-09-01	2022-08-07	2022-07-08	2022-05-24	第3批	2022	2021-04-11	2022-04-29	2022-04-29	已开始	已截止	完成
16107020004H	16107020004H	江苏泰州蒋垛110kV开关站1号2号	国网江苏省电力有点公司泰	交流110kV	2022-06-01	2022-05-07	2022-04-07	2022-02-21	第2批	2022	2022-02-14	2022-02-28	2021-08-10	已开始	已截止	完成
16107020004K	16107020004K	江苏泰州戴窑110kV输变电工程	国网江苏省电力有点公司泰	交流110kV	2022-06-01	2022-05-07	2022-04-07	2022-02-21	第2批	2022	2022-02-14	2022-02-28	2021-08-24	已开始	已截止	完成
151070200094	151070200094	江苏泰州西陆（路庄移址改造）2	国网江苏省电力有点公司泰	交流220kV	2022-06-01	2022-05-07	2022-04-07	2022-02-21	第2批	2022	2022-02-14	2022-02-28	2021-10-08	已开始	已截止	完成
16107021001D	16107021001D	江苏泰州堡东110kV变电站主变扩	国网江苏省电力有点公司泰	交流110kV	2022-09-01	2022-08-07	2022-07-08	2022-05-24	第3批	2022	2022-04-11	2022-04-29		已开始	已截止	预警
16107021002H	16107021002H	江苏泰州赵万110kV变电站改造工	国网江苏省电力有点公司泰	交流110kV	2022-11-01	2022-10-07	2022-09-07	2022-07-24	第4批	2022	2022-06-13	2022-06-27		5.0	未开始	未开始
17107021003A	17107021003A	江苏泰州同济~庚煜特种合金35k	国网江苏省电力有点公司泰	交流35kV	2022-11-01	2022-10-07	2022-09-07	2022-07-24	第4批	2022	2022-06-13	2022-06-27		5.0	未开始	未开始
15107021002Z	15107021002Z	江苏泰州桑木220kV扩建工程	国网江苏省电力有点公司泰	交流220kV	2022-11-01	2022-10-07	2022-09-07	2022-07-24	第4批	2022	2022-06-13	2022-06-27		5.0	未开始	未开始
16107020004B	16107121N002	江苏泰州生祠~文东T接顶和变电	国网江苏省电力有点公司泰	交流110kV	2022-09-01	2022-08-07	2022-07-08	2022-05-24	第3批	2022	2022-04-11	2022-04-29		已开始	已截止	预警
161070210016	16107121N001	江苏泰州园区~虹桥110kV线路工	国网江苏省电力有点公司泰	交流110kV	2022-09-01	2022-08-07	2022-07-08	2022-05-24	第3批	2022	2022-04-11	2022-04-29		已开始	已截止	预警
171070210039	17107121N001	江苏泰州园区~大桥35kV线路工程	国网江苏省电力有点公司泰	交流35kV	2022-09-01	2022-08-07	2022-07-08	2022-05-24	第3批	2022	2022-04-11	2022-04-29		已开始	已截止	预警

共18条 1 20条/页 到第 1 页 确定

图5　需求提报预警

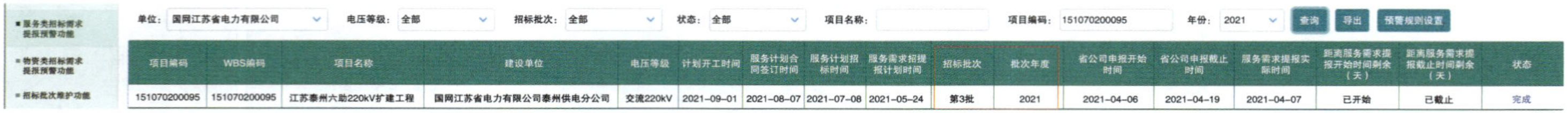

单位：国网江苏省电力有限公司 电压等级：全部 招标批次：全部 状态：全部 项目名称： 项目编码：151070200095 年份：2021 查询 导出 预警规则设置

项目编码	WBS编码	项目名称	建设单位	电压等级	计划开工时间	服务计划合同签订时间	服务计划招标时间	服务需求招提报计划时间	招标批次	批次年度	省公司申报开始时间	省公司申报截止时间	服务需求提报实际时间	距离服务需求提报开始时间剩余（天）	距离服务需求提报截止时间剩余（天）	状态
151070200095	151070200095	江苏泰州六助220kV扩建工程	国网江苏省电力有限公司泰州供电分公司	交流220kV	2021-09-01	2021-08-07	2021-07-08	2021-05-24	第3批	2021	2021-04-06	2021-04-19	2021-04-07	已开始	已截止	完成

图6　需求提报批次计算结果

关联节点的计划时间；若两者的时间间隔过短，不能满足合理时间间隔，即预留的时间不足以支持后续关联环节开展业务活动，则需滚动更新后续关联节点。

更新时间 = 本节点计划时间 + 上一相关节点滞后时间（上一相关节点实际时间 – 上一相关节点计划时间），后续相关节点计划时间更新以此类推。

以某 110kV 输变电工程为例，在前期工作过程中，由于失误造成需求计划提报节点滞后，发展专业发出预警后，建设专业提供整改措施如下：在下一批次开展服务需求提报，压缩合同签订时间至 5 天，压缩开工准备时间至 10 天，项目计划开工时间无须调整。验证措施合理，更新后续合同签订计划。里程碑节点计划时间更新图如图 8 所示。

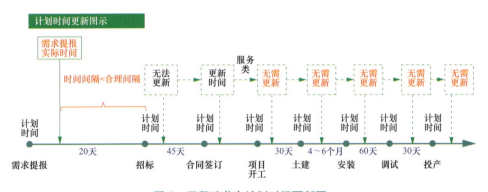

图 8　里程碑节点计划时间更新图

（五）推动投资质效，构建"事后"评价模型

对项目实施过程开展评价工作，促进各专业不断迭代优化、精益管理。

1. 确定评价指标

通过对 35kV 及以上电网基建项目投资执行全过程关键环节涉及的重点业务的梳理，从合规性、及时性以及合理性三方面确定指标体系。投资执行事后评价指标如图 9 所示。

2. 设置评分规则

在上述指标确定的基础上，为了统一不同类型指标的结果以方便对项目整体做出评价，采用隶属度函数计算指标得分，即为每个指标设定一个标准值范围，根据指标实际数值偏离标准值的程度，计算指标得分，使不同指标的得分结果可以统一为 [0，1] 范围内的数值，隶属度函数类型分类如图 10 所示。

图9 投资执行事后评价指标

确定各指标的隶属度函数类型，作为评分设置依据。如及时性指标适用于戎下型函数，当实际执行时间与计划执行时间差异越大指标得分越低；如概算结余率适用于中间型函数，结余率越接近合理范围得分越高。

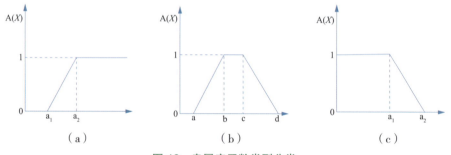

图10 隶属度函数类型分类

（a）戎上型函数；（b）中间型函数；（c）戎下型函数

根据国网江苏省电力有限公司所有35kV及以上电网基建项目投资执行评价结果，以总评分排名在前20%的项目分数为"优"，即27分以上；后20%的项目分数为"差"，即21分以下；中间项目分数为"中"，即介于21~27分之间。"优、中、差"3个评分等级具体设置见表3。

表3　　　　　　　　　"优、中、差"3个评分等级具体设置

指标	数量	评分等级		
		优	中	差
合规性指标	5	5	3	<3
及时性指标	10	9	7	<7
合理性指标	14	13	11	<11
合计	29	27	21	<21

3. 模型应用

某 110kV 变电工程，可研批复变电容量 10 万 kVA，总投资 3515 万元，总体评分 27 分，评价为"中"。追溯问题指标，发现服务需求填报不及时和项目开工不及时。评价结果为后续项目进度管控提供了有效支撑。评价结果如图 11 所示。

项目执行过程中开展动态评价工作，助力项目管理部门及时关注投资执行过程中的预警节点，针对预警较高的节点及时采取措施，便于项目管理部门统一部署工作、把控整体进度。单位层事前提醒与事中监测预警如图 12 所示。

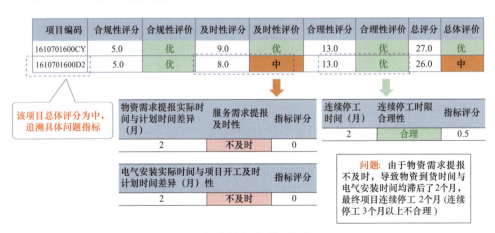

图 11　投资执行事后评价验证图

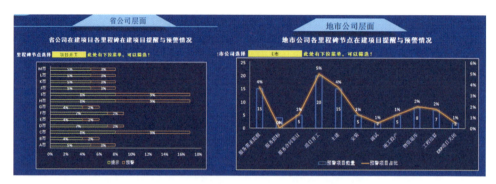

图12　单位层事前提醒与事中监测预警图

三、特色亮点

（1）全面梳理项目过程关键节点。大中型电网基建项目实施周期长、过程节点多。该成果在国网系统内首次梳理投资管理链条涉及的关键环节18个，囊括项目管理涉及的建设、投资、财务、物资等多个专业，覆盖35kV及以上电网基建项目从ERP建项至项目关闭全过程。根据上述梳理的关键环节，明确各专业在关键环节的业务工作重点以及相关的管理要求，形成各专业关注重点32项，为后续事中预警和事后评价的制定提供基础。促进项目管理相关专业深入了解本专业在全流程中的位置以及与上下游专业的关联，提升定位意识和大局意识，实现业务衔接顺畅，保障项目实施落地。

（2）拓展并前置统计监督关口。传统管理模式中，统计监督的范围主要自项目开工发生投资开始，到项目投产投资全部完成结束，统计监督行为通常在事项发生之后。该成果全面梳理相关专业管理要求，实现业务流和数据流的深度耦合，一方面拓展统计监督范围，从工程前期阶段介入，持续监督至ERP项目关闭，覆盖了项目"规划—建设—运行"全生命周期；另一方面前置统计监督关口至事项发生之前，运用数字化手段，在项目实施关键节点之前，将专业管理要求转换为数字语言，自动对项目管理相关专业发出事项提醒，有效支撑各专业精益管控。

（3）创新构建实施过程评价模型。在关键环节业务内容梳理的基础上，按照"确定执行评价指标—确定执行评价指标评分规则—构建投资执行'事后'评价模型"3个步骤开展研究，从合规性、及时性和合理性三个方面确定了项目评价关键指标，通过隶属度函数统一评价指标计量单位，确定评价指标评分规则，形成总体得分，实现定量展示，构建评价模型并确定项目评价等级，实现定性分析。通过对评价结果可视化展示，促进相关专业管理闭环，迭代优化。

四、应用展望

该成果可进一步实现信息化系统建设与拓展应用，具体如下：

（1）将统计监督举措在"网上电网"系统应用。随着"网上电网"系统深化建设，系统功能不断优化，数据资源持续丰富。后续可以在"网上电网"系统中实现数字化智能化可视化统计监督，提升 35kV 及以上电网基建项目投资执行精益化管理水平。

（2）进一步拓展统计监督范围。将统计监督范围进一步向前延伸至规划设计阶段，向后延伸至设备运行阶段，覆盖项目实施全过程。

（3）拓展统计监督项目类型。逐步把 10kV 电网基建项目、技术改造项目纳入统计监督范围，最终覆盖至全量综合计划资本项目。

五、参考文献

［1］王玲，彭道鑫，吴鸿亮 . 电网企业投资全过程管控评价体系研究—基于二元语义的多属性决策分析 [J]. 价格理论与实践，2020（5）：106–109.

［2］纪晓军，王雨晴 . 电改背景下的电网公司投资风险评价与应对策略 [J]. 电网与清洁能源，2018，34（5）：6–12.

［3］章德娥 . 做好电网建设项目投资全过程控制的几点建议 [J]. 现代经济信息，2018（23）：313+315.

［4］杨龙 . 电网投资项目全过程后评价体系研究 [J]. 科技与企业，2015(14).

"三率合一"曲线簇算法深化拓展研究

主要完成人

刘逾尔；黄世诚；肖芬；邱向京；陈显枝；谢登峰

主要完成单位

国网福建省电力有限公司福州供电公司、国网福建省电力有限公司

摘　要

随着互联网＋、物联网、云计算、大数据分析的广泛运用，信息化技术已逐步融入生产生活的各方面。将传统的统计工作与现代化技术相结合，通过信息化手段完成统计调查工作，实现统计信息化、现代化，是统计生产和管理方式的重大变革。

现有的全口径全过程项目管理系统平台"三率合一"数据监测分析体系，已能较好地展示常规输变电项目"三率合一"曲线，但面对各种类型的输变电项目，现行的"三率合一"数据监测分析体系算法无法实现输变电项目全类型覆盖，难以适应新增类型的需求。

该研究从"三率合一"数据监测分析体系算法的参数设置、项目的概算结构、施工进度计划等方面深入开展分析，针对不同类型项目特点构建差异化"三率合一"算法簇模型，展示差异化"三率合一"曲线，最终形成一整套基于"三率合一"算法的输变电项目曲线簇，实现对各类输变电项目有效管控。

关　键　词

投资；统计；输变电；曲线簇；大数据；信息化

一、工作背景

近年来在构建与国家治理体系和治理能力现代化要求相适应的现代化统计调查体系中，国家电网公司积极推动现代信息技术与投资统计工作深度融合，搭建信息化共享平台，用新技术新手段不断提高投资统计生产能力。

经过多年的研究和打磨，国家电网公司全口径全过程项目管理系统实现了对输变电项目投资统计数据由传统的投资数据搜集向跨部门联合数据分析的跨越，结合建设部、财务部信息系统数据，构建了"三率合一"数据监测分析体系，实现了专业系统间的互联互通，大力夯实了投资统计基础工作，为国家电网公司生产经营的研究和投资策略的制定提供了强有力的数据支撑。

随着电网项目管理的精细化，电网建设外部环境的复杂化，面对各种类型的输变电项目，现行"三率合一"数据监测分析体系算法已无法适应全类型建设项目的跟踪需求。完善"三率合一"数据监测分析体系，实现对输变电项目有效管控成为重要课题。

二、主要内容

（一）研究思路

该研究在深入分析"三率合一"数据监测分析体系算法（以下简称"三率"算法）后，对不同类型输变电项目的概算结构、施工进度计划进行细分拆解，深入研究影响"三率"算法差异化展示不同类型输变电项目"三率"曲线的根源，最终形成"三率"算法与不同项目类型相匹配的35kV及以上输变电项目"三率合一"曲线簇，实现全口径、全过程项目管理系统中对不同类型项目的精细化管控。具体研究思路如图1所示。

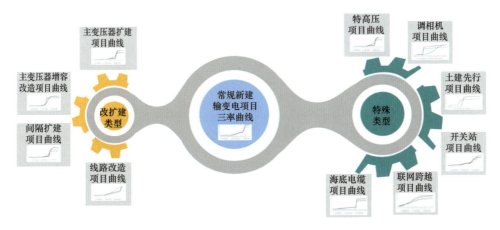

图1 研究思路

（二）研究内容

对常规新建输变电项目、改建项目、扩建项目、特殊类型项目的概算数据和施工进度计划开展数据分析，根据分析结果，总结差异和共性，调整"三率"算法参数，形成输变电项目"三率合一"曲线簇。

1. 参数调整

（1）里程碑及分部分项工程权重参数调整。权重参数是"三率"算法中建设进度曲线的基本框架，目前"三率"算法对于常规新建变电项目里程碑以及分部分项工程节点用到的权重均参考基建管控系统中的权重标准，即变电站里程碑节点中土建工程占40%、设备安装工程占40%、调试占20%；线路工程里程碑节点权重：基础浇筑占35%、杆塔组立占35%、架线施工占30%。

1）存在问题。以变电站扩建、变电站增容改造项目为例，该类项目前期工程通常已将项目远景土建部分建设到位，本期建筑工程部分工程量占比偏少，对于该类项目权重设置标准仍与新建类工程一致，以经验判断可能存在不适用性。

2）研究分析。收集2018年全国在建220kV、110kV 144个电网基建的项目的四项费用概算数据，选取在建的输变电项目分析变电站扩建、变电站增容改造项目的四项费用概算占比情况，结果见表1。

表1 改、扩建项目与常规新建输变电项目概算结构对比

概算结构		各类项目概算费用构成情况				与常规新建输变电项目对比差额			
		建筑工程费	安装工程费	设备购置费	其他费用	建筑工程费	安装工程费	设备购置费	其他费用
常规新建项目	变电站	22%	10%	47%	21%	—	—	—	—
	架空线路	—	72%	—	28%	—	—	—	—
改、扩建项目	变电站扩建	2%	13%	75%	10%	−20%	3%	28%	−11%
	变电站增容改造	3%	14%	69%	14%	−19%	4%	22%	−7%

续表

概算结构		各类项目概算费用构成情况				与常规新建输变电项目对比差额			
		建筑工程费	安装工程费	设备购置费	其他费用	建筑工程费	安装工程费	设备购置费	其他费用
改、扩建项目	间隔扩建	6%	25%	54%	15%	−16%	15%	7%	−6%
	线路改造	—	73%	—	27%	—	1%	—	−1%

从表1变电站扩建、变电站增容改造类型项目概算四项费用构成情况可以看出，上述两类项目与变电新建项目概算费用构成差异较大，主要是建筑工程费和其他费用占比明显较新建变电站项目偏低（建筑费 −20%、−19%，其他费 −11%、−7%）。因此如果按照基建管控系统中常规新建输变电项目的权重展示变电站扩建、变电站增容改造项目的"三率"曲线，明显存在不合理的情况。

3）算法调整。通过数据统计分析可以得出基建管控系统里程碑节点权重设置综合考虑了工程费用构成以及建设工期，具体计算方法如下：

a. 计算各阶段造价占比

土建阶段对应造价占比 = 建筑工程费 / 总费用

设备安装对应造价占比 =（设备购置费 + 安装费）/ 总费用

设备调试阶段对应造价占比 = 调试费 / 总费用

（其中：总费用 = 建筑工程费 + 安装工程费 + 设备购置费；安装工程费 = 安装费 + 调试费）

b. 计算各阶段工期占比

土建阶段工期占比 = 土建阶段工期 / 总工期

设备安装阶段工期占比 = 设备安装阶段工期 / 总工期

设备调试阶段工期占比 = 设备调试阶段工期 / 总工期

（其中：总工期 = 土建阶段工期 + 设备安装阶段工期 + 设备调试阶段工期）

c. 根据各里程碑节点造价占比与工期占比，分别按 50% 的比例加权计算综合权重，公式如下：

×× 综合权重 = ×× 造价占比 ×50%+ ×× 工期占比 ×50%

（注：×× 为土建阶段、设备安装阶段、设备调试阶段）。

d. 根据计算出的各里程碑节点综合权重，近似取整，得到权重标准的测算结果。

按照上述计算方法，对 144 个项目样本的概算数据和施工进度计划计算常规新建输变电项目里程碑各节点权重，具体见表 2。

表 2   常规新建输变电各里程碑节点权重

造价占比			工期占比			综合权重			基建全过程系统权重		
土建施工阶段	设备安装阶段	设备调试阶段	土建施工阶段	设备安装阶段	设备调试阶段	土建施工阶段	设备安装阶段	设备调试阶段	土建施工阶段	设备安装阶段	设备调试阶段
30%	64%	6%	50%	25%	25%	40%	44%	16%	40%	40%	20%

从表 2 可见，通过此方法计算得出的权重与基建管控系统权重标准非常接近，可参考上述算法调整变电站扩建、变电站增容改造、间隔扩建等其他类型项目权重，具体测算结果见表 3。

表 3   改、扩建项目综合权重计算情况

项目类型	造价占比			工期占比			综合权重			自定义权重		
	土建施工阶段	设备安装阶段	设备调试阶段	土建施工阶段	设备安装阶段	设备调试阶段	土建施工阶段	设备安装阶段	设备调试阶段	土建施工阶段	设备安装阶段	设备调试阶段
变电站扩建	2%	95%	3%	60%	30%	10%	31%	62%	7%	30%	60%	10%
变电站增容改造	5%	93%	2%	40%	33%	27%	23%	63%	14%	25%	60%	15%
间隔扩建	7%	87%	6%	50%	33%	16%	29%	60%	11%	30%	60%	10%

（2）结余率参数调整。

1）存在问题。理论入账曲线是通过获取财务入账数据后考虑税率和结余率生成的曲线，"三率"算法中结余率参数使用的为 2015 年测算数据，结余率版本未更新，影响入账曲线计算精度。

2）研究分析。选取近几年已完成竣工决算项目 59 个，单项 90 个，收集电

压等级、项目类型、建设性质、单体工程类型、四项费用概算、决算数据，得出最新的结余率与 2015 版结余率之间的差别如图 2 和图 3 所示。

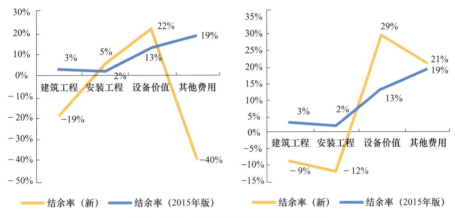

图 2　变电工程四项费用结余率对比图

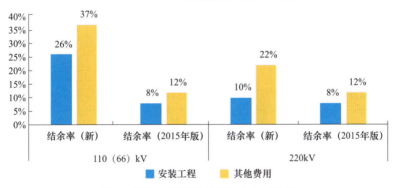

图 3　线路工程四项费用结余率对比图

从图 2 和图 3 可以看出，110（66）、220kV 变电工程及线路工程四项费用结余率与 2015 年版结余率相比变电工程中 110kV 项目建筑工程费结余率降低 22%、安装工程费结余率提高 3%、设备费结余率提高 9%、其他费结余率降低 59%；220kV 项目建筑工程费结余率降低 12%、安装工程结余率降低 14%、设备费结余率提高 16%、其他费结余率提高 2%。线路工程中 110kV 项目安装工程费结余率提高 18%，其他费用结余率提高 25%；220kV 项目安装工程费提高 2%，其他费用提高了 10%，有明显差异，需要进行调整。

3）算法调整。结合 35kV 及以上电网基建项目偏差动态预警项目结余率参数，根据"一省一策"的原则选用合适的结余率参数调整"三率"曲线。

（3）增值税参数调整。

1）存在问题。2019年国家增值税改革调整了部分税率，但"三率"入账曲线算法中未做相应调整，影响入账曲线计算精度。

2）研究分析。国家税收政策调整使得建筑工程、安装工程、设备购置、其他费税率也同步进行调整，具体税率见表4。

表4　　　　　　　　　　　　　　新版各费用增值税率

项目名称	增值税率（2019新版）	增值税率（调整前）
一、建筑工程费	9%	10%
二、安装工程费	9%	10%
三、设备购置费	13%	16%
四、其他费用		
1.建设场地征用及清理费	0%	0%
2.工程监理费	6%	6%
3.项目前期工作费	6%	6%
4.勘察设计费	6%	6%
5.建设期贷款利息	0%	0%
6.其他	10%	12%

3）算法调整。将系统中增值税率设置为灵活配置的形式，根据实际情况使用最新增值税率，更新建筑工程、安装工程、设备购置费税率参数，同时通过调节"其他费用—其他"项税率，确保项目整体的综合增值税率在历史经验区间内。

2. 改、扩建类型项目曲线簇

改、扩建类型项目主要包括变电站扩建、变电站增容改造、线路改造、间隔扩建四大类，除线路改造项目与线路新建项目概算结构及施工进度计划差异不大，可与常规新建输变电项目算法保持一致之外，其余三类均存在一定差异，需做算法调整。

（1）存在问题。常规新建输变电项目算法中的权重参数无法满足改、扩建类型项目差异化要求，并且间隔扩建类项目在基建管控系统中通常只维护施工进度计划里的里程碑节点，不细化至分部工程，无法按照常规新建输变电工程获取施工进度数据。

（2）研究分析。

1）概算结构差异。改、扩建项目概算结构与常规新建输变电项目概算结构差异情况见表1。

2）施工进度计划差异。改、扩建类型项目施工进度计划与常规新建输变电项目施工进度计划差异情况见表5。

表5　改、扩建类型项目施工进度计划与常规新建输变电项目施工进度计划差异情况

类型	项目类型	有无里程碑计划	数据来源	里程碑计划节点名称	有无分部工程	与新建项目的分部工程对比
改、扩建类型	变电站扩建	有	基建全过程系统	土建施工、设备安装、设备调试	有	土建施工中有很少的分部工程；设备安装中有很少的分部工程
	变电站增容改造	有	基建全过程系统	土建施工、设备安装、设备调试	有	土建施工中有很少的分部工程；设备安装中有很少的分部工程
	间隔扩建	有	基建全过程系统	土建施工、设备安装、设备调试	无	—
	线路改造	有	基建全过程系统	线路基础施工、线路组塔施工、线路架线施工	有	基本一致

3）算法调整。改、扩建项目与常规输变电项目相比概算结构、施工进度计划都有明显差异，因此算法调整的内容为：调整改、扩建项目的里程碑节点权重参数以及间隔扩建项目的建设进度获取方式，见表6。

表6 改、扩建项目模型调整内容

类型	项目类型	主要工程类型	算法优化内容	优化后里程碑节点权重		
				土建（基础）	设备安装（组塔）	设备调试（架线）
改、扩建类型	变电站扩建	变电站	调整权重参数	30%	60%	10%
	变电站增容改造	变电站	调整权重参数	25%	60%	15%
	间隔扩建	变电站	简化算法模型，直接取里程碑节点进度计划计算土建、设备安装等阶段的建设进度	30%	60%	10%
	线路改造	线路	与原算法一致，未作修改	35%	35%	30%

4）曲线簇展示。常规新建输变电项目"三率"曲线如图4所示，变电站扩建项目"三率"曲线如图5所示，变电站增容改造项目"三率"曲线如图6所示，间隔扩建项目"三率"曲线如图7所示，线路改造项目"三率"曲线如图8所示。

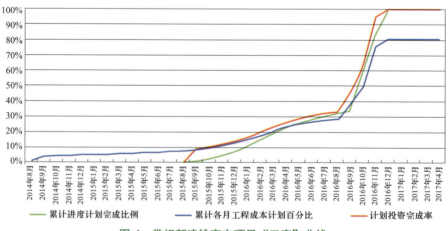

图4 常规新建输变电项目"三率"曲线

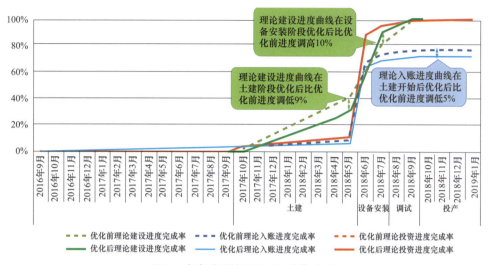

图 5 变电站扩建项目"三率"曲线

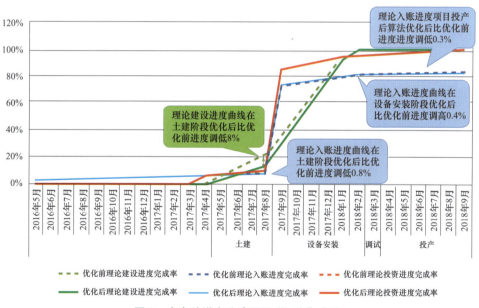

图 6 变电站增容改造项目"三率"曲线

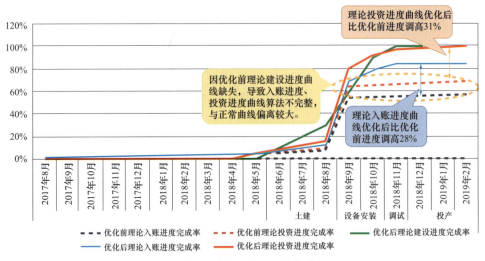

图 7   间隔扩建项目"三率"曲线

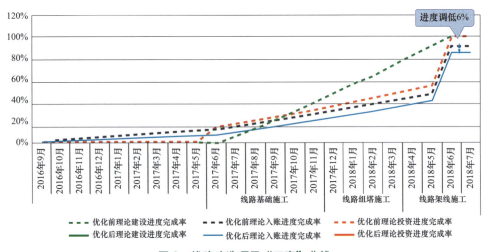

图 8   线路改造项目"三率"曲线

3. 特殊类型项目曲线簇

特殊类型输变电项目包括特高压、调相机、抽水蓄能、土建先行、开关站、联网跨越、海底电缆七大类，各类项目除存在概算结构、施工进度计划与常规新建输变电项目算法存在差异之外，部分特殊类型项目实际施工进度获取也存在一定困难。

（1）存在问题。特殊类型项目与常规新建输变电项目对比，存在问题汇总见表 7。

表 7　　　　　　　　　　**特殊类型项目存在问题汇总表**

类型	项目类型	现行算法	存在问题
特殊类型项目	特高压	未纳入"三率合一"算法模型	特高压类项目通常由多个省共同参与建设，其施工进度计划及实际建设进度管理暂无信息系统支撑，概算也为分省数据，且为非结构化数据，数据获取相对困难
	调相机	未纳入"三率合一"算法模型	施工进度计划及实际建设进度管理暂无信息系统支撑；其施工进度计划与常规新建输变电项目相比差异较大
	抽水蓄能	未纳入"三率合一"算法模型	抽水蓄能项目施工进度计划、实际入账进度、实际投资进度数据获取均存在较大困难
	土建先行	未纳入基建管控系统管控	没有里程碑计划、施工进度计划、实际建设进度等相关建设数据，只有项目实际开工、投产时间
	开关站	与常规新建变电工程算法一致	基建管控系统中分部工程权重选取有误，采用的是变电站类工程的分部工程权重比例
	联网跨越	与常规新建架空线路工程算法一致	概算结构与常规新建架空线路工程相比差异较大
	海底电缆	与常规新建水下电缆工程算法一致	其施工进度计划只包含"电缆敷设"里程碑节点及其分部工程

（2）研究分析。

1）概算结构差异情况。特殊类型项目概算结构与常规新建输变电项目概算结构对比见表 8，因抽水蓄能项目与常规新建输变电项目概算结构不同，故不在此体现。

表 8　　　**特殊类型项目概算结构与常规新建输变电项目概算结构对比**

概算结构		各类项目概算费用构成情况				与常规新建输变电项目对比差额			
		建筑工程费	安装工程费	设备购置费	其他费用	建筑工程费	安装工程费	设备购置费	其他费用
常规新建项目	变电站	22%	10%	47%	21%	—	—	—	—
常规新建项目	架空线路	—	72%	—	28%	—	—	—	—

概算结构		各类项目概算费用构成情况				与常规新建输变电项目对比差额			
		建筑工程费	安装工程费	设备购置费	其他费用	建筑工程费	安装工程费	设备购置费	其他费用
特殊类型项目	特高压	9%	5%	73%	13%	−13%	−5%	26%	−8%
	调相机	9%	9%	71%	11%	−13%	−1%	24%	−10%
	土建先行	73%	4%	1%	22%	51%	−6%	−46%	1%
	开关站	15%	16%	54%	15%	−7%	6%	7%	−6%
	联网跨越	—	71%	—	29%	—	−1%	—	1%
	海底电缆	1%	15%	55%	30%	—	—	—	—

2）施工进度计划差异。特殊类型电网基建项目施工进度计划与常规新建输变电项目的施工进度计划差异及其数据来源等汇总情况详见表9。

表9 特殊类型电网基建项目施工进度计划与常规新建输变电项目的施工进度计划差异及其数据来源等汇总情况

项目类型		里程碑计划	数据来源	里程碑计划节点名称	有无分部工程	与新建项目的分部工程对比
特殊类型项目	特高压	有	线下	变电站工程：土建工程、安装工程	有	特高压工程变电站施工进度计划是按照交流变电进度分项的单位工程进行列示的
				线路工程：线路基础施工、线路铁塔组立、线路架线及附件安装	有	线路基础施工的分部工程相同，其他的不同
	调相机	有	线下	建筑工程、安装工程	有	与新建变电项目不同，调相机类项目进度计划类型包括里程碑工程、单位工程和分部工程
	抽水蓄能	无	线下	无	无	—

续表

项目类型		里程碑计划	数据来源	里程碑计划节点名称	有无分部工程	与新建项目的分部工程对比
特殊类型项目	土建先行	无	无施工进度计划	无	无	—
	开关站	有	基建全过程系统	土建施工、设备安装、设备调试	有	土建施工节点中不包含"主变压器基础及构支架"分部工程；设备安装节点中不包含"主变压器系统设备安装"分部工程
	联网跨越	有	基建全过程系统	线路基础施工、线路组塔施工、线路架线施工	有	与新建架空线路项目一致
	海底电缆	有	基建全过程系统	电缆敷设	有	与新建水下电缆项目"电缆敷设"的分部工程一致

3）算法调整。特殊类型项目与常规输变电项目相比概算结构和施工进度计划都差异较大，因此按照前述方法，具体调整结果见表 10。

表 10　　　　　　　　　　特殊类型项目调整内容

项目类型		主要工程类型	算法优化内容	优化后里程碑节点权重		
				土建（基础）	设备安装（组塔）	设备调试（架线）
特殊类型项目	特高压	变电站	调整里程碑节点权重参数，线下获取建设进度，人工整理数据	新建：30%扩建：20%	新建：70%扩建：80%	—
		线路	同原"三率"算法	35%	35%	30%
	调相机	调相机	调整里程碑节点权重参数，理论建设进度曲线根据关键里程碑节点计划时间和归一化权重计算单项工程理论建设进度	33%	67%	—

续表

项目类型		主要工程类型	算法优化内容	优化后里程碑节点权重		
				土建（基础）	设备安装（组塔）	设备调试（架线）
特殊类型项目	土建先行	变电站	无理论曲线，以实际入账成本作为投资采集值	—	—	—
	抽水蓄能	抽水蓄能	抽水蓄能不适用此算法模型	—	—	—
	开关站	开关站	调整分部工程权重参数	40%	40%	20%
	联网跨越	线路	同原"三率"算法	35%	35%	30%
	海底电缆	线路	同原"三率"算法	—	电缆敷设100%	

4）曲线簇展示。特高压项目"三率"曲线（新增）如图9所示，调相机项目"三率"曲线（新增）如图10所示，土建先行项目"三率"曲线（新增）如图11所示，开关站项目"三率"曲线如图12所示，联网跨越项目"三率"曲线如图13所示，海底电缆项目"三率"曲线如图14所示。

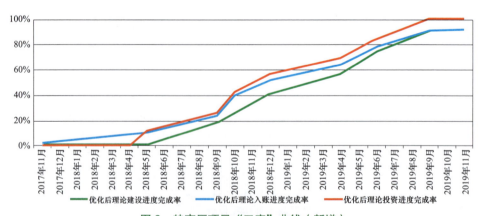

图9　特高压项目"三率"曲线（新增）

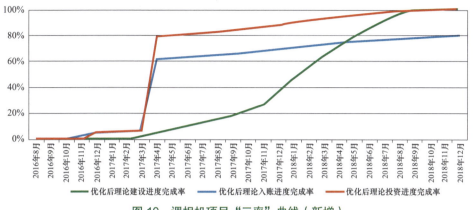

图 10 调相机项目"三率"曲线（新增）

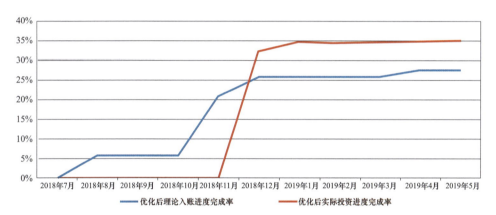

图 11 土建先行项目"三率"曲线（新增）

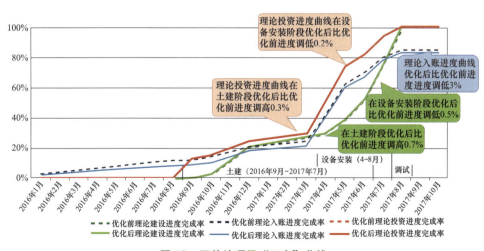

图 12 开关站项目"三率"曲线

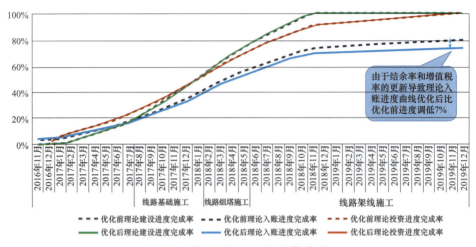

图 13　联网跨越项目"三率"曲线

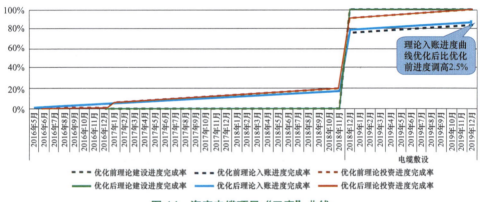

图 14　海底电缆项目"三率"曲线

4. 成果总结

通过对"三率"算法分析，发现影响输变电项目形成"三率"差异化曲线的主要因素为"三率"参数、概算数据、项目建设工期数据，其中"三率"参数对项目类型的确定影响最大，而在"三率"参数中，权重参数影响最大，其次为结余率参数、增值税率参数。

结余率参数、增值税率参数的优化，提升了常规新建输变电项目"三率"算法准确性；权重参数的优化，提升了改、扩建类型项目、特殊类型项目（特高压、调相机、土建先行、开关站、联网跨越、海底电缆）的"三率"算法准确性，最终形成了包含十一类项目的"三率合一"曲线簇，丰富了"三率合一"曲线簇算法的分析功能。

三、特色亮点

（一）创新里程碑节点权重比例参数设置

通过数据统计分析得出基建管控系统权重的设置综合考虑了工程费用构成以及建设工期因素，即分别计算各阶段造价占比和工期占比，对加权平均得到综合权重再近似取整，以此合理确定了改、扩建类项目和特殊类型项目里程碑节点权重比例调整算法。

（二）创新算法调整研究思路

应用大数据分析方法调整"三率合一"算法模型，从大量概算结构、施工进度计划数据分析得出改、扩建类型、特殊类型项目与常规新建输变电项目的差异，以此为基础研究出不同类型项目"三率合一"曲线簇。

四、应用展望

（一）积极推进算法成果落地应用

根据当前"三率合一"曲线簇算法研究成果，应尽早形成系统应用需求文档，应用到管理系统中，在实际应用中不断检验算法的适应性。

（二）持续调整完善"三率合一"曲线簇模型

基于项目管理全流程数据，深入研究数据背后影响进度曲线的因素，分析现有算法的合理性与精准性，调查研究外部不可预知因素对项目管理的量化影响，不断调整"三率"算法模型，挖掘统计分析场景，为电网项目的数字化、智能化、精准化管理提供技术储备。

（三）积极推进跨课题成果交叉配合应用

当前投资统计工作围绕"三率合一"数据监测分析体系开展了广泛深入的各类研究，研究成果丰硕，不同研究内容各有侧重也相互支撑，深入挖掘各课题之间相互借鉴的价值，能更完善"三率合一"算法，深化其应用价值。

五、参考文献

[1] 冯凯. 国家电网有限公司投资统计工作指南 [M]. 南京：南京大学出版社，2018：128-179.

[2] 国家统计局固定资产投资统计司. 固定资产投资统计工作手册 [M]. 北京：中国统计出版社，1987：151-168.

电网基建项目资金支付过程监测与预警

主要完成人

岳付昌；许世杰；丁诚；高骞；杨俊义；徐子鲲

主要完成单位

国网江苏省电力有限公司连云港供电分公司；国网江苏省电力有限公司；国网江苏省电力有限公司淮安供电分公司

摘　要

为贯彻中央关于防范和惩治统计造假、提高统计数据真实性重大部署，加强项目全方位、全过程管控，提升统计数据质量，支撑国家电网公司和电网高质量发展，识别资金支付进度与工程现场建设进度等不匹配情况，准确揭示项目执行过程中的工程资金结算与支付管理方面存在的问题，防范项目资金支付风险，开展电网基建项目资金支付过程监测与分析研究。

通过梳理电网基建项目建设进度、投资、成本、资金之间的业务逻辑关系，将顺工程资金形成过程，以工程WBS元素作为月度资金需求预测基本单元，结合里程碑计划，工程建设进度，依据项目概算，设定工程WBS元素与里程碑计划的对应关系，据此推算WBS元素对应业务的成本入账时间，并结合资金支付承诺期，预测从项目纳入计划开始至质保期结束的各月度资金支付情况，建立资金动态监测与预警模型，拓展"三率合一"监测内容，准确定位项目异常进度、准确剖析异常根源，提升项目全过程精益化管控水平。

依据各项资金在工程全过程中的支付规律，构建资金动态监测与预警模型，动态监测资金支付进度是否存在异常，分析工程资金实际支付进度与实际建设进度、入账进度是否匹配。进一步强化投资过程管控手段，防范电网基建项目资金支付风险。监测实际资金支付进度与实际建设进度、入账进度差异，提高资金使用效率，避免因资金支付进度影响工程建设进度，保障工程施工按计划进行。实现电网基建项目"实时管控、精益高效"的管理要求，提升项目全过程资金支付实时管控能力。

关　键　词

电网基建；资金支付进度；资金预测；资金支付进度预警

一、工作背景

国网江苏省电力有限公司（以下简称"公司"）目前项目资金管理存在支付进度与建设进度不匹配、资金支付与合同约定不相符等问题，因此在贯彻中央关于防范和惩治统计造假、提高统计数据真实性重大部署的背景下，公司需加强项目全方位、全过程管控，提升统计数据质量，支撑公司和电网高质量发展。为识别资金支付进度与工程现场建设进度等不匹配情况，准确揭示项目执行过程中的工程资金结算与支付管理方面存在的问题，防范项目资金支付风险。根据 2020 年国网发展部数据监测分析体系深化应用的工作方向，公司牵头开展电网基建项目资金支付过程监测与分析研究工作。

二、工作内容

（一）研究框架与思路

该课题基于基建管控系统、ERP、规划计划管理信息平台等项目概算、里程碑计划、物资及服务合同付款条件、实际资金支付等数据，通过分析电网基建项目的单体工程资金支付与工程建设进度、投资完成之间的量化关系，建立工程项目理论资金进度曲线模型，构建电网基建项目资金动态监测与预警模型，实时监测实际资金支付进度与建设进度、投资完成、成本进度匹配情况。模型构建框架示意图如图 1 所示。

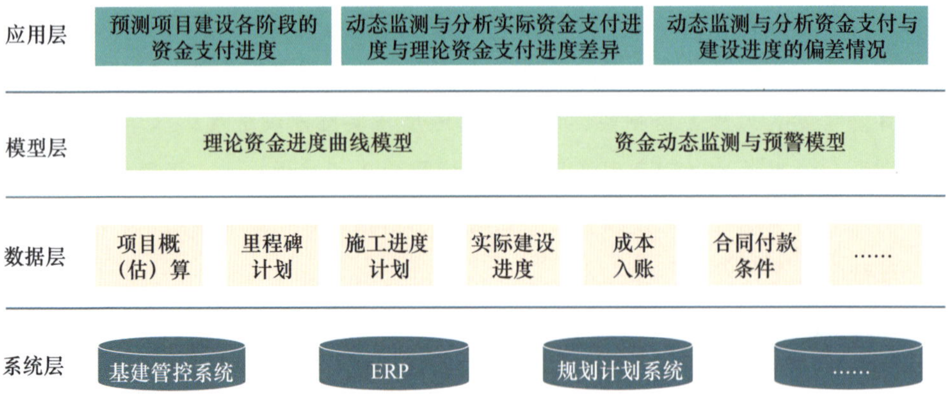

图 1 模型构建框架示意图

工作思路：

1. 梳理资金支付与工程建设、成本入账间的业务逻辑关系

通过分析建设进度、成本、资金支付三者之间的内在关系，梳理出工程建设进度、工程成本以及资金支付三者间的业务逻辑。

2. 资金支付规律的梳理与预测

依据项目概算各项费用明细对应的物资类、服务类合同，梳理相应合同约定的付款时点与比例，将合同约定付款时点与工程建设里程碑节点、成本入账时点进行量化匹配，预测出各项费用的资金支付时点与比例。

3. 构建理论资金进度曲线模型

构建理论资金进度曲线模型是根据项目不同单体工程的实际概算金额、施工进度计划、成本入账等信息，根据资金支付预测规律，计算项目从纳入计划开始至质保期满全过程内各月度的资金支付金额，绘制各单体工程及项目的理论资金进度曲线。

4. 构建电网基建项目资金动态监测与预警模型

电网基建项目资金动态监测与预警模型是对项目及单体工程的实际资金支付进度与根据建设进度、入账进度梳理的理论支付进度进行对比，在关键里程碑节点监控资金支付进度，动态监测实际资金进度是否存在异常，并分析异常的原因。

5. 选取典型案例开展模型验证

选取典型项目，进行案例分析，验证模型的可用性，优化模型的各种参数，提升模型的实用性、准确性。

（二）构建理论资金进度曲线模型

通过梳理工程建设进度、工程成本以及资金支付三者间的业务逻辑，捋顺工程资金形成过程。以工程 WBS 元素作为月度资金需求预测基本单元，建立资金理论曲线模型。结合里程碑计划，工程建设进度，以及合同款项支付的条件细化成本、资金之间的关系，依据项目概（估）算，设定工程 WBS 元素与里程碑计划的对应关系，据此推算 WBS 元素对应业务的成本入账时间，并结合合同约定的资金支付承诺期，预测从项目纳入计划开始至质保期结束的各月度资金支付情况，绘制项目资金支付理论曲线。模型构建步骤如下：

第一步：整理工程概算各项费用对应的合同类型，并梳理各类合同的付款特点。

物资采购分为协议库存和批次采购，从经法系统导出物资类合同模板，不同电压等级使用不同的物资采购方式以及采购合同，因此需梳理出不同物资类型、不同电压等级、不同合同金额的合同约定的付款比例。

批次采购合同的付款特点：通过梳理发现，除杆塔类、特高压类设备，其余设备付款比例基本一致，项目批次采购合同金额一般都超过 50 万元，因此批次采购设备类资金预测的付款比例可统一采用 $1:6:2.5:0.5$。

不同的批次采购合同约定的付款比例见表 1。

表 1　　　　　　　　　不同批次采购合同约定的付款比例

物资大类	合同类型	付款比例（预付款：到货款：投运款：质保金）		
		10 万元及以下	10 万~50 万元	超过 50 万元
主变压器设备	20kV 以下交流变压器 / 35kV 及以上交流变压器	$0:10:0:0$	$0:9.5:0:0.5$	$1:6:2.5:0.5$
	1000kV 交流变压器	$4:5:0.5:0.5$		
一次设备	组合电器 / 开关柜（箱）35kV 及以下断路器 / 66kV 及以上断路器 35kV 及以下隔离开关 / 66kV 及以上隔离开关 35kV 及以下互感器 / 66kV 及以上互感器 电抗器、消弧线圈、接地变压器及小电阻接地成套装置 电力电容器、串联补偿成套装置 避雷器、支柱绝缘子、穿墙套管、母线等	$0:10:0:0$	$0:9.5:0:0.5$	$1:6:2.5:0.5$
	1000kV 串联补偿成套装置 1000kV 高压并联电抗器、1100kV 组合电器等	$4:5:0.5:0.5$		

物资大类	合同类型	付款比例（预付款：到货款：投运款：质保金）		
		10万元及以下	10万~50万元	超过50万元
二次设备	继电保护及自动装置、自动化系统及设备 测控及在线监测系统、电源系统 通信设备、通信电源等设备等	0：10：0：0	0：9.5：0：0.5	1：6：2.5：0.5
	低压屏（柜）、箱 电气标准器及检测装置、仪器仪表等	0：10：0：0	0：9.5：0：0.5	1：8.5：0：0.5
杆塔、导地线	杆塔类、导地线	1：7.5：1：0.5		
	特高压工程杆塔类	4：5：0.5：0.5		
装置性材料	绝缘子、电缆及电缆附件、光缆及附件等	0：10：0：0	0：9.5：0：0.5	1：6：2.5：0.5

协议库存合同约定的付款比例见表2。

从经法系统导出服务类费用对应的合同模板，梳理出不同服务类型合同约定的付款比例。各类服务费用对应的合同及付款比例见表3。

第二步：根据经法系统导出的合同模板与公司历年服务类合同和物资类合同的资金支付特点，确定各项费用资金支付的时点。以物资合同资金支付为例，梳理的资金支付时点如图2所示。

表2   不同的协议库存合同约定的付款比例

协议库存合同类型	付款比例（预付款：到货款：投运款：质保金
10kV及以下（设备类）	0：10：0：0
10kV及以下（材料类）	0：10：0：0
35~220kV（设备类）	0：10：0：0
35~330kV（材料类）	□合同价格为人民币10万元及以下的，支付比例为0：10：0：0； □合同价格为人民币10万元至50万元（含本数）的，支付比例为0：9.5：0：0.5； □合同价格为人民币超过50万元的，支付比例为1：6：2.5：0.5

表3　　　　　　　　各类服务费用对应的合同及付款比例

服务类费用		合同类型	付款比例（预付款∶进度款∶结算款∶质保金）
一、建筑工程费、安装费		输变电工程施工合同	2∶7∶0.7∶0.3
二、其他费用			
1. 建设场地征用及清理费		用地补偿协议/政策处理协议	0∶0∶10∶0
2. 项目前期工作费		地质灾害危险性评估、可行性研究委托合同等	0∶0∶10∶0
3. 勘察设计费		勘察设计合同	3∶4∶2.7∶0.3
4. 工程监理费		输变电工程监理合同	2∶7∶0.7∶0.3
5. 建设期贷款利息		贷款合同	每季度最后一个月20日付该季度的利息
6. 其他	包括：招标费、设计文件评审费、工程结算审核费等其他服务费	可行性研究设计文件评审、初步设计评审委托合同、建设工程结算审核业务约定书、建设工程造价咨询合同、建设工程竣工决算审核业务约定书等	0∶0∶10∶0

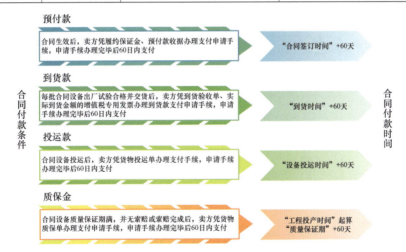

图2　物资类合同付款时点梳理

第三步：将梳理出来的各项明细支出时点与项目里程碑计划时点结合，确定资金预测分配规则。以物资类合同款项支付为例，结合工程里程碑节点，预测各阶段费用支付对应关系如图3所示。

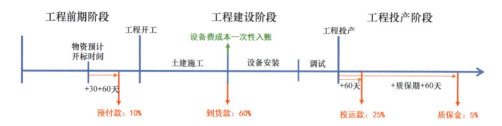

图3 物资类合同款支付时点预测

第四步：建立模型，依据梳理的各类合同付款条件，预测出的各项费用支付的时点与金额，确定项目各单体工程在项目全过程各月度资金支付金额，进一步计算项目从工程纳入计划开始至质保金支付完成全过程各月的资金支付计划金额，具体模型如图4所示。

项目名称	概算金额（含税，单位：元）	调整系数	删除平均结余后含税概算（单位：元）	采购组织形式	物资类型	合同金额区间	付款条件类型	计划合同签订日期	物资计划到货时间	计划完成时间	质量保证期（年）	201×年××月	…	20××年××月	合计	校验
变电工程																
一、其他费用																
建设场地征用及清理费																
工程监理费																
项目前期工作费																
勘察设计费																
建设期贷款利息																
其他																
二、建筑工程费																
三、设备购置费																
主变压器设备																
一次设备																
配电装置																
无功补偿																
站用电系统																
二次设备																
控制机直流系统																
电缆及接地																
通信及远动系统																
四、安装工程费																
安装费																
安装费（扣除装置性材料）																
装置性材料																
调试费																
变电站工程小计：																
累计金额																
变电站理论资金进度																
线路工程																
一、其他费用																
建设场地征用及清理费																
工程监理费																
项目前期工作费																
勘察设计费																
建设期贷款利息																
其他																
二、本体工程																
安装费（扣除装置性材料）																
装置性材料																
基础工程材料																
杆塔工程材料																
接地工程材料																
架线工程材料																
附着安装工程材料																
线路工程小计：																
累计金额																
线路理论资金进度																
输变电工程合计																
累计金额																
输变电工程理论资金进度																

图4 理论资金进度模型

基于模型逻辑，计算项目建设阶段各月度资金支付金额，进而得到理论资金进度，结合项目的理论建设进度、理论入账进度、理论投资进度以及建设阶段信息绘制得到理论曲线对比如图5所示。

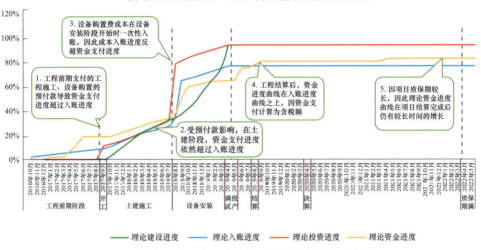

图5 变电工程理论入账进度、资金进度曲线对比图

第五步：根据月度资金支付金额与项目概算，计算资金支付进度，绘制理论资金进度曲线。

（三）资金动态监测与预警模型

依据电网基建项目各环节涉及的各类型资金在工程建设全过程中的支付规律，构建项目资金动态监测与预警模型，动态监测各环节资金支付进度是否存在异常，分析工程资金实际支付进度与实际建设进度、入账进度是否匹配。进一步丰富投资过程管控方式，防范电网基建项目资金支付的过程风险。通过监测实际资金进度与实际建设进度、入账进度差异，提高资金使用效率，避免因资金支付进度影响工程建设进度，保障工程施工按计划合规进行。

根据理论资金进度曲线模型构建规则，可知资金支付进度在施工进度各里程碑节点的支付比例，由此可监测资金支付在各里程碑节点的进度，是否存在异常情况。建模步骤如下：

第一步：基于系统中导出的实际资金支付时间与金额，计算累计资金支付额度，进而求出实际资金支付进度，绘制实际资金进度曲线。项目层和单体层的实际资金支付进度计算示例见表4。

表4　　　　　　　　　**项目层和单体层的实际资金支付进度计算示例**

项目名称	概算金额（含税，单位：元）	调整系数	剔除平均结余后含税概算（单位：元）	201×年××月	…	…	…	20××年××月
1.服务类累计资金支付金额								
输变电工程								
变电工程								
线路工程								
2.物资类累计资金支付金额								
输变电工程								
变电工程								
线路工程								
3.项目累计资金支付金额								
输变电工程								
变电工程								
线路工程								
4.项目实际资金进度								
输变电工程								
变电工程								
线路工程								

第二步：根据合同资金支付规则，整理工程项目建筑安装费、设备购置费、安装工程费、其他费用中的各项费用在工程里程碑节点的累计资金支付进度。

第三步：根据项目概算结构与各项费用在里程碑节点的累计支付进度，得到单体层、项目层在各里程碑节点的累计资金支付进度，根据专家项目管理经验并参考三率模块告警值规律，设置项目层和费用层的实际资金支付在各里程碑节点的合理区间为进度值 ±10%。

第四步：将实际资金支付进度与各里程碑节点资金支付进度的合理区间对比，以此动态监测资金支付进度是否存在异常。当资金支付进度不再设置的合理区间内时预警，从而及时分析预警原因，防范资金支付风险。以某220kV输变电工程实际情况为典型案例，具体预警模型示例见表5~表7，其中绿色字体和图形代表支付进度在正常区域范围内，属于安全状态；黄色字体和图形代表支付进度低于正常区域，属于预警状态；红色字体和图形代表支付进度高于正常区域，属于预警状态。

资金动态监测与预警模型不仅能监测项目及单体层面，对于引起资金支付进度预警的费用层面也能监测并预警，以下为变电工程、线路工程的费用明细层监测与预警情况示例。

1. 变电工程

变电工程模型示例见表 6。

2. 线路工程

线路工程模型示例见表 7。

表 5　　　　　　　　　　　资金动态监测与预警模型示例

里程碑节点	工程开工	土建完工 / 基础完工	设备安装完工 / 组塔完工	调试完工 / 架线完工	项目投产	结算完成	质保期满
某 220kV 输变电工程—里程碑节点资金支付进度	12%	44%	74%	74%	80%	87%	90%
里程碑节点资金支付进度合理区间（±10%）	(2%~22%)	(34%~54%)	(64%~84%)	(64%~84%)	(70%~90%)	(77%~97%)	(80%~100%)
项目整体实际资金进度	4%	60%	61%	72%	74%	77%	83%
预警状态	🟢	🔴	🔴	🟢	🟢	🟢	🟢
1. 变电工程里程碑节点资金支付进度区间	12%	41%	69%	69%	78%	86%	89%
里程碑节点资金支付进度合理区间（±10%）	(2%~22%)	(31%~51%)	(59%~79%)	(59%~79%)	(68%~88%)	(76%~96%)	(79%~99%)
变电工程实际资金进度	4%	56%	56%	67%	72%	78%	87%
预警状态	🟢	🔴	🔴	🟢	🟢	🟢	🟢
2. 线路工程里程碑节点资金支付进度	12%	47%	78%	78%	82%	88%	91%
里程碑节点资金支付进度合理区间（±10%）	(2%~22%)	(37%~47%)	(68%~88%)	(68%~88%)	(72%~92%)	(78%~98%)	(81%~100%)
线路工程实际资金进度	4%	64%	65%	76%	76%	77%	79%
预警状态	🟢	🔴	🔴	🟢	🟢	🟢	🟢

表 6 变电工程模型示例

里程碑节点		工程开工	土建完工	设备安装完工	调试完工	项目投产	结算完成	质保期满
某 220kV 输变电工程—变电工程里程碑节点资金支付进度		12%	41%	69%	69%	78%	86%	89%
里程碑节点资金支付进度合理区间（±10%)		(2%~22%)	(31%~51%)	(59%~79%)	(59%~79%)	(68%~88%)	(76%~96%)	(79%~99)
变电工程实际资金进度		4%	56%	56%	67%	72%	78%	87%
预警状态		🟢	🔴	🔴	🟢	🟢	🟢	🟢
各项费用资金实际支付进度及预警状态（红色为支付进度高于合理区间，黄色为支付进度低于合理区间）	建筑工程费	0%	70%	70%	70%	70%	70%	100%
	设备购置费	0%	62%	63%	88%	88%	95%	100%
	安装工程费	0%	82%	82%	82%	100%	100%	100%
	其他费用	25%	5496	54%	54%	54%	97%	100%

表 7 线路工程模型示例

里程碑节点		工程前期	基础阶段	组塔阶段	架线阶段	投产阶段	结算阶段	质保期满
某 220kV 输变电工程—线路工程里程碑节点资金支付进度		12%	47%	78%	78%	82%	88%	91%
里程碑节点资金支付进度合理区间（±10%)		(2%~12%)	(37%~57%)	(68%~88%)	(68%~88%)	(72%~92%)	(78%~98%)	(81%~100%)
实际资金进度		4%	64%	65%	76%	76%	77%	79%
预警状态		🟢	🔴	🔴	🟢	🟢	🟢	🟢
各项费用资金实际支付进度及预警状态（红色为支付进度高于合理区间，黄色为支付进度低于合理区间）	安装工程费	6%	81%	81%	97%	97%	97%	100%
	其他费用	0%	76%	93%	94%	96%	100%	100%

三、特色亮点

（一）资金支付预测的创新方法

该项研究创新地运用了合同约定支付规则与建设进度相结合的方法来预测资金支付时点和支付比例，破除了资金预测的金额不准确与时点不准确。通过运用物资类合同与服务类合同的约定条款，梳理出各项费用对应的付款条件与时点，将其与工程施工进度的里程碑节点进行匹配结合，预测出各项费用的资金支付时点与金额，从而得到项目建设各阶段的资金需求。

（二）资金支付进度预警的创新方法

该项研究创新地运用里程碑时点资金支付上限为预警线，打破了以往的预警思路。通过梳理各项费用的合同约定付款的规律，计算各项费用在工程建设各里程碑节点的资金支付合理上限值，以此来监测实际资金支付进度，及时预警资金支付异常状态并分析异常的原因，防范资金支付风险。

四、应用成效

（一）拓展"三率合一"监测内容

在工程建设、投资完成、成本入账"三率合一"数据监测分析体系的基础上，梳理资金支付与工程建设、投资完成、成本入账之间的内在关系，建立理论资金进度曲线模型，拓展"三率合一"监测内容，准确定位项目异常进度、准确剖析异常根源，提升项目全过程精益化管控水平。

（二）辅助年度资金需求预测

通过电网工程理论资金曲线模型，自动编制项目建设阶段内全过程电网工程资金需求预测，辅助年度资金需求预测，为中长期融资计划安排提供充分依据，为合理规划融资策略夯实基础。

（三）提升资金支付管控水平

通过资金动态监测与预警模型，可准确定位、分析问题项目，在项目全过程监控资金支付进度，通过对比分析工程建设进度、成本入账进度与资金支付进度，密切跟踪分析工程资金支付进度执行情况，将工程资金管理关键风险防控融入工程建设全过程，保障工程建设资金安全、高效使用，实现电网基建项目"实时管控、精益高效"的管理要求，提升项目全过程资金支付实时的管控能力与公司管理水平。

五、应用展望

（一）适用国网系统各网省公司应用

该项目研究成果考虑了不同地域、不同电压等级、不同单体工程类型的项目特征，具有较强的适用性，适用于国网系统各网省公司推广应用，未来可进一步落地建设成为资本性项目资金支付进度日常监测工具，辅助工程资金日常管理。

（二）成果可引申应用于外部单位

从国家电网公司外部考虑，该项目研究成果抽象为项目执行过程管理的方法和理念，预期可应用于具有相同性质的国有企业、事业单位，具有重要的参考价值。从国家投资统计体系考虑，该项目研究成果本质是将国家三大核算体系：会计核算、实物核算和统计核算，进行了有效融合，有效提升国家电网公司投资统计专业的准确性和科学性，同时，也为国家层面投资统计工作发展做了有益的探索。

六、参考文献

［1］何青枝，张珍珍，邹宁 . 把控资金管理关键节点加强资金风险管控 [J]. 中国总会计师，2019（197）：59-61.

［2］孙丽 . 工程预算管理中所存在的问题 [J]. 中国乡镇企业会计，2019：51-52.

［3］陆望星 . 加强电网基建工程资金风险防控的措施分析 [J]. 企业改革与管理，2020：168-169.

［4］张杰 . 电网基建项目投资预算管控优化与提升 [J]. 国网理财，2020：39-42.

［5］张东，潘明喜 . 浅谈大数据时代下电力基建项目的全过程财务管理 [J]. 财政监督，2016：95-97.

［6］张爱晶，焦雯菲 . 电网企业资金安全管理与风险控制策略探析 [J]. 科技经济导刊，2020，14（28）：247.

电网基建项目造价水平自动分析模型研究

主要完成人

安鹏；荣鹏；代勇；张伟；岳彩阳；袁飞；樊冰剑

主要完成单位

国网山东省电力公司泰安供电公司；国网山东省电力公司

摘　　要

　　电网工程造价作为企业发展规划的重要支撑与分析依据，是企业强化投资控制的重要工具，科学准确地确定并进行有效的工程造价控制与管理是实现项目管理目标的关键，也是投资精细化管控的重要举措。近年来输变电工程投资项目逐年增多，电力建设规模也在不断扩大，项目投资估算与实际的工程造价具有一定差别，不利于造价的精准管控，导致造价结余率相对较高。因此很有必要对历史项目造价信息加以研究，充分挖掘利用，以支撑规划阶段投资额匡算、可行性研究（以下简称"可研"）阶段投资估算评审、计划编制阶段投资控制目标预测，提升公司投资精益化管理水平。

　　本文通过构建电网基建项目全过程实时造价信息基础数据库，挖掘单位规模造价水平，分类测算各类工程单位规模造价水平，建立单位造价投资参考值标准库，构建自适应的工程造价智能预测模型，自动识别待预测工程技术参数、智能选择预测算法预测工程造价，辅助预测投资控制目标，支撑投资精准决策。

关　键　字

电网基建项目；工程造价预测；精准投资

一、工作背景

（一）经营环境严峻复杂，电网发展质效双提升意义重大

2020年初，为全面落实中央统筹推进疫情防控和经济社会发展的工作部署，积极应对当前严峻复杂的经营环境，国家电网公司积极响应号召，在加大基建投资的同时注重电网投资质量，提出开展提质增效专项行动，打出开源节流、提质增效"组合拳"，向电力体制改革要动力、向创新要活力、向管理要潜力，促进公司和电网发展质效双提升。科学准确地确定并进行有效的工程造价控制与管理，能够提高电网投资质量，对电网企业合理统筹发展规划，提高投资精细化管控水平具有重大意义。

（二）造价管控水平有待提升，科学合理确定造价意义深远

近年来输变电工程投资项目逐年增多，电力建设规模也在不断扩大，项目投资估算与实际的工程造价具有一定差别，不利于造价的精准管控，导致造价结余率相对较高。目前电网工程投资估算、概算、施工图预算、决算等造价数据分散，且大部分为线下数据，数据归集、解析、提取困难，为挖掘造价数据价值，提升造价管理水平带来极大的挑战。

电网投资造价合理水平确定是企业发展规划的重要支撑与分析依据，是企业强化投资控制的重要工具与支撑平台。如何结合大数据挖掘应用科学合理地确定项目投资估算，优化造价预测方法、树立科学化造价预测理念，对电网企业合理统筹发展规划，合理安排项目，提升投资效益具有重大意义。

二、主要内容

（一）研究框架

研究各专业部门对电网基建项目投资全过程的造价管理需求，基于历史已竣工决算项目造价数据，构建电网基建项目全过程实时造价数据库，运用统计分析、人工智能等大数据分析技术，构建电网工程造价智能预测与分析模型，分析基于统计分析方法和 AI 人工智能算法两类造价预测模型的差异及适用性，提出综合两类算法、自适应的组合预测方法，辅助电网基建项目投资精准决策、支撑投资过程精益管控与事后评价。电网工程造价全过程智能预测与分析模型整体框架如图1所示。

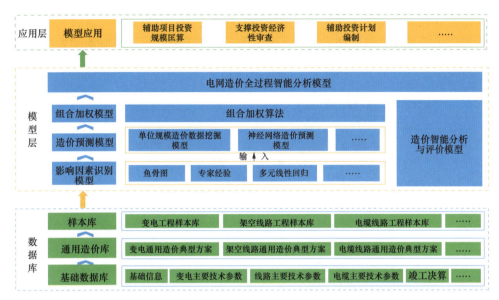

图1 电网工程造价全过程智能预测与分析模型整体框架图

（二）研究内容

1. 构建实时造价基础数据库，贯通工程全过程造价信息

（1）设计数据模板，整合全链条造价信息。依托国家电网公司现有系统数据，全面梳理电网基建项目全过程所产生的造价相关信息，参考国网经济技术研究院有限公司技术经济实验室造价数据，明确所需数据字段的可获取性，确定电网工程造价基础数据库所需字段，设计电网基建项目造价基础数据库模板，构建电网基建工程造价基础数据库字段集合，整合全链条工程造价信息。

（2）梳理数据来源，构建实时造价数据库。

1）梳理模型构建所需数据来源。调研并梳理当前电网基建项目编码、电压等级等基础信息数据；变电容量、出线回路数、配电装置形式、线路长度等主要技术条件信息；可研估算、初步设计（以下简称"初设"）概算、竣工决算等价值信息获取来源、标准化程度以及数据获取难点。针对结构化数据，梳理竣工决算等造价分析相关数据自动解析规则；针对非结构化数据，研究基于人工智能的数据自动抓取、批量获取等方法。电网基建工程全过程造价基础数据库字段示意图如图2所示。

2）建立电网基建工程全过程造价数据动态更新机制。为强化数据滚动实时更新，发展策划部协同财务、基建等相关业务部门，建立电网基建工程全过程造价数据动态更新机制，除设计系统自动集成取数路线外，针对尚不具备系统自动接入数据条件的字段，明确造价相关数据维护、管理的职责及分工、数据维护规范要求等，确保已竣工决算项目的造价相关数据可以实时滚动更新至造价基础数据库。

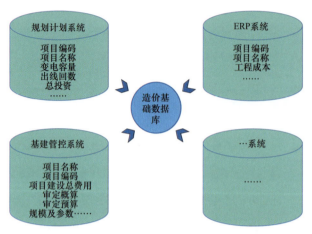

图2　电网基建工程全过程造价基础数据库字段示意图

3）形成历史项目实时造价基础数据库。基于数据模板，收集电网基建项目35kV 及以上已竣工决算项目、单项实时造价数据，涵盖基础信息、技术条件、电网工程全过程价值信息三大类，构建实时造价基础数据库。当前变电工程数据库共收集样本 267，涉及 110-A3-3、110-A2-4 等通用设计方案；线路工程数据库共收集样本 506 个，涉及 1D、2E、1A 等通用设计模块。各方案样本数量如图 3 所示。

图3　样本数量（一）

图 3　样本数量（二）

（3）设计校核逻辑，确保基础数据质量。设计造价基础数据库数据完整性、准确性等校核逻辑，实现基于业务基本规律的基础数据合理性自动检查与校验，确保基础数据质量。综合考虑业务实际情况，以保留大部分样本数据为原则，运用 3σ 算法确定疑似问题样本判断规则，对于判断为疑似问题样本的不纳入模型计算，具体校核逻辑如下：

1）校核关键价值信息是否为空。变电工程电压等级、变电站类型、配电装置型式、通用设计方案、静态投资、动态投资为空，判断为疑似问题样本。

架空线路工程电压等级、回路数、导线型号、覆冰、风速、通用设计方案、静态投资、动态投资为空，判断为疑似问题样本。

2）判断概算、决算数据逻辑是否合理。逻辑合理是指概算、决算的四项费用之和与动态投资是否相等：

$\sum$ 概算四项费用 = 概算动态投资；

$\sum$ 决算四项费用 = 决算动态投资；

若四项费用的合计不等于动态投资，则逻辑不合理，判断为疑似问题样本。

3）判断概算四项费用结构与公司平均结构水平差异是否合理。计算概算四项费用占概算动态投资的比重，计算概算四项费用结构与公司平均结构水平的偏差，若某一项费用差异超过 10%，则判断为疑似问题样本。

4）判断概算与决算四项费用结构偏差是否合理。计算概算四项费用占概算动态投资的比重，计算决算四项费用占决算动态投资的比重，计算概算四项费用比重与决算四项费用比重的偏差，若某一项费用差异超过 20%，则判断为疑似问题样本。

5）判断单项工程动态投资结余率是否超过 30%。判断单项工程动态投资的

235

结余率是否超过 30%（暂定 30%，在样本数据填写无误的情况下，可根据疑似问题的样本情况手动调整），若单项工程动态投资结余率的绝对值超过 30%，则判断为疑似问题样本。

2. 明确分类方案，分类形成样本库

研究影响电网工程造价主要因素，梳理规划阶段、可研阶段可获取技术条件参数，确定分类方法及主要技术条件，参考通用造价典型方案明确单位投资参考值分类方案。

一是分析模型在不同应用阶段所能获取到的技术条件数据。梳理网上电网规划、投资等相关模块所具备的数据条件，结合规划阶段、可研阶段变电工程、线路工程数据的易获取性，确定单位规模造价挖掘模型分类所依据的主要技术条件参数。

二是灵活借鉴通用造价典型方案类型，对其进行简化、归并，确定单位投资参考值分类方案。对于规划阶段应用的分类方案的确定主要是通过对通用造价典型方案进行合并、替代；对于可研阶段应用分类方案基本与通用造价典型方案分类颗粒度保持一致。

经过深入研究与分析，参照典型方案通用造价指标一览表，目前模型中变电工程在规划阶段应用仅考虑电压等级、变电站类型、配电装置型式技术条件进行分类，110～750kV 变电工程在规划阶段应用分类方案共分为 16 类，在可研阶段应用分类方案共分为 30 类。架空线路工程在规划阶段考虑电压等级、回路数、导线型号技术条件进行分类，在可研阶段考虑电压等级、回路数、导线型号、覆冰、风速技术条件进行分类，35～500kV 架空线路工程在规划阶段应用分类共分为 50 类，在可研阶段应用分类共分为 100 类。

以 110（66）、220kV 变电工程为例，在规划阶段分类结果如图 4 所示分类方案（规划用）；可研阶段分类标准与通用造价典型方案分类保持一致，分类结果如图 4 所示的分类方案（可研用）。

110kV						220kV					
技术条件			类别			技术条件			类别		
电压等级	变电站类型	配电装置型式	通用设计方案	分类方案（可研用）	分类方案（规划用）	电压等级	变电站类型	配电装置型式	通用设计方案	分类方案（可研用）	分类方案（规划用）
110（66）kV	户外	GIS	110-A1-1	A1-1		220kV	户外	GIS	220-A1-1	A1-1	
			110-A1-2						220-A1-2		
	户内	GIS	110-A2-1	A2-1	110A		户内	GIS	220-A2-1	A2-1	220A
			110-A2-2	A2-4					220-A2-2		
			110-A2-3						220-A2-3		
			110-A2-4						220-A2-4	A2-4	
			110-A2-5						220-A2-5		
			110-A2-6						220-A2-6		
			110-A2-7								
			110-A2-8								

图 4　变电工程规划及可研阶段应用分类示例（一）

110kV					
技术条件			类别		
电压等级	变电站类型	配电装置型式	通用设计方案	分类方案（可研用）	分类方案（规划用）
110(66)kV	半户内	GIS	110-A3-1	A3-1	110A
			110-A3-2	A3-3	
			110-A3-3		
	户外	AIS	110-C-1	C-6	110C
			110-C-6		
			110-C-2	C-7	
			110-C-3		
			110-C-7		
			110-C-10		
			110-C-11		
			110-C-4	C-8	
			110-C-5		
			110-C-8		
			110-C-9	C-9	

220kV					
技术条件			类别		
电压等级	变电站类型	配电装置型式	通用设计方案	分类方案（可研用）	分类方案（规划用）
220kV	半户内	GIS	220-A3-1	A3-1	220A
			220-A3-2	A3-3	
			220-A3-3		
			220-A3-4		
	户外	HGIS	220-B-1	B-1	220B
			220-B-2		
			220-B-3		
	户外	AIS柱式	220-C-1	C-1	220C
	户外	AIS柱式	220-C-3	C-6	
	户外	AIS罐式	220-D-1	D-1	220D
			220-D-2		
			220-D-3		

图 4   变电工程规划及可研阶段应用分类示例（二）

3. 构建造价预测与分析模型，助力造价精益化管理

（1）构建影响因素识别模型，自动判别关键影响因素。

1）影响因素识别算法逻辑。按工程类型划分，采用专家经验、因素分析方法、多元线性回归等因素识别方法分别对变电站工程、线路工程造价主要影响因素进行识别，初步明确影响造价的主要影响因素，在此基础上考虑规划阶段、可研阶段、计划阶段数据的可获取性，最终确定下一步模型输入技术参数。影响因素识别算法逻辑及计算步骤如图 5 所示。

2）模型输入主要技术参数。通过对影响变电、线路工程造价的关键驱动因素进行分析，同时考虑在规划阶段、可研阶段参数可获取性，确定模型输入主要技术参数。变电工程、线路工程造价智能预测模型所需输入主要技术参数如图 6 所示。

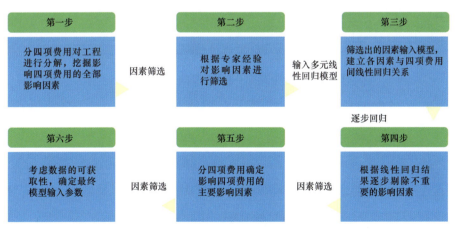

图 5   影响因素自动识别算法逻辑

图 6　模型输入主要技术参数

（2）构建造价智能预测模型，智能预测各阶段造价水平。基于统一的实时造价基础数据库数据，识别模型主要影响因素作为模型输入参数，分别使用单位规模造价数据挖掘模型和神经网络造价预测模型进行造价预测，不同模型预测结果依据模型自动计算权重进行组合加权得统一的静态投资预测结果，根据不同阶段应用需要，考虑结余率，计算得出不同阶段静态投资预测结果。

造价智能预测模型整体算法思路如图 7 所示。

1）构建单位规模造价数据挖掘模型。选取典型样本库项目，基于通用设计或通用造价典型方案库，运用统计分析方法分类测算各类型工程平均造价、造价区间、单位规模造价水平，建立单位造价投资参考值标准库。单位规模造价数据挖掘模型整体思路如图 8 所示。

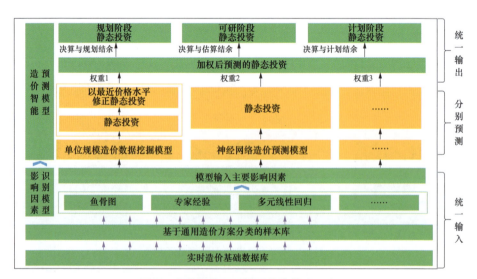

图 7　造价智能预测模型整体算法思路

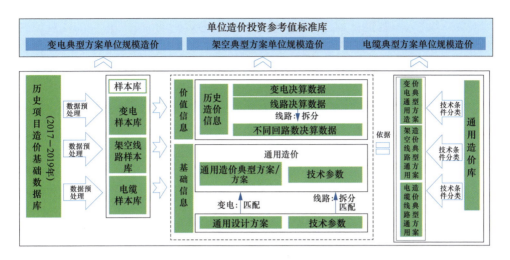

图 8　单位规模造价数据挖掘模型整体思路

单位规模造价数据挖掘模型具体研究内容及计算步骤如图 9 所示。

基于历史数据计算的投资参考值未考虑价格变化对投资的影响，需寻找变电工程主要材料 [变压器、（高中低压侧）——断路器、高压电抗器] 价格与投资间关系，运用最新价格变化对投资的影响对预测结果进行修正。

分析投资参考值与主要材料单价的相关性，构建主要材料单价与单项工程的线性回归模型，将各主要材料价格变化量带入线性回归模型即计算得出变电工程静态投资的变化量，即可根据变化量计算出修正后的投资参考值、参考区间。

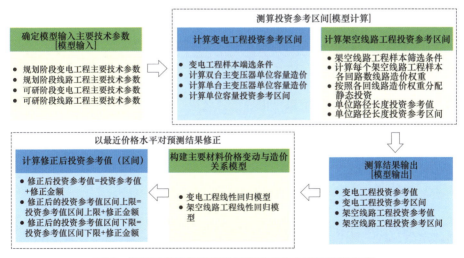

图 9　单位规模造价数据挖掘模型研究内容及计算步骤

2）构建人工智能工程造价预测模型。结合客观判断的数理模型和主观预测的专家经验，运用神经网络智能预测算法，建立一个既贴合专业经验又符合数理逻辑的预测模型，能够在一定程度上提高建模选用输入变量的准确性及模型预测精度。对于建筑工程费、安装工程费、设备购置费运用神经网络算法分别进行预测，对于其他费用，区分建设场地征用及清理费、工程监理费、项目前期工作费、勘察设计费、建设期贷款利息、其他分别预测，通过人工填报的方式计算汇总到模型的最终预测值中。例如建设场地征用及清理费需人工填写变电站所在位置、占地面积、地上附着物与青苗等信息进行计算预测。规划阶段与可研阶段通过设置不同结余率进行测算。基于神经网络的人工智能工程造价预测模型构建思路如图 10 所示。

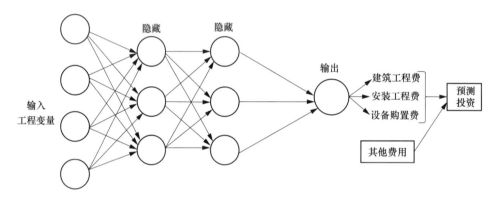

图 10　基于神经网络的人工智能工程造价预测模型构建思路

3）构建组合加权模型。结合单位规模造价数据挖掘模型、神经网络等造价预测模型预测结果，引入组合加权算法，实现多模型预测结果的组合加权，进一步提升造价预测模型适用性与兼顾性。将各模型预测集的预测值与训练集的实际值间的误差平方和倒数作为权重，根据计算得出的权重对各模型预测值、预测区间进行组合加权。

4）考虑结余率计算投资参考值、参考区间。由于组合预测结果为基于决算数据的预测值，要满足不同阶段的应用要求，需计算不同应用阶段造价与决算数据之间的结余率，从而得出不同应用阶段的投资参考值、参考区间。以可研阶段为例，可研阶段投资参考值、参考区间具体计算示例如下：

a.计算结余率。

可研阶段结余率 =（估算静态投资 – 决算静态投资）/ 估算静态投资

b.考虑结余率计算投资参考值、参考区间。

组合加权后的投资参考值 = 权重 1× 预测结果 1+ 权重 2× 预测结果 2+ 权重 3× 预测结果 3+…；其中，权重为各模型预测集的预测值与训练集的实际值间的误差平方和倒数。

投资参考值 = 组合加权后的投资参考值 × （1+ 结余率）

投资参考值区间上限 = 组合加权后的投资参考值区间上限 × （1+ 结余率）

投资参考值区间下限 = 组合加权后的投资参考值区间下限 × （1+ 结余率）

4. 构建造价智能分析模型，智能分析项目造价情况

充分运用历史造价数据库，通过大数据挖掘等手段，提取合适的造价分析数据进行计算训练，构建造价智能分析模型，以优化各业务部门工程投资参数，满足不同业务部门的应用需求。智能分析部分内容示例如下：

（1）结余率计算与预警。根据收集的国网东营供电公司、国网聊城供电公司、国网威海供电公司造价基础数据，提取计算结余率所需相关字段，包括基础信息（电压等级、建设性质、单体工程类型），价值信息（可研估算、初设概算、竣工决算），计算各单项结余率，根据计算结果设置结余率参数，计算待测算项目的结余率水平，将其与结余率参数水平进行对比，对结余率过高的项目进行预警提示。

（2）造价分析。选取国网东营、聊城、威海供电公司结余率偏高的项目重点分析，包括项目总体结余率分析、分项费用结余率分析、重点项目结余率分析，并找出影响投资的关键控制因素，测算主要设备、工程量合理范围，形成重点投资管控措施。

三、特色亮点

（一）层层分解寻找关键驱动因素

创新运用工程造价费用构成层层分解的方法寻找关键驱动因素，结合实际业务情况及数据的可获取性确定模型应用于不同专业阶段的关键驱动因素。

（二）创新运用通用造价典型方案分类方法

创新灵活地借鉴通用造价典型方案分类方法，用历史数据价值信息代替通用造价价值信息的方法，建立单位造价数据挖掘模型，既吸收了通用造价科学的分类方法，又可规避通用造价价值信息的通用性不适用于地方省份特殊性的弊端。

（三）灵活运用结余率满足多个专业部门需求

模型灵活运用造价结余，根据不同阶段对投资的精度要求，满足项目规划、可研、投资计划等多个专业部门对造价管理的需求，通过分阶段辅助预测，为投资在前期阶段的决策提供数据支撑。

四、应用展望

（一）电网规划阶段，辅助项目投资规模匡算

当前规划阶段投资规模匡算采用经验推算，投资数据汇总现阶段主要采用人工汇总，涉及工作任务量较大，且实际工程规模与投资估算差异较大，投资数据精准度不高。模型可辅助项目投资规模匡算，解决以往采用经验推算，无参考依据的问题。通过模型应用可提升规划阶段投资规模确定的准确性，电价计算依据规划阶段投资规模确定，规划阶段投资规模准确性得提高，将进一步提升电价的准确性，提高公司效益，提升相关工作人员工作效率。

（二）可研评审阶段，支撑投资经济性审查

当前可研阶段设计深度不够，导致结余率较大，可研估算精确度不高，通过应用造价智能预测与分析模型，系统可通过模型自动输出项目在可研阶段投资参考值，并可与设计人员上报的投资填报值、通用造价进行比较分析，以支撑发展、财务部门在可研阶段对项目投资规模经济性、可行性审查，辅助项目投资精准决策，提升公司投资效益。

（三）计划编制阶段，辅助投资计划编制

当前电网基建项目年度投资计划编制主要以投资估算或者初步设计概算动态投资为基础，如果可研、初设深度不够，将对计划编制的准确度产生影响。通过运用造价智能预测与分析模型输出投资参考值，计划编制可参考模型输出结果，辅助投资计划编制与调整。

（四）后评价阶段，工程结余偏差自动分析

项目后评价工作会将概算与决算数值进行比较，当前模型实现概算与决算数据的自动对比，自动找出偏差原因，提升相关管理人员工作效率。相关工作人员通过分析工程结余率偏高的原因，以优化工程投资管理，降低工程结余率。

五、参考文献

［1］王文利. 电网工程建设全过程造价管理研究 [D]. 华北电力大学（北京），2017.

［2］于池. 电网工程项目造价影响因素分析及评价模型研究 [D]. 华北电力大学（北京），2016.

［3］刘璇. 天津电力公司电网工程项目造价控制评价研究 [D]. 天津大学（天津），2017.

［4］路妍. 基于目标控制的电网工程造价动态管理模型研究 [D]. 华北电力大学（北京），2016.

［5］吴丹.输变电工程造价分析理论与方法模型应用研究 [J]. 经验交流，2019.

［6］吴美琼.电网工程设备材料价格影响因素分析与预测模型研究 [D]. 华北电力大学（北京），2018.

［7］赵英琦.架空线路工程造价区间与工程量区间建立及应用研究 [D]. 华北电力大学（北京），2018.

基于数字孪生技术的电网投资执行监测预警成果及应用

主要完成人

马莉；周明；卢生炜；周蠢；孙利平；黄伟杰；喻亚洲；王枫；武强

主要完成单位

国网湖北省电力有限公司；国网湖北省电力有限公司经济技术研究院；国网湖北省电力有限公司中超建设管理公司；湖北华中电力科技开发有限责任公司

摘　　要

　　面对国家电网公司内部精益化管理需求和外部监管力度不断加强的双重压力，国网湖北省电力有限公司（以下简称"国网湖北电力"）认真贯彻国家电网公司"一体四翼"发展布局，紧密围绕国家电网公司《数字化转型发展纲要》，扎根电网数字化管理应用方向，从电网投资执行角度出发，综合运用智能感知、三维建模、仿真计算等信息技术，以数字化为载体，在虚拟空间对电网项目物理空间进行仿真、建模、演绎和操控，以虚控实，进而实现物理空间与数字虚拟空间的协同交互，提升电网基建执行状态智能感知能力、加强投资执行智能预警，实现电网基建投资管理的数字化。

　　本成果在深化"三率合一"投资完成监测应用的基础上，探索运用智能感知技术获取项目建设过程信息，依托电网基建项目BIM三维模型设计成果，建立数字孪生模型，利用施工现场视频监控图像、电子作业票、卫星遥感影像等感知手段，反演项目建设进度，通过与里程碑计划的追踪匹配，智能分析偏差预警，实现投资执行的可视化管控。

关　键　词

智能感知；数字孪生；BIM 三维设计；投资计划执行监测；智能预警

一、工作背景

面对国资监管新要求和新一轮电力体制改革新形势，为落实国家电网公司"十四五"提出的加快释放数字技术和数据要素的强大动力，实现业务融合与数据融通的高质量发展战略需求，国网湖北电力致力于打造精准投资管理体系，对投资管理精益化程度和数字化技术应用提出了更高的要求。

国网湖北电力基建工程管理以基建管控系统为基础，涉及的移动应用主要包括基建"e 安全"和"安全生产风险管控平台"等，基建管理业务复杂，流程繁多，涉及的人员众多，现有的在运系统不足以支撑基建管理数字化的要求，导致投资执行监测工作存在以下难点：

一是投资执行进度特征数据基准库不够完善。随着现场感知能力地不断提升，为基建现场进度图像感知提供了可能，但尚未建立完整的基建现场进度图像特征基准库，需优先针对输变电工程不同施工阶段的典型设备或设施开展特征基准库的建设工作。

二是进度智能识别数据模型识别能力有限。现阶段基建现场均布置有摄像头，主要应用于安全防控等方面，对于现场基建进度方面，受限于摄像头精度不足、算法研究深度不够、缺乏系统的算法训练，致使现场进度智能识别能力有限，需开展全时空监测智能识别数据模型的数据治理与算法训练工作，提升基建现场的进度智能识别能力。

三是投资执行进度识别技术手段薄弱。现阶段的现场进度跟踪主要基于肉眼识别现场视频信息，人工填报工作作业票开展，受限于外部环境、感知水平和量化模型等因素，致使进度跟踪手段薄弱。

四是投资执行可视化程度不高。现有的三维技术主要应用于基建工程规划设计效果展示和基建成果展示方面，在基建进度及投资执行监测方面应用相对较少。因此，需要将三维模型与进度识别模型相结合，使工程进度与投资实时展现，便于投资执行管控，提高投资执行在基建现场三维可视化的管理水平。

国网湖北电力面对投资执行监测中亟待解决的问题，运用视频监控图像、电子作业票、无人机影像等智能感知技术获取项目建设过程信息，依托电网基建项目 BIM 三维模型设计成果，建立数字孪生模型，实现物理空间与数字虚拟空间的协同交互，提升电网基建执行状态智能感知能力，加强投资执行智能预警，实现电网基建投资管理的数字化。

二、主要内容

该研究成果依托电网基建项目 BIM 三维设计成果，建立数字孪生模型，通过集成投资和进度信息的变电站 BIM 模型与变电站实体工程的虚实交互，实现投资执行的智能预警。一方面运用视频监控图像、电子作业票、无人机影像等智能感知技术追踪项目执行状态信息；另一方面基于智能感知监测成果，依托 BIM 三维设计建模，实现投资执行的三维可视化和智能预警。

（一）基于智能感知技术的执行状态监测

根据基建项目施工计划将变电站和线路工程施工过程划分成若干个工程进度节点，每个施工进度分别确认项目单项标识物。利用摄像头/无人机采用相似度分类算法等对变电站和线路工程进行进度识别。对于室内等不易被摄像头捕捉到的区域施工进度信息，利用施工作业票作为辅助技术手段，加强项目执行状态的全面感知。以变电站为例，工程进度节点标识物及采集设备获取进度信息的场景见表 1。

表 1　　　　　　　　变电站进度识别标识物及识别场景

序号	工程进度分类	项目标识物筛选项	拟采用设备	部分场景
1	变电站土建：四通一平	场平	无人机	
		站外道路、桥涵	摄像头/无人机	
		围墙/挡土墙	摄像头	
		站外水源排水	摄像头	
		特殊构筑物（防洪沟）	摄像头	
		大门	摄像头	

续表

序号	工程进度分类	项目标识物筛选项	拟采用设备	部分场景
2	变电站土建：站内给排水及站内道路	站内道路及广场	摄像头／无人机	
		排水设施	摄像头	
		污水调节水池	摄像头	
		排水管道	摄像头	
3	变电站土建：变电区域构支架及防火墙、事故油池	低压电容器设备基础	摄像头	
		220kV 构支架及设备基础	摄像头	
		事故油池	摄像头	
		110kV 构支架及设备基础	摄像头	
		主变压器系统构架基础	摄像头	
		避雷针	摄像头	
		防火墙	摄像头	
4	变电站土建：场内主要建筑物	主控楼	无人机	
		消防小室、水池及泵房	无人机	
		警卫室	无人机	
		配电室	无人机	

序号	工程进度分类	项目标识物筛选项	拟采用设备	部分场景
5	变电站电气：电气一次设备安装	220kV 主变压器	摄像头 / 无人机	
		220kV 配电装置	摄像头 / 无人机	
		220kV 电容器	摄像头 / 无人机	
		10kV 低压电容器	摄像头 / 无人机	
		110kV 配电装置	摄像头 / 无人机	
6	变电站电气：电气二次设备安装	二次屏柜	摄像头	
7	变电站电气：电缆敷设	电缆沟道及铺设	摄像头	
		栏栅及地坪	摄像头	

1. 基于图像识别的执行监测

利用固定 / 移动摄像头采用相似度分类算法等对变电站和线路工程进行进度识别。根据基建项目施工计划将变电站和线路工程施工过程划分为 11 个工程进度，每个施工进度分别确认项目单项标识物。根据不同标识物选择不同的技术手段，每个标识物需要 5000 张有效图片，其具体识别物对应的技术手段和所需图像信息见表 2。

表2		输变电工程识别标识物及图像数量		
序号	工程进度分类	项目单项标识物	技术手段	样本获取数量
1	变电站土建：四通一平	场平 场外道路 围墙 大门	相似度计算算法 区域提取算法	20000
2	变电站土建：站内给排水	管道敷设	数据统计挖掘算法 特征比对算法	5000
3	变电站土建：站内道路	场内道路	相似度计算算法 区域提取算法	5000
4	变电站土建：构支架及防火墙	构支架基础 设备基础 构支架防火墙 避雷针	物体检测 双目标定 双目矫正	25000
5	变电站土建：场内主要建筑物	主控楼 配电楼	数据统计挖掘算法 特征比对算法	10000
6	变电站电气：电气一次设备安装	主变压器 配电装置 电容器	相似度计算算法 特征比对算法	15000
7	变电站电气：电气二次设备安装	二次屏柜	物体检测	5000
8	变电站电气：电缆敷设	电缆	双目摄像头的现场测量 特征比对算法	5000
9	线路：杆塔基础施工	杆塔基础	双目标定 双目矫正	5000
10	线路：杆塔架设	杆塔	物体检测	5000
11	线路：杆塔防线施工	线缆	双目摄像头的现场测量 特征比对算法	5000

对于变电工程目标进度监测，主要是运用深度学习技术，搭建变电工程施工现场定点区域目标监测模型，通过定点拍摄建筑设施影像，构建目标检测样本数据集，完成模型预训练并获取目标提取模型文件。主变压器、GIS、电容器等电气设备目标主要采用 Darknet-53 结合 Yolov3 主干网络进行识别与检测；对于站内道路、电缆沟、建筑物主要采用 ResNet50 结合 VGG16 的目标分割算法

进行识别；同时研究指定点区域电力设施建设情况与工程进度的关联性，用于判断项目进展情况。基于电容器影像测试结果如图1所示。

图1 基于电容器影像测试结果

系统依照已经收集到的影像建立图像基准库，针对该图像库进行电力工程设备及建筑的识别。智能识别配置主要是用来管理需要识别的视频使用哪一种类型进行匹配识别及识别频率等配置，监控视频浏览可以对接入系统的各路监控视频以及视频的识别结果进行查看。基于电容器的影像监测识别结果如图2所示，电容器的安装进度完成99.9%，表明电容器的安装基本完成。

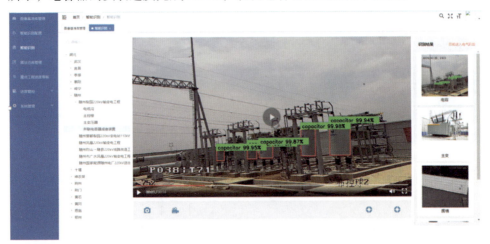

图2 电容器的影像监测识别结果

通过线路工程的走向信息，在GIS地图上以动态线的方式绘制走向线，以展示线路工程的塔位安装顺序。用从系统中获取的实际进度数据，将处于不同完成状态（基础、立塔、架线）塔位以不同颜色的三维进度线进行连接，以GIS地图直观展示不同工作状态的进展情况。点击每个塔位三维模型，可以查看到该塔位对应的里程碑完成情况和投资额百分比。线路工程进度识别成果如图3所示。

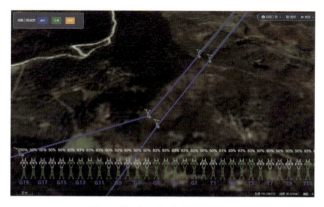

图3　线路工程进度识别成果

2. 基于无人机影像的执行监测

无人机摄影可以快速地获取到工程区域的影像数据，运用深度学习的方法可以对工程区域多时相地面实况信息进行提取即可判断工程进度。运用无人机摄影测量技术对工程区域内地物（施工道路动态监控、建筑物动态监控等）、工程设施安装（变电站安装施工进度动态监控）、工程区域场平动态监测等进行提取，并利用多时相无人机遥感数据进行提取，通过比较不同时期的提取结果从而可以进一步判断工程进度。基于无人机遥感技术的输变电工程进度监测方案如图4所示。

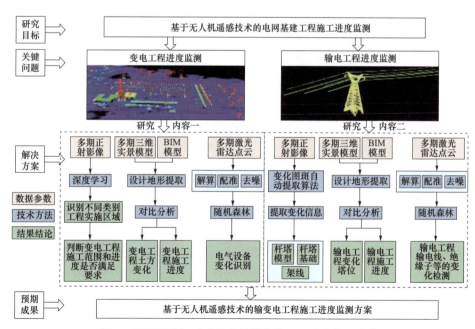

图4　基于无人机遥感技术的输变电工程进度监测方案

通过处理高精度遥感影像，并进行影像分类，快速获取大尺度、大范围的工程建设相关区域的实施状况，对总体施工进度和通道清理施工过程进行监控和预警。通过多时相遥感影像对比，自动提取建筑物、道路、植被等信息，可以监控大范围建筑物、施工运维道路施工、植被清理的进展情况。与勘测设计数据叠加，可以有效地判断建筑物、施工运维道路施工以及植被清理工作进展情况。

对比前后四期的卫星影像如图5所示，第一期监测时站区的施工及运维道路就开始了施工，通过道路矢量提取，施工工作量完成大约为30%，第二期站区的施工及运维道路还未完全修好，通过道路矢量提取，施工进度工作量大约完成70%，到道路第三期站区的施工及运维道路已经基本施工完成，施工进度工作量完成100%。

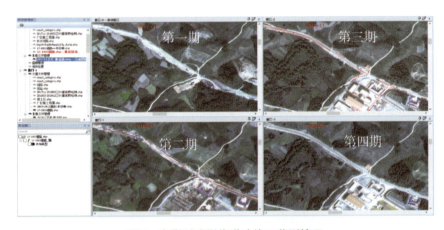

图5 多期遥感影像道路施工监测情况

3. 基于作业票解析的执行监测

针对现场摄像头盲区，采用施工作业票进行进度识别分析。通过打通基建移动应用与安管系统的数据壁垒，自动提取电子作业票中的工程名称、作业类型、工序及部位、实际开始时间、实际结束时间等关键信息，解析出工程现场的实际进度。

作业票进度解析按层层分解思路开展，根据各管理层级的管理需要，将变电工程进度关键阶段划分为开工准备、土建和电气、工程投产等省公司层级，其中，土建又细分为基础施工和主体结构施工阶段，电气分为电气一次、电气二次和设备安装调试阶段等地市公司层级，主体结构施工阶段又分为主建筑物工程、支架安装工程、电缆沟道工程等项目部层级。线路工程关键阶段按省公司层级划分为工程开工、基础施工、杆塔组立和放线施工，其中，基础施工阶段又分为基础施工、钢筋工程、基础浇筑等项目部层级，具体如图6所示。各管理层级节点与作业票内容可通过基建管控系统解析实现一一匹配。

表 3　输变电工程关键阶段作业票一览表

颗粒度分级	省公司层级	地市公司层级	项目部层级	作业票内容
关键阶段划分	工程开工	工程开工阶段（开工准备）	施工用电布设	（1）现场临时施工用电布设施工作业 A 票； （2）总配电箱接火施工作业 B 票
		基础施工阶段	桩基础施工	（1）变电站桩基础（人工挖孔）施工作业 B 票； （2）机械冲、钻孔灌注桩施工作业 A 票； （3）预制桩施工作业 A 票； （4）其他类型桩基施工作业 A 票； （5）变电站桩基础（地基强夯）施工作业 B 票
			混凝土基础工程	（1）变电站混凝土基础工程施工作业 A 票； （2）深基坑施工作业 B 票
	土建	主体结构施工阶段	主建筑物工程	（1）变电站混凝土建筑工程（模板支撑系统）施工作业 B 票； （2）变电站混凝土建筑工程施工作业 A 票； （3）建筑物装饰装修施工作业 A 票； （4）水电、暖通工程施工作业 A 票； （5）变电站塔式起重机（物料提升机）安装工程施工作业 B 票； （6）变电站塔式起重机（物料提升机）拆卸工程施工作业 B 票
			电缆沟道工程	（1）变电站电缆沟道工程施工作业 A 票接地工程； （2）变电站接地网工程施工作业 A 票
			防火墙工程	（1）变电站防火墙基础施工作业 A 票； （2）装配式混凝土构件（围墙、防火墙）吊装施工作业 A 票

颗粒度分级	省公司层级	地市公司层级	项目部层级	作业票内容
关键阶段划分	土建	主体结构施工阶段	接地工程	变电站接地网工程施工作业 A 票
			道路、围墙工程	（1）变电站四通一平及进站道路工程施工作业 A 票； （2）变电站站区土石方工程（爆破）施工作业 B 票； （3）高边坡（含挡土墙）施工作业 B 票； （4）变电站围墙工程施工作业 A 票
			消防工程	变电站消防工程施工作业 A 票
			地下站土建施工	（1）地下变电站围护桩结构施工作业 B 票； （2）地下变电站深基坑开挖施工作业 B 票； （3）地下变电站主体结构施工作业 B 票； （4）地下变电站钢支撑安装与拆除施工作业 B 票； （5）地下变电站逆作法施工作业 B 票
			钢结构施工	（1）钢结构彩板安装施工作业 A 票； （2）装配式厂房（钢结构彩板）安装施工作业 B 票； （3）隔音降噪装置安装施工作业 A 票； （4）钢结构建筑物地基基础接地施工作业 A 票
			钢管脚手架工程	（1）钢管脚手架搭设施工作业 B 票； （2）钢管脚手架拆除施工作业 B 票

续表

颗粒度分级	省公司层级	地市公司层级	项目部层级	作业票内容
关键阶段划分	电气	电气一次阶段	一次设备安装	（1）变电站断路器安装施工作业 A 票； （2）变电站隔离开关安装施工作业 A 票； （3）管母线安装施工作业 B 票； （4）架空软母线安装施工作业 B 票； （5）变电站母线桥施工作业 A 票； （6）变电站其他户外设备安装施工作业 A 票
		电气二次阶段	二次系统	（1）变电站二次系统开关柜、屏安装施工作业 A 票； （2）变电站二次系统电缆敷设及二次接线作业 A 票； （3）变电站蓄电池组安装施工作业 A 票
			电气试验调试	（1）一次电气设备试验作业 A 票； （2）二次电气设备试验施工作业 B 票； （3）二次设备调试施工作业 A 票； （4）系统调试施工作业 B 票
	工程投产	竣工投产阶段	投产送电	变电站工程竣工投运前验收施工作业 B 票

以线路工程为例，某起重机组立杆塔施工作业 B 票的票面信息如图 6 所示，其开始时间为 2020 年 8 月 14 日，结束时间为 2020 年 8 月 16 日，工序及作业内容为杆塔吊装及组装，结合基建系统进度解析规则，该项目 2020 年 8 月 16 日处于杆塔组立施工阶段。

图 6　某起重机组立杆塔施工作业 B 票的票面信息

（二）基于数字孪生技术的投资执行智能预警

基于视频监控、遥感影像等智能感知技术，利用固定 / 移动摄像头采用相似度分类算法等对输变电工程进行进度识别，自动感知投资执行状态数据信息，定位近期已施工区域，使用区域提取算法提取施工区域做图像识别，判定施工进度，推送各区域施工进度图片及进度信息，数字孪生模型根据传输的施工现场进度，工程费用计划模型等信息，计算得到目前实际的工程费用数据，与"三率"算法自动计算投资完成采集值进行对比分析，如果误差值超过一定比例则进行项目预警。

1. 基于数字孪生的投资执行三维可视化

通过施工现场与孪生模型的虚实交互映射、数据双向传输等互动行为，实现在虚拟空间中模拟出电网基建项目实体的实时状态和动态特性。基于应用进度识别技术的 BIM 模型，智能感知项目建设过程工程量信息与价值量信息随工程进度的实时演变，建立工程数字孪生模型。投资执行三维可视化如图 7 所示。

以数字孪生模型为载体生成的 BIM 三维成果，可展示工程进度、工程各分项费用投资、工程投资计划完成等数据信息，通过查看工程三维模型，可以直观得到工程进度节点匹配的投资额完成情况，有利于对工程投资情况提前预判并做出风险预警。

图 7 投资执行三维可视化

2. 投资执行智能预警展示

依据里程碑进度计划与通过视频监控、遥感影像、3DGIS 等信息获取技术手段获取的项目实际工程里程碑进度进行对比，置于同一时间轴中进行比较，观测项目是否如期完成。实际工期与计划工期的比较如图 8 所示。

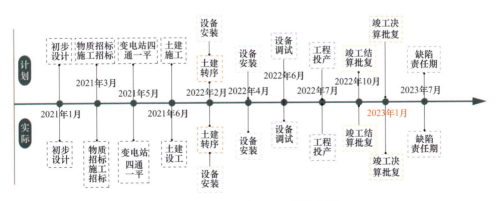

图 8 计划工期与实际工期的比较

三维模型展示模块根据系统对工程影像的里程碑节点识别情况展示相应的

工程进度三维模型，显示工程投资额完成信息。对于系统中填报的投资额和计算得到的数值如果差距较大则会对比生成投资风险预警，投资专责可通过三维模型或视频监控进行辅助确认。工程投资额完成预警如图9所示。

图9　工程投资额完成预警

三、特色亮点

该成果是践行国网数字化转型理念而开展的创新性研究工作，优化了投资执行监测手段，提高了投资管理水平。

1. 创新应用数字孪生技术实现电网投资执行智能预警

通过视频监控、遥感影像、3DGIS等信息获取技术手段对基建项目的建设进度跟踪，智能感知项目执行过程投资完成情况，实现投资执行风险智能预警，为投资风险管理提供及时的数据支撑。

2. 运用多维度进度识别手段，全方位提升投资执行监测精度

现阶段的现场进度跟踪主要基于肉眼识别现场视频信息，人工填报工作作业票开展，受限于外部环境、感知水平和量化模型等因素，致使进度跟踪手段薄弱，识别精度不够。该成果利用摄像头/无人机对变电站和线路工程进行进度识别。对于室内等不易被摄像头捕捉到的区域施工进度信息，利用施工作业票作为辅助技术手段，加强项目执行状态的全面感知。

四、应用展望

（一）应用情况

1. 投资执行监测手段丰富、成果显著

该成果应用视频监控图像、电子作业票、无人机影像等智能感知技术追踪项目执行状态信息开展动态监测，丰富了国网湖北电力投资执行监测手段；投资三维动态监测成果已试点应用于部分重点 220kV 在建工程，实现建设投资执行的月考核、周监测，降低投资执行风险，有力支撑公司提质增效。

2. 践行数字化企业管理理念

基于智能感知技术，自动识别电网基建项目投资执行预警指标，实时监测投资完成情况。通过构建电网基建数字孪生模型，实现工程实物量与价值量的有效衔接，为工程全过程精益管控提供了"标准化、可量化、一体化"的解决方案。

（二）管理效益

1. 提高电网投资管理效益

全面加强国网湖北电力投资计划全过程管控，实现电网基建项目里程碑计划执行、投资计划执行的密切跟踪，消除项目进度滞后、烂尾等现象；通过优化项目执行过程资源配置、调整预警项目投资计划，减少无效投资，规避项目建设管理风险，缓解公司审计压力，实现公司经济效益和社会效益的和谐统一。

2. 提高公司业务协同管理效益

成果通过进一步推进全专业融合、全流程贯通、全数据共享，解决各专业间数据标准不统一、流程不贯通、操作不规范等问题，提高统计数据真实性，降低公司管理成本和风险，提升公司管理效益。

（三）应用推广

（1）该成果在电网基建项目中展现了较好的应用价值，可推广应用到电网技术改造项目、配电网项目、零购项目的投资执行监测工作中，实时分析其计划、采购、使用和报废等全寿命周期阶段的信息，掌握其规模、技术参数、使用维护情况、报废情况等，开展零购资产全方位全要素数字化管理，加强投资执行监测管理，提高投资风险防控能力。

（2）该成果实现了项目投资执行过程的动态监测，监测成果可应用到项目投资评价阶段。在项目投资评价阶段，基于数字孪生模型监测获取的数据，充分运用积累的大数据资源，提升项目评价和区域评价水平。一是运用数字孪生模型三维展示项目投资计划以及项目执行过程中的数据差异，智能分析偏差及其原因，提升项目评价效率和管理水平；二是动态跟踪分析项目投产前后区域电网结构、负荷容量、经济效益水平等指标的变化，实现项目投产对于区域电网效率影响评价。

（3）该成果已实现了项目投资与基建之间的协同共享，下一步可逐步加强与物资采购、合同管理等部门的互联互通，实现项目全要素全流程一体化管理。

五、参考文献

［1］黄河，杨俊义.基于"三率合一"的电网项目计划进度执行偏差统计研究 [J].工程建设与设计，2022（3）：216-218.

［2］陈菲尔，刘盼盼，莫阮清等.电网投资项目三率联合监测分析体系下的计划编制研究 [J].电力设备管理，2020（11）：152-154.

［3］贺兴，艾芊，朱天怡，等.数字孪生在电力系统应用中的机遇和挑战 [J].电网技术，2020，44（6）：2009-2019.

［4］白浩，周长城，袁智勇，等.基于数字孪生的数字电网展望和思考 [J].南方电网技术，2020，14（8）：18-24.

［5］Shayeghi H, Ghasemi A，Moradzadeh M, et al. Day-ahead electricity price forecasting using WPT, GMI and modified LSSVM-based S-OLABC algorithm[J]. Soft Computing, 2017, 21(2): 525-541.

［6］Alanis A Y . Electricity Prices Forecasting using Artificial Neural Networks[J]. IEEE Latin America Transactions，2018，16（1）：105-111.

［7］谢琳琳，陈雅娇.基于 BIM+ 数字孪生技术的装配式建筑项目调度智能化管理平台研究 [J].建筑经济，2020，41（9）：44-48.

［8］周圣栋，解蕾，宋若晨，等.基于 BIM 的变电站数字化建设管控平台构建及应用 [J].中国电力，2019，52（5）：142-147.

电网基建项目物资管理模型研究

主要完成人

高斯琴，王鑫陶，程玉洲，白杨，付喆，尹兆文

主要完成单位

国网内蒙古东部电力有限公司

摘　　要

投资作为电网公司经营的重要驱动因素，其执行水平对公司经营产生重要影响，而当前基建项目投资管理涉及基建、物资、财务等多个专业，各部门业务执行水平对投资完成具有重大影响，而由于物资在投资造价中占比较大，其管理水平对投资计划执行具有较大影响。因此，本文以物资管理链条为切入点，协同物资部门深入研究物资管理模型，通过探索物资与建设、投资相关关系，研究构建电网基建项目物资供应进度理论曲线模型，建立电网基建项目物资管理全流程风险管控指标体系，确定指标阈值，搭建电网基建项目物资管理全流程风险管控模型，着力提升电网基建项目投资全过程精益化管控水平。

关　键　字

电网基建项目；物资管理；投资管理

一、研究背景

（一）深化精益化协同管理的需要

电网基建项目作为国民经济基础设施，良好建设与稳定运行不仅直接影响着宏观经济和电力产业自身的发展，对相关行业的其他领域也产生巨大的波及效应。自2018年初以来，国家电网公司总部组织的电网基建项目"三率合一"工作已经进入了全面推广实施阶段，按照统一部署，国网内蒙古东部电力有限公司（以下简称"国网蒙东电力"）积极组织地市单位开展数据治理、系统应用等工作，取得了一定的进展与实施成效。

然而，"三率合一"解决了建设、投资、入账之间的协同问题，物资管理作为影响工程建设进度的一个很重要的因素，其供应的及时性直接影响工程项目建设进度，因此很有必要在"三率合一"基础上，研究物资、建设、投资、入账之间协同关系，探索物资管控方法，平衡工程项目进度和供应商生产进度，实现项目物资供应与项目需求的匹配与项目物资供应的全过程管控。

（二）防范物资管理风险的需要

电网基建项目投资在整个电网投资中占有较高的比重（占比90%左右），其作为电网投资建设的重要组成部分，对电网和社会经济的发展具有至关重要的作用。输变电工程物资占电网物资总投入的80%左右，科学有效的物资供应管理是提升电网工程质量和实现成本控制的基础。然而当前电力物资供应专业化管理仍存在以下问题：

一是传统的项目物资履约服务从合同环节开始，偏重关注已签订合同物资的履约协调，缺乏从项目立项开始的全程参与和跟踪。由于缺乏前瞻性，对于部分工期紧的项目从招标阶段开始即陷入被动状态，难以保障供应。

二是目前输变电工程的招标、采购、合同签订等环节的规范化管理机制已经基本建立，但是对于外部供应商、物流服务等的供应管理仍然停留在催货、催运、处罚等旧的管理模式，因此研究构建输变电工程物资供应管理风险管控指标体系具有重要意义。

二、研究内容

（一）研究框架

基于PMS、ERP、网上电网、物资智慧供应链等系统数据，挖掘分析电网基建项目物资管理特点，研究构建电网基建项目物资管理模型。探索物资与建设、投资相关关系构建电网基建项目物资供应进度理论曲线模型；建立电网基建项目物资管理全流程风险管控指标体系，确定指标阈值，搭建电网基建项目物资管理全流程风险管控模型；分析物资与投资关联关系，预判单位整体未来物资供应及其对投资完成的影响程度，研究构建单位层综合计划执行整体情况风险预判模型。电网基建项目物资管理模型如图1所示。

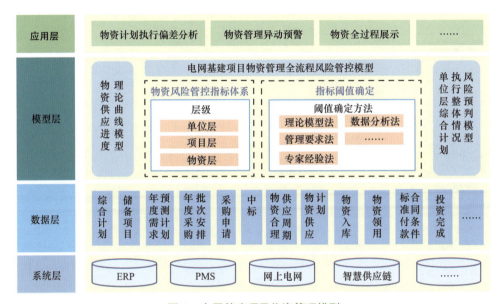

图1　电网基建项目物资管理模型

（二）研究内容

1. 物资供应进度理论曲线模型

（1）探索物资供应规律，确定物资到货时点。探索甲供物资与施工进度计划对应关系，经调研，分析样本项目与施工进度计划关系，物资一般在设备安装时间提前一个月确定到货。变电工程、架空线路工程中相关物料理论供应到货时点，如图2所示。

（2）依据物资到货时点特点，构建物资供应进度理论曲线。在"三率合一"基础上，以概算为基础，基于物资管理特点，研究物资供应进度的指标定义、编制依据及计算方法。定义物资供应进度完成率指标，构建物资供应进度理论曲线。

物资供应进度完成率反映工程物资供应完成概算的比例。物资供应进度完成率=物资到货金额（含税）/项目总投资（概算）。

根据物资到货规律，物资供应进度完成率计算方法，构建物资供应进度理论曲线，形成多个样本项目曲线画像，曲线展示示意如图3所示。

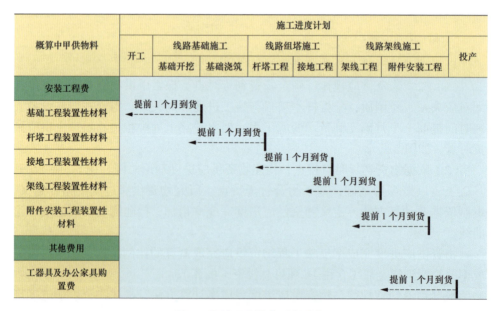

图 2　物料理论供应到货时点

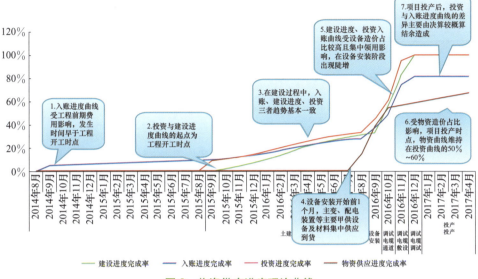

图3 物资供应进度理论曲线

2. 电网基建项目物资管理全流程风险管控模型

（1）梳理电网基建项目物资管理现状及风险点。对物资管理各业务环节开展调研，梳理物资计划管理、招投标管理、物资合同履约管理、物资质量监督管理、项目物资领用管理、物资退库管理、拆旧物资处置管理、实物"ID"应用各环节风险点，了解相关物资管理内容、流程及当前存在的问题，从而为后续物资管理模型构建奠定基础。电网基建项目投资全过程物资链条主要风险点总结见表1。

表1　　　　　电网基建项目投资全过程物资链条主要风险点

建设管理全过程	主要风险点
规划计划阶段	（1）物资需求计划提报时间是否及时。即实际物资需求提报，匹配协议库存时间的及时性。 （2）物资计划管理风险：①需求计划数量不准确，现场供应不足或发生结余；②技术参数不准确，所招非所需；③计划需求与技术规范书描述不一致，造成无法采购影响物资供应或履约纠纷；④采购方式选择错误，形成应招未招；⑤申报范围选择错误形成越权采购；⑥不具备采购条件采购，即未批先招等
设计采购阶段	（1）开工前，物资招标采购等工作开展是否及时。 （2）招投标管理风险。招投标管理会出现流标风险、延迟供货风险、质量风险、价格风险、人为风险。

建设管理全过程	主要风险点
设计采购阶段	（3）物资供应计划管理风险。 （4）物资生产与发运管理风险
开工建设阶段	（1）物资交付与验收管理风险：①物资验收阶段中由于验货时供应商不在现场，以及供应商未按照技术规范、国家标准生产导致产品质量问题、运输过程设备外观包装损坏、交接验收不认真，造成物资数量不足、质量存在缺陷等问题，都会影响物资交付、验收环节进度，从而影响物资供应计划完成率以及物资合同到货结算率；②物资订单及交付若存在风险将进一步影响工程建设进度，为投资完成带来风险。 （2）物资结算管理风险。物资结算管理环节存在的风险包括付款超期、不及时完成报销流程、结算数据不准确以及虚收物料和合同调减或取消造成的资金安全风险。 （3）物资领用数量是否规范。物资领料通常根据项目可行性研究（以下简称"可研"）估算或初步设计概算中的物资数量，在管理实践中，可能存在过程领用数量过多，投产时，存大面积退货的情况。 （4）物资领用管理风险：①项目单位利用工程领料冲击投资完成率指标；②物资错领、冒领等风险
投产决算阶段	（1）物资退库管理风险。工程结余物资在库长时间无利用；需求量不准确造成退料物资比例过大；应退未退，导致资产流失等。 （2）拆旧物资处置管理风险。拆旧物资处置管理环节主要有以下几点风险：①废旧物资拆除、回收额不足，导致资产流失；②竞价拍卖环节底价泄露、回收商串通围标等

（2）构建电网基建项目物资管理全流程风险管控指标体系。以电网基建项目物资管理全过程为主线，分析各环节对应的关键物资管理节点、业务内容以及具体管理要求等，按照"一个时间轴、两个视角、三条分析线"的思路，探索构建电网基建项目物资管理全流程风险管控指标体系，构建规划计划阶段、设计采购阶段、开工建设阶段、投产决算阶段含"单位层－项目层－物资层"三个层级指标。总体研究内容及分析框架如图4所示。

一个时间轴

电网投资项目阶段	物资管理与项目管理衔接点
规划计划	物资需求计划管理
招投标采购（设计采购）	物资招投标管理 物资合同管理
开工建设	物资供应计划管理
	物资生产与发运
	物资交付与验收（物资到货）
	物资结算（资金支付）
	物资领用
投产决算	工程结余物资退库
退役处置	废旧物资处置

物资合同履约管理

"三条合一"物资管理分析框架

三条分析线

项目级物资分析框架

影响工程建设进度的物资链条因素分析：
- 1.需求提报时间与物资供货周期、项目计划开工时间的匹配分析；2.采购申请发起时间与招标批次衔接情况分析等
- 1.实际完成招标时间与计划招标时间对标偏差分析；2.物资合同签订时间与中标时间偏差；
- 1.物资供应计划交货时间与项目里程碑计划节点匹配分析；
- 1.物资实际交货时间与供应计划交货时间差异；
- 1.物资资金支付时间与合同约定期条件对比；
- 1.项目物资领用与工程实际建设工序是否匹配；2.物资领用时间与物资到货时间差异；
- 1.工程剩余物资退库时间与项目投产时间差异；2.工程物资报废及更新时率
- 拆旧物资报废处置率

影响工程成本的物资链条因素分析：
- 分析需求提报主要设备（物资）数量、单价和总金额与招标概算的差异
- 分析采购主要物资数量、单价和总金额与采购申请的差异
- 1.物流成本占物资比例变化趋势；
- 1.设备到货数量与采购订单数量差异分析；
- 1.物资结算数量与合同数量差异；2.物资结算金额与合同约定金额比例偏差；
- 1.工程剩余物资退库比例；
- 1.废旧物资处置量；

影响工程管理/质量的物资链条因素分析：
- 1.物资需求变更分析；2.项目物资需求提报准确性
- ……
- 1.物资验收合格率；2.配电网标准化定制设备应用比例
- 1.固定资产残值/净值率；2.拆旧物资再利用率

两个视角

单位级物资分析框架
- 1.单位整体物资需求提报异常情况分析；
- 1.物资需求异常；2.各类主要设备、材料到货情况统计；
- ……
- 单位整体主要设备、材料到货情况统计分析
- 1.物资暂估时间；2.物资暂估金额；3.合同结算差异；
- 1.项目物资在库时间；2.物资结余情况；
- 单位整体物资退料比例异常情况
- 1.固定资产残产净价值；2.拆旧物资再利用率
- 1.废旧物资报废金额；2.废旧物资处置金额异常；

图 4 物资管理全流程风险管控指标体系研究内容与分析框架

267

"一个时间轴"是以电网基建项目全过程各阶段为分析时间轴，梳理物资管理与电网项目管理间的衔接点。

"两个视角"是从项目级、单位级两个视角，梳理电网基建项目物资管理风险，建立分析指标体系、构建分析模型、确定指标分析与评价标准等。

"三条分析线"是指项目级分别剖析影响工程建设进度、工程成本、工程（管理）质量三方面的物资链条关键影响因素，精准定位电网基建项目投资完成偏离计划预期目标时的业务原因。"三条分析线"具体包括：

一是影响工程建设进度的物资链条因素分析。将工程建设进度实际与计划的时间偏差具体分解到物资管理各环节，从物资需求计划与项目里程碑计划、供应合理周期是否有效衔接；物资供应计划与施工进度计划是否有序衔接；物资合同招标、合同签订执行及时性等剖析导致基建项目实际建设进度偏离计划建设进度的物资链条业务原因。

二是影响工程成本的物资链条因素分析。区分主要物资、项目整体（总额）分析；分别开展量差、价差、总额差异分析。分解、量化、定位电网投资项目物资管理各环节导致工程投资完成与计划（预算）偏差的业务原因。

三是影响工程（管理）质量的物资链条因素分析。从供应商物资验收合格率、通用物料标准化程度、主设备返厂维修次数等多维度分析供应商交付物资质量，判断影响电网工程建设质量、管理质量的物资方面业务原因。

（3）依据指标不同特征，多方法确定指标阈值。确定运用理论模型法、管理要求法、专家经验法分别确定其评价标准。具体如下：

一是理论模型法。部分指标需将实际指标值与计划值对比判断其合理性，但考虑计划值不能直接获取，因此根据业务逻辑构建量化模型合理确定其对应理论值。以需求提报时间及时性指标为例，依据电网基建项目物资管理链条业务逻辑，应用理论模型法，构建理论需求提报时间量化模型，确定理论需求提报时间，作为实际需求提报时间的评价标准。理论需求提报时间量化模型思路如图5所示。

二是管理要求法。上述指标有明确公司管理规定的，则根据公司管理规定与具体要求，确定指标评价标准。

实际需求提报时间与可研批复时间差异评价标准：实际需求提报时间 – 可研批复时间 ≥ 0；

实际需求提报时间与项目核准时间差异评价标准：实际需求提报时间 – 项目核准时间 ≥ 0；

实际需求提报时间与年初综合计划下达时间差异评价标准：实际需求提报时间 – 年初综合计划下达时间 ≥ 0。

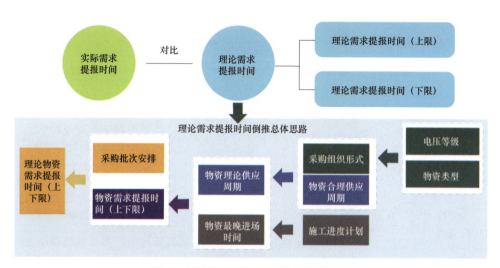

图 5　理论需求提报时间量化模型思路

上述指标阈值标准出自需求计划提报工作手册。

三是专家经验法。公司管理规定中没有明确管理标准的，且没有通过量化模型确定评价阈值的指标，均依靠专家经验进行确定。示例见表 2。

表 2　专家经验法确定评价阈值示例

指标分类	影响工程建设进度因素分析指标			
	指标	指标－主要物资	计算公式	阈值标准
物资供应计划管理评价	主要物资订单生效日期与中标日期差异	变压器采购订单生效日期与中标日期差异天数	变压器采购订单生效日期－中标日期（单位：天）	变压器采购订单生效日期－中标日期≤30
		自动化系统及设备采购订单生效日期与中标日期差异天数	自动化系统及设备采购订单生效日期－中标日期（单位：天）	自动化系统及设备采购订单生效日期－中标日期≤30
		断路器采购订单生效日期与中标日期差异天数	断路器采购订单生效日期－中标日期（单位：天）	断路器采购订单生效日期－中标日期≤30
		高压电抗器采购订单生效日期与中标日期差异天数	高压电抗器采购订单生效日期－中标日期（单位：天）	高压电抗器采购订单生效日期－中标日期≤30
	主要物资确定交货日与施工进度计划节点差异	变压器确定交货日与主变压器系统设备安装计划开始时间差异天数	变压器确定交货日－主变压器系统设备安装计划开始时间（单位：天）	变压器确定交货日－主变压器系统设备安装计划开始时间≤0

指标分类	影响工程建设进度因素分析指标			
	指标	指标 – 主要物资	计算公式	阈值标准
物资供应计划管理评价	主要物资确定交货日与施工进度计划节点差异	自动化系统及设备确定交货日与主控及直流设备安装计划开始时间差异天数	自动化系统及设备确定交货日 – 主控及直流设备安装计划开始时间(单位:天)	自动化系统及设备确定交货日 – 主控及直流设备安装计划开始时间 ≤ 0
		断路器确定交货日与配电装置安装计划开始时间差异天数	断路器确定交货日 – 配电装置安装计划开始时间(单位:天)	断路器确定交货日 – 配电装置安装计划开始时间 ≤ 0
		高压电抗器确定交货日与无功补偿装置安装计划开始时间差异天数	高压电抗器确定交货日 – 无功补偿装置安装计划开始时间(单位:天)	高压电抗器确定交货日 – 无功补偿装置安装计划开始时间 ≤ 0
	主要物资确定交货日与计划开工时间差异	柱上变确定交货日与计划开工时间差异天数	柱上变确定交货日 – 计划开工时间(单位:天)	变压器确定交货日 – 计划开工时间 ≤ 0

(4)区分多个层级,构建风险预警模型。

一是确定指标监督预警及评价规则。区分 0-1 型指标与连续型指标分别设置打分规则。0-1 型指标,指标预警得 0 分,不预警得 100 分。连续型指标区分正向指标与反向指标,对于正向指标值越大评分越高,反向指标值越大评分越低。总评分 = 指标 1 评分 × 指标 1 权重 + 指标 2 评分 × 指标 2 权重 +⋯,总评分是 0~100 之间的数,分数越接近 0,项目执行情况越差,风险越高。

二是确定指标权重。指标采用同等重要性原则均分确定权重。由于每个项目当前所处的建设阶段不一致,权重根据当前项目情况实时动态计算生成。

三是模型构建。基于项目层、单位层指标计算指标值,根据所确定的指标评价规则及权重,计算项目层级、单位层级指标得分,从项目层、单位层构建电网基建项目物资管理全流程风险管控模型。

项目层、单项层预警示例如下:

1)项目层可视化展示。从表 3 和表 4 可以看出本年累计需求提报金额占年度预算比例不在阈值标准范围内,预警状态显示预警,图形展示页面联动提示预警;其他指标值均在阈值标准范围内,预警状态显示正常。项目层可视化展示示例如图 6 所示。

表3　　　　　　　　　影响工程成本因素分析指标示例

影响工程成本因素分析指标							
指标	指标说明	工程类型	指标－主要物资	计算公式	指标值	阈值标准	预警
项目累计需求提报金额与初设概算差异	（本年、自开始建设累计）项目需求提报金额与初设概算差异，反映项目需求提报准确性			自开始建设累计需求提报金额/批复概算×100%	77.71%	自开始建设累计需求提报金额/批复概算×100%<100%	正常
				自开始建设物资类累计需求提报金额/批复概算×100%	35.06%	自开始建设物资类累计需求提报金额/批复概算×100%<60%	正常
				本年累计需求提报金额/年度预算×100%	237.61%	本年累计需求提报金额/年度顶算×100%<100%	预警
				本年物资类累计需求提报金额/年度预算×100%	3.30%	本年物资类累计需求提报金额/年度预算×100%<100%	正常
				预安排项目需求提报金额/年度预算×100%	—	预安排项目需求提报金额/年度预算×100%<30%	正常

表4　　　　　影响工程管理（质量）的物资链条因素分析指标示例

影响工程管理/质量因素分析指标							
指标	指标说明	计算公式	指标值	阈值标准	预警	数据来源－系统	数据来源－表单（字段）
项目开工合规性	通过项目设计、施工、监理合同签订时间是否晚于项目实际开工时间，反映项目开工的合规性	实际开工时间－设计合同签订时间 实际开工时间－施工合同签订时间 实际开工时间－监理合同签订时间	1	实际开工时间－设计合同签订时间≥0 实际开工时间－施工合同签订时间≥0 实际开工时间－监理合同签订时间≥0 条件均满足，指标值为1	正常	ERP系统	1.实际开工时间 2.设计合同签订时间 3.施工合同签订时间 4.监理合同签订时间

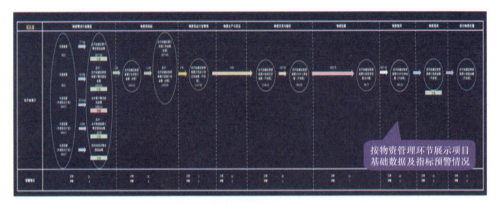

图 6　项目层可视化展示示例

2）单项层可视化展示。单项层可视化展示示例如图 7 所示。横向框是各物资管理环节相关数据与上一环节数据对比及预警情况展示，纵向框是在一个物资管理环节内，物资相关数据与施工进度计划等数据的对比及预警情况展示。

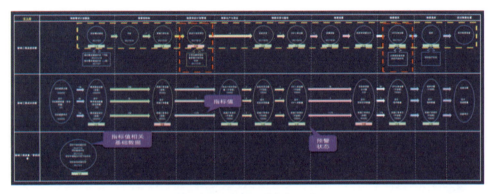

图 7　单项层可视化展示示例

（5）建立物资全流程风险管控典型案例库。通过应用电网基建项目物资管理全流程风险管控模型，自动识别电网基建项目建设全流程物资管理风险点，对问题项目物资管理风险点进行案例分析。

一是对问题项目进行案例分析。选取某县 110kV 某站 10kV 线路等新建工程开展分析，该项目包含 3 个单项工程，新建 10kV 电缆线路 4.09km，架空线路4.19km，计划总投资 775 万元，实际开工时间为 2021 年 12 月 22 日，实际投产时间为 2022 年 6 月 22 日。

查询 ERP 物资领料明细，2022 年 2~3 月，大量领用电缆及导线等主要物资，其中导线领用物料折单线路长度约为可研设计架空线路规模的 3 倍，物资领用总金额超概算 80% 上限，且项目投产后仍未办理结余物资退库。

经核实，项目单位为便于放线，部分导线先按整轴出库，导致架空线路领用规模超设计规模，目前正在进行竣工验收和审计工作，待完成后办理退库手续。

建议：依托"三率"工具，实时比对领料规模与可研批复规模差异，精准测算应退库量，支撑物资专业工程结余物资退库精益管理。

某项目物资曲线案例分析如图 8 所示。

二是总结问题项目形成案例库。通过历史问题项目案例分析，分类总结项目物资管理风险，形成历史问题项目案例库，当前主要存在"全流程协同管理类""风险隐患洞察类""专业管理提升类"三大类问题，主要反映电网基建项目专业管理不协同、项目间串领物资、物资先领用后补手续、项目间利库不规范、综合计划未下达物资借料施工、工程结余物资退料不及时等问题，为物资管理风险事前预判、事中管控奠定基础，提高物资管理风险防范的针对性和有效性。

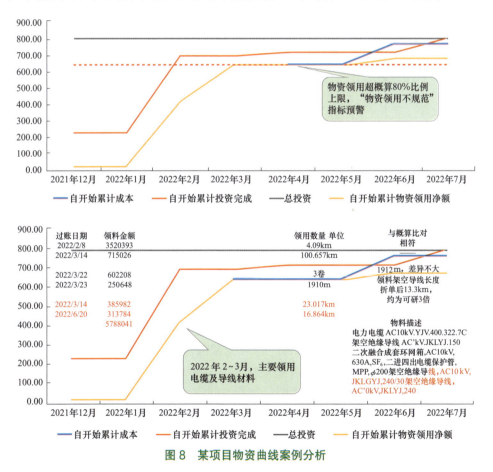

图 8　某项目物资曲线案例分析

3. 构建单位层综合计划执行整体情况风险预判模型

基于年度投资大盘、年度需求预测计划、采购订单等相关数据，结合两级集中采购批次执行情况，对单位层综合计划执行整体情况风险进行预判。在年中计划调整时点，基于物资需求预测计划与已执行情况，判断物资采购订单缺口，预判单位整体层面物资供应对投资完成影响程度，对物资需求及投资完成风险进行监测提示，辅助投资计划年中调整。单位整体物资供应预判如图9所示。具体步骤如下：

首先，基于物资需求预测计划与当前物资已执行情况计算物资需求缺口；其次，判断解决物资需求缺口来源途径，并计算各来源解决需求缺口量；再次，所有需求来源合计仍无法解决需求缺口部分即为物资需求风险额；最后，基于物资与投资完成关联关系计算投资完成风险额，即：投资完成风险额 = 物资需求风险 /（物资需求预测计划总额 / 综合计划大盘）。

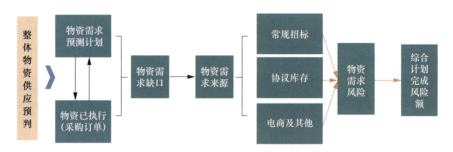

图9 单位整体物资供应预判

三、特色亮点

（一）应用成效

1. 构建物资供应进度理论曲线模型，促进发展、财务、基建、物资等专业部门协同

通过探索物资与施工进度计划对应关系，构建物资供应进度理论曲线模型，基于建设、投资、入账、物资曲线，深入挖掘覆盖项目全过程的数据潜在价值，监督物资需求提报、招标采购、物资供应计划管理、物资交付与验收、领用、退库等关键节点，提升电网基建项目物资、建设、成本与投资数据联合分析能力，准确定位项目管控薄弱点，有效改善发展、财务、基建等各个环节与物资信息脱节的状态。

2. 建立多层级多维度管控体系，提升物资供应进度、成本、质量管理

从单位层、项目层、单项层及物资层多个层级，从物资供应进度、金额、质量多个维度开展研究，通过分析挖掘电网基建项目物资管理现状及风险点，

构建电网基建项目物资管理全流程管控指标，对物资管理不到位造成的项目异常提供解决方案，提升电网基建项目物资链条全过程、多层级精益管控水平。

3. 以电网基建项目全过程为时间轴，建立物资全程参与跟踪体系

以电网基建项目全过程各阶段为分析时间轴，梳理物资管理与电网项目管理间的衔接点，转变传统电网基建项目物资履约服务管理仅从合同环节开始，增加物资需求提报、招标采购、物资供应计划等前期环节，构建全过程物资管控指标，确定预警标准，从根本上解决了项目管理单位对物资管理关注和参与度不够，合同招标、物资履约等经常处于被动局面。

（二）特色亮点

1. 多维度多层级构建物资风险指标体系

按照"单体/物资－项目－单位"多个层级，考虑电网基建项目全过程物资业务发生特点及存在风险点，创新提出风险管控指标体系构建方法，解决电网基建项目各层级物资风险无法统一管理的技术难题。

2. 多种技术手段及方法确定指标预警阈值

运用大数据分析、模型构建等技术手段，结合相关管理规定，创新提出各风险管控指标阈值确定方法并确定预警阈值，解决电网基建项目风险无法准确衡量的技术难题。

3. 搭建物资全流程风险智能管控模型

创新搭建电网基建项目物资管理全流程风险管控模型，实时开展实际需求提报时间合理性校核、基建建设进度提醒、物资链条各环节异动原因分析，实现电网基建项目物资管理风险智能预警。

四、应用展望

（一）预测物资供应进度，预警基建建设进度

基于电网基建项目物资实际需求提报、中标、采购订单生效等时间预测物资到货时间，根据预测的物资到货时间，与相应的施工进度计划设备安装计划时间进行比对，若物资到货时间晚于相应的设备计划安装时间，导致实际施工进度滞后于施工进度计划，则对建设进度进行预警提示。

（二）正向跟踪物资条线，监控计划执行情况

建立投资计划与物资链条关键环节的关联，通过对物资链条各环节关键指标的正向跟踪，监控工程物资执行情况。通过判断物资各环节指标是否在阈值范围内，判断物资链条执行是否异常，当物资链条发生预警提醒时，基层统计专业应及时反馈建设、物资、财务等相关专业，推动物资及时到货，保障项目

按计划执行，必要时及时提出投资计划调整建议。

（三）单位整体物资需求缺口分析，预判综合计划执行风险

基于当前物资各环节执行情况，判断物资采购订单缺口，预判单位整体层面物资供应对投资完成影响程度。根据物资提报年度需求预测计划及形成采购订单数据、已提报采购申请但未形成采购订单金额、采购订单与物资需求计划间缺口金额，计算当前执行需求缺口，分析常规批次和协议库存批次安排，判断是否满足未来物资需求，进而预判综合计划执行整体情况风险。

五、参考文献

［1］韩轩，张颖，尚雅莉，等.泛在电力物联网形势下的物资供应链智能管理方案 [J].中小企业管理与科技（下旬刊），2019：47-48.

［2］向阳.关于提升电网物资质量管控能力的研究 [J].智能城市，2019（15）：103-104.

［3］马瑞.基层电网公司物资风险管理研究 [J].时代金融，2017（7）：173，178.

［4］丁红卫，王文果，万良，等.基于 BP 神经网络的电网物资需求预测研究 [J].计算机技术与发展，2019，29（6）：138-142.

［5］徐欣，孙扬.基于分类组合模型的电网物资需求预测方法与应用研究 [J].企业管理，2017：252-253.

［6］孙莉.基于现代物流供应链下的电网物资管理问题分析与对策 [J].现代经济信息，2019：356.

［7］国家电网有限公司物资部.加强物资质量监督把好入网物资质量关 [J].电力设备管理，2019（5）：82-84.

［8］钱宁，何慧.探析供电企业物资的精细化管理 [J].计算机产品与流通，2018（10）：59.

第三篇 应用实践创新

引言

国家电网公司发展策划部积极倡导自动智能投资统计应用和实践创新，巩固统计信息职能，提升统计咨询和统计监督职能。统计咨询职能提升方面：基于"投建运调"信息开展电网基建项目投产时间自动识别方法研究；通过 BIM 时间维度，统计出已完成的单位工程概算，建筑安装投资完成值更准确。统计监督职能发挥方面：贯通"投建运调"信息，贯穿"省—市—县明细项目"，有效开展项目执行监督；建立风险防控措施库，搭建形象易懂的"三色防控图"可视化预警方法；规范项目现场检查工作标准，闭环风险项目现场监督。相关应用实践覆盖全电压等级项目，执行管控更有力，项目质量有保障，计划安排更科学，统计数据更准确。

电网投资项目"投建运调"全过程数字化监控研究

主要完成人

黄薇；杨菁；秦旷宇；钟彬；李冰若

主要完成单位

国网上海市电力公司发展策划部；国网上海市北供电公司

摘　　要

电网投资项目执行过程中的各个阶段会产生多种信息，全面反映投资执行情况，但是各阶段信息存储于不同业务系统中，导致项目信息无法贯通并实现数据价值。为有效解决上述问题，国网上海市电力公司全面开展投资计划信息、基建现场图像信息、运检设备信息和调度运行信息全过程数据贯通和监控方法研究，实现覆盖电网投资项目投资、建设、运行、调度全过程的数字化监控。通过探索项目管控中的关键指标，构建"投建运调"协同精益化管控系统，完成投资计划信息、基建现场图像信息、运检设备信息和调度运行信息贯通集成，推动项目各个阶段信息的交互共享，实现投资、建设、运行、调度全过程业务信息穿透查询与跟踪分析，辅助甄别项目真实的建设与投运情况，智能化预警问题环节，支撑项目从规划计划到建设投运全过程联动监管。

关　键　词

投建运调；数据贯通；全过程数字化监控；系统建设

一、工作背景

电网投资项目建设过程中会产生规划、计划、建设、运行等多种信息，但各阶段信息存储于多个业务系统中，无法实现全过程信息的融合贯通。国网上海市电力公司作为深入推进电网投资项目全过程信息贯通工作试点单位，率先全面实现投资计划信息、基建现场图像信息、运检设备信息和调度运行信息贯通集成，深入推进项目与现场视频、项目与设备台账、设备与负荷的信息匹配，开展视频监控数据、主变压器设备数据、线路设备数据接入及数据质量评估工作，加强各专业数据融合，研究普遍适用性并具备全网推广条件。

二、主要内容

（一）研究思路

（1）对规划计划、基建管控、PMS、EMS、视频监控等系统及业务开展调研工作，"自上而下"梳理相应的业务流程，整理对应的数据信息，收集获取项目投资计划信息、基建现场图像信息、运检设备信息和调度运行信息。

（2）根据项目协同数据库构建的目标，国网上海市电力公司重点研究项目与设备的业务信息流，通过对公用主设备在电网规划、计划、建设、运行以及发展等业务方面进行深入分析并对每个流程进行详细梳理，梳理出电网项目投资建设运行全过程业务流程。

（3）根据梳理结果，分析各业务系统数据集成方式，形成数据贯通方案，构建"投建运调"协同精益化管控系统。

（4）实现系统在信息内网的部署，推进数据集成接入、治理，实现业务数据"项目与设备""设备与运行""计划与建设"的数据贯通。

（5）分析现场视频、设备以及运行数据接入情况，挖掘项目视频、设备及运行数据未接入原因，开展数据治理，迭代完善数据接入及匹配。

（6）选取典型项目，从投资、建设、运行、调度四个方面分析项目数据情况，分析项目全过程执行情况，挖掘各阶段存在问题。

（7）通过项目各阶段问题的剖析，总结工作经验及建议，提升工作成效。

（二）构建系统

业务数据贯通模型图如图 1 所示。

"投建运调"协同精益化管控系统利用全业务统一数据中心实现数据的存储与处理，并利用已有业务数据实现"项目与设备""设备与运行""计划与建设"的数据贯通。通过探索数据融合的关键指标，以项目 WBS 编码形成"项目规划信息"与"设备台账信息"，"项目规划信息"与"项目建设信息"的数据融合通道；通过 PMS 基础对象 ID 和 EMS 测量类型确定设备运行数据测量点，再由测量点信息形成"设备台账信息"与"设备运行信息"的数据融合通道，数据贯通方式如下：

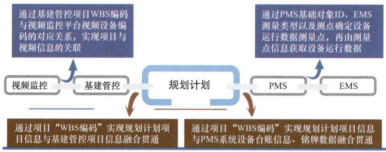

集成业务数据内容：
规划计划：项目规划信息、计划信息
PMS：设备台账信息
EMS：设备实时运行数据
基建管控：项目建设信息
统一视频监控平台：项目建设视频信息

图1　业务数据贯通模型图

（1）通过项目、项目单项"WBS编码"实现网上国网项目规划信息与基建管控系统项目建设信息融会贯通。

（2）通过获取基建管控系统项目WBS编码与统一视频监控平台视频设备编码的对应关系（一对多关系），实现项目与视频信息的关联。

（3）通过项目"WBS编码"实现网上国网项目信息与PMS系统设备台账信息、铭牌数据融会贯通。

（4）通过PMS基础对象ID（设备台账ID）、EMS测量类型以及测点"高、中、低"三侧确定设备运行数据测量点，再由测量点信息获取设备运行数据。

网上国网接入数据明细表见表1，运检PMS系统接入数据明细表见表2，调度EMS系统接入数据明细表见表3，基建管控系统接入数据明细表见表4，统一视频监控平台接入信息表见表5。

表1　　　　　　　　　网上国网接入数据明细表

数据分类	接入数据
项目基本信息	项目名称、项目编码、WBS编码、项目ID、可行性研究（以下简称"可研"）批复总投资、初步设计（以下简称"初设"）批复总投资、项目类别、二级类别、建设规模（线路长路/变电容量）、所属地市、所属县公司、是否农网、电压等级
项目单项基本信息	单项名称、单项编码、WBS编码、所属项目ID、可研动态总投资、可研静态总投资、初设投资、线路条数、线路长度、总变电容量、变压器台数、电压等级

数据分类	接入数据
项目计划信息	可研批复总投资、初设批复总投资、计划总投资、当年投资计划、本年已完成投资、计划批次、计划投产规模（变压器容量、线路长度）、实际投产规模（变压器容量、线路长度）、计划开工日期、计划投产日期、实际开工日期、实际投产日期

表 2　　　　　　　　　　　　　运检 PMS 系统接入数据明细表

数据分类	接入数据
变压器台账信息	变压器 ID、设备名称、设备编码、电系铭牌运行库 ID、额定电压、所属地市、变压器型号、设备状态、所属站房、电压等级、运行状态、投运日期、WBS 编码
线路台账信息	线路 ID、线路名称、设备编码、电系铭牌运行库 ID、线路电压等级、线路长度、设备状态、线路额定输送功率、投运时间、所属地市、WBS 编码
变电站出线开关（站内断路器、负荷开关、隔离开关）	开关 ID、设备名称、设备编码、电系铭牌运行库 ID、所属设备 ID、相数（单相或三相）、相别、额定电流、额定电压、WBS 编码、所属站房、运行状态、电压等级、投运日期、组合电器（开关柜）名称、所属地市、开关作用、资产编号

表 3　　　　　　　　　　　　　调度 EMS 系统接入数据明细表

数据分类	接入数据
设备测点映射表	测点 ID、测点代码、测点描述、所属单位、变电站 ID、基础对象类型、基础对象 ID、量测类型、转换系数
设备运行数据表	采集年月、时分（毫秒数）、测点 ID、设备运行测量值、设备运行状态、数据插入时间

表 4　　　　　　　　　　　　　基建管控系统接入数据明细表

数据分类	接入数据
电网基建项目信息	项目编码、项目名称、电压等级、初设批复时间、初设批复文号、初设变电/换流容量、初设线路长度、初设总投资（静态）、初设总投资（动态）、建设管理单位、计划开工时间、实际开工时间、开工容量、开工线路长度、计划投产时间、实际投产时间、投产变电容量、投产线路长度
电网基建单项信息	单项工程编码、单项工程名称、所属项目项目编码、电压等级、初设变电/换流容量、初设变电/换流容量、初设总投资（静态）、初设总投资（动态）、变压器台数、变电站座数、线路条数、开工长度、开工容量、实际开工时间、土建形象进度比例、安装形象进度比例、调试形象进度比例、基础形象进度比例、组塔形象进度比例、架线形象进度比例、实际投产时间、投产容量、投产长度

续表

数据分类	接入数据
项目与视频设备对应关系	项目名称、项目编码、视频设备编码、视频设备名称

表 5　　　　　　　　　　　统一视频监控平台接入信息表

数据分类	接入数据
视频流数据	根据视频编号，提供对应的视频图像

（三）系统建设

基于电网投资项目全过程信息贯通，完成各阶段数据的融合，实现覆盖电网项目投资、建设、运行全过程的数据融会贯通。系统整体功能框架如图 2 所示。

图 2　系统整体功能框架

1. 基础信息融合及管控

从网上国网、基建管控、PMS、EMS、统一视频监控平台等系统中获取电网基建项目基础信息、投资计划、投资统计、设备台账信息、设备铭牌信息、实时监控录像、设备运行数据等信息，实现"投建运调"数据互用共维，协同管理。

项目规划信息管理如图 3 所示，项目计划信息管理如图 4 所示，项目建设信息管理如图 5 所示，项目运行信息管理如图 6 所示。

图 3　项目规划信息管理

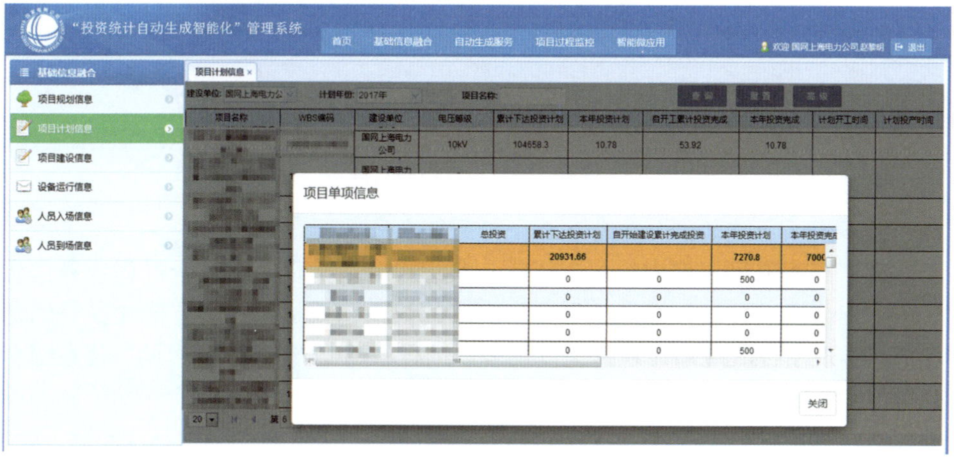

图 4　项目计划信息管理

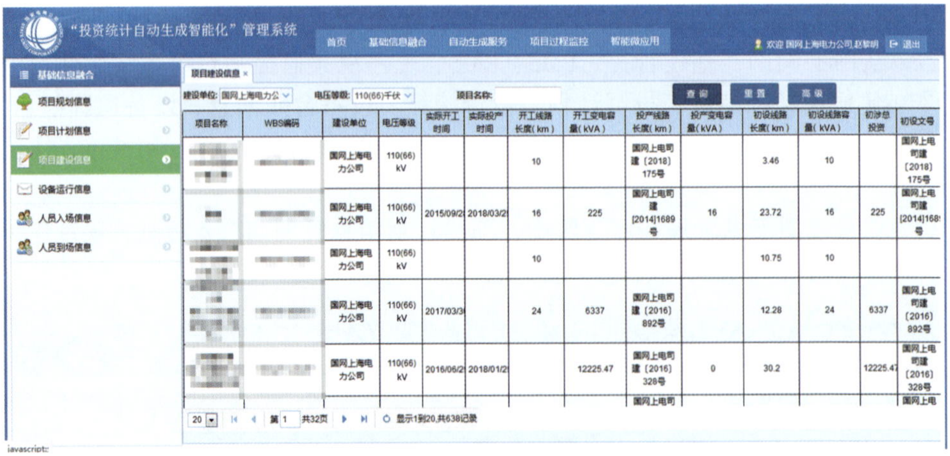

图 5　项目建设信息管理

图 6　项目运行信息管理

2. 项目"投建运调"信息综合分析高级应用

通过探索项目管控中的关键指标，实现投资、建设、运行全过程业务信息穿透查询与跟踪分析，辅助甄别项目真实的建设与投运情况，智能化预警问题环节，实现项目从规划计划到建设投运全过程联动监管。"投建运调"信息综合分析如图 7 所示。

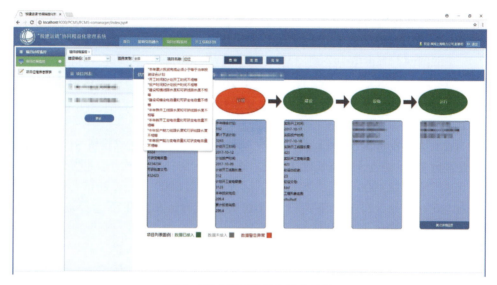

图 7　"投建运调"信息综合分析

（四）系统应用

1. 数据接入及运行整体情况

（1）主变压器设备接入及运行情况。选取 83 个 110kV 及以上投产项目进行数据接入分析，其中包含变电规模项目 57 个，已完成主变压器设备数据接入项目 27 个，主变压器设备数据接入率 48.21%。

抽取 2 日的主变压器设备运行数据进行分析，发现主变压器设备运行数据存在较多缺失情况，在 27 个已接入主变压器设备数据的项目中，有 12 个项目具有运行电流数据，共计含有运行数据 116 条；12 个项目具有运行有功数据，共计含有数据 86 条；11 个项目具有运行无功数据，共计含有运行数据 56 条。

（2）线路设备接入及运行情况。选取 83 个 110kV 及以上投产项目，其中包含线路规模项目 77 个，已完成线路设备数据接入项目 30 个，线路设备数据接入率 38.96%。

抽取 2 日线路设备运行数据进行分析，发现线路设备运行数据良好，在 30 个已接入线路设备数据的项目中，有 20 个项目具有运行电流数据，共计含有运行数据 352 条；17 个项目具有运行有功数据，共计含有数据 214 条；14 个项目具有运行无功数据，共计含有运行数据 186 条。

（3）视频数据接入情况。2018 年国网上海市电力公司 500kV 计划建设项目 7 个，其中已开工项目 5 个，全部完成视频数据接入，视频接入率 100%；220kV 计划建设项目 31 个，其中已开工项目 22 个，完成视频数据接入项目 12 个，视频接入率 54.55%；110kV 计划建设项目 147 个，其中已开工项目 76 个，完成视频数据接入项目 39 个，视频接入率 51.31%。

2. 项目应用情况

选取国网上海市电力公司"某站改造工程"作为典型案例进行分析。

（1）项目概况。"某站改造工程"于 2012 年 10 月 12 日获得可研批复，于 2013 年 10 月 12 日获得核准，可研批复总投资 34043 万元。项目于 2013 年 10 月 20 日开工，2017 年 3 月 15 日投产。

（2）项目投资情况分析。"某站改造工程"项目累计完成投资 31948 万元，变电容量 72 万 kVA，线路长度 1.3km。该项目于 2013 年首次下达投资计划，当年下达投资计划 4000 万元，2014 年下达投资计划 8000 万元，2015 年下达投资计划 12000 万元，2016 年下达投资计划 7800 万元，2017 年下达投资计划 184 万元。项目于 2017 年 3 月 15 日投产。

（3）项目建设情况分析。在基建管控系统中，"某站改造工程"项目单项为："220kV 某站改造变电工程"。该单项工程变电容量 72 万 kVA，于 2013 年 10 月 30 日开工，2017 年 1 月 23 日竣工，2017 年 3 月 11 日投产，分项工程详细计划于 2015 年 5 月 31 日结束，由于工程现场居民阻挠，项目施工受阻，导致实际分项工程于 2017 年 1 月 23 日完成。

（4）运行设备情况分析。通过查询 PMS 系统设备台账信息，"某站改造工程"项目变压器设备信息见表 6。

表 6　　　　　　　"某站改造工程"项目变压器设备清单

主变压器名称	主变压器编号	额定容量（MVA）
1 号主变压器	09M00000001743883	240
2 号主变压器	09M00000001887717	240
3 号主变压器	09M00000001959952	240

该项目共有三台主变压器，变电容量共计 720MVA。第一台主变压器设备名称为 1 号主变压器，主变压器设备编码为 09M00000001743883，设备额定容量为 240MVA；第二台主变压器设备名称 2 号主变压器，主变压器设备编码为 09M00000001887717，设备额定容量为 240MVA；第三台主变压器设备名称 3 号主变压器，主变压器设备编码为 09M00000001959952，设备额定容量为 240MVA。

（5）调度运行情况分析。该项目建成后对应的"某站"调度运行情况如图 8 所示。

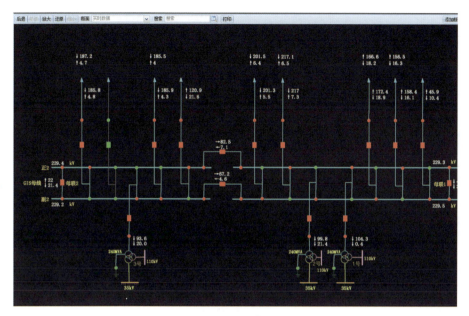

图 8 调度截图

竟工时间点前后，设备运行情况：

对 2017 年 1 月 23 日竣工时间点前后，三台主变压器的日负荷数据进行监测，1 号主变压器最高负荷出现时间为 2017 年 1 月 22 日 11：15，峰值为 72.696MW；2 号主变压器最高负荷出现时间为 2017 年 1 月 22 日 20：35，峰值为 61.979MW；3 号主变压器最高负荷出现时间为 2017 年 1 月 22 日 20：45，峰值为 79.483MW，负荷曲线如图 9~ 图 11 所示。

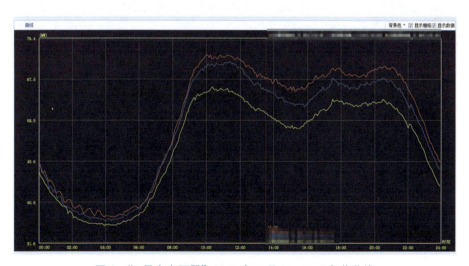

图 9 "1 号主变压器" 2017 年 1 月 22~24 日负荷曲线

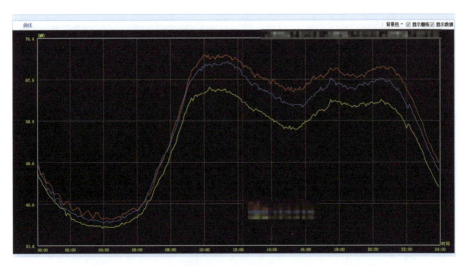

图10 "2 号主变压器" 2017 年 1 月 22~24 日负荷曲线

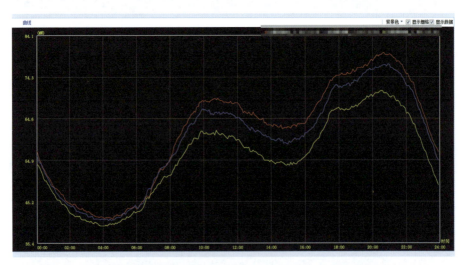

图11 "3 号主变压器" 2017 年 1 月 22~24 日负荷曲线

投产时间点前后，设备运行情况：

对 2017 年 3 月 11 日投产时间点前后，三台主变压器的日负荷数据进行观测，发现 1 号主变压器最高负荷出现时间为 2017 年 3 月 10 日 11：25，峰值为 57.692MW；2 号主变压器最高负荷出现时间为 2017 年 3 月 10 日 10：50，峰值为 48.047MW；3 号主变压器最高负荷出现时间为 2017 年 3 月 10 日 11：05，峰值为 5.537MW，负荷曲线如图 12~ 图 14 所示。

3. 应用实践与投资统计关联

（1）支撑项目真实开工。以"某站改造工程"为例，通过查看该工程的基建现场图像信息，可确定项目现场实际开工情况，确保项目开工的真实性。

（2）支撑项目真实投产。依据调度运行数据可以发现，在项目竣工当天，"某站改造工程"项目即投入运行，当天主变压器、线路设备均有稳定负荷，符合投产条件，确保项目投产的真实性。

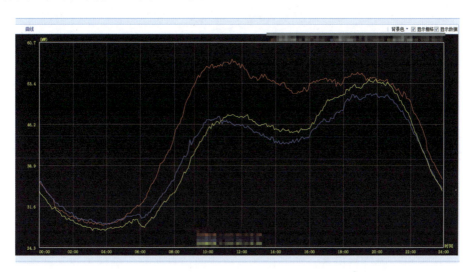

图 12 "1 号主变压器"2017 年 3 月 10~12 日负荷曲线

图 13 "2 号主变压器"2017 年 3 月 10~12 日负荷曲线

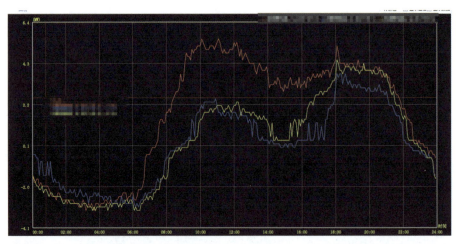

图 14 "3 号主变压器" 2017 年 3 月 10~12 日负荷曲线

三、特色亮点

（一）融合各专业数据，保证信息贯通可行

构建项目"投建运调"协同精益化管控系统，实现投资、建设、运检、调控等业务部门数据的融合贯通，分析解决各阶段项目信息贯通难题，推进项目与现场视频、项目与设备台账、设备与负荷的信息匹配，确保投建运调信息贯通的可行性。

（二）加强项目执行管控，提升源端数据质量

根据投建运调数据融会贯通成果，从投资、建设、运行、调度四个阶段开展项目执行分析，挖掘项目执行过程问题，强化项目贯通，并以管促用，提升源端数据的维护质量，切实支撑数据做真用实。

（三）依托投建运调信息综合分析，保障执行信息真实性

通过投建运调信息贯通工作，挖掘项目管控创新点，以负荷辨别项目投产数据的真实性，如"某站改造工程"，该项目在投产时间后，项目对应的主变压器设备、主要线路均处于带负荷状态，保证项目投产运行的真实性。提高公司对项目执行全过程的管控力度，提升项目精益化管理水平。

四、应用展望

（一）效益分析

通过对电网基建项目的计划投资、工程建设、建成运行、调度监控四个阶段开展项目全过程信息贯通，具有重大的经济效益和社会效益。经济效益方面，

通过"投建运调"系统，对电网基建项目的全过程信息进行融会贯通，完成各个阶段的项目信息交互共享，监管项目的执行过程，保障项目投资的精准性、数据真实性，促进工程建设进度的准确性及项目投运的及时性，并对投运后的调控信息及时分析，提升公司经济效益。社会效益方面，国网上海市电力公司通过选取电网投资项目进行系统的试用，对电网投资项目全过程信息进行分析，验证系统设计功能的正常应用，实现国网上海市电力公司及所属基层单位发展、建设、运检、调控等部门对系统实际使用。

（二）应用前景

依托国网上海市电力公司系统建设及应用成果，协助国家电网公司开展二级部署系统向一级部署系统迁移工作，实现系统在全网的推广应用。不断深化系统功能，强化系统应用成果及成效，提升项目执行管理水平，加速全网数据融合，加快项目全过程贯通进程，提高项目精益化管控水平。

五、参考文献

无。

基于"投建运调"系统信息贯通的电网基建项目投产时间自动识别方法研究

主要完成人

向颖；陈屹东；王小阳；罗华永

主要完成单位

国网湖南省电力有限公司

摘　　要

电网基建投资是电网企业投资的重要组成部分，对投资规划、成本管理及效益提升具有重要影响。针对投资统计工作中存在的不同专业信息系统缺乏横向协同、信息报送效率低、数据质量不高等问题，国网湖南电力有限公司（以下简称"公司"）通过分析"投建运调"信息系统特征，提出了以共享数据中心为中间数据库的信息贯通原则以及信息贯通数据的建设思路和实现技术；重点针对项目投产数据获取困难、投产信息不准确的问题，通过调研项目投产的工作流程和主要操作方式，分析调控系统中设备电压、电流、主变压器油温以及工作票和操作票的类型，提出了以冲击操作作为识别特征量的自动识别方法，建立了基于调度操作票和设备电压、电流、主变压器油温等数据的项目投产时间自动识别方法；研究成果为公司加强投资项目执行过程管控、辅助投资效益评估和投资决策提供数据支撑。

关　键　词

投建运调；智能电网；信息贯通；统计方式变革

一、工作背景

为落实国家电网公司工作部署，贯彻中央深化统计管理体制改革精神，进一步加强电网建设运营管理水平，优化企业投资发展管理手段，扎实推进投资专业管理功能建设，强化大数据与统计工作深度融合，为"构建可视化数字电网，创新线上协同作业模式"提供有力支撑，电网投资统计工作是研判电网投资执行情况、诊断电网发展效益效率的重要手段。但是目前管理工作中仍存在以下问题：

一是各专业信息系统间缺乏横向协同。目前，不同专业间管理的要求不同，业务流程衔接不畅，数据标准不统一，数据维度和颗粒度存在较大差异，这些问题导致系统集成度低，业务数据冗余严重，数据重复录入，不能实现"一次录入、多方使用"的目的。同时注重总部、省公司需求管理、分析类功能过多，对基层实际操作、执行类功能支撑较弱，满足基层一线需求的功能相对较少。相关业务间的需求因业务管理条块分割、管理边界重叠交叉、管理方式各异，导致建设时序与业务关联不匹配，关联业务信息化需求提出时间不一。同一业务在不同区域不同层级间存在差异，自建系统与统推系统共存，存在功能重复建设，共享集成困难等诸多问题，信息系统建设的统筹规划亟待加强。

二是设备信息推送不及时且数据质量欠佳。由于业务部门信息化管理要求和管理水平存在差异，导致业务部门信息化系统数据准确性和完整度参差不齐，同时各部门主要关注与本部门业务相关的数据信息，而对本部门管理的其他数据信息关注度不高，导致推送数据不及时、质量欠佳，对数据交互分析造成阻碍。

三是大量数据采用人工填报方式，信息报送效率低。系统应用管理不规范，基层人员不习惯、不情愿使用系统，仍沿用传统管理方式进行线下处理，造成部分数据统计困难，及时性差；在统计数据审核、报表上报等环节存在过多人为干预的现象，不能真实反映业务实际情况。部分业务系统的工作流程未严格执行，线下业务操作与线上数据处理不同步，且主要以线下业务数据为主，产生了大量垃圾数据。人为干预投资结果，特别是为完成项目统计虚报项目投产或已投产项目统计不及时等问题并存，无法有效支撑投资统计工作。

为此，需要围绕做真用实统计数据、以构建"两线一环"统计体系的工作目标，加强提升投资发展统计专业水平，建立覆盖"投建运调"信息系统的数据贯通技术，实现不同业务系统数据治理和统一匹配，建立基于信息挖掘和数据提取的投资统计自动生成方法，形成全面、分析有据、管控有效、业务流畅的投资统计管理体系，切实提高统计工作效率，提升管理水平。

二、主要内容

（一）研究思路

将电网基建投资"事前""事中"和"事后"三个阶段的数据信息进行统一梳理、计算、归纳和展示，将统计结论按照反映内容分为里程碑、资金、投资、物资和效益五个链条。以投资项目为对象，重点归纳各链条在全寿命周期各个阶段的指标水平或指标完成情况，并按照项目进行累计或综合评价，实现电网投资自动统计分析。研究思路如下：

第一步，分析投资统计的基本特征和工作要求。由于项目主要围绕实际的投资统计管理业务，因此首先需要掌握投资统计的具体工作要求，并且分析投资统计的方法、范围以及具体的数据需求。

第二步，调研分析"投建运调"四大环节主要业务特征，分析各自信息系统数据构成和主要内容，对照投资统计需求，分析并梳理投资统计信息来源。

第三步，根据信息来源和投资统计要求，设计基于四大信息系统的投资统计数据库，以保障投资统计数据的自动提取和统一管理。

第四步，为保障信息系统数据质量能够满足投资统计要求，针对 PMS 中运行数据进行收集和整理，寻找系统数据中存在的质量问题，并针对具体问题开展数据治理，以保证数据质量满足统计要求。

第五步，针对投产数据获取困难、投产信息不准确的问题，利用 OMS 中操作票、工作票信息以及 EMS 中设备电压、电流、主变压器油温数据对设备投产操作流程进行判断，为投产时间确定提供信息支持。

第六步，在掌握投资统计数据获取方法的基础上，研究投资统计报表自动生成方法，制定投资统计报表模板和系统导出样式，为实现报表自动生成提供支撑。研究思路如图 1 所示。

图 1　研究思路

（二）投建运调信息贯通

1. 贯通原则及思路

当前信息贯通遇到的关键问题在于各业务系统横向上互不相认、互不相通，导致投资统计所需要掌握的项目全过程信息被一个个业务系统割裂成数个环节，形成了信息的壁垒。为打破各环节之间的壁垒，需要建立项目及设备在不同业务系统的联系，形成项目在不同阶段的数据信息勾稽关系，解决各业务系统间标记方式不一致、数据不对应的困境，按照此思路提出信息贯通的主要原则。

按照投资统计工作数据要求，定义数据来源系统，采用数据标记方法确定业务系统数据位置，并通过系统端口进行提取，以便打破项目管理专业壁垒，将项目从策划到投产，将设备从运行到报废整个全寿命周期中与之相关的信息全部进行整理收集，形成一个全面反映项目信息的数据库。以关联设备编码为基础，对项目不同阶段对设备进行统一管理和识别，保障从项目策划、建设、运行、报废均采用一套统一编码体系作为识别标志，使得项目及设备在全过程周期中产生的数据具有唯一的、统一的识别码，让所有项目及其设备都具备可识别能力。信息贯通思路及架构如图2所示。

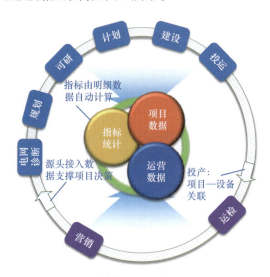

图2 信息贯通思路及架构

按照信息贯通数据库原则，信息贯通数据库的建设思路如下：

首先，建立覆盖全口径的项目编码机制，保障项目从策划到报废均以创建编码为识别标志，编码始终贯穿项目的全过程，使得项目在全过程周期中数据针对的是唯一、统一的对象，让所有项目都具备可识别能力，另外还需要明确对项目与已有设施设备之间的联系，并建立其在生产环节中与已有项目（设施）

之间的关联关系，例如一个 π 接的线路工程投产了，π 入的线路首末端发生了变化，利用项目编码把原来的线路工程与 π 接的线路工程建立关联关系，这样将新投产项目与原有项自然地联系在一起，未来将成为原有对象的扩充部分，建立永久性的关联承接关系。

然后，以项目编码为索引对象，将各系统中指定统一编码的项目进行全面抓取，对来自不同系统数据进行衔接关联，形成围绕同一项目的各类型信息数据集合。

最后，将同一项目信息进行归类、梳理和入库，重点归纳各链条在全寿命周期各个阶段的指标水平或指标完成情况，建立涉及项目五类链条性信息统一指标，针对事前、事中、事后三阶段的信息进行整理和发布。特别是对投资统计的事中阶段开展高频次的数据提取、收集和更新，实现投资执行过程的统计分析，指导投资进度和施工节奏安排。

2. 贯通实现技术

数据贯通具体实现技术包括横向集成、纵向集成和流程集成三个方面。

一是规范系统的横向集成。横向集成遵循统一制订的应用集成技术架构和标准，通过企业服务总线、数据中心共享库等技术实现。实时性要求较高且单次传输数据量小的结构化数据通过企业服务总线实现；实时性要求较高且单次传输数据量大的结构化数据通过全业务数据中心管理域共享库实现，并通过企业服务总线实现消息通知；周期相对固定、数据量较大的结构化数据通过全业务数据中心管理域实现；非结构化、海量历史、准实时数据的共享，通过各自管理平台实现集成。

二是规范系统的纵向贯通。纵向贯通遵循公司统一制订的应用集成技术架构和标准，通过企业服务总线、数据交换、数据复制等技术实现。实时性要求较低的结构化数据通过数据交换（UEP）实现；实时性要求较高且单次传输数据量小的结构化数据通过两级企业服务总线级联实现；实时性要求较高且单次传输数据量大的结构化数据可通过数据复制实现；非结构化数据、海量历史、准实时数据过平台自身实现。

三是规范系统的流程集成。流程集成应遵循公司统一制订的应用集成技术架构和标准，公司流程平台包括流程管理组件（BPM）和流程监控组件（BAM）。跨系统的流程集成通过 BPM 实现，新建信息系统内部流程原则上通过 BPM 实现，已建各专业信息系统适时改造。

（三）PMS2.0 数据治理

1. 数据治理原则

针对 PMS 数据推送过程造成的缺失或错误问题，由发展部牵头，组织规划计划信息管理平台项目组将该类问题数据的逻辑接口逐一排查整改，要求做到"数据源头准确、数据推送到位、数据集成无偏差"。针对 PMS 数据错误或缺失，由设备部牵头，根据"差异数据清单"内容要求，组织相关负责人员集中治理，补完缺失数据、消除错误数据，并通过正确推送逻辑，最终实现数据集成。

2. 数据治理内容

数据治理主要包括数据完整性治理、数据规范性治理、图数一致性治理、垃圾数据治理四个方面。

数据完整性治理对象主要包括实体是否缺失、属性是否缺失、记录是否缺失和字段值是否缺失四个方面。数据不完整体现在设备台账关键属性缺失、业务数据涉及的班组信息为空、设备检修信息描述不完整等。对所有设备台账数据和业务数据的不完整性进行查询，对查询出的不完整数据，按照所属类别，完成数据完整性治理工作。

数据规范性治理主要是针对数据命名不统一规范、计量单位不统一进行数据规范性治理，保障数据在采集、存储、使用、表达等过程中，数据属性字段命令统一且无歧义，确保同一数据某些属性的数据类型及精度符合实际需要，数据在使用过程中所遵循的完整性约束条件符合实际业务逻辑规则，避免不符合语义和不满足精度的数据出现。规范的数据首先体现在关系数据库中的基本表应在函数依赖领域内达到较高的范式 [一般要求满足 3 范式（3NF）]，这样才能在整体上减少冗余数据，避免插入异常和删除异常，从而能增强数据库结构的稳定性和灵活性。

图数一致性治理主要是根据电力系统检修的需要，电力系统中的设备台账数据需要以图形（照片）的方式记录设备的序列号及条形码，同时设备台账数据的 ID 属性值应与图形中的设备号码一致。对变电站内断路器图数，配电城网、农网站内断路器图数不一致数据查询。查找到后，采用以下流程完成台账数据修改：

（1）依据设备台账数据信息，按照设备的归属单位（区县公司）进行汇总并以电子或纸质形式下发给并归属单位，要求 5 个工作日内由设备归属单位（区县公司）经现场确认设备的图片资料的正确性后再上报公司数据治理工作组。

（2）数据治理工作组根据反馈的设备图形资料对设备台账数据进行统一修改。

垃圾数据治理主要是针对存量的大量垃圾数据进行识别、清理，针对未来可能产生的垃圾数据，建议 PMS 可提供设备台账的历史档案信息及更改痕迹，可供追溯，对于已经发生更改前的历史数据添加一项历史标签，而对更改后的数据添加一项在运标签，表示该数据代表设备当前状态，在进行数据提取和推送时，按照任务时间节点，推送设备当前状态数据，可以保障推送数据的准确性和及时性。

（四）投产时间自动判定

1. 必要性分析

在对 PMS 的数据质量评估中发现因项目投产时间错误导致数据不准确、不一致的比例极高，主要原因是投产信息采用人工手动填报，维护工作量大，投产时间计算标准不统一，信息获取不及时。为解决以上问题，有必要研究投产时间自动识别技术，以确保项目投产信息的真实、准确性，杜绝误报、虚报投产，同时降低人工填报工作量，为投资统计报表自动生成及过程管控提供数据支撑，有效提升统计工作效率。

为实现项目投产时间自动识别，需解决以下两个问题，一是如何确定投产时间，即以什么作为项目投产的判断标准，这个标准应该是一个动作或者流程，具有普遍性和规范性；二是如何提取这个标准的特征参数，记录对应的时间，并以此作为项目投产时间。由于投产一般是指项目由建设阶段进入运行阶段，设备从不带电状态到带电的状态，为实现项目投产信息自动采集，以调度 OMS 操作票设备投产送电时间以及 EMS 设备电压、电流、主变压器油温数据为基础，辅以基建管控系统业务文件信息、现场基建视频信息，构建项目投产判定模型，自动判定项目投产状态及项目投产时间。通过比对模型判定的项目投产时间与业务流程中上报的项目投产时间，找出偏差超过合理范围的项目，并通过人工审核的方式，判定异常项目投产实际情况。项目投产信息自动采集业务流程示意图如图 3 所示。

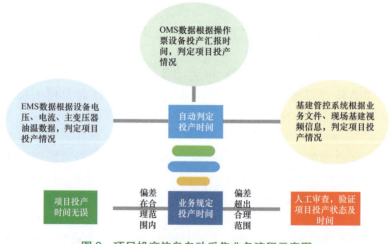

图 3　项目投产信息自动采集业务流程示意图

2. OMS 数据判定项目是否投产

利用调度运行专业进行项目投产时，设备投产送电倒闸操作的信息，提取 OMS 调度操作票的设备投产时间，判定项目投产情况。工程启动设备投产送电，调度与运行单位有严格的操作流程，通过对某 110kV 输变电工程变电投产当天 OMS 数据进行调研，主变压器投产操作指令票中，主变压器冲击五次正常、线路冲击三次正常的汇报时间均有详细记录，可作为投产信息采集源之一。因此，对于变电工程，主变压器冲击合闸五次正常的时间可作为项目投产时间的判定条件；对于线路工程，线路冲击合闸三次正常的时间可作为投产时间的判定条件。

3. EMS 数据判定项目是否投产

工程启动设备投产送电产生大量电量数据，其中母线电压互感器电压、母线带电运行的正常电压；冲击受电电流、带负荷试验电流、空载运行电流、正常负荷电流；变压器正常运行油温等可作为投产信息自动采集源头数据之一。可以利用 EMS 的数据采集与监控（SCADA）子系统，采集现场设备运行信息，判定设备项目是否投产。

通过对某 110kV 变电站新建工程投产当天 EMS 数据进行调研，梳理出变电工程电压、电流、油温为支撑项目投产关键数据。其中主变压器冲击受电电流达到 2.34A、带负荷试验电流达到 39.35A，均有存储记录；主变压器受电后，油温由正常环境温度 7℃逐步上升至 10、11℃；母线受电后，电压由 0kV 变为 114kV。母线电压、主变压器电流、主变压器油温可作为投产信息采集源之一。通过对某 110kV 线路工程投产当天 EMS 数据进行调研，梳理出输电工程电流为支撑项目投产关键数据。投产当天线路电流数值由 0A 变化为线路负荷试验电流 13A 左右，可作为投产信息采集源之一。

因此，对于变电工程，可利用母线电压、主变压器电流、油温数据进行投产时间判定；对于线路工程，可利用线路电压、电流进行投产时间判定。

4. 项目投产信息采集及比对

利用数据共享融合技术，依托"投建运调"协同数据库，采集基建管控中项目投产信息，与系统判定的项目投产时间进行比对，挖掘投产时间异常项目，对异常项目进行人工审核，保障项目投产时间真实、准确。

5. 人工审核项目投产准确性

对投产时间异常项目，通过人工审查方式，采用现场审查、项目投产文件比对等多种手段，验证项目实际投产情况，确保项目投产准确性。

（五）应用示例

目前"投建运调"信息贯通成果已在部分地市公司试点应用，图 4~图 16

展示了某地市电网投资统计数据自动收集过程。

一是通过规划计划信息管理平台“投”，融合发展业务中基建项目规划信息，实现对项目“项目名称、项目编码、可行性研究（以下简称‘可研’）总投资、可研文号、可研文件、项目类别、建设规模、建设类型、投资计划”等基础信息的管理，生成投资统计报表项目基本信息。

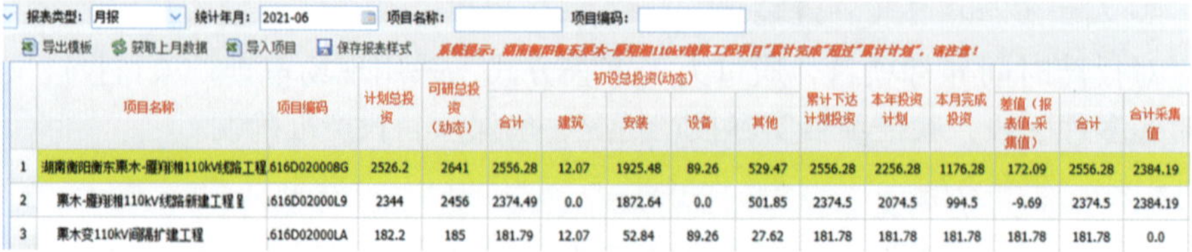

某输变电工程投资统计信息示例如图4所示，某输变电工程投资统计报表示例如图5所示。

图4　某输变电工程投资统计信息示例

报表类型：月报　统计年月：2021-06　项目名称：　项目编码：

导出模板　获取上月数据　导入项目　保存报表样式　系统提示：湖南衡阳衡东栗木-雁翔湘110kV线路工程项目“累计完成”超过“累计计划”，请注意！

	项目名称	项目编码	计划总投资	可研总投资（动态）	初设总投资(动态)					累计下达计划投资	本年投资计划	本月完成投资	差值（报表值-采集值）	合计	合计采集值
					合计	建筑	安装	设备	其他						
1	湖南衡阳衡东栗木-雁翔湘110kV线路工程	616D020008G	2526.2	2641	2556.28	12.07	1925.48	89.26	529.47	2556.28	2256.28	1176.28	172.09	2556.28	2384.19
2	栗木-雁翔湘110kV线路新建工程	616D02000L9	2344	2456	2374.49	0.0	1872.64	0.0	501.85	2374.5	2074.5	994.5	-9.69	2374.5	2384.19
3	栗木变110kV间隔扩建工程	616D02000LA	182.2	185	181.79	12.07	52.84	89.26	27.62	181.78	181.78	181.78	181.78	181.78	0.0

图5　某输变电工程投资统计报表示例

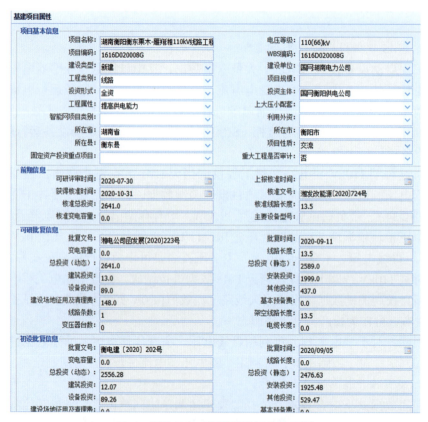

二是通过基建管控系统“建”，获取基建管控系统实际开工时间，并通过采集系统项目建设进度、概算解析、ERP 入账、关联设备等数据自动计算生成投资完成采集值，结合“三率合一”开展自动采集与手动填报数据比对分析，验证数据逻辑性、真实性。

某输变电工程基建管控系统人员进退场统计示例如图 6 所示，某输变电工程基建管控系统施工进度示例如图 7 所示，某输变电工程基建管控系统概算解析示例如图 8 所示，某输变电工程投资统计报表“三率合一”示例如图 9 所示。

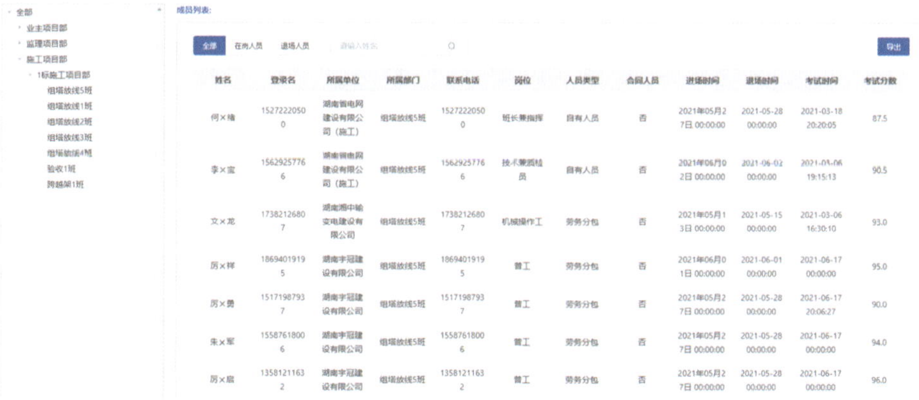

姓名	登录名	所属单位	所属部门	联系电话	岗位	人员类型	合同人员	进场时间	退场时间	考试时间	考试分数
何×楠	15272220500	湖南省电网建设有限公司（施工）	组塔放线5班	15272220500	班长兼指挥	自有人员	否	2021年05月27日 00:00:00	2021-05-28 00:00:00	2021-03-18 20:20:05	87.5
李×宝	15629257766	湖南省电网建设有限公司（施工）	组塔放线5班	15629257766	技术兼质检员	自有人员	否	2021年06月02日 00:00:00	2021-06-02 00:00:00	2021-03-06 19:15:13	90.5
文×龙	17382126807	湖南湘中输变电建设有限公司	组塔放线5班	17382126807	机械操作工	劳务分包	否	2021年05月13日 00:00:00	2021-05-15 00:00:00	2021-03-06 16:30:10	93.0
厉×祥	18694019195	湖南宇冠建设有限公司	组塔放线5班	18694019195	普工	劳务分包	否	2021年06月01日 00:00:00	2021-06-01 00:00:00	2021-06-17 00:00:00	95.0
厉×勇	15171987937	湖南宇冠建设有限公司	组塔放线5班	15171987937	普工	劳务分包	否	2021年05月27日 00:00:00	2021-05-28 00:00:00	2021-06-17 20:06:27	90.0
朱×军	15587618006	湖南宇冠建设有限公司	组塔放线5班	15587618006	普工	劳务分包	否	2021年05月27日 00:00:00	2021-05-28 00:00:00	2021-06-17 00:00:00	94.0
厉×庭	13581211632	湖南宇冠建设有限公司	组塔放线5班	13581211632	普工	劳务分包	否	2021年05月27日 00:00:00	2021-05-28 00:00:00	2021-06-17 00:00:00	96.0

图 6　某输变电工程基建管控系统人员进退场统计示例

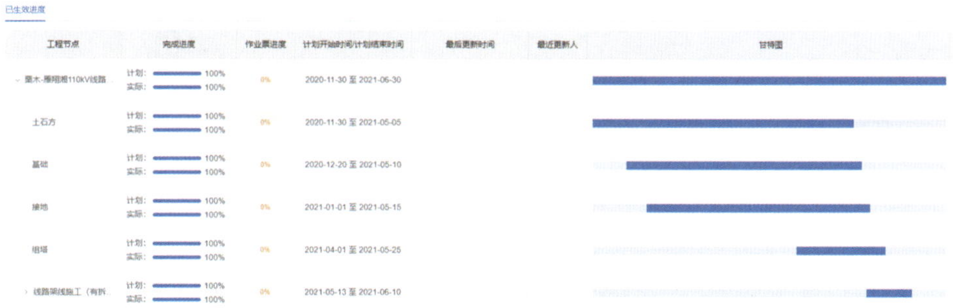

图 7　某输变电工程基建管控系统施工进度示例

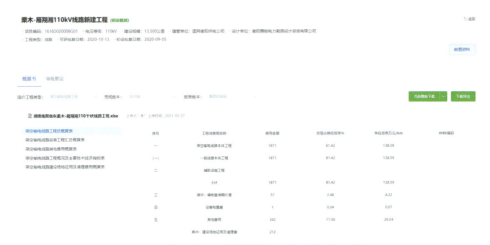

图 8　某输变电工程基建管控系统概算解析示例

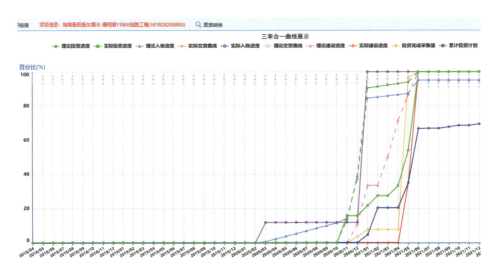

图 9　某输变电工程投资统计报表"三率合一"示例

图 10　某输变电工程 PMS2.0 设备关联项目示例

三是通过 PMS2.0"运"，项目投产后通过唯一项目编码自动与项目建设相关设备关联。

某输变电工程 PMS2.0 设备关联项目示例如图 10 所示，某输变电工程 PMS2.0 系统设备关联示例如图 11 所示。

杆塔排序序号	资产性质	资产单位	资产编号	杆塔号	所属线路	所属地市	运维单位	维护班组	设备主名	物理杆塔运日期	电压等级	设备状态	杆塔性质	档距(m)	是否供端	呼高(m)	设备编码	发布状态	备注	登记时间
1	省（直辖市、自治区）公司	国网湖南省电力公司	110000003 2613	花六金线 #001	110kV花六金线	国网衡阳供电公司	国网衡阳输电运检五班	输电运检五班	EA02D325F2 814019E0430 901E80A5590	2021-6-29 00:00:00	交流110kV	在运	耐张	194	否	24	16M00000 12657546 0	发布		2021-6-30 00:00:00
2	省（直辖市、自治区）公司	国网湖南省电力公司	110000003 2613	花六金线 #002	110kV花六金线	国网衡阳供电公司	国网衡阳输电运检五班	输电运检五班	EA02D325F2 814019E0430 901E80A5590	2021-6-29 00:00:00	交流110kV	在运	耐张	238	否	21	16M00000 12657543 0	发布		2021-6-30 00:00:00
3	省（直辖市、自治区）公司	国网湖南省电力公司	110000003 2613	花六金线 #003	110kV花六金线	国网衡阳供电公司	国网衡阳输电运检五班	输电运检五班	EA02D325F2 814019E0430 901E80A5590	2021-6-29 00:00:00	交流110kV	在运	直线	213	否	27	16M00000 12657546 1	发布		2021-6-30 00:00:00
4	省（直辖市、自治区）公司	国网湖南省电力公司	110000003 2613	花六金线 #004	110kV花六金线	国网衡阳供电公司	国网衡阳输电运检五班	输电运检五班	EA02D325F2 814019E0430 901E80A5590	2021-6-29 00:00:00	交流110kV	在运	耐张	157	否	24	16M00000 12657548 2	发布		2021-6-30 00:00:00
5	省（直辖市、自治区）公司	国网湖南省电力公司	110000003 2613	花六金线 #005	110kV花六金线	国网衡阳供电公司	国网衡阳输电运检五班	输电运检五班	EA02D325F2 814019E0430 901E80A5590	2021-6-29 00:00:00	交流110kV	在运	耐张	241	否	21	16M00000 12657548 2	发布		2021-6-30 00:00:00
6	省（直辖市、自治区）公司	国网湖南省电力公司	110000003 2613	花六金线 #006	110kV花六金线	国网衡阳供电公司	国网衡阳输电运检五班	输电运检五班	EA02D325F2 814019E0430 901E80A5590	2021-6-29 00:00:00	交流110kV	在运	直线	243	否	24	16M00000 12657535 0	发布		2021-6-30 00:00:00
7	省（直辖市、自治区）公司	国网湖南省电力公司	110000003 2613	花六金线 #007	110kV花六金线	国网衡阳供电公司	国网衡阳输电运检五班	输电运检五班	EA02D325F2 814019E0430 901E80A5590	2021-6-29 00:00:00	交流110kV	在运	耐张	185	否	24	16M00000 12657538 0	发布		2021-6-30 00:00:00
8	省（直辖市、自治区）公司	国网湖南省电力公司	110000003 2613	花六金线 #008	110kV花六金线	国网衡阳供电公司	国网衡阳输电运检五班	输电运检五班	EA02D325F2 814019E0430 901E80A5590	2021-6-29 00:00:00	交流110kV	在运	直线	226	否	24	16M00000 12657548 7	发布		2021-6-30 00:00:00

图 11 某输变电工程 PMS2.0 设备关联示例

四是通过调控运行系统"调"，自动获取 OMS 冲击操作票操作时间，辅以 EMS 电压、电流、油温等数据与基建管控系统投产时间匹配，判断项目投产时间。

OMS 采集到的某 110kV 主变压器受冲击五次运行正常时间为 12 月 29 日 20 点 09 分，可视为变电工程投产时间。采集到某 110kV 线路受冲击三次运行正常时间为 12 月 29 日 10 点 40 分、12 月 29 日 11 点 39 分，可视为线路工程投产时间。

EMS 采集到的某 110kV 主变压器在 12 月 29 日 19 点 45 分受冲击电流为 2.34A，23 点 00 分负荷试验电流达到 39.35A；9 点至 24 点主变压器受电后，油温由正常环境温度 7℃逐步上升至 11℃；12 点至 24 点母线受电后，电压由 0kV 变为 114kV。EMS 采集到的某 110kV 线路在 12 月 29 日 10 点 30 分带负荷试验电流为 39.95A。

从 EMS 采集到的某 110kV 输变电工程产生电量数据的时间为 12 月 29 日，OMS 采集的主变压器、线路操作时间为 12 月 29 日；与基建管控系统中填报投产时间 12 月 25 日对比，时间差在合理范围内。

某变电工程 OMS 操作票示例如图 12 所示，某 110kV 主变压器投运前后电流变化曲线图如图 13 所示，某 110kV 主变压器投运前后母线电压变化曲线图如图 14 所示，某 110kV 主变压器投运前后油温变化曲线图如图 15 所示，某 110kV 线路投运前后电流变化曲线图如图 16 所示。

顺序	单位	次序	预计时间	内容	下令人	受令人	下令时间	汇报人	受理人	汇报时间
				"③序号7⑤复压过流Ⅰ段2时限"由1.2s调整为0.5s跳504、540、340；④序号8"复压过流Ⅱ段1时限"由1.8s调整为0.3s；⑤序号9"复压过流Ⅱ段2时限"由2.1s调整为0.4s跳340；⑥序号10"复压过流Ⅱ段3时限"由2.4s调整为0.5s跳504、540、340						
	110kV洋湖变电站	4		将故障录波装置定值按继字16-1269定值通知单调整投入	吴×	彭×轶	12-29 19:20	彭×轶	吴×	12-29 19:22
三	110kV洋湖变电站	5		将3号主变压器及3号主变压器340断路器转热备用	吴×	周×	12-29 19:23	周×	吴×	12-29 19:31
四	110kV洋湖变电站	6		将3号主变压器挡位置位置Ⅸ挡	吴×	周×	12-29 19:32	周×	吴×	12-29 19:38
五	110kV洋湖变电站	7		用母联540断路器对3号主变压器冲击合闸五次，正常后不拉开	吴×	周×	12-29 19:39	周×	吴×	12-29 20:09

图12　某变电工程OMS操作票示例

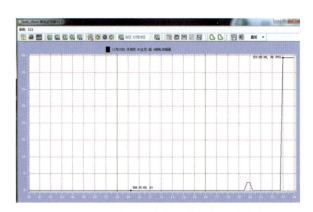

图13　某110kV主变压器投运前后电流变化曲线图

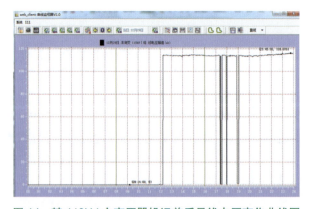

图14　某110kV主变压器投运前后母线电压变化曲线图

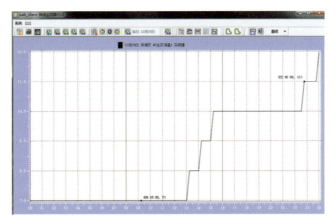

图 15 某 110kV 主变压器投运前后油温变化曲线图

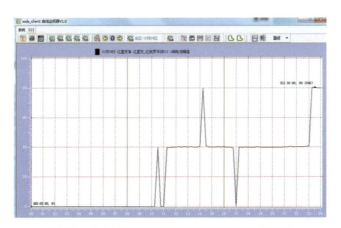

图 16 某 110kV 线路投运前后电流变化曲线图

三、特色亮点

一是梳理了投资统计的分析要点。在总结投资统计工作要求的基础上，根据投资管理以项目为对象、以项目为手段的实际情况，从事前、事中、事后三个阶段构建了投资统计的主要关注点和分析要点，明确了投资统计的主要方法和统计内容，推动投资统计工作从事后分析向事中管控转变。

二是提出了以共享数据中心为中间数据库的信息贯通原则。通过调研分析"投建运调"信息系统的主要功能、信息内容和数据形式，提出了信息贯通数据的建设思路和实现技术，明确了数据接口和数据规范，最后形成了数据库字典目标，并提出了数据库建设设计方案。

三是提出了 PMS 数据治理方法。通过梳理 PMS 中设备数据和运行数据两大门类，分析 PMS 中数据质量面临的主要问题，提出按照数据问题来源追溯的方法开展数据治理工作，分析数据治理效果。

四是提出了项目投产时间自动判定方法。分析了 OMS 中操作票的类型，提出了冲击操作作为识别特征量的投产时间自动识别方法，同时结合 EMS 中设备电压、电流、主变压器油温数据，对照项目投资管理规定和操作流程，配合项目信息的对应和转换，实现基于 OMS 和 EMS 数据项目投产时间自动确认。

四、应用展望

基于"投建运调"信息系统的电网投资统计方法对推动公司投资统计信息采集方式变革，归真投资数据具有重要意义。一是推动建立跨专业协同计划动态管理工作机制，实现发展、基建、设备等专业部门协同开展数据治理，为电网项目投资建设运行全过程的数据融合夯实基础，转变电网投资计划管理工作模式，确保重点电网基建项目业务流、能量流、信息流"三流合一"。二是为公司网上电网项目投资管控功能开发提供理论基础。将投资统计自动生成和信息贯通等技术作为改变电网投资统计水平的重要内容，在投资统计模块构建过程中进一步优化业务工作，提升项目投产判断的准确性，提升项目管理效率和管控质量，促进提升电网公司投资统计管理科学性、合理性和准确性。

五、参考文献

［1］国网互联网部 . 泛在电力物联网建设大纲（节选）[J]. 华北电业，2019，294（3）：22–31.

［2］傅质馨，李潇逸，袁越 . 泛在电力物联网关键技术探讨 [J]. 电力建设，2019，40（5）：5–16.

［3］袁立明 . 院士李立浧：中国需要"透明电网"[J]. 地球，2018（11）：40–41.

［4］李晓东 . 电力企业数据中心数据管控的研究与应用 [J]. ELECTRIC POWER IT. 2012（8）：–0060–05.

［5］高骞，杨俊义，张启立 . 基于关键节点累计投资完成比例上限的投资统计填报规范研究 [J]. 经济研究导刊，2018（8）：187–190.

［6］安弟 . 电力行业统计分析系统设计 [J]. 科技展望，2015（3）：69.

［7］李超，侯庆雷，崔大明 . 智能电网信息系统体系结构研究 [J]. 电子技术与软件工程，2015（24）：224–224.

BIM 技术在电网大中型基建项目投资统计中的应用与实践

主要完成人

徐鹏鹏；张乐；张敏；丁小叶；代克丽

主要完成单位

国网江苏省电力有限公司南通供电分公司

摘　　要

随着 BIM 技术快速发展，BIM 技术在电网大中型基建工程设计、开发和运营管理等阶段得到广泛应用，为各阶段资料信息的完整度和统计准确性提供坚实基础。BIM 技术能够为电网大中型基建项目提供三维、四维模型，提高概预算编制的准确性，还能从多维空间对现有单位工程进行解剖，进一步细化单位工程的颗粒度。通过 BIM 时间维度，可以统计出某一时间节点已完成的单位工程，并将单位工程的概预算求和，能够得到更准确地建筑安装费用的投资完成值。BIM 技术的应用不仅增强了投资统计的准确性，也为进度管理、进度款的支付管理提供强有力的数据支撑。

本应用主要以 BIM 技术为依托，以甲地区 110kV 变电站新建工程四维几何模型作为载体，通过单位工程颗粒度划分，应用计算规则和公式，得出某一时间点建筑安装费的投资完成值，应用实践了基于 BIM 技术的电网大中型基建项目投资统计计算方式。本应用对比了基于 BIM 技术的投资报送方式与原报送方式的主要差异，针对现阶段运用产生的问题提出了下阶段的工作重点，包括 BIM 与工程进度的自动匹配、固化典型常用设计单元等方面。

关　键　词

BIM 技术；改进的投资报送方式；准确性

一、工作背景

按照当前国家电网公司现行的投资完成报送规则，建筑安装费采用的是部位进度法，即根据建筑安装工程各单位工程完工进度乘以相应概预算得到的建筑安装工程的投资完成额。受单位工程划分不具体、填报人对工程完成量主观估算误差大等因素的影响，工程现场建设进度信息统计准确性需提高。

BIM 技术核心是通过建立虚拟的建筑安装工程三维、四维模型，利用数字化技术，为模型提供完整的、与实际情况一致的建筑安装工程信息库。该信息库不仅包含描述建筑物、安装物构件的几何信息、专业属性及状态信息，还包含了非构件对象（如空间、运动行为）的状态信息。借助这个包含建筑安装工程信息的三维、四维模型，大大提高了建筑安装工程的信息集成化程度，也为建筑安装工程项目的相关利益方提供了一个工程信息交换和共享的平台。

国家电网基〔2018〕585 号要求新建 35kV 以上输变电工程全面开展三维设计，并在安装、验收等领域进行深化应用，为从施工进度及费用管理入手创造了条件。通过基建项目的 BIM 技术应用与"三率合一"数据监测分析体系的有机结合与交叉论证，通过模型的建立、单位工程的投资计算可以进一步确保投资统计报送科学性、数据准确性和管理有效性，提升项目全过程精益化管控水平。

二、主要内容

国网南通供电公司为提升电网大中型基建项目投资统计精度，诊断分析原报送方式存在问题。针对问题，探索运用 BIM 技术，从细化统计颗粒、缩短统计流程等方面，不断提升统计质量。

1. 原投资统计报送方式存在问题

电网大中型基建项目投资完成值中建筑安装费采用部位进度法。建筑安装费的准确性建立在建筑安装单位工程完工进度与实际相符、各单位工程的概预算解析值正确的基础上。实际运用中往往难以保证准确性，主要体现在以下几方面：

（1）主观因素影响大，容易失真。项目部门虚报迟报建设进度、单位工程解析值错误都将直接影响建筑安装费投资填报。

（2）自动化程度低，精度粗犷。现有数据报送往往采用表单的方式，难以直观地展现当前工期内各项分布分项的成本费用。

（3）报送链条偏长，进度滞后。需经过"项目经理–建设部项目管理–发展部投资管理"报送链条，难以与现场实际进度实时匹配。

2. BIM 技术在投资统计的应用与优势

（1）提升概预算编制的准确性。输变电工程结构设计比较复杂，工程概预算的准确编制就存在一定难度。BIM 技术核心是通过建立虚拟的建筑安装工程三维、四维模型，借助这个包含建筑安装工程信息的三维、四维模型，解决概预算编制人员因使用平面设计造成概预算的偏差问题。

（2）创造工程信息交换和共享的平台。BIM 技术属于数字化技术，能为三维、四维模型提供完整的、与实际情况一致的建筑安装工程信息库。该信息库不仅包含描述建筑物构件的几何信息、专业属性及状态信息，还包含了非构件对象（如空间、运动行为）的状态信息，大大提高了建筑安装工程的信息集成化程度，为建筑安装工程项目的数据使用各方提供了一个工程信息交换和共享的平台。

（3）细化单位工程的颗粒度。三维、四维模型的建立为输变电工程建筑和设备结构进行多维空间解剖创造了条件，能够进一步细化单位工程、建立典型单元划分，进一步提升了投资统计的颗粒度。

典型建筑安装工程模型信息库下的单元划分图如图 1 所示。

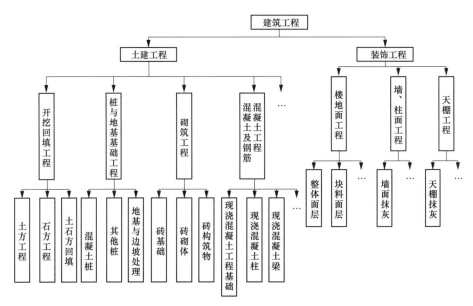

图 1 典型建筑安装工程模型信息库下的单元划分图

3. 运用 BIM 技术计算投资统计完成值

传统的二维设计是通过平面图纸表达，工序与工序之间、材料与材料之间相对独立，设计中难免出现错、漏、碰、缺，很容易造成预算偏差。BIM 技术生成了平、立、剖面、三维视图及三维安装演示，能够细化设计单元的颗粒度，使工程的概预算结果更加精确。通过设计单元与施工单元逐一匹配，统计已完成的施工单元的概预算，能够提高已完成的建筑安装工程费和设备费的统计精度，避免了人为对已完成工作量的估算。

图 2 为通过与 BIM 技术融合改进投资完成报送的技术实施步骤，主要分为五个阶段：

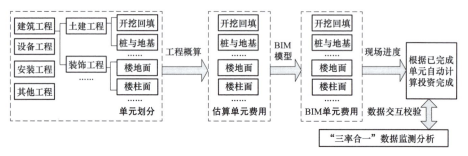

图 2　通过技术融合改进投资完成报送的实施步骤

（1）设计阶段确定最小单元费用。在专业模型构建优化过程中，从建筑、结构、给排水、电气等方面，根据设计图纸、项目工程概预算书及工程周期、工程量，拆分出各个基础单元并计算出相应费用。

（2）施工阶段划分最小施工单元。应用 BIM 技术为项目施工进行阶段性分解，分解到各个施工单元。以建筑安装工程中的土建工程为例，拆分为开挖回填、桩与地基基础工程、砌筑工程、混凝土及钢筋混凝土工程等基础单元或更小的下级单元。

（3）以 BIM 建筑安装工程信息库为纽带，匹配设计单元和施工单元。把设计单元进行编码，划分到相应的施工单元，明确施工单元发生的费用并将编码后的模型与施工计划进行绑定。

（4）计算投资完成。通过现场拍摄照片、视频监控、无人机倾斜摄影、三维激光扫描等技术获取项目现场的室内室外、实时施工即时图像。通过大数据人工智能图像自动识别出已经完成的施工单元数量，根据已完成的施工单元数量可以计算出已发生的建筑安装工程费和设备费。

（5）"三率合一"数据交叉检验。将现有建筑安装工程费和设备费叠加已发生的其他费用作为该项目累计投资完成值，通过"三率合一"数据监测分析平台进行交叉校验，检验数据报送质量，排查其他环节可能存在问题。

投资统计融合 BIM 技术可以使该预算中单位工程的颗粒度得到有效细分，施工单元 BIM 与施工计划进行绑定，使工程进度不再依靠人工估算，投资完成值的自动化采集水平和数据可信度更高；另外也可以给项目进度管理、进度款的支付提供参考依据，减少超前支付风险。最后，本项成果通过"甲地区110kV 变电站新建工程"在该方式下的应用案例，成功论证了该技术方案的可操作性。

4. 典型案例应用分析

下面以"110kV 变电站新建工程"为例，分析通过技术融合提升基建项目投资报送精度的实施效果。

（1）项目概况。110kV 变电站新建工程，静态投资 2000 万元，动态投资2100 万元。建设规模：主变压器本期 $2 \times 50MVA$，远景 $3 \times 50MVA$；110kV 远景出现 4 回，本期 4 回，单母线分断接线，户内布置。10kV 远景单母线四分段接线，出线 36 回；本期单母分断接线，出线 24 回；户内开关柜双列布置，电缆段出线。计划开工时间为 2020 年 6 月份，计划竣工时间为 2022 年 1 月。

（2）BIM 技术在项目投资统计中的应用。设计阶段基于 BIM 模型结构，把模型结构按空间、工序划分若干个单元，解析得到这些单元的投资规模并将这些单元模型进行统一编码。例如建立结构构架单元 SJGJ001，根据模型计算出需要的热轧 H 型钢 3 组，体积共计 10t，需高强度螺栓 100 个、起重量 8t 汽车式起重机 1 台班等，带入定额算出完成搭建这一步需要的总费用为 10 万元。

BIM 在设计场景中应用图如图 3 所示。

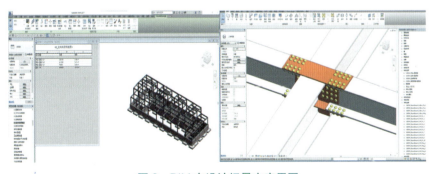

图 3　BIM 在设计场景中应用图

在工程施工阶段，应用 BIM 三维成像特点，将工程划分为若干个施工单元并进行编号。在 BIM 建筑安装工程信息库中，将设计单元填充到施工单元中并与施工计划绑定，进而可以确定每个施工单元的投资。

在 BIM 建筑安装工程信息库建立时间轴，每月定期应用三维激光扫描等技术构建进度模型，通过大数据人工智能图像自动识别统计出当前施工单元总数量和已完成的施工单元的数量。所有已完成的施工单元的投资作为已发生的建筑安装工程费和设备费。

BIM 在工程管理中应用如图 4 所示。

图 4　BIM 在工程管理中应用

例如，将先前设计阶段结构构架单元 SJGJ001、SJGJ002 等填充到施工阶段的构架组立单元 SGGJ001 中。在月度构建 3D 进度模型时，通过自动识别技术识别出该部分已经完成，由项目经理进行确认后，将该部分的费用计入投资。

钢结构组立施工 BIM 动画如图 5 所示。

图 5　钢结构组立施工 BIM 动画

（3）通过"三率合一"校验数据报送质量。根据投资统计报送结果，110kV变电站新建工程截至 7 月份，累计报送投资 1680 万元，完成已下达投资额的 95.81%，完成概预算的 80.00%，其中建筑费 700 万元，安装费 200 万元，设备费 680 万元，其他费用 100 万元。

110kV 变电站新建工程三率曲线截图如图 6 所示，从图 6 曲线看，剔除基建管控系统升级阶段，实际投资进度（绿色实线即应用 BIM 技术计算出的投资完成值）与实际建设曲线（红色）这两条曲线的形状趋势能够保持一致，特别是在土建阶段的 2020 年 6~12 月。

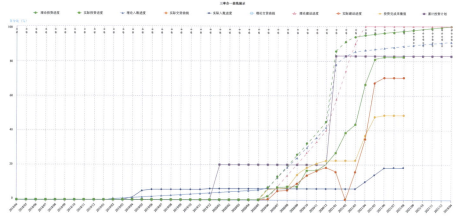

图 6　110kV 变电站新建工程三率曲线截图

两条曲线反映出 2021 年 4 月开始实际投资进度（绿色实线）与实际建设曲线（红色）差距拉大，又逐渐缩小。主要原因是 2021 年 4 月 500 万元设备集中到货其中当月主要电气设备均安装完成，实际投资进度将这部分概预算算入投资中，而由于建设进度维护不及时，未及时将建设进度及时维护，导致实际建设曲线（红色）和投资完成采集值（橘色）低于阈值。

2021 年 6 月，实际投资进度（绿色实线）与实际建设曲线（红色）增长放缓，因为受到政策性保电影响，工程进度放缓。

（4）现场建设进度检查。2021 年 7 月底，到 110kV 变电站新建工程施工现场检查，发现该工程实际已经进入到设备试验验收阶段。土建部分主要剩余二次路面没有浇筑，围墙真石漆未粉刷，主变压器、GIS、电容器、开关柜均已安装完成，一次电缆敷设完成，二次电缆敷设完成，二次接线 90%，调试 60%。

110kV 变电站新建工程现场如图 7 所示，110kV 变电站新建工程现场主变压器通压试验如图 8 所示。

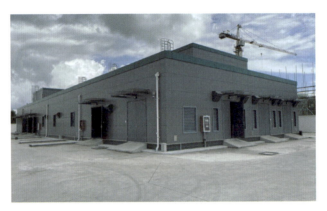

图 7　110kV 变电站新建工程现场

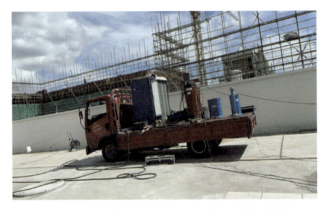

图 8　110kV 变电站新建工程现场主变压器通压试验

经核对现场进度与基建管控系统基本一致。

基建管控系统土建进度图如图 9 所示，基建管控系统电气安装进度图如图 10 所示。

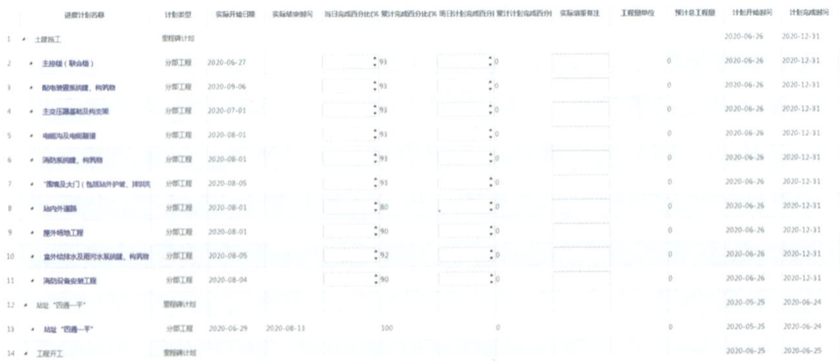

	进度计划名称	计划类型	实际开始日期	实际结束时间	当日完成百分比(%	累计完成百分比(%	当日计划完成百分	累计计划完成百分	实际偏差备注	工程量单位	预计总工程量	计划开始时间	计划完成时间
1	土建施工	里程碑计划										2020-06-26	2020-12-31
2	主控楼（联合楼）	分部工程	2020-06-27			93		0			0	2020-06-26	2020-12-31
3	配电装置系统建、构筑物	分部工程	2020-09-06			93		0			0	2020-06-26	2020-12-31
4	主变压器基础及构支架	分部工程	2020-07-01			93		0			0	2020-06-26	2020-12-31
5	电缆沟及电缆隧道	分部工程	2020-08-01			93		0			0	2020-06-26	2020-12-31
6	消防系统建、构筑物	分部工程	2020-08-01			93		0			0	2020-06-26	2020-12-31
7	"围墙及大门（包括站外护坡、排洪	分部工程	2020-08-05			93		0			0	2020-06-26	2020-12-31
8	站内外道路	分部工程	2020-08-01			80		0			0	2020-06-26	2020-12-31
9	屋外场地工程	分部工程	2020-08-01			90		0			0	2020-06-26	2020-12-31
10	室外给排水及雨污水系统建、构筑物	分部工程	2020-08-05			92		0			0	2020-06-26	2020-12-31
11	消防设备安装工程	分部工程	2020-08-04			90		0			0	2020-06-26	2020-12-31
12	站址"四通一平"	里程碑计划										2020-05-25	2020-06-24
13	站址"四通一平"	分部工程	2020-06-29	2020-08-13		100		0			0	2020-05-25	2020-06-24
14	工程开工	里程碑计划										2020-06-25	2020-06-25

图 9　基建管控系统土建进度图

	进度计划名称	计划类型	实际开始日期	实际结束时间	当日完成百分比(%	累计完成百分比(%	明日计划完成百分	累计计划完成百分	实际填报备注	工程量单位	预计总工程量	计划开始时间	计划完成时间
3	工程开工	里程碑计划										2020-06-25	2020-06-25
4	设备安装	里程碑计划										2021-01-01	2021-03-10
5	主变压器系统设备安装	分部工程	2021-05-10	2021-08-03		100		100			0	2021-01-01	2021-03-10
6	主控及直流设备安装	分部工程									0	2021-01-01	2021-03-10
7	配电装置安装	分部工程	2021-05-10	2021-08-04		100		100			0	2021-01-01	2021-03-10
8	无功补偿装置安装	分部工程	2021-07-28	2021-08-01		100		100			0	2021-01-01	2021-03-10
9	站用配电装置安装	分部工程	2021-05-10			70		100			0	2021-01-01	2021-03-10
10	通信系统设备安装	分部工程	2021-07-26			60		60			0	2021-01-01	2021-03-10
11	全站电缆施工	分部工程	2021-05-28			98		98			0	2021-01-01	2021-03-10
12	全站防雷及接地装置安装	分部工程	2021-07-22	2021-07-25		100		100			0	2021-01-01	2021-03-10
13	全站电气照明装置安装	分部工程	2021-06-10	2021-07-21		100		100			0	2021-01-01	2021-03-10
14	设备调试	里程碑计划										2021-03-11	2021-04-20
15	设备调试	分部工程	2021-07-19			91		92			0	2021-03-11	2021-04-20
16	验收消缺	里程碑计划										2021-04-30	2021-05-24
17	验收消缺	分部工程									0	2021-04-30	2021-05-24

图 10　基建管控系统电气安装进度图

因为 7 月“三率合一”还未在基建管控系统数据取数，图 8 中的实际建设曲线（红色）仍与 6 月持平，实际应缩小与实际投资进度（绿色实线）的差距。可以看出通过应用 BIM 技术建立、分步工程投资完成值计算，110kV 变电站新建工程实际投资进度与建设曲线进度吻合性较好，也及时发现了基建管控系统填报不及时造成投资采集值偏小的情况。

三、特色亮点

（1）本项应用成果创新性地提出一种基于 BIM 技术融合的大中型基建项目投资报送方式。通过 BIM 技术与“三率合一”数据监控系统的技术融合，细化了概预算中单项的颗粒度、施工单元的颗粒度并在 BIM 建筑安装工程信息库中实现一一匹配。在建筑安装工程数据库中，能够自动统计出某一时间节点已完成的工程单元，再求和这些工程单元对应的概预算，得到建筑安装投资完成值。通过这种报送方式达到提升现有投资报送精准度目的，实现图形、进度、现场三者的有机结合。

（2）本项成果以“110kV 变电站新建工程”为例，分析了通过技术融合提升基建项目投资报送精度的实施效果。通过与“三率合一”系统的交叉检验成功论证了该技术方案实际投资进度与建设曲线进度吻合性较好，具备良好的实际的可操作性和方案优越性。

四、应用展望

1. 改进后的投资报送成效

本项成果在甲地区内已得到成功应用，下一步计划结合数据接口融合实现数据自动化集成，最终可实现大规模推广运用。该种投资报送方式与原报送方式的主要差异对比见表1。

表1 原投资报送方式与融合 BIM 投资报送方式差异对比表

项目	原投资报送	融合 BIM 投资报送
主要方法	部位进度法	单元匹配法
主观程度	高	低
自动化程度	低	高
基础数据要求	低	高
报送颗粒度	宽泛	精细
实时性	滞后	及时

通过 BIM 技术的应用，加强了进度报送人员、投资统计人员对现场进度的掌握程度，提高了投资统计报送的速度、精度、准度。结合工程形象进度、里程碑计划和 BIM 的可视化展示，现场管理人员可以及时发现建设过程中滞后的工程单元并进行跟踪，及时调整优化施工单元的施工顺序，提高工程的建设进度。以 110kV 变新建工程为例，该工程计划于 2022 年 1 月投产，根据上述现场进度检查情况，现场实际进度要快于计划进度，预计 10 月份能够竣工投产，较计划提前了三个月，能够有效缓解甲地区的用电压力，满足该地区负荷供电需求。

随着 BIM 技术在投资统计中的逐步应用，本次研究成果提出的投资报送方式可以进一步提高投资统计的及时性、准确性，及早发现投资进度较慢的工程并针对滞后工程调整优化施工流程，加快工程建设速度。根据初步测算，2021年甲地区供电公司大中型基建项目 61 个，总投资 12.96 亿，通过推广该方法报送可将基建项目实际形象进度与投资完成率更好地吻合，为投资决策和基建进度计划管理提供了强有力的支撑，使甲地区当年投运工程平均建设周期缩短 15天，提升投产项目总量 18% 以上，加快投资效益转化，解决甲地区主变压器重载问题，助力海上风电集中并网、高压交直流混联、源网荷储等新型电力系统建设。

2. 现存问题

由于现阶段 BIM 技术的数据接口限制，该类投资报送仍存在费用需人工导出计算、定期比对等问题，下阶段的工作重点主要围绕 BIM 与工程进度的系统自动匹配方面展开，主要包括：

（1）在 autodesk 系统中融合博微电力工程造价软件，基于标准工序条件下，根据单元中的土方量、材料用量自动计算出单元总费用。

（2）根据大中型基建工程典型设计方案，建立并固化更多的常用的设计单元，提高设计单元与施工单元的匹配程度。

（3）建立成本、人材机等数据与模型和进度的关联关系，除建筑安装费用外，对其他费用等提出更科学有效的计算采集方法。

（4）随着 GIM5D 系统的建设，提出设计单元和施工单元自动对应，以及三维呈现设想，实现现场、图形、投资实时一致性。

五、参考文献

［1］冯凯 . 基于"三率合一"的电网基建项目投资执行风险防范手册 [S].

［2］南通公司基于 BIM 的电网基建管理应用方案报告 [R].

10kV 配电网工程执行过程统计监督技术研究

主要完成人

潘翀；鲜其军；刘云平；徐娇；刘述奎；曾鹏；胡一鸣

主要完成单位

国网四川省电力公司；国网成都供电公司

摘　　要

10kV 及以下配电网项目是电网投资的重点，也是"放管服"以来各公司具有自主决策权的重要投资渠道。为做好 10kV 电网基建项目"三率合一"管理全过程常态监测，国网四川省电力公司以国网成都供电公司为试点，在现有的 10kV 配电网工程监测指标研究的基础上，从业务流程切入，深入调研配电网项目执行过程管理模式和信息化系统现状，挖掘中低压配电网基建工程投资、建设工期、建设规模、物资领用、成本入账、资金支出等方面的业务规律，依照配电网工程执行过程"三率合一"管理实际需求，分析配电网项目统计监督管理影响因素，整理发展专业、设备专业以及物资专业的监测预警指标及其设定规则，并筛选出 20 项监测预警指标，建立了贯穿"省－市－县－明细项目"的监测预警指标体系，而后结合实际案例采用科学统计及预警打分模式验证指标体系的应用效果。结果反映，监测预警指标体系的直观得分数据可以反映管控工作的薄弱点，发现和反馈配电网基建工程管理过程中存在的问题。本研究通过对不同预警指标进行权重分配，能够实现从明细项目扩展至区域和专业的多维度精益管理，精准展现多专业、多层级精益管理特点与问题，以满足从项目建管人员到县公司、地市专业部门及省公司不同层级的预警监测需求，有效提高管控水平，该监测预警指标体系在"三率合一"配电网工程执行过程管理中具有示范性，其他公司可依据本研究的指标体系构建思路结合实际情况考虑区域差异加以优化。

关　键　词

配电网工程；三率合一；指标体系；统计监督；项目管理

一、工作背景

从近年管理情况来看，10kV 配电网项目仍然存在管理脱节、预控手段缺乏、专业协同不足等情况，部分区域 10kV 及以下配电网缺乏系统研究，存在初步设计（以下简称"初设"）方案统筹性、前瞻性不足等情况；部分单位仍然存在计划和执行"两张皮"的现象；部分项目建设进度滞后不能及时完成现场实施，甚至出现长期在建或跨年调整的项目，导致项目投资效益不能及时发挥，配电网项目管理在规划前期、计划执行和考核评估等方面还需要进一步规范完善。当前配电网项目监督管理闭环管控机制尚不完善，需要建立规范的评价流程和指标体系，形成有效的统计监督手段。

二、主要内容

国网四川省电力公司以国网成都供电公司为试点，紧密围绕公司战略部署，在现有的 10kV 配电网工程监测指标研究的基础上，深入调研配电网项目执行过程管理模式和信息化系统现状，挖掘中低压配电网基建工程投资、建设工期、建设规模、物资领用、成本入账、资金支出等方面的业务规律，研究监测预警指标体系，辅助配电网项目投资执行过程监测。为保证圆满完成相关工作，从业务流程切入，以统计数据驱动，依靠专业协同合力，有序推进公司中低压配电网项目执行过程管理提升，开展公司 10kV 配电网工程执行过程统计监督技术研究。

（一）开展 10kV 配电网工程项目业务规律挖掘

一是调研整理投资计划与预算管理、项目进度管理、项目物资与采购服务管理、成本入账管理以及信息化应用五个方面的管理内容，厘清 10kV 配电网工程项目投资计划管理、工程投资预算管理、投资统计管理的基本情况和相互关系，掌握项目组织形式、进度计划编制、建设进度维护的基本要点，确定配电网项目采购流程管理和合同管理的细节。

二是针对 10kV 配电网工程项目的各项特点，将配电网项目分成城市配电网、农村配电网、10kV 业扩配套项目以及低压业扩配套项目。城市配电网、农村配电网项目总体情况相似，是本课题的重点分析研究对象。10kV 业扩配套项目目前与城、农网项目的主要差异是暂未纳入 PMS 系统管理且存在打包下达情况，而低压业扩配套项目情况特殊，本次课题暂不分析业扩配套项目，待后续业扩配套项目正式纳入 PMS 系统管控后，再结合实际开展业扩配套项目监测预警分析。

10kV 配电网项目分类见表 1。

表 1　　　　　　　　　　　10kV 配电网项目分类

类别	城市配电网	农村配电网	10kV 业扩配套项目	低压业扩配套项目
项目可行性研究（以下简称"可研"）	单个项目	单个项目	单个项目可研、初设一体化	无
初设批复	单个项目	单个项目		无
投资计划	单个项目	单个项目	资金量小：预下达项目包 资金量大：项目单体项目	分县按项目包打捆
PMS	单个项目	单个项目	未纳入	未纳入
ERP 及网上电网	单个项目	单个项目	既有项目包打捆又有单个项目	按项目包打捆

三是梳理 10kV 配电网项目全流程，主要包括"投资→需求提报→合同签订→开工→竣工投运→支出入账"6 个阶段，根据配电网工程项目执行全过程对投资计划环节、工程建设环节、物资管理环节、成本入账环节展开难点和关键风险点分析。

10kV 配电网项目流程如图 1 所示。

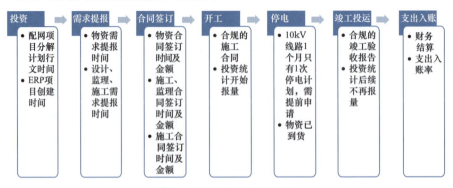

图 1　10kV 配电网项目流程

（二）建立监测预警指标体系

依据网上电网"三率合一"数据监测指标情况，结合配电网工程执行过程管理实际需求，拟定本次研究监测范围为所有纳入综合计划的配电网项目。10kV 配电网项目执行过程统计监督的监测预警指标体系旨在针对各专业工作环节设置监测预警指标的预警规则，以保证监测预警模型应用的有效性和合理性。基于此要求，首先分析配电网项目投资进度完成率相关因素、建设进度完成率相关因素、入账进度完成率相关统计监督影响因素，在国网发展部"三率合一"现有预警指标[1]基础上，结合工作实际，增加相应监测指标，初步整理发展专业（4 项）、设备专业（9 项）以及物资专业（7 项）监测预警指标共计 20 项指标及其具体设定规则，形成较为有效合理的 10kV 配电网项目执行过程统计监督监测预警指标体系。

结合工作实际，梳理选取 13 项国家电网公司"三率合一"现有预警指标，主要包括（发展专业 1 项）疑似多报投资预警指标；（设备专业 5 项）10kV 及以下项目实际开工时间准确率、10kV 及以下项目实际竣工时间准确率、ERP 项目建项与 PMS 项目建项偏差率、10kV 及以下项目配电变压器容量偏差率、10kV 及以下项目线路总长度偏差率预警指标；（物资专业 7 项）物资领用疑似不规范、已开工未及时领料、在建项目领用配电变压器容量合理性、在建项目领用线路长度合理性、投产后仍领料、已投产项目领用配电变压器容量合理性、已投产项目领用线路长度合理性预警指标。13 项现有"三率合一"预警指标详情参见《国网发展部 2020 年"三率合一"监测指标》[1]。

同时，新增监测预警指标 7 项，其中发展专业预警指标新增 3 项，设备专业预警指标新增 4 项，物资专业预警指标主要沿用国家电网公司现有"三率合一"预警指标。根据国网成都供电公司 10kV 配电网项目执行过程统计监督实际情况，定义 7 项新增预警指标规则如下：

1. 发展专业新增指标

（1）投资计划分解不及时预警：

地市公司配电网项目分解计划行文时间 – 省公司综合计划下达时间＞1 个月，则预警。

（2）投资完成填报值预警：

投资完成填报值大于初设批复值，则预警。

（3）项目计划调整率预警：

因项目前期工作不到位或项目现场建设条件发生变化，导致配电网项目计划下达后，需要对项目投资或项目方案做出调整，往往将影响项目执行进度。项目计划调整，则预警。

将纳入计划调整的配电网项目个数与年度下达投资计划的配电网项目总个数进行比较，得出项目计划调整率，公式如下：

$$项目计划调整率 = \frac{计划调整项目个数}{年度计划下达项目总个数} \times 100\%$$

2. 设备专业新增指标

（1）需求提报超期预警：

ERP 建项后 1 个月以上未进行需求提报，则预警。

（2）合同签订超期预警：

需求提报后 2 个月以上未签订合同，则预警。

（3）投资完成采集值预警：

各项目投资完成采集值 > 计划下达值，则预警。

备注：投资完成采集值 =（领料总金额 – 退料总金额）×（1+13%）/（1 – 20%）+ 服务成本 ×（1+6%）/（1–20%）（其中 13% 是物资增值税率，6% 是服务类增值税率，20% 是结余率）。

（4）项目初设执行偏差率预警：

各单位配电网项目初设重视程度不高，初设深度不够，对城市发展规划和用电需求变化预判不足，导致规划方案与实际建设方案有较大差别，指导性不强；同时，存在做大规划投资争盘子的问题，初设投资准确性较低。项目初设执行偏差 > 10%，则预警。

通过比较项目初设批复投资与决算投资的差值，计算项目初设执行偏差率，公式如下：

$$项目初设执行偏差率 = \frac{|初设批复投资 – 决算投资|}{决算投资} \times 100\%$$

其中初设批复投资取 PMS 初设批复动态总投资数，决算投资取项目 ERP 财务决算金额。

综上建立监测预警指标体系，通过对不同预警指标进行权重分配，可以实现分项目、分专业及分单位不同层级的项目情况展示及评价，以满足从项目建管人员到县公司、地市专业部门及省公司不同层级的预警监测需求，实现项目执行过程精益管控，本研究各指标权重分配如图 2 所示，其中标红指标为新增指标。

依照省 – 市 – 县专业管理层级和 10kV 配电网项目执行过程统计监督工作需求，建立贯穿"省 – 市 – 县 – 明细项目"的监测预警指标体系，市、县公司层面以图 2 监测预警模型为基础预警体系，省公司层面再增加互联网办专业，监测预警指标体系如图 3 所示。

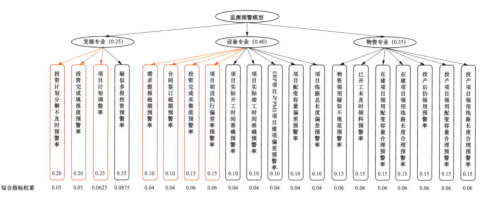

图2　10kV 配电网执行过程统计监督监测预警指标及权重

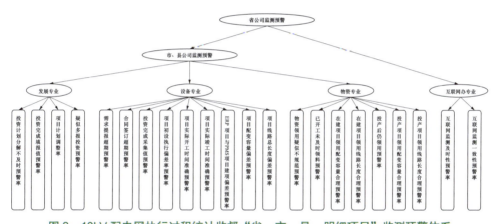

图3　10kV 配电网执行过程统计监督"省－市－县－明细项目"监测预警体系

（三）监测预警指标模型检验

结合国网成都供电公司部分区县有普适性的配电网项目进行监测预警指标体系应用，以国网成都供电公司 2020 年都江堰、邛崃、青白江、金堂四个区县公司部分配电网基建项目为例，结合预警模型指标开展实际项目的科学统计及预警分数评估，最终实现县公司 10kV 配电网工程项目的各专业管理得分评估考核。根据得分情况来分析县公司 10kV 配电网项目执行过程管理工作的优点和薄弱点，并提出针对性优化措施，提高配电网项目执行过程统计监督管理水平。同理，可根据指标体系开展地市及省公司 10kV 配电网工程项目得分评估，模型验证不做赘述。

1. 发展专业

发展专业得分见表2。

表 2 发展专业得分

单位名称	项目个数	投资计划分解不及时预警率得分	疑似多报投资预警率得分	投资完成填报值预警率得分	项目计划调整预警率得分	指标总分
青白江公司	6	0	35	20	13.75	68.75
都江堰公司	6	0	29.17	20	20	69.17
邛崃公司	5	0	35	20	5	60
金堂公司	6	0	35	20	25	80

表 2 可见，一是市公司存在配电网项目分解计划行文时间晚于省公司综合计划下达时间超出 1 个月的普遍情况，需要在配电网项目分解计划行文通知工作方面进行优化调整。二是项目疑似多报投资情况较少，大多数配电网项目投资评审全面，严格把控投资过程。三是区县公司计划实际执行情况不一，存在计划调整情况。综合来看，发展专业金堂公司得分较高，邛崃公司得分较低，且投资计划分解不及时对发展专业影响较大。

2. 设备专业

设备专业得分见表 3。

表 3 设备专业得分

单位名称	项目个数	需求提报超期预警率得分	合同签订超期预警率得分	投资完成采集值预警率得分	实际开工时间准确率得分	实际竣工时间准确率得分
青白江公司	6	6.67	1.67	7.5	10	3.33
都江堰公司	6	1.67	0	12.5	10	8.33
邛崃公司	5	10	0	15	10	10
金堂公司	6	10	0	5	10	6.67

单位名称	项目个数	ERP项目建项与PMS项目建项偏差预警率得分	配电变压器容量偏差预警率得分	线路总长度偏差预警率得分	项目初设执行偏差预警率	指标总分
青白江公司	6	10	10	6.67	12.41	68.25
都江堰公司	6	10	10	8.33	13.54	74.37
邛崃公司	5	10	10	4	11.09	80.09
金堂公司	6	10	10	3.33	12.83	67.83

表 3 可见，一是区县公司的需求提报进度不一，需要加强配电网项目需求

提报的考核管理。二是合同签订超期情况非常严重，大多数配电网项目合同签订均晚于需求提报 3 个月以上，需要加强对各县公司的合同签订流程管理及考核，优化合同签订流程，提高合同签订效率。三是存在一定程度的投资完成采集值预警情况。四是部分县公司报送的实际投产时间与 PMS 中的实际竣工时间差异较大，需要进行数据统计优化整改。五是配电网项目线路总长度在 PMS 中和实际报送的过程中存在一定偏差，部分区县公司还存在 PMS 没有统计线路长度的情况，需要加以管控整改及 PMS 数据维护，优化管理考核工作。六是配电网项目的初设执行偏差率在 10%~25%，需加强初设阶段精准投资管理工作的优化。总体来看，设备专业邛崃公司得分较高，需求提报和合同签订超期情况对设备专业影响较大。

3. 物资专业

物资专业得分见表 4。

表 4　　　　　　　　　　　　物资专业得分

单位名称	项目个数	物资领用疑似不规范预警率得分	已开工未及时领料预警率得分	在建项目领用配电变压器容量合理性预警率得分	在建项目领用线路长度合理性预警率得分
青白江公司	6	12.5	15	15	15
都江堰公司	6	10	15	15	15
邛崃公司	5	15	15	15	15
金堂公司	6	12.5	15	15	15

单位名称	项目个数	投产后仍领料预警率得分	已投产项目领用配电变压器容量合理性预警率得分	已投产项目领用线路长度合理性预警率得分	指标总分
青白江公司	6	10	15	7.5	90
都江堰公司	6	10	12.5	15	92.5
邛崃公司	5	10	15	0	85
金堂公司	6	10	15	10	92.5

表 4 可见，一是个别项目存在物资领用疑似不规范的情况，需要针对性加

强配电网项目物资领用的精细化管理。二是已投产配电网项目的领用配电变压器容量有极个别配电网项目存在偏差，需要加强管理及项目评审优化。三是部分配电网项目存在领料线路长度与实际线路长度不符情况，领料线路长度过长，存在一定超标领料情况，需要物资领料管理加强管控优化审核。总体来看，各单位设备专业得分均较高，邛崃公司已投产项目领用线路长度合理性预警率得分对该单位影响较大。

4. 综合得分

结合三个专业预警指标数量，将发展专业、设备专业、物资专业的影响系数分别定为 0.25、0.4、0.35，计算加权得分见表 5。

表 5　　　　　　　　　各单位项目执行过程得分情况表

单位名称	项目个数	发展专业预警得分	设备专业预警得分	物资专业预警得分	统计监督预警指标总得分
青白江公司	6	17.19	27.3	31.5	75.99
都江堰公司	6	17.29	27.35	32.38	77.02
邛崃公司	5	15	32.04	29.75	76.79
金堂公司	6	20	27.13	32.38	79.51

从案例结果看，县公司 10kV 配电网工程项目执行过程还存在较多问题，需要协同相关专业共同完成配电网工程执行过程管理提升。

三、特色亮点

（1）创新性：本研究在结合配电网工程执行过程管理实际需求初步整理发展专业、设备专业以及物资专业监测预警指标规则，而后筛选配电网工程三个专业的监测预警指标，以保证监测预警指标体系科学客观、全面完整，而后结合实际案例采用科学打分模式验证指标体系的应用效果，保证指标体系数据得分的真实性和客观性。

（2）示范性：本研究建立了贯穿"省－市－县－明细项目"的监测预警指标体系，结合国网成都供电公司配电网工程案例应用情况来看，本研究的监测预警指标体系在"三率合一"配电网工程执行过程管理中具有示范性，能够实现从明细项目扩展至区域和专业的多维度精益管理，精准展现多专业、多层级精益管理特点与问题，有效提高管控水平，其他公司可以依据本研究的指标体系构建思路结合实际情况考虑区域差异加以优化。

（3）效益性：监测预警指标体系综合得分可以直观反映出管控工作的薄弱点，发现和反馈配电网基建工程管理过程中存在的问题，以及时预警、纠偏。同时充分运用网上电网系统，为计划调整提供支撑，提高工作效率和统计数据质量，降低配电网项目管理成本，提升投资效益。

四、应用展望

本研究建立了贯穿"省－市－县－明细项目"的监测预警指标体系，能够实现从明细项目扩展至区域和专业的多维度精益管理，精准展现多专业、多层级精益管理特点与问题。结合国网成都供电公司配电网工程案例应用情况来看，监测预警指标体系应用能更加精准地识别各阶段关键环节风险，有利于监测投资计划的准确性、工程建设的真实性与物资领退的合规性，辅助配电网工程投资过程精益管控，同时提高统计监督技术水平，增加企业内部专业协同能力，实现电网企业 10kV 配电网项目规范、高效地实施。后续将结合国家电网公司下一步工作指示持续优化指标体系，其他公司可依据本研究的指标体系构建思路结合实际情况考虑区域差异加以优化。

五、参考文献

［1］国网发展部 2020 年"三率合一"监测指标 .

配电网项目全流程数据监测分析平台建设与应用

主要完成人

薛龙江；郑琦；马蕾；朱悦人；赵扉；顾海松；吴军；朱晶亮

主要完成单位

国网浙江省电力有限公司嘉兴供电公司；国网浙江省电力有限公司平湖市供电公司

摘　　要

配电网项目全过程管理中存在发展、运检、财务、物资等跨专业、跨部门间流程不衔接、管理要求不一致，数据统计口径差异化等问题，导致统计数据存在一定程度的失真。为实现配电网项目全流程数据投资统计可视化管理，国网浙江省电力有限公司嘉兴供电公司（以下简称"国网嘉兴供电公司"）按照属地配电网项目特征，先行探索，一是建立配电网三率数据监测分析体系，构建配电网三率指标（建设进度、入账进度、投资进度）管理研究体系，搭建配电网三率可视化监测预警平台工具；二是优化配电网项目核查管理方法，简化三率指标取数逻辑，辅以可视化监测预警平台工具，预警当前存在问题的项目，形成项目负面清单管理库；三是搭建配电网项目管理风险防控机制，依托配电网三率可视化监测平台分析结果，分析评估项目管理风险点，建立四大类、十八小类事前风险防控措施库，以先进的数字化手段实现配电网项目全过程精益化管理，提升配电网项目投资统计的准确性。

关　键　词

三率合一；偏差预警；投资统计；项目管控；数据监督

一、工作背景

国家电网公司指出要加强统计监督，提高统计数据真实性。大数据时代下，数据已经成为管理的最有力抓手。当前供电企业管理还存在统计数据失真、数据利用不充分、跨部门数据不匹配等问题，亟须依托全口径全过程项目管理系统建设成果解决上述难题。

一是践行国家电网公司、国网浙江省电力有限公司（以下简称"国网浙江电力"）电网高质量发展的要求。国家电网公司、国网浙江电力提出"主动适应改革要求，加快实现精准投资，切实提高电网发展质量和效率"的工作目标，依托全口径、全过程项目管理系统建设成果，以配电网项目为切入点，积极开展发展、运检、财务跨部门数据联合分析，研究配电网项目三率指标管理体系，为提升投资统计准确性积累了宝贵经验。

二是全面开展配电网项目投资统计数字化改革的需求。随着国家电网公司内外部管理要求的不断提高，深入研究并建立面向项目全过程精益化管理的"三率合一"数学模型，通过构建全方位、全口径管理模式，健全投资项目管理条线，细化业务目标，实时动态监控项目执行进度及存在隐患，推动投资项目执行到位。

三是提升配电网项目投资统计精益化管理水平的需要。配电网项目管理水平仍有不少潜在提升空间，存在粗放式投资管理模式惯性大、缺乏科学系统的辅助决策手段、配电网项目管理并行造成需求信息沟通不畅等问题，亟须建立并推广一套科学的基于大数据驱动的配电网项目动态投资多专业协调管理体系，缓解国家电网公司配电网基建项目三率管控体系落地难的困境。

二、主要内容

（一）建立配电网三率数据监测分析体系

广泛调研国内外配电网项目全过程精益化管理理念与策略，借鉴相关先进经验，提出符合配电网三率指标取数逻辑、评价体系。重点构建配电网三率指标（建设进度、入账进度、投资进度）管理研究体系，以施工、物资两个维度穿透性分解三率指标，剖析项目形象进度与财务进度匹配因素，搭建配电网三率可视化监测平台工具。

1. 三率指标穿透分析，深化研究对象

深入解析建设进度完成率（配电网施工计划执行）、投资进度完成率（发展投资计划执行）与入账进度完成率（工程成本执行）三者关系，为项目全过程管理提供理论依据。

建设进度完成率，该指标主要反应配电网项目现场实际施工情况，本质上可分为"物资形象进度"与"施工形象进度"。"物资形象进度"以物资领用数量为进度发生判定依据；"施工形象进度"以物资安装数量为进度发生判定依据。投资进度完成率，该指标为投资统计口径上报的数据，主要反映项目实际建设进度，是以实时工程量进度为基础换算的资金进度，故本质上项目投资进度完成率应与建设进度完成率一致。入账进度完成率，该指标主要体现项目成本执行情况，研究对象为财务进度，重点解析项目概算，深度分析概算书架构，剖析项目四项费用，以项目实际支付的财务资金为进度发生判定依据。

2. 剖析指标关系，构建进度研究体系

从配电网项目投资构成（财务进度）与项目建设进度（形象进度）两者关系来看，可从施工、物资两个维度开展项目形象进度与财务进度对比分析，披露工程实施过程中的问题。考虑配电网项目的其他费用具有资金占比小，种类多，不易分析，与实际建设进度关联性小等特征，故暂不将其纳入研究体系内。以"施工形象进度"维度分析，重点考虑现场实际施工进度与项目的建筑工程费、安装工程费之间的关联对比；以"物资形象进度"维度分析，重点考虑现场实际物资进度与项目的设备购置费之间的关联对比。配电网项目投资与建设进度关系图如图1所示。

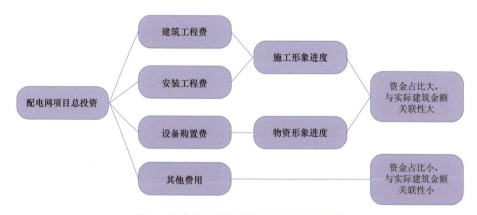

图1 配电网项目投资与建设进度关系图

根据上述研究成果，以项目含税概算书为载体，构建项目建设进度资金化方式转换体系。总体按照"进度×权重"方式计算，项目建设进度完成率＝施

工形象进度 × 权重 + 物资形象进度 × 权重，具体计算公式见表1。

表 1 项目建设进度完成率计算公式

指标类型	费用类别	权重
施工形象进度	建筑工程费	（建筑工程费 + 安装工程费）/ 三项费用之和
	安装工程费	
物资形象进度	设备购置费	设备购置费 / 三项费用之和

　　为方便分析配电网三率偏差原因，对"建设进度""入账进度"按施工、物资两个维度进行二次深化，分为"施工形象进度""施工财务进度""物资形象进度""物资财务进度"四个类别，具体计算公式及取数逻辑见表2。

表 2 形象进度和施工进度的计算明细

指标类型	计算公式	备注
物资形象进度	物资形象进度 = ∑（单个物料进度 × 权重） 单个物资进度 = 领用数量 / 物资数量	计算权重所涉及的物资为项目设备及大金额主材，主要包含水泥杆、钢管塔、架空线、柱上开关、避雷器、柱上熔丝具、电缆、环网柜、中压电缆分支箱、中压中间接头、柱上变压器、箱式变压器、综合配电箱（JP柜）、低压电缆、低压分支箱、低压架空线、集束入户线、电缆保护管
物资财务进度	物资财务进度 = 已发生设备购置费 / 概算应发生设备购置费	
施工形象进度	施工形象进度 = ∑（单个分项施工进度 × 权重） 单个分项施工进度 = 实际工程量 / 分项工程量	计算权重所涉及的施工工程量主要包含立杆、架线、安装柱上开关、敷设电缆、安装环网柜、安装分支箱、环网柜基础、分支箱基础、排管、顶管、电缆井、配电变压器
施工财务进度	施工财务进度 = 已发生（建筑工程费 + 安装工程费）/ 概算应发生（建筑工程费 + 安装工程费）	

　　上述进度计算公式中，权重的计算数据皆来自项目概算书，自概算书抽取建筑工程费、安装工程费、设备购置费的明细数据，通过概算分项金额占比计算出对应权重。以计算"敷设电缆"单项的施工形象进度权重为例，权重 = 敷设电缆相关的分项安装工程费之和 / 项目总安装工程费。"敷设电缆"单项施工形象进度的概算数据抽取图如图2所示。

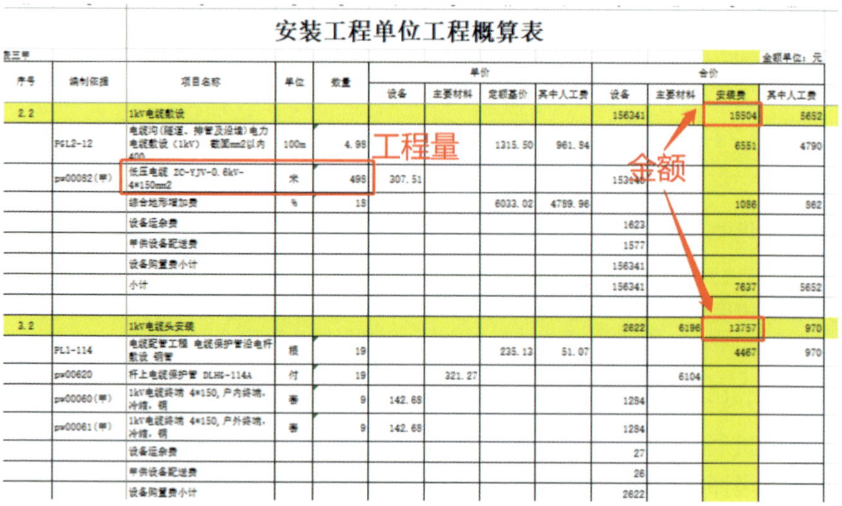

安装工程单位工程概算表

表三甲　　金额单位：元

序号	编制依据	项目名称	单位	数量	单价				合价			
					设备	主要材料	定额基价	其中人工费	设备	主要材料	安装费	其中人工费
2.2		1kV电缆敷设							156341		18504	5652
	PGL2-12	电缆沟（隧道、排管及沿墙）电力电缆敷设（1kV） 截面mm2以内400	100m	4.98			1315.50	961.84			6551	4790
	pw00082（甲）	低压电缆 ZC-YJV-0.6kV-4*150mm2	米	498	307.51				153[illegible]			
		综合地形增加费	%	18			6033.02	4789.96			1086	862
		设备运杂费							1623			
		甲供设备配送费							1577			
		设备购置费小计							156341			
		小计							156341		7637	5652
3.2		1kV电缆头安装							2622	6196	13757	970
	PL1-114	电缆配管工程 电缆保护管沿电杆敷设 钢管	根	19			235.13	51.07			4467	970
	pw00620	杆上电缆保护管 DLHG-114A	付	19		321.27				6104		
	pw00060（甲）	1kV电缆终端 4*150，户内终端，冷缩，铜	套	9	142.68				1284			
	pw00061（甲）	1kV电缆终端 4*150，户外终端，冷缩，铜	套	9	142.68				1284			
		设备运杂费							27			
		甲供设备配送费							26			
		设备购置费小计							2622			

图 2 “敷设电缆”单项施工形象进度的概算数据抽取图

综上所述，项目建设进度、入账进度可从施工与物资两个方面衡量，以项目概算书为依托，自动获取 ERP 中项目过程发生金额为手段，构建了配电网三率指标取数逻辑。配电网三率指标取数逻辑见表 3。

表 3　配电网三率指标取数逻辑

指标类型	计算公式	源端数据系统
建设进度完成率	项目建设进度完成率 = 物资形象进度 × 权重 + 施工形象进度 × 权重	ERP 平台中“cj”“ZFI1402039”命令，项目概算书
投资进度完成率	投资进度完成率 = 累计完成投资数 / 项目总投资（概算）	规划计划管理平台
入账进度完成率	入账进度完成率 = 累计成本含税 / 项目总投资（概算）	ERP 平台中“ZFI1402039”命令

3. 转换研究成果，构建配电网三率监测工具

为彻底发挥配电网三率指标监测分析功效，国网嘉兴供电公司配套研发了 Web 端和 App 端，均可实现多人访问，通过独立的权限系统实现不同用户的访问需求。其中 Web 端主要功能包括项目三率数据四层穿透图表展示、项目管理、预警管理、数据管理等模块功能。配电网项目“三率”数据监测分析平台 Web 端功能模块图如图 3 所示，配电网项目“三率”数据监测分析平台 Web 端各项目三率图如图 4 所示。

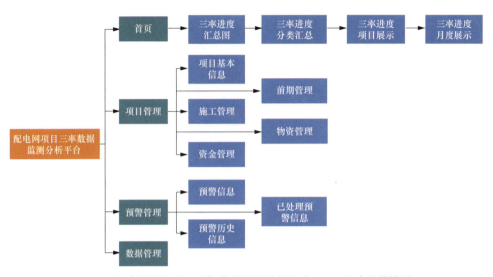

图 3 配电网项目"三率"数据监测分析平台 Web 端功能模块图

图 4 配电网项目"三率"数据监测分析平台 Web 端各项目三率图

手机 App 端主要用于记录配电网项目实施阶段的形象进度。该平台数据采集方式为工作负责人每日施工阶段，在手机 App 端记录当天施工材料领用安装数量，然后通过后台数据自动运算转换为实时的项目建设进度、施工形象进度、物资形象进度，为投资进度的填报、平台预警分析、项目过程管控提供依据。App 端主要功能包括施工管理、项目信息查看、物资信息查看、资金信息查看、预警信息查看、个人信息修改。

选取"浙江嘉兴秀洲王江泾镇北荷村屋子浜北等 10kV 台区及低压线路改造工程"作为典型项目演示 App 端数据监测操作。一是点击项目管理 ▤ 菜单，展示项目列表,可输入项目名称进行查询。二是在项目列表中点击典型项目,查看项目基本信息、施工管理、物资管理、资金管理等,实时记录匹配主要材料领用安装数量。三是点击预警信息 ⓘ 菜单,展示预警信息界面,预警信息包括当前预警信息、已处理预警信息、历史预警信息三个子功能。图 5 和图 6 为典型配电网项目全流程数据监测操作流程图。

典型项目列表示意图　　　单个项目基本信息　　　单个项目施工管理信息

图 5　典型配电网项目全流程数据监测操作流程图（1）

单个项目物资管理信息　　　单个项目资金管理信息　　　单个项目预警信息

图 6　典型配电网项目全流程数据监测操作流程图（2）

基于对配电网三率指标的解析成果，国网嘉兴供电公司搭建完成配电网三率监测平台 Web 端和 App 端并实用化。2021 年，累计录入 187 个配电网项目至平台，实现嘉兴全量配电网项目在线监测，预警信息闭环管理。

（二）优化配电网项目核查管理方法

1. 完善配电网三率工作机制

一是优化内部管理业务。国网嘉兴供电公司各县、区公司将综合计划、投资计划、投资统计"三岗合一"，形成"一人对外"格局，解决内部信息不对称、沟通不畅问题。二是强化跨专业协同机制。各县、区公司组建由分管领导牵头，发展、财务、运检部门参与的"三率"工作小组；建立跨专业会商机制，明确各业务部门管理专职，形成以发展计划专职为中心的协同工作机制。

2. 构建协同配电网三率管理流程

建立配电网项目三率监测分析管理流程，明确各业务管理方职责，细化监测预警信息处理步骤，加强配电网项目全过程管理精益化水平，实现偏差预警到位、整改分析闭环。配电网项目"三率"监测分析管理流程如图 7 所示。

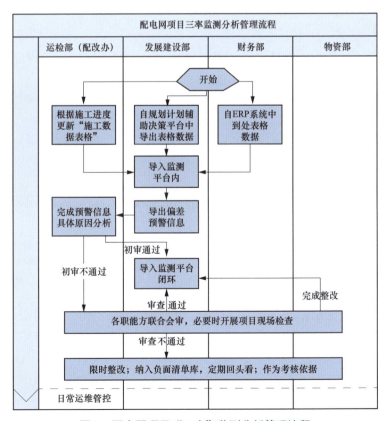

图 7 配电网项目"三率"监测分析管理流程

3. 建立配电网三率数字化监测预警体系

在配电网三率监测分析工具的基础上，深化功能应用，建立施工、物资两个维度的形象进度与财务进度偏差快速响应机制。当物资形象进度与物资财务进度偏差在规定的阈值以上进行预警；当施工形象进度与施工财务进度偏差在规定的阈值以上进行预警。配电网三率预警逻辑关系表见表4。

表 4 配电网三率预警逻辑关系表

序号	判定逻辑	级别	预警名称	预警提示
1	入账进度 > 95%，且（入账进度 – 建设进度）> 0%	1	工程管理不规范	疑似虚假投产
2	建设进度 > 95%，且（建设进度 – 入账进度）> 0%	1	工程管理不规范	施工完成，疑似滞后付款
3	0%< 建设进度 <95%，且（入账进度 – 建设进度）> 20%	1	工程管理不规范	施工中，超前付款
4	0%< 建设进度 <95%，且（建设进度 – 入账进度）> 20%	1	工程管理不规范	施工中，滞后付款
5	（入账进度 – 投资进度）> 20%	1	投资统计不规范	疑似少报投资
6	投资完成率 > 210% 的物料领用率，且投资完成率 > 110% 合同签订率	1	投资统计不规范	疑似多报投资
7	物资财务进度 > 95%，且（物资财务进度 – 物资形象进度）> 0%	2	物资管理不规范	× × 物资领用中，整体超前过账
8	物资形象进度 > 95%，且（物资形象进度 – 物资财务进度）> 0%	2	物资管理不规范	× × 物资领用完成，整体滞后过账
9	物资形象进度 =0%，且（物资财务进度 – 物资形象进度）> 20%	2	物资管理不规范	× × 物资未领用，超前入账
10	物资形象进度 ≠ 0%，且（物资财务进度 – 物资形象进度）> 20%	2	物资管理不规范	× × 物资领用滞后，超前入账
11	物资财务进度 =0%，且（物资形象进度 – 物资财务进度）> 20%	2	物资管理不规范	× × 物资未入账，超前领用
12	物资财务进度 ≠ 0%，且（物资形象进度 – 物资财务进度）> 20%	2	物资管理不规范	× × 物资入账滞后，超前领用

续表

序号	判定逻辑	级别	预警名称	预警提示
13	施工财务进度＞95%，且（施工财务进度－施工形象进度）＞0%	2	施工管理不规范	施工中，施工超前结算
14	施工形象进度＞95%，且（施工形象进度－施工财务进度）＞0%	2	施工管理不规范	施工完成，施工滞后结算
15	施工形象进度 =0%，且（施工财务进度－施工形象进度）＞20%	2	施工管理不规范	未施工，施工超前付款
16	施工形象进度 ≠ 0%，且（施工财务进度－施工形象进度）＞20%	2	施工管理不规范	施工中，施工超前付款
17	施工财务进度 =0%，且（施工形象进度－施工财务进度）＞20%	2	施工管理不规范	施工中，施工无付款
18	施工财务进度 ≠ 0%，且（施工形象进度－施工财务进度）＞20%	2	施工管理不规范	施工中，施工滞后付款

其中预警等级主要分为一级和二级，在触发序号3、序号4（上述表格中）一级预警的条件下，才会按"施工形象进度""施工财务进度""物资形象进度""物资财务进度"四者的逻辑关系再次分析，从而触发二级预警，呈现出具体的预警原因。例如：项目达到"0%＜建设进度＜95%，且（入账进度－建设进度）＞20%"条件后，会再次分析达到"物资形象进度 ≠ 0%，且（物资财务进度－物资形象进度）＞20%"条件，根据 Web 与 App 端采集的数据，自动研判出某某物资领用滞后，超前入账。

在平台一键导出预警内容后，由运检部（配改办）负责统筹协调解决，在完成预警分析、闭环措施后，通过各部门联合会审，判定后实行问题销号制度，强化工程过程管控，源端解决统计、工程、施工、物资等管理不规范问题。在 2021 年上半年在嘉兴五县三区中推广，总计预警二百三十余次，其中物资管理不规范占比 43%，施工管理不规范占比 37%，最为突出的是项目投产后仍有物资发生和施工滞后结算两类问题。

（三）搭建配电网项目管理风险防控机制

依托配电网三率可视化监测平台分析结果，分析评估项目管理风险点，对预警问题整合分析，建立末端闭环管理机制，特别是对配电网项目风险点评估、防控措施的研究。一是通过配电网项目三率闭环管理机制，辅以可视化监测预警平台工具，预警配电网项目"三率"问题，建立项目负面清单管理库，供相关人员参考并及时做出判断和响应。二是依托项目负面清单管理库,分析评估项目管理风险点,从施工管理、结决算管理、物资管理、资金管理四个方面,建立四大类、十八小类事前风险防控措施库。实现配电网项目从"事后"管理转向"事前"管理。配电网项目事前风险防控措施库见表5。

表5　　　　　　　　　　配电网项目事前风险防控措施库

类型	具体风险点	详细要求
施工管理	项目应按里程碑计划做好进度管控	建设管理单位应按照项目进度目标,遵循项目建设的客观规律和基本程序,科学编制工程建设里程碑计划,按"子项六个月,父项一年"的项目实施周期,明确招标采购、设计、开工、投产、结算、决算等主要环节时间节点,对项目开展全过程管控
结决算管理	结算工程量应与现场工程量一致	建设管理单位应及时督促审价单位对工程现场进行核对,确保结算工程量与现场实际工程量一致,保证结算工程量已完工
资金管理	工程造价应控制在批复概算范围内	工程造价原则上应控制在批复概算范围内,若对批复金额进行调整,需及时履行审批手续,概算调整由区县公司发起,地市公司完成审批,并报省公司备案

三、特色亮点

1. 构建配电网三率监测平台,推动投资统计数字化改革

以配电网项目"三率"指标管理研究体系为理论基础,构建数据监测分析预警平台,通过自动取数和科学运算获取项目投资进度,实现投资统计数据归真,跨部门一键获取进度数据,节省了大量人力及时间成本,以点带面,实体化推动投资统计数字化改革进程,获得了平湖市发改局关于供电公司数字化改革成果应用成效的表扬,并获得国家电网公司三率管理百优县称号。

2. 平台偏差预警闭环管理,推动项目投资精益化管理

平台建立施工、物资两个维度的形象进度与财务进度偏差快速响应机制,实时可视化展示项目"三率"进度、偏差预警信息,以实现统计数据归真、进度纠偏及时、资金过程管控精准,辅助监测配电网项目是否存在未完工先转资、项目物资混用等情况,起到过程审计效果。平台运转至今,已预警二百三十余次,其中以物资和施工管理不规范问题居多,为运检部(配改办)、物资部、财务部等部门管理提供精益化管理提升方向,提前规避违规投产等工程建设风险。

3. 手机移动端成果研发运用，可视化配电网项目过程管控

配电网项目具有点多面广，不易管理的特征，但配电网作为国家电网公司双碳工作落实推进的主阵地，加强配电网项目精益化管理必定首当其冲。本次三率监测分析平台手机 App 端的研发运用，为项目过程管控提供了数字化管理手段，通过每日 App 记录的施工工程量，即可全方位可视化掌控配电网项目进度，节省了大量手工统计工程进度的报表等工作，真实地反映了项目建设过程明细进度，提高管理层对项目的掌控力度。

4. 运用平台预警成果，辅助投资统计再精准

充分发挥配电网"三率"监测分析平台大数据监督作用，一是依托平台分析结果，构建配电网项目管理风险防控机制，形成四大类、十八小类配电网项目管理风险点防控措施库，发挥了项目过程审计的作用，强化投资统计数据监督成效。二是动态监控在建项目进展情况，深入分析进度滞后原因，为计划调整、投资统计数据填报提供客观、真实的信息支撑，极大加强了投资统计精准性，实现了投资统计数据归真。

四、应用展望

配电网项目全流程数据监测分析平台已在国网嘉兴供电公司全市范围内实现应用，实践结果表明，此平台的建立，极大程度提高工作效率，节约人力资源，减轻员工工作负担，提高员工工作积极性。同时，平台以加强了"三率合一"项目管控为目标，切实做到了可视化动态监控，及时预警偏差情况，对实现项目精准投资、降低项目资金结余风险有很大帮助。实施以来，完成偏差预警 235 次，闭环处理 202 次，极大加强了嘉兴配电网项目的管控力度，投资统计数据的精准，促进了投资进度完成率提升，以国网浙江省电力有限公司平湖市供电公司为例，半年度配电网投资完成率达 73.08%，同比提升 29.41%，具备全面推广应用意义。

本平台将按照国家电网公司的统一部署和要求，下阶段重点争取纳入网上电网基建三率管理微应用中，在实践运用中不断优化，一方面开拓应用场景，推广投资计划执行监控、财务预算执行监控、里程碑计划执行监控，物资出库计划执行监控等应用场景，全方位、多角度加强项目执行过程管控，进一步提升项目计划和预算的执行效率。另一方面根据需求从 App 现场抓图自动统计现场实际进度、问题反馈推送、三色预警管理、自动生成月报等功能不断迭代自身，全面提高工作效率及准确性。

五、参考文献

［1］艾宪仓，岳铁军，彭露苇. 基于全过程造价理论的输变电工程结算管

理研究 [J]. 电网与清洁能源，2019，35（1）：72–77.

［2］石蓉，张磊，李永毅，等 . 基于实物 ID 的电网工程设备费智能化统计算法研究 [J]. 电网与清洁能源，2020，36（2）：68–74.

［3］刘文霞，郝永康，张馨月，等 . 基于数字化技术的电网资产管理关键技术及应用 [J]. 电网技术，2018，42（9）：2742–2751.

［4］侯学良，李彦青，刘凯 . 基于战略联盟的电力工程 EPC 项目信息化管理平台 [J]. 电网与清洁能源，2016，32（7）：11–16，22.

［5］秋向飞，余勇 .PDCA 在电力工程建设项目安全管理中的应用 [J]. 电网与清洁能源，2016，32（5）：12–15.

［6］秦丽文，梁朔，高立克，等 . 全面数据质量管理框架在配电网领域的应用分析 [J]. 电力系统及其自动化学报，2020，32（4）：62–68.

基于"三色防控图"的配电网工程全过程精准管控应用

主要完成人

郑琦；韩心怡；雷强；何扬清；朱晶亮；牛毅；邹会权；杨靖玮

主要完成单位

国网浙江省电力有限公司嘉兴供电公司；国网浙江省电力有限公司嘉兴供电公司秀洲供电分公司；国网浙江省电力有限公司嘉兴供电公司滨海供电分公司；国网浙江省电力有限公司嘉兴供电公司南湖供电分公司

摘　　要

正值"十四五"开局之年，社会经济进入高质量发展阶段，以往依赖人工经验的投资决策模式、专业间割裂的工程管理方式已难以适应电网精益化管理的要求。为适应配电网投资新环境，实现工程投资进度完成率、建设进度完成率、入账进度完成率"三率合一"，优化国家电网公司经营策略，提升精准投资效率，国网浙江省电力有限公司嘉兴供电公司（以下简称"国网嘉兴供电公司"）以配电网规划为工程起点，强化工程建设过程监管，重视投资成效后评估，将配电网投资管理全过程划分为三大板块，八个关键节点，创新性地提出利用"三色防控图"，量化各个节点评估标准，提前预判各个关键节点对"三率"的影响并采取针对性措施，将以往工程管理中的事后整改、事中变更前置为事前防控，实现配电网投资从前期储备到决算审计全流程的防控布置。"三色防控图"具备简洁明了、形象易懂的特点，在国网嘉兴供电公司试点推广中取得了较好的成效，丰富"三率"工作管理方式，优化配电网工程投资效率，实现配电网管理提质增效，推动投资管理标准化、规范化、细节化。

关 键 词

三色防控图；三率合一；精准管控

一、工作背景

随着《关于进一步深化电力体制改革的若干意见》等文件出台，精准管控配电网投资行为、提升配电网投资建设效率、专注电网资产运营、提高输配电服务水平是配电网工程管理的发展趋势。

配电网工程存在电气关系复杂、不确定因素多、涉及面广等特点，随着企业内外形势的不断变化，以往粗放型、单线程的管理模式已无法满足配电网工程精益化管理的需求，各类问题逐渐暴露：一是投资决策依赖人工经验，可行性研究方案粗糙，可实施性偏低，存在投资风险；二是专业间相互割裂独立运转，发展、建设、财务、物资仅聚焦本专业的工作要求和业务流程，配电网工程推进缺乏合力；三是工程建设成效未进行专项分析，固定资产投资未能满足经济、效益、安全、落实地方政策等目标，造成投资浪费。因此配电网工程管理亟须细化工程管理颗粒度，提升配电网发展水平，满足精准投资、精益管理的要求。

电网企业一方面要眼睛向内深挖潜力，持续优化经营策略，把有限的资金优先用于国家政策性投资和具有投入产出效益的工程，不断提升精益化管理水平；另一方面要加速加快业务创新，提出配电网工程全过程精准管控新思路，丰富工程管理手段。

二、主要内容

国网嘉兴供电公司在认知层面坚决学习贯彻国家电网公司、国网浙江省电力有限公司在配电网"三率"工作上的发展方向与建设重点，在执行层面立足自身网架结构与属地需求，全面系统地发掘配电网工程投资、建设、运营全过程中存在的问题，总结以往配电网规划、工程实施中的管理经验，以前期—施工—后评估三大板块为主线，提取八大关键节点，建立配电网工程投资管理"三色防控图"，提前开展对配电网投资全过程、全方位的管控与评价，促进多部门有效协同，推动工程合规管理，目标实现每个配电网工程"三率合一"。

（一）明确工程管控流程，提取关键节点

工程前期板块包括项目需求提报、可行性研究（以下简称"可研"）和初步设计（以下简称"初设"）一体化评审及批复、初步设计评审及批复。常规工作开展中，项目需求和可研编制由发展部直接上报，以电网规划和目标网架为立项依据，着重关注项目建设成效，对项目落地实施可行性缺少监控手段，导致在执行层面引发工程实施难、政策处理难、工程结算金额超过工程概算书金额等一系列问题，从而影响配电网"三率"指标。

工程施工板块包括施工图交底、施工方案审查、物资申报、工程开工、工程实施、竣工结算。目前，配电网工程还处于"粗放型"管理向"精细化"管理的转型过程中，涉及配电网工程管理的业务部门较多，各部门工作衔接不够通畅，往往着眼于单个部门或单项业务，导致整个工程建设过程失衡。

工程后评估板块包括工程审价、决算审计、投资效益评价。工程投产后，只有经过一定时间的运行考验，才能确定是否实现建设目标。工程后评估可对配电网工程的合规性、创新性和技术经济效益开展全面准确的评价，通过相关经验教训的不断积累和反馈循环，最终促进投资管理逐步走向完善。

综上所述，国网嘉兴供电公司深入了解各个业务部门在配电网工程管控上的管理细节和指标要求，经过多次讨论和意见征求，最终从配电网工程管控全过程中提取 8 个环节作为关键节点，分别为前期板块 3 个：设计深度、技经复核、工程核准；过程板块 3 个：政策处理、标准物料、物资申报；后评估板块 2 个：执行偏差、建设成效。提取工程管控关键节点如图 1 所示。

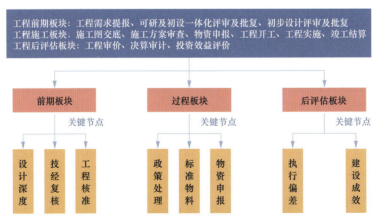

图 1 提取工程管控关键节点

（二）建立节点评价标准，实现"三色"管控

为将各个关键节点对配电网工程的影响形象化、具体化，国网嘉兴供电公司提出"三色防控图"概念，以关键节点为基础，根据节点执行可行性，建立红、绿、黄的三色管控标准：对于执行度极低的节点，标记为红色，需退回上一关键节点；对于具备可实施性的节点，标记为绿色；对于具备一定的可实施性，但仍存在疑难问题有待解决的节点，标记为黄色。黄色节点需设定时限要求，如在时限范围内可解决问题，节点转为绿色；如无法解决问题，节点转为红色。其中前期与后评估板块以发展专业为主导，过程板块以运检专业为主导，各专业明确核心人员，逐个工程进行三色判断。随着网上电网系统和"三率合一"管控模式的成熟，后续三色判断工作可逐步由系统自动判定。"三色防控图"概念如图 2 所示。

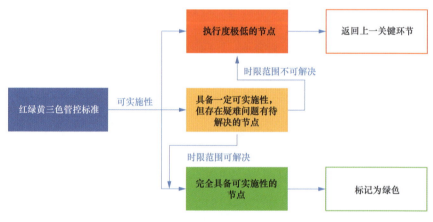

图 2 "三色防控图"概念

8 个关键节点的影响因素分析如下：

（1）设计深度。项目需求提报后，设计单位应联合运行、施工人员开展现场勘察，提前排摸工程建设中可能存在的难点、痛点，在设计源头完成方案优化。若工程无施工难度，为绿色；工程存在难点，但可通过设计方案优化解决，为黄色；工程存在无法解决的技术问题，为红色。

（2）技经复核。技经应根据设计工程量和工程建设相关定额，尽可能准确计算工程建设投资预算。若工程技经符合工程建设实际情况，为绿色；工程技经存在计算错误，但可修正，为黄色；工程技经存在重大偏差，且无法修正，为红色。

（3）工程核准。工程可研、初设一体化阶段，应与政府相关部门进行方案沟通，重点对线路廊道、路径走向等重要方案内容达成一致意见。若工程取得

政府意见并盖章，为绿色；若政府口头同意但未获取纸质材料，为黄色；若政府不同意工程方案，为红色。

（4）标准物料。工程可研、初设一体化阶段，必须采用国网标准物料进行设计，为后期工程顺利实施奠定基础。设计方案中所有甲供物料均在国网标准物料库内，为绿色；部分甲供物料未在国网标准物料库，但可用相似物料进行替换，为黄色；部分甲供物料未在国网标准物料库，且无可替换，为红色。

（5）物资申报。物资申报的时间、准确性、完整性及物资入账时间是影响形象进度、财务进度、现场进度三者偏差的重要因素。工程人员可按时完成物资申报及确认到货，为绿色；按时上报物资，但到货延迟，为黄色；未能按期上报物资，或物资供应存在不可调和的问题，为红色。

物资申报环节"三色"流程如图3所示。

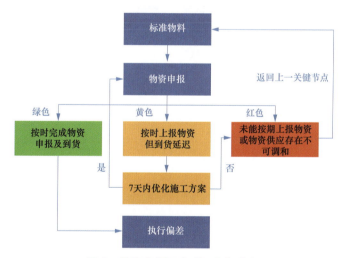

图3　物资申报环节"三色"流程

（6）政策处理。在工程实施过程中，政策处理关系到工程是否能按图、按期施工。无政策处理问题的工程，为绿色；存在政策处理问题，经沟通可解决，为黄色；政策处理问题无法解决或拖延时间过长，为红色。

（7）执行偏差。在工程里程碑计划中，工程开工时间、物资上报时间、过程建设管控时间的进度要求，将对"三率合一"结果产生重大影响。工程建设进度在预期计划范围内，为绿色；工程建设进度脱节预期计划，但可追平，为黄色；工程建设进度重度脱节，导致工程完工延期，为红色。

（8）建设成效。工程投产运行后，进行"回头看"论证，梳理工程投产时间、投产后故障记录、投产后累计供电量、线损率、最大负荷、最大负荷电流、最大负载率等数据，评估工程建成后是否达成预期目标。实际成效达到或超过预期目标，为绿色；实际成效部分达成预期，为黄色；实际成效偏离预期，为红色。

在配电网工程建设过程中，同一工程可通过"三色防控图"提前预判下一板块各关键节点颜色，判断配电网工程在下一阶段实施中可能出现的薄弱点，从而提前采取预防措施，避免三率发生偏差；通过对比不同工程在同一板块中各个节点的颜色占比，可清晰明了地展现出工程的可实施性，从而指导配电网精准投资。

配电网工程全流程关键节点"三色"管控标准表见表1。

表1　　　　　　　　配电网工程全流程关键节点"三色"管控标准表

管控板块	关键节点	工作要求	节点颜色	责任部门	节点状态	下一步措施
前期板块	设计深度	项目需求提报后，设计应联合运行、施工人员开展现场勘察，提前排摸工程建设中可能存在的难点、痛点，在设计源头完成方案优化	绿色	设计*发展建设运行施工	无施工难度	执行下一关键节点
			黄色		存在难点，可优化设计方案	开展施工方案优化与复审
			红色		存在设计变更方案，且无法修正	返回上一关键节点（项目重新设计）
	技经复核	技经应根据设计工程量和工程建设相关定额，尽可能准确计算项目实施所需预算	绿色	技经*设计	技经符合工程实施实际情况	执行下一关键节点
			黄色		技经存在计算错误，可修正	重新编制技经，取得相对应批复
			红色		技经存在重大偏差，且无法修正	返回上一关键节点

续表

管控板块	关键节点	工作要求	节点颜色	责任部门	节点状态	下一步措施
前期板块	项目核准	项目可研、初设一体化阶段，应与政府相关部门进行方案沟通，重点对线路廊道、路径走向等重要方案内容达成一致意见	绿色	发展*建设	项目取得政府意见并盖章	执行下一关键节点
			黄色		政府口头同意但为获取纸质材料	取得核准纸质文件
			红色	发展*建设	政府不同意项目方案	返回上一关键节点
过程板块	标准物料	项目可研、初设一体化阶段，是否运用国网标准物料进行设计，关系到后期工程能否顺利采购物资	绿色	设计*发展建设	设计方案中所以甲供物料均在国网标准物料库内	执行下一关键节点
			黄色		部分甲供物料未在国网标准物料库，但可用相似物料进行替换	履行设计变更，物料提级申报
			红色		部分甲供物料未在国网标准物料库，且无可替换	返回上一关键节点
	物资申报	物资申报的时间、准确性、完整性及物资入账时间，关系到形象进度、财务进度、现场进度三者时间进度偏差的最重要因素	绿色	物资*建设财务	按时完成物资申报及到货	执行下一关键节点
			黄色		按时上报物资，但到货延迟	优化施工方案，确保项目实施时间
			红色		未能按期上报物资，或物资供应存在不可调和	返回上一关键节点

续表

管控板块	关键节点	工作要求	节点颜色	责任部门	节点状态	下一步措施
过程板块	政策处理	在工程实施过程中，政策处理关系到工程是否能按图、按期施工	绿色	建设*施工	无政策处理问题项目	执行下一关键节点
			黄色		存在政策处理问题，经沟通可解决	提级推进政策处理，确保项目可控
	政策处理	在工程实施过程中，政策处理关系到工程是否能按图、按期施工	红色	建设*施工	政策处理问题无法解决或拖延时间过长	返回上一关键节点
后评估板块	执行偏差	在工程里程碑计划中，项目开工时间、物资上报时间、过程建设管控时间的进度要求，将对"三率合一"结果产生重大影响	绿色	发展*建设物资施工	项目建设进度在预期计划范围内	执行下一关键节点
			黄色		项目建设进度脱节预期计划，但可追平	优化施工方案，实现项目按期完工
			红色		项目建设进度重度脱节预期计划，导致工程完工延期	返回上一关键节点
	建设成效	项目投产运行后，进行"回头看"论证，梳理项目投产时间、投产后故障记录、投产后累计供电量、线损率、最大负荷、最大负荷电流、最大负载率等数据，评估项目建成后是否达成预期目标	绿色	发展*运行	实际成效达到或超过预期目标	执行下一关键节点
			黄色		实际成效部分达成预期	建立项目后评估考核制度
			红色		实际成效偏离预期	返回上一关键节点

注　责任部门中标注 * 的部门为该项关键节点的主要管理部门。

（三）运用"三色防控图"，助力三率合一

国网嘉兴供电公司在2021年的配电网工程储备和实施中，尝试应用"三色防控图"来指导判断配电网项目投资分配的先后顺序和实施过程中的问题预置处理。下面以实际工程为例：

1. "三色防控图"在配电网投资分配时的运用

工程一：浙江嘉兴110kV某里变电站10kV某泰001线等新建改造工程。

总投资：972.48万元。

建设规模：本工程新建电缆规格为ZC–YJV22–8.7/15–3×400，共计3.9km，中间接头4个，电缆户内终端头2只，电缆户外终端头12只。新建18m电杆16基，15m电杆143基，新建单回路JKLYJ–10–240架空导线路径4.364km，改造（单改双，原导线利旧）JKLYJ–10–240架空导线路径8.454km，新建双回路JKLYJ–10–240架空导线路径3.053km，新建架空地线路径9.281km，新建柱上负荷开关16台，利旧柱上负荷开关10台。

建设成效：本工程新出架空线，调整该区域原来架空线路网架结构，解决3条不满足N–1问题，提升变电站之间停电转供能力。

工程二：浙江嘉兴110kV某新变电站10kV某福002线等线路新建工程。

总投资：631.38万元。

建设规模：本工程新建ZC–YJV22–8.7/15–3×400型电缆3.03km，新建10kV电缆分支箱2台；新立15m电杆105基，新建拉线288套，新建单回路架空线6.531km，双回架空线3.9km，GJ–35型12.5km，新装10kV负荷开关15台，新装HY5WS–17/50避雷器90只，新装熔断器42只。

建设成效：本工程新出10kV某福002线与另一重载线路联络，通过负荷分流，解决2条线路重载和不满足N–1问题。

经分析，工程一前期板块如图4所示，工程二前期板块如图5所示，对两个工程进行节点分析可发现：

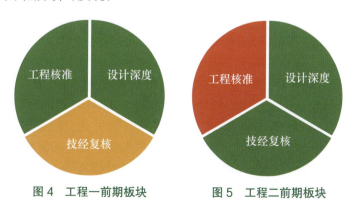

图4　工程一前期板块　　　　图5　工程二前期板块

两个工程均属于网架类工程，优化电网网架结构，解决重过负荷线路。在进行前期板块关键节点分析时，采用项目三级审查机制，通过建设管理部门内审、上级专业部门集中审查和项目前期收口审查，技经管理专业发现工程一在技经内审环节，存在定额套用有误、导线损耗量估算存在偏差的问题，技经复核节点为黄色；发展专业发现工程二涉及变电站出线管道需由政府投资，政府土建工程还未开工，工程核准环节为红色。

经过技经修正复审，工程一相关问题在时限范围内解决，因此在项目投资安排中，优先下达工程一。工程二暂缓投资下达，从源头杜绝投资完成风险。

2. "三色防控图"在工程建设过程中的运用

以工程一为例，本工程计划下达投资 920 万元，在综合计划下达前，工程过程板块如图 6 所示，对工程进行可实施性预判可发现：

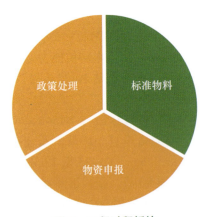

图 6　工程过程板块

本工程过程板块内 2 个关键节点均为黄色。经分析，本工程架空线路部分廊道涉及农户水稻田，预计工程施工时期水稻田已播种，需提前与沿途乡镇、村落沟通青苗补偿费；本工程设计环节，采用 10kV 185 线径的绝缘架空导线，该类导线未纳入省公司协议库存采购目录，非国网标准物料。

正对上述节点存在的问题，管理部门设定 2 周时间作为项目整改期限。业主项目部明确在初步设计环节，将 10kV 185 线径的绝缘架空导线变更为 10kV 240 线径的绝缘架空导线；会同线路廊道沿途乡镇、村落召开政策处理协调会，提前明确工程实施期间的政策处理费用单价和计算方式。经过限期整改后，工程综合计划按预期安排下达，工程建设过程中未发生因上述问题导致的进度拖延。经"三色防控图"提前预警，发展、设计、建设等各专业人员迅速反应，及时协调，实现工程规范高效管理。

3."三色防控图"在投资成效后评估中的运用

以工程一为例，本工程竣工投产后，发展部门组织通过后评估板块对工程进行投资成效评估，可发现：

本工程后评估内 2 个关键节点均为绿色，如图 7 所示。经分析，工程实施过程中，结合前期板块和过程板块内关键节点进行工程全过程管控，合理制订里程碑计划，统筹安排工程开工时间、物资上报时间、过程建设管控和工程投产时间，建设期间始终保持"三率合一"。工程投产后，按预计目标解决 3 条线路不满足 $N-1$ 问题，且实现重载线路负荷合理分流，运行 3 个月后，线路负载率由去年同期 89.17% 下降为 65.59%。

图 7 工程后评估板块

三、特色亮点

配电网工程"三色防控图"打破了以往配电网零碎化、隔断式的管理模式，高度总结凝练了配电网投资建设的关键节点，连点成线实现了配电网工程闭环管理，形成多部门集合互动，多专业联合互补的良好业态，螺旋式提升配电网投资效率质量，将精准投资与"三率合一"的管理理念落实到日常工作中。

（一）节点管控，进一步充实"三率"管理手段

"三色防控图"建立后，可以利用各关键节点提前预测形象进度、财务进度、现场进度的匹配程度，从而分析配电网工程实施中存在的薄弱点，有利于建设、发展、财务、物资等多个专业部门针对性地解决和整改，着力推动工程合规管理、强化质量监督、提升技术手段、深化监测分析，不断提升配电网工程投资建设和管理水平，提高精准投资水平。

配电网工程全过程精准管控流程如图 8 所示。

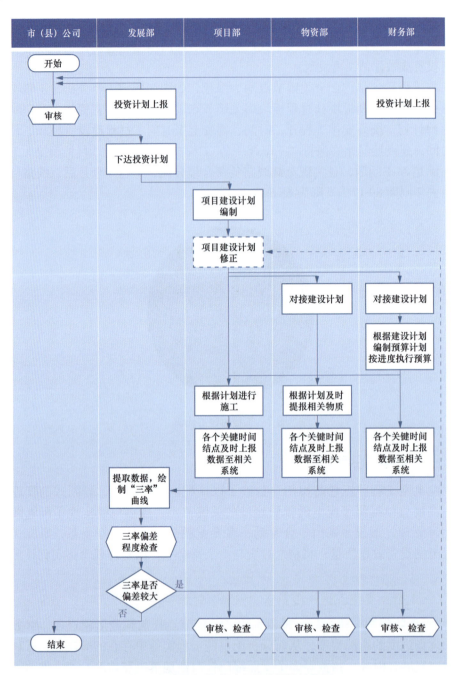

图8　配电网工程全过程精准管控流程图

（二）协同联动，进一步优化工程建设效能

以"三色防控图"为基础，在整个工程投资建设过程中通过协同联动，发

现问题，解决问题，不断提升工程管控水平。通过增设工程管理专家队伍，接收新的管理理念，填补自身的短板，打通各个环节，以提高整个工程的建设成效。经统计，2021 年，嘉兴市本级 110kV 变电站主变压器重载率从 10.43% 下降至 6.96%，10kV 线路重载率从 4.97% 下降至 3.25%，10kV 线路联络率从 93.87% 提升至 97.56%，10kV 线路 N–1 率从 82.42% 提升至 87.99%，同时线路、配电变压器轻载等存量问题也通过相关项目进行资源整合，进一步提高资源利用率，保证配电网投资落到实处，成效斐然。

配电网工程建设成效展示图如图 9 所示。

图 9　配电网工程建设成效展示图

（三）精准防控，进一步提升工程投资效率

配电网工程"三色防控图"立足于配电网工程全过程的各个关键节点，从前期规划到项目后评估全方位指导配电网建设，国网嘉兴供电公司通过该防控机制，将工程的难点、痛点提前暴露，将部门协作和专业协调提前完成，显著加快各项配电网工程的投资进度，实现配电网投资投向明确，安排合理，建设有序。

配电网工程投资进度对比图如图 10 所示。

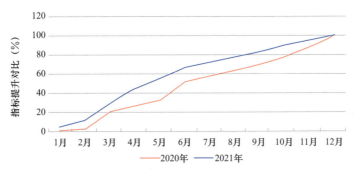

图 10　配电网工程投资进度对比图

四、应用展望

国网嘉兴供电公司通过构建配电网工程全过程关键节点"三色防控图"机制对管辖的配电网工程进行试点应用，取得了较好的成效。

一是"三色防控图"形象易懂，便于各个专业采用相同的表述方式进行问题归类预警，突破专业壁垒，降低沟通阈值，辅助配电网工程投资管理。

二是"三色防控图"设置三大板块和八大关键节点，应用灵活，各个地市公司可根据自身配电网工程的管控特点和管理模式，进行关键节点的调整和增减，从而使"三色防控图"贴合内部的管控要求和管理流程。

三是"三色防控图"以预防为主，防控结合，在投资总盘一定的情况下，优化了资源配置和投资，提高投资决策水平和投资效益，完善投资决策机制，使得投资效益最大化；提升了配电网供电能力和转供能力，提高了配电网电能质量和可靠性水平，降低了配电网网络损耗，增加了售电量，提升了投入产出比率和相关指标水平。

综上所述，基于"三色防控图"的配电网工程全过程精准管控符合当前社会经济形势下的配电网投资管理要求，具备较高的应用前景和推广价值。

五、参考文献

［1］罗阳洋 . 中低压配网工程精准投资管理策略 [J]. 通信电源技术，2020.

［2］何飔，孙文兵，胡成恩，等 . 基于数据挖掘技术的配电网精准投资策略分析 [J]. 数字技术与应用，2020.

［3］薛保星，董武亮，尚西华 . 县域配电网项目后评价的流程及方法 [J]. 科技创新与应用，2019.

［4］连聪，王一琦，蔡艺婴 . 构建"SWOT"型规划管理体系，实现"三型两网"新形势下精准投资 [A]. 中国学术论文集，1994—2020.

［5］祁晖，冯伟，杨乐 . 基于单元制规划的配电单元发展水平评价方法 [J]. 山西电力，2020.

［6］肖康，牛雪松 . 配网项目管理新模式应用 [J]. 中国电力企业管理，2019.

基于"三率合一"监测分析体系的现场检查应用

主要完成人

卢生炜；周明；马莉；王枫；武强；熊川羽；廖晓红；曹忱；刘莹

主要完成单位

国网湖北省电力有限公司；国网湖北省电力有限公司经济技术研究院；国网湖北省电力有限公司黄石供电公司；湖北华中电力科技开发有限责任公司

摘　　要

党中央、国务院高度重视统计工作，习近平总书记多次作出重要指示，强调统计是经济社会发展重要的基础性工作，是宏观调控的重要依据，必须防范统计造假和弄虚作假，确保统计资料真实准确、完整及时。2018年以来，国网发展部会同各专业部门，创新建立"三率合一"数据监测分析体系，实现电网基建项目全过程监测。

国网湖北省电力有限公司（以下简称"国网湖北电力"）深化"三率合一"监测分析体系在投资完成监测中的应用，按照要求扎实推进各项工作任务。在常态化应用监测中，发现部分基建项目在各个专业部门执行进度不统一，数据偏差较大，长期告警，项目的投资执行存在较大风险。为消除投资完成风险，国网湖北电力结合三率监测体系，协同各专业，认真研判分析问题，制定了风险项目入库规则，建立了风险项目库。并应用"三率合一"核心算法，制定了现场检查流程和方式，定期开展现场重点核查和督办，根据实际采集数据，实时计算相关指标结果。提升现场检查实效，消除项目风险。

关 键 词

三率合一；风险项目库；现场检查；自动计算

一、工作背景

党中央、国务院高度重视统计工作，习近平总书记多次作出重要指示，强调统计是经济社会发展重要的基础性工作，是宏观调控的重要依据，必须防范统计造假和弄虚作假，确保统计资料真实准确、完整及时。先后发布了《关于深化统计管理体制改革提高统计数据真实性的意见》《统计违纪违法责任人处分处理建议办法》和《防范和惩治统计造假弄虚作假督察工作规定》等多项有关统计工作的意见及条例，对统计数据做真用实提出了更高的要求。

2018年以来，国网发展部会同基建、设备、物资、调度、数字化等部门，创新建立"三率合一"数据监测分析体系，实施项目投资—建设—运行全过程协同管理，实现总部—分部—省—市—县—明细项目全覆盖。国网湖北电力深化"三率合一"监测分析体系在投资完成监测中的应用，按照要求扎实推进各项工作任务。在常态化应用监测中，发现部分基建项目在各个专业部门执行进度不统一，数据偏差较大，长期告警，项目的投资执行存在较大风险，针对这些项目，有必要开展现场核查和督办。但因"三率合一"监测分析平台部署在内网，且无法达到实时计算的要求，现场出具核查结果的困难较大，无法满足现场核查工作要求。为消除投资完成风险，国网湖北电力结合三率监测分析体系，协同各专业，认真研判分析问题，制定了风险项目入库规则，建立了风险项目库，并应用"三率合一"核心算法，建立了一套适用于现场检查的工作流程和算法，定期开展现场重点核查和督办。根据现场实际采集数据，实时计算相关指标结果，定位问题，分析问题，提升现场检查实效，消除项目风险。

二、主要内容

以促进"三率合一"实际应用为原则，提升现场检查实效为出发点，通过充分应用"三率合一"算法，制定了风险项目入库规则和风险等级排序，建立投资完成风险项目库，支撑现场核查。项目确定后，提前进行相关源系统数据导出，制定现场核查自动计算表格，现场采集数据后，填写到表格中自动计算相关指标，快速定位问题。

风险项目核查流程如图1所示。

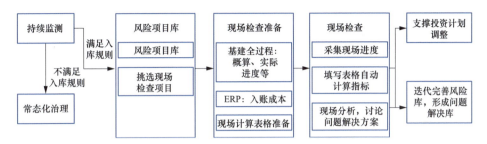

图 1　风险项目核查流程图

（一）风险项目确认

充分应用"三率合一"监测工具，常态化开展项目风险监测和治理。定期获取各个专业风险预警清单，对照预警清单并结合监测规则，开展原因分析，制定整改方案，常态化有针对性开展治理工作，保证了风险预警项目在发生早期实现了有效治理。

针对持续告警项目，建立风险项目监测规则，对于满足监测规则的项目，进入项目风险库中。入库规则如下：

投资进度异常判定规则：投资进度分别与基建、财务进度进行匹配判断，即与实际建设进度和与实际入账进度的校验。项目开工时间大于 6 个月，且同时满足如下条件，进入风险项目库中。

|（实际投资完成进度 – 实际建设进度）= 基建偏差率 | >【50%】；

|（实际投资完成进度 – 实际入账进度）= 财务偏差率 | >【50%】；

|自开始累计投资采集值 – 自开始累计投资完成 |，35kV 项目偏差阈值：500 万元；110（66）kV 项目偏差阈值：1000 万元；220kV 项目（含 330kV）偏差阈值：2000 万元；500kV 项目（含 750kV）偏差阈值：5000 万元。

根据以上规则，定期开展监测工作，并进行入库次数监测，针对投资偏差大，且入库次数多的项目，进行优先级排序，针对风险排序高的项目重点开展现场检查、督办。

风险偏差额及风险得分见表 1，入库次数及风险得分见表 2。

表 1　风险偏差额及风险得分

指标	绝对值（万元）		风险得分
	区间下限	区间上限（含边界）	
风险偏差额	0	100	0

续表

指标	绝对值（万元）		风险得分
	区间下限	区间上限（含边界）	
风险偏差额	100	500	1
	500	3000	2
	3000	5000	3
	5000	—	4

表 2　　　　　　　　　　　　　入库次数及风险得分

指标	次数	风险得分
入库次数	1	2
	2	3
	3	5
	4	7
	5 次以上	8

（二）现场核查工作准备

制定的《电网基建投资计划三率合一监测分析现场核查工作流程》《现场检查表》等现场检查文件，指导现场检查工作，提升现场检查实效。主要工作包括数据导出和计算表格准备。数据导出，根据风险项目库风险项目等级，结合项目实际情况，挑选现场检查项目，针对挑选出的项目提前一天至基建管控系统导出项目概算、计划建设进度、实际建设进度等；至 ERP 系统导出入账明细数据等。计算表格准备，依据"三率合一"监测分析理论预设投资采集值、投资进度、建设进度、入账进度等计算公式，在现场可根据实际情况采集相关数据，表格自动计算相关指标。提升现场检查工作实效。

国网湖北电力发展部为有效提升现场检查工作实效，协同相关部门制定了现场核查工作流程。发展部在项目库中挑选现场检查项目，并下发地市公司自查，地市公司分析问题并研究解决方案。国网湖北电力组织各业务部门，针对风险项目开展现场检查，通过采集现场项目进度，并开展现场计算，识别偏差和风险，定位问题。根据现场定位的问题，召开现场会，分析问题并提供解决方案。地市公司根据国网湖北电力检查组提供的解决方案，结合自身实际情况，确定解决时间，并跟踪解决。

现场核查流程如图 2 所示，工程开工现场核查表见表 3，变电站工程现场核查表见表 4，架空线路工程现场核查表见表 5，电缆工程现场核查表见表 6，现场计算表模板如图 3 所示。

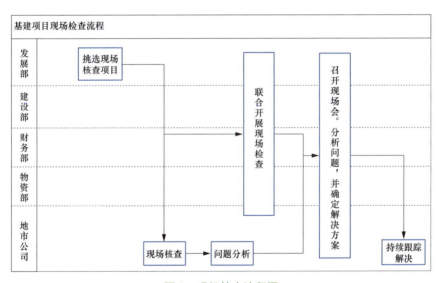

图 2　现场核查流程图

表 3　　　　　　　　　　　工程开工现场核查表

序号	进度计划名称	计划类型	是否完成	问题
1	工程开工	里程碑计划		
2	已完成项目核准、初步设计批复、规划许可、用地批准、施工许可证等相关手续			
3	项目已列入公司年度综合计划			
4	已下达投资及新开工计划			
5	已完成设计、施工、监理招标，并与中标单位签订合同			

续表

序号	进度计划名称	计划类型	是否完成	问题
6	已组建业主、监理、施工项目部，项目管理实施规划已审批			
7	变电工程已完成"四通一平"，线路工程已完成复测			
8	图纸交付计划已制定，交付进度满足连续施工需求，开工相关施工图已会检			
9	施工人力和机械设备已进场，物资、材料供应满足连续施工的需要			

表 4 　　　　　　　　变电站工程现场核查表

序号	进度计划名称	计划类型	是否完成	问题
1	土建施工	里程碑计划		
2	主控楼（联合楼）	分部工程		
3	继保室	分部工程		
4	配电装置系统建、构筑物	分部工程		
5	主变压器基础及构支架	分部工程		
6	电缆沟及电缆隧道	分部工程		
7	消防系统建、构筑物	分部工程		
8	站用电系统建、构筑物	分部工程		
9	围墙及大门（包括站外护坡、排洪沟及警卫室）	分部工程		
10	站内外道路	分部工程		
11	屋外场地工程	分部工程		
12	室外给排水及雨污水系统建、构筑物	分部工程		
13	生产、生活辅助建筑	分部工程		
14	消防设备安装工程	分部工程		

续表

序号	进度计划名称	计划类型	是否完成	问题
15	设备安装	里程碑计划		
16	主变压器系统设备安装	分部工程		
17	主控及直流设备安装	分部工程		
18	配电装置安装	分部工程		
19	无功补偿装置安装	分部工程		
20	站用配电装置安装	分部工程		
21	通信系统设备安装	分部工程		
22	全站电缆施工	分部工程		
23	全站防雷及接地装置安装	分部工程		
24	全站电气照明装置安装	分部工程		
25	设备调试	里程碑计划		

表 5　　　　　　　　　　　架空线路工程现场核查表

序号	进度计划名称	计划类型	是否完成	问题
1	线路基础施工	里程碑计划		
2	基础开挖	分部工程		
3	基础浇筑	分部工程		
4	线路组塔施工	里程碑计划		
5	杆塔工程	分部工程		
6	接地工程	分部工程		
7	线路架线施工	里程碑计划		
8	架线工程	分部工程		
9	附件安装工程	分部工程		
10	辅助工程	分部工程		

序号	进度计划名称	计划类型	是否完成	问题
11	通信线路工程	分部工程		
12	拆除工程（可再利用）	分部工程		

表 6 电缆工程现场核查表

序号	进度计划名称	计划类型	是否完成	问题
1	电缆通道	里程碑计划		
2	土石方	分部工程		
3	电缆隧道施工	分部工程		
4	辅助工程	分部工程		
5	拆除工程（可再利用）	分部工程		
6	拆除工程（不可再利用）	分部工程		
7	电缆敷设	里程碑计划		
8	电缆桥、支架制作安装	分部工程		
9	电缆敷设	分部工程		
10	电缆附件	分部工程		
11	电缆防火	分部工程		
12	电缆调试	里程碑计划		
13	调试及试验	分部工程		
14	电缆监测（控）系统	分部工程		
15	拆除工程（可再利用）	分部工程		
16	拆除工程（不可再利用）	分部工程		

（三）联合现场检查

针对投资完成风险项目，国网湖北电力联合发展、基建、配电、财务、物资等专业建立了联合工作组，从项目风险库中挑选风险等级较高的项目，不定期开展风险项目现场核查工作。对照《现场检查表》，项目现场逐项进行进度数据确认，根据预设好的计算公式和提前导出的概算、ERP 入账，自动计算项目建设进度、投资完成进度，自动比对 ERP 入账进度，实时出具“三率合一”关键指标结果。针对具体问题现场开展分析，讨论确定解决方案。

序号	项目编码	项目名称	计划总投资	实际投资进度	投资采集值	投资完成采集值校验告警率
1	131500XXXXXX	XXX500千伏变电站主变扩建输变电工程	39569	28952	32437.983	8.81%
2	1515A0XXXXXX	XXXXX500kV变电站改扩建工程220kV送出工程	9057	7462	442.287	77.51%
3	1515K0XXXXXX	XXXX220kV输变电工程	13662.4	13662.4	11136.8323	18.49%
4	1515K0XXXXXX	XXXXX（XX）220kV输变电工程	11475.32	6300	1937.02375	38.02%
5	1615B0XXXXXX	XXX110千伏延安路变电站增容工程	1615.08	1615.08	1404.27006	13.05%
6	1615B0XXXXXX	XXXXXX110千伏变电站改造工程	939.63	939.63	580.199845	38.25%

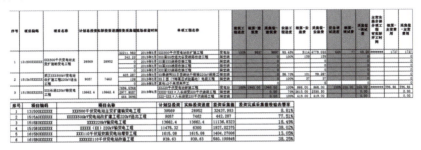

图 3　现场计算表模板

以某临空 220kV 输变电工程为例，截至 2021 年 11 月，项目仅有“新铺－杨家田 110kV 线路改接至临空变”输电线路工程开工。

首先从系统导出概算、实际进度等数据，预先录入到计算表格中，如图 4 和图 5 所示。

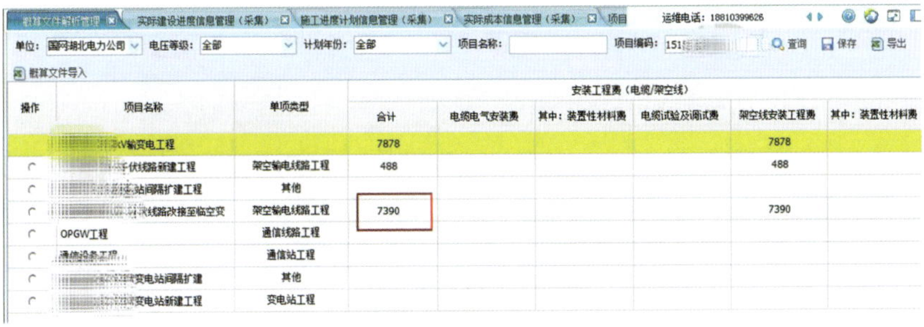

操作	项目名称	单项类型	安装工程费（电缆/架空线）合计	电缆电气安装费	其中：装置性材料费	电缆试验及调试费	架空线安装工程费	其中：装置性材料费
	kV输变电工程		7878				7878	
	千伏线路新建工程	架空输电线路工程	488				488	
	站间隔扩建工程	其他						
	线路改接至临空变	架空输电线路工程	7390				7390	
	OPGW工程	通信线路工程						
	通信设备工程	通信站工程						
	变电站间隔扩建	其他						
	变电站新建工程	变电站工程						

图 4　概算数据

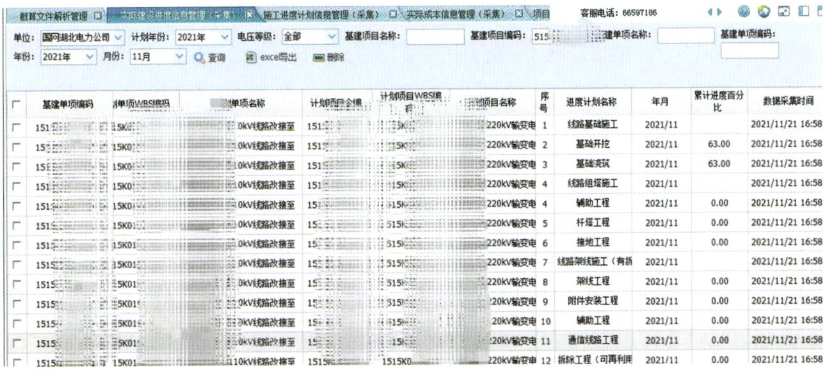

序号	进度计划名称	年月	累计进度百分比	数据采集时间
1	线路基础施工	2021/11		2021/11/21 16:58
2	基础开挖	2021/11	63.00	2021/11/21 16:58
3	基础浇筑	2021/11	63.00	2021/11/21 16:58
4	线路组塔施工	2021/11		2021/11/21 16:58
4	辅助工程	2021/11	0.00	2021/11/21 16:58
5	杆塔工程	2021/11	0.00	2021/11/21 16:58
6	接地工程	2021/11	0.00	2021/11/21 16:58
7	线路架线施工（有拆	2021/11		2021/11/21 16:58
8	架线工程	2021/11	0.00	2021/11/21 16:58
9	附件安装工程	2021/11	0.00	2021/11/21 16:58
10	辅助工程	2021/11	0.00	2021/11/21 16:58
11	通信线路工程	2021/11	0.00	2021/11/21 16:58
12	拆除工程（可再利用	2021/11	0.00	2021/11/21 16:58

图 5　进度数据

现场核查，根据实际情况采集数据，见表 7 和图 6。

表 7　　　　　　　　　　　　现场采集进度表

序号	进度计划名称	计划类型	是否完成	问题
1	线路基础施工	里程碑计划		
2	基础开挖	分部工程	60	
3	基础浇筑	分部工程	60	
4	线路组塔施工	里程碑计划		
5	杆塔工程	分部工程		
6	接地工程	分部工程		
7	线路架线施工	里程碑计划		
8	架线工程	分部工程		
9	附件安装工程	分部工程		
10	辅助工程	分部工程		
11	通信线路工程	分部工程		
12	拆除工程（可再利用）	分部工程		

图 6　现场计算结果表格

通过表格自动计算，该单项安装工程采集为 2160.9 万元（10290 万元 ×
60% × 35%=2160.9 万元）、其他费用为 273 万元。项目 2021 年 11 月采集值为
2433.9 万元。2021 年年度投资计划为 5000 万元，至年底还剩约一个月时间，该
项目存在不能完成投资计划的风险。通过现场调研，该项目因外部因素影响导
致工程进度受阻，投资存在不能完成的风险。联合工作组针对施工进度、工程
到货、外部协调等问题进行了详细讨论，提供了详细解决方案。

通过持续开展现场检查，联合各个专业分析问题，讨论解决方法，并不断
完善项目风险库，提炼了共性问题，总结处理方案。通过共性问题的解决方案，
有效指导地市公司开展问题检查，消除风险项目，有效提升了投资执行效率。
风险点及建设处理措施见表 8。

表 8   风险点及建设处理措施

序号	风险类别		风险点	建议处理措施
1	数据质量风险	数据维护风险	源端系统维护错误	核查源端数据，数据调整
2			系统数据归集错误	比对问题数据，开展数据整改
3	业务管理风险	建设进度管理风险	施工计划编制不合理	更新施工进度计划，并按计划推进工程建设
4			停电计划无法匹配施工进度计划	协调相关专业确定停电时间，建设方根据时间合理安排工程进度
5			虚报开工、投产、建设进度信息	按实际更新数据。若无法更新，加快相关进度，匹配建设、投资、入账等进度
6			内部关联工程建设进度滞后	调整施工进度计划，加快推进工程进度。评估投资计划是否调整
7		物资供应管理风险	设备招标采购滞后	关注招标批次，加快需求提报进度
8			物资调拨不规范	开展物资调拨数据清理
9		成本入账管理风险	项目预算与建设进度不匹配	财务部、建设部等部门加强协同，跟进项目建设进度合理安排预算
10			超前或滞后入账	相关部门加强协同，按照建设进度加快项目入账
11			入账对象不规范	清理入账挂接对象，并协同相关部门调账
12		投资进度管理风险	投资计划与建设进度不匹配	建设部、发展部加强协同，通过工具测算，保证工程进度匹配投资进度
13			虚报、瞒报投资	按照真实情况报送投资，结合工程实际情况，进行数据治理
14	外部环境风险	外部环境风险	区域规划调整	
15			监管政策调整	
16			不可预见因素	

（四）投资计划调整

通过开展现场检查，采集相关数据，实时计算相关数据，并应用基于"三率合一"监测体系算法，确定需要调整的项目，支撑风险项目投资计划调整工作。

1. 进度调整

将项目建设进度分为已完工进度和预测进度，建设进度滚动更新逻辑：已完工建设进度，直接用月度实际发生建设进度替换更新；剩余预测进度，则根据滚动更新的施工进度计划，开展剩余期间建设进度预测更新。基建全过程进度如图7所示。

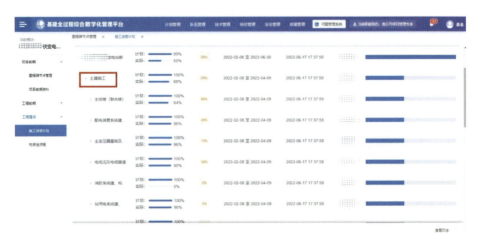

图 7　基建全过程进度

节点预测工期 =（录入实际进度的时间 – 节点实际开工时间）/ 实际进度比例【当实际进度比例为 97% 时，实际进度取 100%，系统默认进度达到 97% 即该节点进度完成】。

以主控楼为例，录入实际进度的时间取基建全过程综合数字化管理平台中的 2022–06–17，节点实际开工时间取该节点第一张作业票开出的时间，实际进度比例取 84%。

根据节点预测工期滚动更新节点剩余建设进度：如原计划主控楼是 4 月 9 日完成，按预测完成进度调整后为 7 月 9 日，那么调整后的投资计划模型中主控楼的计划完成时间为 7 月 9 日。

节点预测完工进度 = 节点实际开工时间 + 节点预测工期。

节点剩余建设进度 = 节点预测完工进度 – 录入实际进度的时间。

土建、设备安装等阶段预测进度取该阶段下节点的最早开始时间和最晚结束时间。

节点剩余投资 = 节点投资 ×（1– 实际进度）【当实际进度比例为 97% 时，实际进度取 100%，系统默认进度达到 97% 即该节点进度完成】。

节点投资：投资计划模型对应节点的投资。

投资计划编制模型按节点剩余预测进度和节点剩余投资滚动更新。

2. 投资额调整

年度调整包括监测时点的调整额和剩余期间预测投资的调整额。

年度调整建议值 = 年度自开始累计下达投资计划值 –（自开始累计投资采集值 + 年度剩余期间预测投资完成额）；年度自开始累计下达投资计划取投资计划编制模型年度累计值；自开始累计投资采集值取三率指标计算值；剩余期间预测投资完成额 = 当年节点剩余投资之和。

投资计划调整测算结果如图 8 所示。

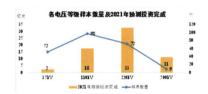

图 8　投资计划调整测算结果

（五）远程核查

为提升检查效率，节约项目管理成本，被检查单位可以利用国网湖北电力制定的现场核查表格，开展现场核查工作，定位问题，分析问题。针对入库的风险项目，并已经整改，需要按照关键进度节点提供现场核查照片，并提供计算原表和说明，国网湖北电力检查并确定整改后，进行项目销号。

为了有效指导地市公司开展远程核查工作，规范远程核查关键节点，国网湖北电力将基建项目的变电站和线路工程施工过程划分成若干个工程关键进度节点。利用手机对变电站和线路工程的关键节点进行拍摄，估算实际建设进度。以变电站为例，工程进度节点标识物及采集设备获取进度信息的场景见表 9。

表 9 变电站进度识别标识物及识别场景

序号	工程进度分类	项目标识物筛选项	部分场景
1	变电站土建：四通一平	场平	
		站外道路、桥涵	
		围墙 / 挡土墙	
		站外水源排水	
		特殊构筑物（防洪沟）	
		大门	
2	变电站土建：站内给排水及站内道路	站内道路及广场	
		排水设施	
		污水调节水池	
		排水管道	
3	变电站土建：变电区域构支架及防火墙、事故油池	低压电容器设备基础	
		220kV 构支架及设备基础	
		事故油池	
		110kV 构支架及设备基础	
		主变压器系统构架基础	
		避雷针	
		防火墙	
4	变电站土建：场内主要建筑物	主控楼	
		消防小间、水池及泵房	
		警卫室	
		配电室	

序号	工程进度分类	项目标识物筛选项	部分场景
5	变电站电气：电气一次设备安装	220kV 主变压器	
		220kV 配电装置	
		220kV 电容器	
		10kV 低压电容器	
		110kV 配电装置	
6	变电站电气：电气二次设备安装	二次屏柜	
7	变电站电气：电缆敷设	电缆沟道及铺设	
		栏栅及地坪	

三、特色亮点

（一）构建了风险项目库

结合"三率合一"监测分析体系，分析了国网湖北电力在建项目实际执行情况，通过投资完成、实际进度、入账进度、投资偏差绝对值等关键指标确定了风险项目库入库规则。项目入库后，通过偏差绝对额、入库次数等，确定风险项目风险等级。为现场核查项目提供挑选依据。

（二）建立现场检查工作标准

为有效提高现场检查效率，抓住风险项目问题点，结合"三率合一"监测分析体系，制定了《电网基建投资计划三率合一监测分析现场核查工作流程》《现场检查表》《投资采集值计算表》等现场检查文件。通过现场采集数据，并手工录入，实现相关指标现场自动计算、问题现场定位，为现场督办工作提供有力抓手。

（三）丰富检查方式，闭环管控风险项目监测

通过开展现场检查，发现实际建设进度与投资进度的偏差，基于监测结果评估投资调整风险额，并结合实际情况开展投资计划调整，以匹配全年计划；同时，借助基于进度智能感知的 BIM 三维设计成果，开展风险项目全过程跟踪，科学防范风险，完成风险项目监测闭环管控。

四、应用展望

持续通过对现场核查工作整体流程和现场核算表格的执行和应用，不断改进现场检查方式，优化表格算法，完善风险项目入库规则，以满足现场检查要求。目前已在全省推广应用，涉及电压等级 35~500kV。各地市单位已按照此套标准，通过在项目库中挑选典型项目核查，自行开展风险项目现场核查，有力地提升了全省电网基建项目风险管控能力，减轻了国网湖北电力投资管控难度，提高了地市公司参与积极性。

未来，可应用数字化手段，开发基于 i 国网的现场核算微应用，提前获取概算、进度等核心数据，通过 i 国网现场采集相关数据，实时计算，比对分析，实时定位风险问题。也可以依托电网基建项目 BIM 三维模型设计成果，建立数字孪生模型，利用施工现场视频监控图像、电子作业票、卫星遥感影像等感知手段，反演项目建设进度，并与系统填报进度和投资匹配，智能分析偏差预警，定位风险点。推动项目管理技术、流程变革，提升精准投资管控水平。

五、参考文献

［1］国网发展部. 国网发展部关于印发 2018 年度国家电网公司统计重点工作任务的通知 .2018.

［2］国网发展部. 电网基建项目建设进度、投资完成进度与成本入账进度匹配度研究阶段性成果汇报 .2018.

［3］国网发展部. 电网投资项目"三率合一"数据监测分析体系研究 .2018.

［4］国网发展部. 基于"三率合一"的电网基建项目投资计划执行风险分析算法研究 .2020.

［5］国网发展部. 电网投资"三率合一"数据监测分析体系深化应用暨公司投资统计数据质量治理专项行动管控方案 .2019.

［6］国网发展部. 三率采集值、指标的计算规则与取数来源 .2021.

加强项目全过程投资管控　发挥投资统计监督职能

主要完成人

赵亮；贺琰

主要完成单位

国网江苏省电力有限公司扬州供电分公司

摘　　要

项目全过程投资管控是落实国网江苏省电力有限公司扬州供电分公司（以下简称"公司"）和电网发展战略的具体抓手，是促进公司整体运作和全面协调发展的重要手段，而如何对综合计划项目进行全过程闭环管控，发挥好投资统计监督作用，既是投资统计管理的重要内容，也是近年来投资统计管理面临的重点和难点问题。公司按照国家电网公司以及省公司关于加强投资统计管理的各项工作部署，坚持目标导向和问题导向，结合本单位实际情况，通过"三率合一"监测系统中项目全过程信息和四个链条的比对分析，加强项目投资全过程管控，加强项目现场监督检查，加强项目储备管理和项目实施后评价分析，提出切实可行的措施，提高项目的经济效益、社会效益和环境效益，为下一步加强项目全过程管理提供准确、全面的数据支撑，确保项目安排科学合理，计划执行高效有序，进一步提升公司项目全过程"精细化、精准化、精益化"的管理水平，为公司发展方式向效率效益型转变提供有力支撑。

关 键 词

项目全过程；投资管控；投资统计监督

一、工作背景

为深入贯彻习近平总书记"四个革命、一个合作"能源安全新战略，落实国家发展改革委、国家能源局关于"推进电力体制改革，加强电力统筹规划，强化电网投资监管"的电网规划投资管理工作要求，为适应电力体制改革不断深化，在"准许成本＋合理收益"的模式下，对项目投资的精准性、有效性的更高要求，国家电网公司提出了"主动适应改革要求，加快实现精准投资，切实提高电网发展质量和效率"的工作目标，实施适应新形势下的电网企业投资管控策略，引导公司发展方式向效率效益型转变。

近年来公司项目投资范围不断扩大，投资总量不断加大，因此对公司投资管理也提出了更高的要求，要求投资更加有效，更加精准。"三率合一"数据监测分析系统已运行数年，已基本实现了对电网基建项目里程碑计划执行、实物工程量形成、财务成本入账全过程的密切跟踪，打通了基建项目全过程各环节信息系统，强化了公司发展、建设、物资、财务专业间的协同管理，为完善项目全过程投资计划与执行分析等工作提供了有力支撑。在此基础上，公司运用"三率合一"数据监测分析成果，针对公司投资管理中存在的问题，加强项目全过程投资管控，加强项目现场监督检查，加强项目储备管理和项目实施后评价分析，提出切实可行的措施，总结提炼全口径项目投资管理工作质效提升方法，提出下一步投资计划管理建议，合理安排年度投资计划，实现项目从规划到计划执行的全过程管理，有效提升投资计划管理水平，更好地服务"一流电网"建设，适应电力体制改革。

二、主要内容

1. 加强项目投资统计过程管控

通过"三率合一"监测系统中投资监测数据，统计当年在建电网基建项目，以综合计划下达企业级项目编码为依据，向前追溯规划、前期信息，向后跟踪招标、开工、建设、投产及运行信息，每月通过"三率合一"监测系统跟踪投资完成情况、项目实施进度、财务发生情况，及时发现项目执行过程中的异常情况，支撑统计业务在项目层面的全过程管控和监督职能，加强投资统计全过程管控。项目全过程跟踪分析示意图如图 1 所示。

图1 项目全过程跟踪分析示意图

（1）制订投资分月实施计划。省公司投资计划下达后，公司发展部及时组织各项目归口部门及各县公司制定项目投资分月实施计划。首先根据下达项目制订上报招标、合同签订、项目开工、项目竣工等关键里程碑节点，然后根据里程碑节点计划将年度投资计划分解到月，并明确责任单位和人员，部门主要责任人签字盖章后报公司发展部。发展策划部汇总各项目归口部门及各县公司上报的投资分月实施计划表报公司领导，并做好日常检查督促、统计分析和考核工作，确保高质量地完成各类项目实施计划。2021年投资分月实施计划如图2所示。

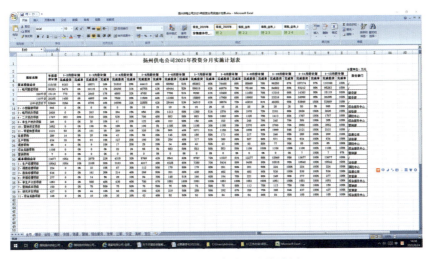

图2 2021年投资分月实施计划

（2）通报投资分月执行情况。每月通过"三率合一"监测系统跟踪投资项目执行情况，并与月度计划和财务发生进行对比，对未按计划完成的单位进行通报，对未按计划进度完成的项目及时提出预警，查找问题、分析原因、整改落实，做到及时发现问题，及时解决问题，保证公司年度投资计划目标的顺利完成。每月做好投资形象进度与财务发生数的偏差分析，确保投资形象进度与财务发生控制在合理范围内。

（3）组织签订承诺书。每月对投资进度预警的项目、进展缓慢的项目，包括电网基建、技术改造、配电网、营销、农电、信息、综合后勤等项目责任单位签订承诺书，落实分管领导和责任专职，保证按计划进度完成。

（4）提交公司月度例会。每月各项目归口部门及各县公司向发展策划部报送项目进度、财务入账进度及存在问题，发展策划部负责编制全公司投资计划执行情况月度分析报告，在公司月度例会上进行通报。

（5）加强配电网项目结余资金管理。配电网项目财务发生数与投资计划数应尽量保持匹配，单一项目的财务发生数与可行性研究（以下简称"可研"）估算偏差应控制在10%以内。发展、设备、建设、营销、财务部门及各县公司建立专项工作协调机制，由项目归口部门每月底根据财务部提供的财务发生数，统计、反馈配电网项目结余资金情况，项目上报部门统筹安排好项目，确保资金用好用足。

（6）加强投资计划完成率考核。对投资完成与月度计划偏差大于10%的项目责任部门进行通报；对投资完成和资金完成进度滞后的责任部门进行通报、预警，仍不整改的进行月度和年度绩效考核；对储备库项目不足、质量不高的责任部门月度绩效进行考核。

2. 加强项目后评价分析

通过"三率合一"监测系统中历史数据资料，以综合计划下达企业级项目编码为依据，向前追溯规划、前期信息、向后跟踪招标、开工、建设、投产及运行信息，对项目实施后进行分析。目前主要从电网基建项目实施效果后评估、储备项目后评估、电网项目投资计划效果分析、电网发展诊断分析四个方面对执行效果进行闭环评价。

（1）开展配电网项目及小型基建项目实施效果后评估。对配电网项目、小型基建项目等，从项目实施过程、项目效果和效益、环境和社会效益、目标和可持续等方面进行全面总结评价。全面梳理公司近几年配电网项目、小型基建项目建设取得的成效，分析存在的问题，明确薄弱环节和管理短板，查找主要原因，提出有效措施，进一步突出投资重点，科学把握投资节奏，明确电网投入效益增长点，优化投资结构和规模，有针对性地研究提出提升电网发展质量、安全稳定水平、运行效率，提升企业资源配置能力、可持续发展能力的措施建议，并为下阶段投资安排提供准确、全面的数据支撑。

（2）开展储备项目后评估。组织各专业部门对本年度储备项目工作进行后评估，并将后评估报告报送发展策划部。储备项目后评估主要从储备项目纳入年度项目计划情况、解决问题情况以及对下一年度储备项目滚动编制提出意见和措施等方面开展，通过后评估，持续提升各专业储备项目的质量。

（3）开展项目投资计划执行后评估。分类别分析项目每月执行情况。每月投资完成与月度计划对比、投资完成与财务发生对比，说明项目未按计划完成原因、投资完成与财务发生差距大的原因等。根据分月执行情况分析，找出制订投资分月实施计划时存在的问题和投资计划执行过程中存在的问题。并对下年度安排投资计划提出具体措施及建议，提高项目投资计划编制深度，促进计划的高效执行。

（4）开展电网发展诊断分析。每年同步组织开展市、县公司电网发展诊断分析工作，系统评估电网和企业现状，总结上年度电网发展诊断措施的落实情况，确定电网发展仍然存在的薄弱环节和公司管理短板，预测分析下一年度主要指标情况，把握电网发展方向，明确电网投资重点，推动公司和电网科学发展。

案例应用：

开展电网基建项目"三率"执行偏差分析和影响因素成因分析，通过"三率合一"监测系统选取近几年实施的项目，对偏差评价指标进行分析，识别投资进度偏差发生的规律和薄弱环节；分析"三率"曲线偏差影响因素及偏差原因，应用到电网发展诊断分析、投资计划执行后评估、项目后评价报告中，为投资决策提供支撑。

（1）"三率"曲线偏差评价指标统计与分析。由于工程项目起止时间、建设周期存在的固有差异，曲线形式各有不同，从三率偏差评价分析出发，提出电网基建项目"三率"执行偏差评价指标，从电压等级、工程类型和建设性质等不同维度分析项目层及单项工程层的三率执行偏差情况，以实现直观、量化、高效的偏差评估和问题识别。

具体从工程工期偏差（项目周期及项目启动时间滞后偏差）、项目计划执行情况偏差（实际指标之间偏差）和项目完成准确性偏差（实际与计划指标间偏差）三个角度，梳理构建出一套电网基建项目"三率"偏差评价指标，依据"三率"曲线偏差评价指标数据挖掘方法，针对构建的"三率"偏差评价指标进行统计分析，根据统计分析结果总结归纳扬州电网建设项目"三率"偏差规律及薄弱环节。"三率"曲线偏差评价指标统计分析结果表见表1。

表 1　　　　　　　　"三率"曲线偏差评价指标统计分析结果表

偏差评价指标		"三率"偏差规律及薄弱环节
工程工期偏差	项目层级	扬州电网建设项目工期整体控制水平良好，大部分项目按期或提前完成项目建设，仅110kV电网建设项目存在少量延期完工的情况；输变电类项目工期控制水平优于线路类项目。后续需着重加强110kV电网建设项目尤其是线路类项目的计划编制及进度管理
	单项工程	各类单项工程中110kV单项工程项目相对其他电压等级偏差也较大，出现延期完工情况最多；变电单项工程工期偏差情况优于架空线路单项工程，优于电缆线路单项工程，电缆线路单项工程的工期偏差较大。后续需着重加强110kV电网建设项目尤其是架空和电缆线路单项工程项目的计划编制及进度管理
项目启动时间偏差	项目层级	扬州电网建设项目启动时间偏差情况整体较好，220kV和110kV大部分项目均可按照计划启动项目建设，但35kV项目工期一般滞后于计划启动时间；线路类项目启动时间偏差情况优于变电类项目启动时间偏差情况，后续需重点关注35kV电网建设项目的开工时间制定及项目进度管理
	单项工程	扬州电网各类单项工程中35kV单项工程项目相对其他电压等级偏差也较大，出现启动时间滞后情况最多；架空线路单项工程工期偏差情况优于变电单项工程，优于电缆线路单项工程，电缆线路项目启动时间滞后程度较高。后续需重点关注电缆线路单项工程项目开工时间制定及项目进度管理
项目执行计划情况偏差		扬州电网项目建设进度和投资进度偏差除个别异常项目外，大部分偏差集中分布在 ±20%，220kV电网项目建设进度和投资进度偏差情况优于110kV项目优于35kV项目；入账进度各电压等级大部分均存在实际入账进度滞后计划入账进度，同样220kV电网项目优于110kV项目优于35kV项目。变电类项目执行计划情况偏差优于线路类项目。后续需着重加强入账管理，同时重点关注110kV和35kV电网项目计划进度执行情况
项目完成准确性偏差		扬州电网建设项目投资建设偏差优于入账建设偏差。入账建设偏差总体情况220kV优于110kV优于35kV电网建设项目，110kV和35kV等级电网项目存在入账进度与建设进度偏差较大的项目，整体入账管理偏差；扬州投资建设偏差呈现集中分布在零偏差附近，整体进度控制良好。变电类项目相比线路类项目入账建设偏差和投资建设偏差均呈现集中分别在零偏差附近，而线路类项目则较为分散，偏差原因较多。整体来看，后续需着重加强入账管理，同时重点关注110kV和35kV线路类工程项目

（2）"三率"曲线偏差影响因素及成因分析。

1）"三率"曲线偏差影响因素分析。影响电网工程项目过程控制薄弱环节的因素涉及角度较多，有工程项目建设实施方面的原因，有无法人为控制与预测的自然原因，也有参与方之间相互间配合上的原因，主要影响因素归纳起来可以分为如图 3 所示的六种。

图 3 电网工程项目过程控制薄弱环节影响因素

2）"三率"曲线偏差成因分析。在"三率"曲线偏差影响因素分析基础上，开展"三率"自身实际与计划偏差和"三率"之间偏差的成因分析，具体见表 2。

表 2   **"三率"曲线偏差成因分析结果**

偏差分析角度		偏差成因
项目执行计划偏差成因分析	建设进度偏差成因分析	工程建设相关单位出现工作进度拖后、彼此之间无法协调控制等情况
		物资供应进度及质量问题
		资金保障不足
		设计变更
		施工条件不利
		其他各种风险因素
		承包单位自身管理水平不足

偏差分析角度		偏差成因
项目执行计划偏差成因分析	投资进度偏差成因分析	物价上涨
		设计原因
		业主原因
		施工原因
		客观原因
		其他原因
		数据填报原因
	入账进度偏差成因分析	入账进度与投资完成进度紧密关联，其造成偏差的原因也比较类似，除以上造成投资完成进度偏差的原因外，还有票据开具不及时，部分施工单位和设备供应商未及时上报费用并开具发票等
项目完成准确性偏差成因分析	投资完成进度与工程建设进度偏差成因分析	（1）理论上投资完成进度是工程建设进度的货币体现，二者之间应具备较高的匹配度。工程开工时，其他费用按照实际发生额一次性计入投资完成进度，投资完成进度理论上超前工程建设进度，尤其是征地补偿费等前期费用占概算比例较大的情况下，会导致投资完成进度与工程建设进度差异较大。（2）在实际中，由于统计口径不同也可能产生较大差异，如按照部位进度法计算出的投资完成进度与按照基建口径规定的固定的里程碑计划权重计算出的工程建设进度可能存在较大差异
	成本入账进度与工程建设进度和投资完成进度之间偏差的成因分析	（1）受财务部门对现金流的管控影响，在工程建设过程中，建筑工程费和安装工程费入账存在一定的滞后期。（2）设备购置费的投资统计时间节点和统计额度与财务管理流程中的设备费用入账时间节点和入账额度不同也将造成两个进度之间的差异

3. 加强项目储备管理

通过"三率合一"监测系统中项目全过程信息，跟踪项目可研批复、初步设计（以下简称"初设"）批复、竣工结算、财务决算四个关键节点分析，对拟实施的项目技术是否合理、经济是否有利、建设是否可行，进行综合分析和全面科学评价，从而加强项目储备管理。其目的是避免或减少项目决策的失误，提高投资的效益和综合效果。公司项目储备库建设遵照以规划指导项目储备，加强项目与规划的衔接，未纳入规划的项目不列入项目储备，未纳入项目储备的不列入年度计划，未列入年度计划的项目不安排资金的原则执行。

（1）明确项目年度储备规模。发展策划部会同相关部门制定本年度各专业项目滚动储备规模，确保资本性、成本性储备项目投资规模比例合理，项目充足。原则上储备规模不低于当年度各专业项目投资计划的1.5~2倍。

（2）分月常态开展项目储备。每年1月份发展策划部组织各专业启动储备项目需求编制工作，8月份结束，保证项目储备时间充足。各专业按照年度储备规模，每月组织本部及县公司开展项目储备工作，每月储备不低于年度储备规模的20%。

（3）保证储备项目编制深度。项目需求编制人员增强规则意识，所有储备项目均符合公司发展规划目标，符合各专业滚动规划，未纳入规划的项目应先纳入规划，符合各专业项目立项导则和技术标准要求，保证项目的必要性、科学性及可行性。储备项目达到立项深度，100万元及以上项目编制可研报告，其他项目编制项目建议书。各专业部门、县公司对编制的储备项目需求质量负责，专业部门负责人、县公司分管领导重点对30万元及以上项目把关。

（4）分月分级开展项目评审。储备项目评审每月常态开展，采用"专业内部评审－公司专家评审"的分级评审形式。专业内部评审由各专业部门组织，重点从项目的技术层面进行评审，保证项目的科学性、必要性、可实施性。公司专家评审在专业内部评审的基础上进行，由发展策划部组织，从公司储备项目评审专家库中选取专家，重点评审项目是否与专业规划、电网规划相衔接，与其他各类别项目是否相衔接。各专业部门负责每月将经内部评审过的项目分时间段提交发展策划部，发展策划部组织专家评审。

4. 开展"双随机"现场监督检查

针对"三率合一"监测系统中预警项目清单，发展部组织建设部、运检部、财务部、物资部和各县公司，通过"交流座谈、核查投资统计数据源端系统信息、核查工程施工现场进度"等方法，对投资统计源头采集数据、投资统计报表数据、财务入账数据、工程现场实际进度的数据差异原因等进行调研、核查、分析。

（1）项目基本信息。抽取了部分项目，检查了项目基本信息维护是否完善、准确，开工项目开工报告是否挂接，投产项目调度命名、调度运行截图、启委会会议纪要是否挂接，提供的证明材料是否真实准确。

（2）投资完成数据。抽取了部分预警项目，检查了项目的形象进度和填报的累计完成投资是否相符。项目建筑安装工程投资完成与项目现场施工进度是否相符；已填报设备投资完成的，查看了现场设备是否到位；其他费用与项目单位财务账表实际支出是否相符。

（3）开工投产规模。抽取了部分项目，检查了项目开工投产规模中条、长度、座、台、容量等规模指标是否填写完整、准确。投产项目对照运检 PMS 及调度 EMS/OMS 系统查看是否已有相关信息。

5. 开展配电网项目执行检查

围绕配电网项目规划、计划、执行、评价等全流程和各环节，整合应用相关领域核心业务数据，以全面调查与具体问题剖析相结合，客观反映公司系统配电网项目管理现状，系统评价投资的合规性、科学性和效益性，通过问题归因和趋势分析，敦促各专业加强整改，强化规范意识，协同促进配电网高质量发展。

（1）项目开发储备情况。检查配电网网架类、非网架类的项目评审意见、可研批复（备案）文件中，未按单体项目进行评审、批复的情况，非网架类项目是否以项目包及对应单体的形式备案。

（2）计划管理工作情况。检查配电网项目已下达计划但未及时挂接可研评审意见、可研批复（备案）的项目；下达计划的项目投资计划金额、规模等信息与"网上电网"或精准投资系统中维护的项目总投资、规模信息不一致的项目数量及比例；抽查已下达计划的项目挂接的可研批复（备案）文件是否真实有效，在"网上电网"或精准投资系统中项目信息维护与可研批复（备案）中规模、金额等内容不一致的项目数量及比例。

（3）项目建设实施情况。检查已下达的项目已完成 ERP 建项、合同签订的数量、比例情况；已下达计划的项目未按计划时间开工的项目数量及比例，以及推迟三个月及以上开工的项目的比例，若推迟三个月及以上开工，需说明原因；下达的预安排项目是否存在上一年度就发生项目费用等不合规情况。下达的网架类项目取消时是否有未履行审批单审批手续的情况；下达的非网架类项目单体变更是否履行审批手续，变更的单体是否有未进行发文的情况，以及发文中明确的单体项目变是否与审批单中能够对应，项目变更的原因是否合理。

（4）项目结算、关闭情况。下达的配电网项目（包括网架、非网架和业扩）结转规模以及占当年配电网投资的比例，结转规模较大需说明原因；下达计划的非跨年项目截至目前未关闭，以及跨年项目在上一年度提前关闭的项目数量及比例；项目实际入账金额与财务预算金额差异情况，统计总体差异比例、超预算完成项目个数、各项目入账与预算金额差异比例等。

6. 项目全过程管理工作考核

根据项目执行情况，结合国家电网公司和省公司投资管理规定，制订公司项目管理工作考核实施意见，进一步提高投资管理的执行力、管控力。

项目管理考核工作按月度和年度考核的方式开展。考核内容包括项目储备（30分）、项目计划编制（10分）、项目计划执行（50分）以及省公司通报情况（10分）四部分，满分100分。其中，项目储备、项目计划执行以及省公司通报情况三部分内容每月进行考核。

（1）项目储备主要从储备完成进度、项目需求编制质量、项目评审质量、项目上报、入库、后评估工作质量等方面进行考核评价。

（2）项目计划编制主要从建议报告上报及时率、建议报告编制质量方面进行考核评价。

（3）项目计划执行主要从年度重点工程（预安排项目、超期建设项目、虚报投资和投产项目等）推进情况、项目月（年）度计划完成情况、项目计划调整情况、月度综合计划执行情况分析报告质量、月度投资完成数据填报情况等方面进行考核评价。

（4）公司通报情况主要根据综合计划项目管理工作相关的各类情况通报进行考核评价。

发展部每月按照《综合计划项目管理工作考核评分表》（见表1）对各专业、各县公司进行考核打分。月度绩效考核根据《综合计划项目管理工作考核评分表》月度评价得分确定，年度业绩考核根据年度评价得分评定。

月度评价得分大于或等于90分的部门不扣分，小于90分的责任部门扣月度绩效考核1分。年度评价根据月度评价平均得分测算，大于或等于90分的部门不扣分，小于90分的责任部门扣年度绩效考核1分。综合计划项目指标和项目执行情况考核由发展策划部和人力资源部负责，报公司绩效考核会议审定后执行。

公司综合计划项目管理工作考核评分表见表3。

表3　　　　　　　　　公司综合计划项目管理工作考核评分表

序号	指标	二级指标	指标周期	指标分值	计算方法	数据来源和评价方法	考核得分
一	项目储备	项目储备完成进度	月度	10	按《进一步加强储备项目管理的通知》（扬供电发展〔2015〕113号）文要求开展项目储备工作	未分月常态开展项目储备工作扣5分。每月储备规模低于年度储备规模20%，扣5分	
		项目需求编制质量	月度	5		项目需求质量差、不符合规范要求、存在原则性错误的，酌情扣1~5分	
		项目评审质量	月度	10		未分月分级开展项目评审的，扣5分。在专业内部评审后依然存在项目不符合规范要求、存在原则性错误的，酌情扣1~5分	

序号	指标	二级指标	指标周期	指标分值	计算方法	数据来源和评价方法	考核得分
一	项目储备	项目入库工作质量	月度	3	按《进一步加强储备项目管理的通知》(扬供电发展〔2015〕113号)文要求开展项目储备工作	未在评审意见批复后及时将项目录入省公司全口径项目储备库系统的，扣3分	
		项目上报、后评估工作质量	年度	2		未按照公司文件要求上报储备项目、开展后评估工作的，扣2分	
二	项目计划编制	建议报告上报及时率	年度	5	按市公司发展策划部时间要求编制综合计划建议计划报告和调整报告及相关专项报告	未上报报告的不得分。报告每迟报1次扣2.5分，扣完为止	
		建议报告编制质量	年度	5	按市公司发展策划部质量要求编制综合计划建议计划报告和调整报告及相关专项报告	报告质量不符合要求的，酌情扣1~5分	
三	项目计划执行	年度重点工程推进情况	月度	20	对各单位预安排项目一季度开工情况以及超期建设项目和虚报投产项目的推进情况进行考核。其中： 一季度末，预安排项目最少有一笔物资领用或服务确认即为实际开工。按项目个数进行统计和考核。 超期建设项目是指年初梳理的开工3年以上，未投产的项目。所有超期建设项目按省公司要求的时间投产年初梳理的虚报投资和投产项目必须按发展策划部要求的时间投产。年底不允许出现虚报投资和投产的项目	预安排项目以公司综合计划发文为准，预安排项目执行数据来源于公司ERP系统。每出现一个一季度未开工的预安排项目扣10分。 每出现一项未按要求投产的超期建设项目扣10分。 年初虚报投资和投产的项目未按发展策划部要求投产的，每出现一项扣5分。年底新增虚报投资和投产的项目，每出现一项扣5分	

续表

序号	指标	二级指标	指标周期	指标分值	计算方法	数据来源和评价方法	考核得分
三	项目计划执行	项目计划完成情况	月度	10	分资本性和成本性专项考核各单位项目投资完成进度。比较公司投资分月实施计划和实际完成进度	项目投资进度领先于序时进度不扣分。项目投资进度落后于序时进度但高于公司平均进度不扣分。项目投资进度落后于序时进度，每低于公司平均进度1个百分点扣1分，扣完为止。项目投资进度超过投资分月实施计划的不扣分。每低于分月实施计划1个百分点扣0.5分，扣完为止	
		项目计划调整情况	年度	5	对专项项目计划的投入和个数调整情况进行考核。项目投入调整率 = ∑[权重 × │（投入调整量/计划下达值）│]，包括：电网基建项目（权重占20%）、生产技术改造项目（20%）、生产修理项目（20%）、营销项目（20%）、非生产技术改造、修理（20%）。项目个数调整率 = [（0.4 × 调增项目数 + 0.2 × 规模变化的项目数 + 0.4 × 调减项目数）/计划项目数] × 100%	（1）投入调整率大于0.5%，每增加0.1个百分点扣1分，扣完为止。（2）项目调整幅度大于0.5%，每增加0.1个百分点减指标分值的5%；大于3%扣所有分值。经省公司认可，不纳入年度业绩考核和对标评价的调整除外	
		月度综合计划执行情况分析报告质量	月度	5	公司本部各部门每月1日前编制上月综合计划项目执行情况分析报告，各县公司每月3日前编制上月综合计划项目执行情况分析报告，报告内容必须符合发展策划部月度分析报告模板要求	质量不符合要求的报告酌情扣1~5分，报告迟交1天扣2.5分	

续表

序号	指标	二级指标	指标周期	指标分值	计算方法	数据来源和评价方法	考核得分
三	项目计划执行	月度投资完成数据填报情况	月度	10	每月27日前在公司计划统计系统中填报本单位各类专项（资本性、成本性专项）当月投资（投入）完成数据，要求数据准确、完整	每出现一次数据填报错误，视影响扣1~5分，数据迟报1次扣2.5分	
四	省公司通报情况	省公司通报责任分解	月度	10	根据省公司发展策划部综合计划项目管理工作相关的各类情况通报	被通报批评一次扣10分。省公司未发布通报或通报中未提及的月度得满分。相关专业每月度须对基层单位和县公司该指标得分提出考核意见	
合计				100			

三、特色亮点

1. 通过加强投资过程分析，执行管控更加有力

通过制订投资计划分月实施计划，每月通报投资项目完成情况，引起相关部门重视，加快了项目实施和报账进度，部分项目快于制订的计划完成。每月统计投资完成及财务发生情况，并进行对比，对差距较大的项目进行通报。相关单位加快了项目报账进度，以往很多项目集中到年底报账，今年有所改进，已完成的项目能报账的都及时报账。通过对综合计划项目完成情况检查，对各类综合计划项目的投资完成情况、现场实施情况、财务资金发生情况和竣工资料是否完备等方面进行检查，对所有投资实行项目闭环控制，确保各类投资可控在控。通过开展下一年项目抽查复核工作，以提高下一年项目安排的科学性、合理性，提高投资和资金使用效益，确保项目安排解决当前存在的实际问题，实现投资效益最大化。

2. 通过加强项目储备管理，项目质量更加优质

通过深化计划源头管理，公司综合计划项目"两级"评审机制全面建立，电网项目统一评审模式高效运行，避免了项目重复、必要性不足、可实施性不强等问题。项目储备库相对充足，能够满足今后三年公司和电网发展需要，所有综合计划项目均取自经专家评审过的储备库。

3. 通过加强项目评价分析，计划安排更加科学

通过从配电网项目实施效果后评估、储备项目后评估、电网项目投资计划效果分析、电网发展诊断分析等方面评价分析，公司科学研究投资策略，每年将综合计划项目安排到重点项目和解决电网和公司发展存在问题上。有针对性地研究提出提升电网发展质量、安全稳定水平、运行效率，提升企业资源配置能力、可持续发展能力的措施建议，并为下阶段投资安排提供准确、全面的数据支撑。

4. 通过投资监督检查，统计数据更加精准

通过"双随机"现场检查项目执行情况，以事实为依据，严格把控各专业部门上报的统计基础数据审核工作，对问题数据严谨分析、准确定位、督办整改。将发展、建设、运检、财务数据进行联合分析，加强投资统计与各相关专业沟通和交流，提升各专业对"三率合一"统计原则、统计口径、统计要求的认识，从源头把控数据填入系统的质量。不断夯实统计基础管理，提升统计数据质量和数据价值，强化统计监督和决策支撑作用，全面提高项目协同管理水平。

四、应用展望

运用"三率合一"监测系统分析成果，加强项目投资全过程管控，加强项目储备管理和项目实施后评价分析，提出切实可行的措施，在公司得到了很好的实践。实践证明以深化投资项目源头管理为出发点，以优化投资计划编制管理为支撑点，以强化投资统计执行过程管控为着力点，以闭环评价投资项目执行效果为突破点的管理理念科学合理，围绕理念和目标制定的各项措施针对性强、可行性好，能够有效加强综合计划项目的全口径全过程项目管控，保障综合计划在优化资源配置实现整体效益最优、统筹安排项目促进公司全面协调发展方面真正起到统领作用。

五、参考文献

无。

第四篇　制度标准创新

引言

随着投资统计信息技术手段、模型算法以及管理模式的发展变革，国家电网公司研究形成了系列可推广、标准化、创新性的电网项目标准和规范成果。遵循科学、系统、可操作性等原则，以夯实制度基础为目标，制定电网基建项目全生命周期信息自动投资统计技术规范、投资信息化数据协同管理规定以及电网投资项目协同管理数据维护规范，构建统计信用评价体系，厘清各环节专业管理工作内容及管理责任，为项目精益管理、投资精准统计、效益效率提升提供了重要制度保障。

电网基建项目全生命周期信息自动投资统计技术规范

主要完成人

马蕾、文凡、车佳辰、宋红芳、陈彦佐

主要完成单位

国网浙江省电力有限公司；国网浙江省电力有限公司经济技术研究院

摘　　要

近年来，国家电网公司（以下简称"公司"）投资统计管理通过夯实基础管理、推动创新变革、构建信用体系，聚焦打基础、促变革，不断优化投资统计管理工作，开展了大量的统计创新应用，并持续完善信息系统功能，推动投资统计业务向自动统计转变已具备良好的理论基础和信息化基础。由于投资统计业务涉及多部门协同、多层级交互，因业务部门数据质量不理想、投资完成数据质量易受到考核因素干扰等问题影响，统计工作质量受到前端数据质量的严重制约，进一步推进自动统计面临的"数据信任"瓶颈越发明显。

本规范充分融合近年来"三率合一"监测分析体系管控经验，制定新模式下的投资统计管理制度与数据规范标准，形成电网基建全流程管理指标体系、责任体系、质量体系、安全体系，构建数据源头直采、数据自动校核，报表自动生成，报告智能分析体系，支撑基层统计人员工作，提升效率，实现公司投资统计管理水平全面提升。该成果的应用推广有助于变革传统人工投资统计模式，基于海量电网基建项目全生命周期数据，通过数据驱动业务决策，推动公司高质量发展。

关　键　词

电网基建；自动统计；全生命周期；技术规范

一、工作背景

（一）主要解决问题

长期以来，由于自身特殊的业务特点，投资统计工作质量受到多种因素的干扰。传统统计工作易受到人工干预，从施工建设现场到最终完成投资统计数据填报涉及专业部门广、流程多，各业务部门管理目标不一致、业绩考核压力等因素叠加，造成跨部门数据不匹配、统计数据失真、数据利用不充分等问题突出。

（二）必要性分析

2013 年以来，经过多年统计创新实践，公司投资统计业务已打下了坚实的理论基础，完成了从传统人工统计向自动统计转型升级的技术积累。"三率合一"监测分析体系的深入推进，大大强化了公司系统信息化平台建设和完善优化，投资统计业务信息化工作亟须建立一套规范的技术标准体系来指导业务开展。

随着输配电价改革的逐步深入，电网企业投资受到外部严格监管，对电网投资的项目管控和统计数据管理都提出了更高的要求，投资统计业务转型升级迫在眉睫。如何有效排除人为干扰、明确数据管理标准、理清部门管理责任、发挥统计数据价值，真正完成向自动投资统计模式的转变，成为推动投资统计业务转型升级的重要考量。

二、主要内容

（一）研究思路

本成果以规范自动投资统计为目标，通过充分融合近年来"三率合一"监测分析体系管控经验，制定新模式下的投资统计管理制度与数据规范标准，形成电网基建全流程管理指标体系、责任体系、质量体系、安全体系，确定数据维护、数据确认、数据传输、数据共享的要求，支撑构建数据源头自动采集、数据自动校核、报表自动生成、指标自动发布于一体的自动投资统计创新应用，推动投资统计模式变革。

电网基建项目全生命周期信息自动统计规范思路框架如图 1 所示。

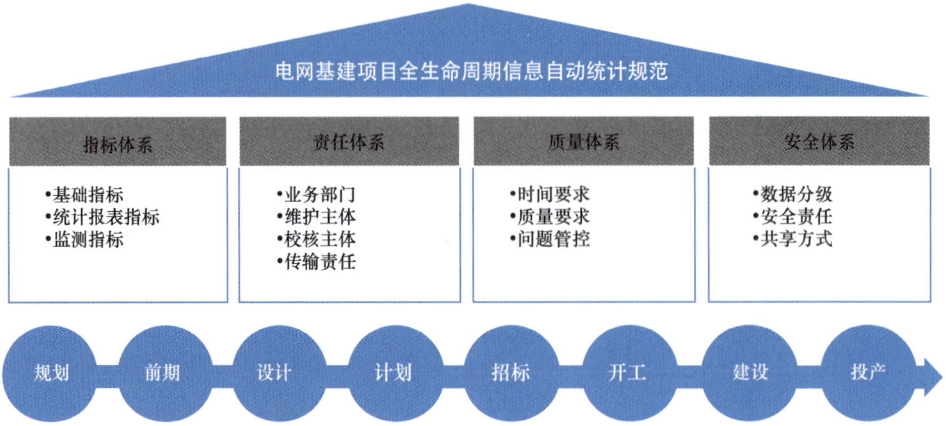

图 1　电网基建项目全生命周期信息自动统计规范思路框架

（二）研究内容

1. 建立全生命周期统计数据指标体系

构建电网基建项目全生命周期统计数据指标体系，需考虑以下几个原则：

（1）系统性原则：需覆盖电网基建项目全生命周期各业务环节，主要包括规划、前期、设计、计划、招标、开工、建设、投产等环节。同时，还要考虑指标设置保持合理的层次性、整体性和相关性。

（2）可操作性原则：需充分考虑各信息系统建设现状，基于网上电网投资统计业务模块建设现状，涉及的信息系统还包括基建管控平台、PMS、ERP系统、调控云等源端系统。各指标的选取必须是能从各源端系统获取的指标数据。

（3）目的性原则：需围绕投资统计的核心业务开展指标设计，包括统计报表自动生成和统计监测分析两个方面。

（4）科学性原则：指标体系的设置均需有科学的依据，严格落实国家、行业或公司内部有关管理规范和制度的规定。

（5）时效性原则：指标体系不仅要反映当前业务管理的实际情况，还要适应未来一段时期管理模式调整的需要。

根据当前投资统计业务现状，考虑当前各业务系统指标情况，从基础指标、统计报表指标、监测指标三个维度构建电网基建项目全生命周期指标体系。

电网基建项目全生命周期指标体系框架如图2所示。

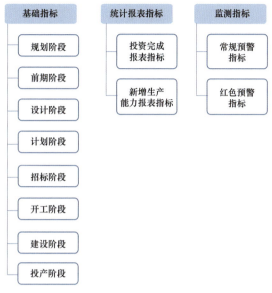

图2 电网基建项目全生命周期指标体系框架

（1）基础指标。基础指标指各专业部门业务系统中用于形成投资统计指标的指标。基础指标的梳理按照电网基建项目全生命周期业务环节来划分，具体如下。

1）规划阶段：指电网基建项目规划信息的管理，包括9项规划信息指标，如图3所示。

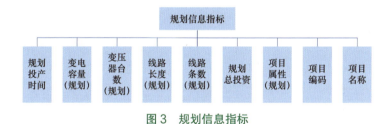

图3 规划信息指标

2）前期阶段：指电网基建项目前期阶段可行性研究（以下简称"可研"）信息和核准信息，以及专业系统中项目和单项名称、编码的管理。具体包括17项前期信息指标和8项名称编码信息指标，如图4和图5所示。

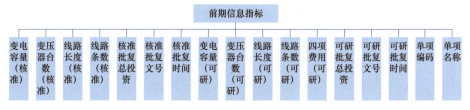

图4 前期信息指标

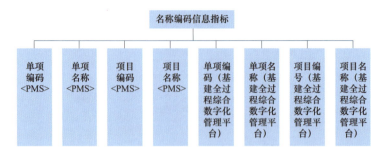

图 5　名称编码信息指标

3）设计阶段：指电网基建项目初步设计信息的管理，包括 10 项 35kV 及以上项目设计信息指标和 8 项 10kV 及以下项目设计信息指标，如图 6 和图 7 所示。

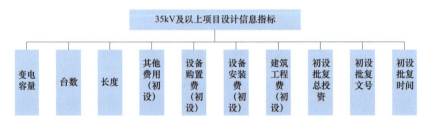

图 6　35kV 及以上项目设计信息指标

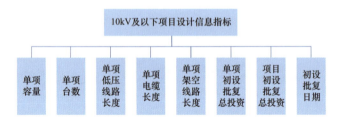

图 7　10kV 及以下项目设计信息指标

4）计划阶段：指电网基建项目计划和预算下达信息的管理，包括 15 项计划信息指标和 7 项预算信息指标，如图 8 和图 9 所示。

图 8　计划信息指标

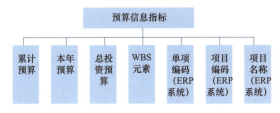

图 9　预算信息指标

5）招标阶段：指电网基建项目招标信息的管理，包括 6 项招标信息指标，如图 10 所示。

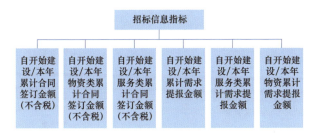

图 10　招标信息指标

6）开工阶段：指电网基建项目开工信息的管理，包括 4 项 35kV 及以上项目开工信息指标，2 项 10kV 及以下项目开工信息指标，以及 6 项统计报表开工信息指标，如图 11 所示。

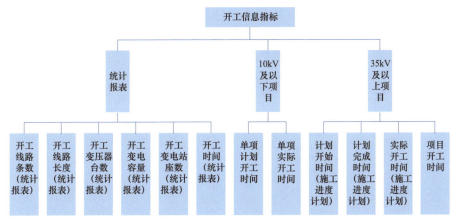

图 11　开工信息指标

7）建设阶段：指电网基建项目建设施工阶段的进度信息、物资信息、入账信息、资金支付信息、统计报表信息的管理，包括 10 项建设进度信息指标、12 项物资领料信息指标、4 项入账成本信息指标、1 项资金支付信息指标、5 项统计报表信息指标，如图 12 所示。

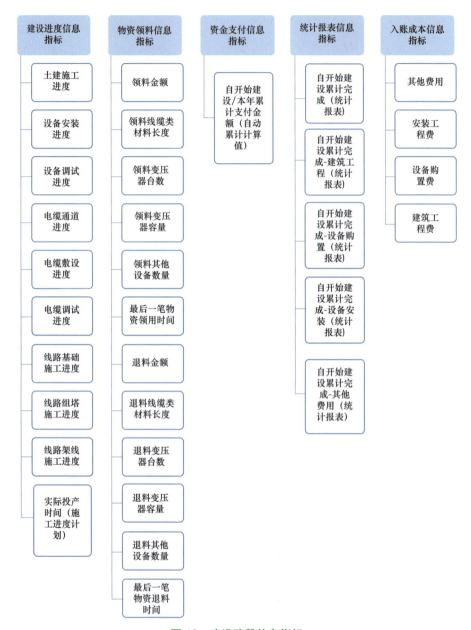

图 12　建设阶段信息指标

8）投产阶段：指电网基建项目投产信息、设备投运信息、统计报表投产信息和结算决算转资信息的管理，包括 7 项 35kV 及以上项目投产信息指标、1 项

10kV 及以下项目投产信息指标、6 项设备投运信息指标、6 项统计报表投产信息指标、8 项结算决算转资信息指标，如图 13 所示。

图 13　投产阶段信息指标

（2）统计报表指标。统计报表指标指根据国家统计局统计报表制度和中国电力企业联合会统计调查制度，定期进行统计报送的指标。该类指标主要根据国家统计局、中国电力企业联合会对电网基建项目的统计指标定义和计算规则，使用电网基建项目基础指标数据，利用统计数据自动计算模型计算得出投资统计指标数据。统计报表指标主要包括投资统计报表指标和生产能力报表指标两类。

1）投资统计报表指标包括：本年投资计划、累计下达计划、自开始建设累计完成投资、本年累计完成投资 4 项报表指标，如图 14 所示。

图 14　投资统计报表指标

2）生产能力报表指标包括：建设规模、本年新开工规模、开工时间、建设进度、本年新增生产能力、投产时间 6 项报表指标，如图 15 所示。

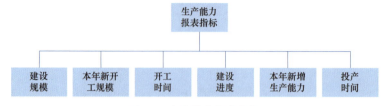

图 15　生产能力报表指标

（3）监测指标。监测指标指为电网基建项目全生命周期监测所定义的指标。该类指标主要基于公司当前电网基建项目"三率合一"监测分析体系管理需要，对电网基建项目实行动态预警而设定的指标。该类指标主要根据管理职责按照业务部门进行划分，主要涉及发展部门 4 项监测指标、建设部门 6 项监测指标、设备部门 5 项监测指标、物资部门 7 项监测指标、调度部门 2 项监测指标和互联网部门 2 项监测指标 6 个业务部门合计 26 项指标，如图 16 所示。

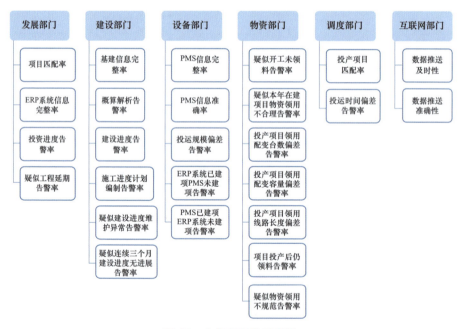

图 16　业务部门监测指标

2. 明确数据责任主体和层级分工界面

（1）数据责任确定原则。数据责任的认定按照"谁产生、谁负责"的原则确定。按照此原则，将数据责任主体进一步划分为数据维护主体和数据校核主体：①数据维护主体是指电网基建项目全生命周期各环节业务数据在对应信息系统录入的责任主体，认定原则是"工作谁执行、数据谁维护"。②数据校核主体是指在数据录入至信息系统后，按照业务分工对本专业信息系统数据实施数据校验审核确认的责任主体，认定原则是"业务谁管理、数据谁确认"。校核主体对本专业范围内用于投资统计报表自动生成和统计分析监测的基础指标质量负责，负责组织协调对应数据维护责任主体对异常数据进行整改修正。

（2）层级分工界面。投资统计业务涉及总部、分部、省公司（含总部直属单位）、地市公司（含省公司直属单位）、县级公司和填报工程进展的其他单位等多个层级。统计业务数据的流转涉及专业横向和层级纵向两方面的交互和协同。

1）横向上，投资统计专业是投资统计业务的归口管理责任主体，负责本单位各专业投资统计指标质量的总体管控，是所辖下级单位统计专业的数据校核主体，是上报上级单位统计数据的维护主体；其他各专业负责本单位本专业范围内统计业务数据质量的管控，是本层级及所辖下级单位本专业的数据校核主体。

2）纵向上，各专业负责对本层级本专业及下属各单位对应专业范围内统计业务数据质量的管控，是本层级及所辖下级单位本专业的数据校核主体。

（3）数据责任体系。根据不同指标类别，分别对基础指标、统计报表指标和监测指标确定数据质量责任，并明确数据传输的相关原则、职责和传输方式。

1）数据质量责任。

a.基础指标主要基于指标数据对应的信息系统归属来确定责任主体。网上电网有关指标的责任主体为发展部门相关专业，基建全过程综合数字化管理平台有关指标的责任主体为建设部门相关专业，PMS有关指标的责任主体为设备部门相关专业，ERP系统有关指标根据专业职责分工对应到发展、建设、设备、财务、物资等多个部门，调控云有关指标的责任主体为调度部门相关专业。

b.统计报表指标的责任主体为各级发展部门统计专业。

c.监测指标的责任主体根据管理职责对应到发展、建设、设备、物资、调度和互联网6个业务部门。

2）数据传输职责。国家电网总部发展部统一提出数据跨系统传输需求，制定推送时间节点等标准。源端系统对应业务部门负责确保基础数据指标准确、有效，不得随意变更源端系统历史数据。互联网部负责源端系统数据向受端系统推送数据传输通道正常，负责组织各级数据中台团队开展数据加工、接口封装等工作，统筹数据传输需求，监控数据传输过程，保障数据传输通道高效畅通，确保数据传输安全、及时、准确。

3.确定数据质量标准和问题管控方式

业务数据质量直接关系到统计数据的准确性，进而影响到统计分析决策支撑的整体成效。为确保有效管控统计业务数据质量，本文从指标维护时间/频度、维护要求、自动计算规则、告警规则等方面提出了数据质量标准，同时规定了数据传输质量标准和指标数据质量异常后的问题管控方式。

（1）数据质量标准。

1）基础指标。基础指标是在电网基建项目实施过程中，由各业务部门产生的用于形成投资统计报表指标和监测指标的基础性指标。该类指标分散于各专业部门信息化系统，根据公司有关管理要求进行维护。因此，对基础指标数据质量标准的规范，考虑从"5W1H"角度进行明确。

a. 维护什么指标（what）。

b. 在哪个信息系统维护（where）。

c. 哪个部门、谁来维护（who）。

d. 哪个层级需要维护（which）。

e. 什么时间、频度维护（when）。

f. 怎么维护、依据是什么（how）。

根据以上"5W1H"框架，对电网基建项目全生命周期各环节基本信息进行了规范。

2）统计报表指标。统计报表指标是根据国家统计局、中国电力企业联合会对电网基建项目的统计指标定义和计算规则，使用电网基建项目基础指标计算得出的报表性指标。根据国家电网有限公司统计报表制度的规定，分为投资统计报表指标和生产能力报表指标。投资统计报表指标主要统计采用货币形式反映电网基建项目形象进度的有关指标，如本年投资完成、本年投资计划等；生产能力报表主要统计用实物形态反映电网基建项目投资活动的指标，如容量、长度、台数、条数等。

统计报表指标必须严格遵循国家统计局、中国电力企业联合会以及国家电网公司有关统计报表制度的规定，因此相关指标质量的规范需考虑如下几个方面：

a. 指标名称：与报表制度规定保持一致。

b. 指标定义：与报表制度规定保持一致。

c. 统计原则：与报表制度规定保持一致。

d. 数据来源：明确用于计算该指标的基础指标所在的信息化系统。

e. 自动计算规则：落实公司自动投资统计要求，落地有关统计创新成果，明确统计指标的自动计算规则。

3）监测指标。监测指标是基于监测电网基建项目全生命周期投资执行过程的目的，利用基础指标进行运算形成的自定义指标。通过将指标运算结果与设定的监测标准阈值进行比较，从而反映电网基建项目投资执行过程的状态。因此，对监测类指标标准的规范需考虑如下几个方面：

　a. 指标名称：与公司"三率合一"监测分析相关要求一致。

　b. 监测范围：明确该监测指标适用的项目类别。

　c. 计算规则：明确该监测指标的计算公式、取数口径等。

　d. 告警规则：明确该监测指标的告警触发条件。

　e. 数据来源：明确用于计算该监测指标的基础指标所在的信息化系统。

（2）数据传输标准。

数据传输标准主要包括：

1）安全性原则：遵循国家及公司数据安全与保密相关要求。

2）准确性原则：源端系统数据准确无误，以及受端与源端数据一致，包括数据类型、数据精度、数据范围、数据逻辑等的准确性。

3）及时性原则：按照规定的时间和频度推送数据，包括横向（省公司侧内部）的源端业务系统数据接入及时性，以及纵向（省公司侧至总部侧）的数据推送及时性两个方面。

4）完整性原则：在数据交换过程中，数据内容正确且保存完整，防止数据处理过程出现错误或者数据丢失。

统计业务数据以数据中台为媒介开展数据传输，数据中台定时或实时从源端系统抽取变化的数据至数据中台，数据中台基于业务表处理逻辑对抽取的数据进行逻辑加工，并将处理后的数据封装成 API 接口形式对外提供数据服务，供数据请求方从数据中台定时抽取所需数据。

（3）问题管控方式。数据问题管控包括数据监测、问题反馈、整改处理三个环节，通过制修订项目数据问题管控具体规则，协调各相关专业开展问题管控工作。

1）数据监测：数据问题管控的监测对象是源端基础数据和统计业务数据。根据统计专业制定的数据监测规则，监测电网基建项目建设、财务、物资、设备、调度等各类专业系统数据，评估项目投资执行过程的规范性、合理性；监测统计指标数据，评估统计数据的真实性、准确性。

2）问题反馈：对监测提示的源端基础指标数据问题，由建管单位统计专业反馈至本单位数据确认部门。对监测提示的监测类指标数据问题，先由统计专业根据监测指标专业分类，反馈至指标所属部门，再由该部门根据指标计算规则，识别所涉源端基础数据，反馈至数据确认部门。对监测提示的报表类数据问题，涉及本级管理的项目，由本级统计专业反馈至本级数据确认部门；涉及下级管理的项目，反馈至下一级统计专业。

3）整改处理：数据监测发现的基础数据问题，由基础数据对应数据确认部门自行组织整改；数据监测类数据问题均归属于单一部门的，由该部门内部自行整改。数据监测发现的监测类数据问题涉及多个部门的，由监测指标所属部门组织，查找定位源头专业，开展多部门协同整改；数据监测发现的报表类数据问题，由本级统计专业组织，查找定位问题源头专业，开展多部门协同整改。对本级单位难以解决的数据问题，由本级单位统计专业组织问题清单收集，以问题清单形式报上级单位统计专业确认处理。对于数据监测发现的指标数据问题，经核查符合总部制定的白名单申报规则的，由本级统计专业组织白名单申报，逐级上报至上级单位统计专业进行确认处理。问题管控方式流程如图17所示。

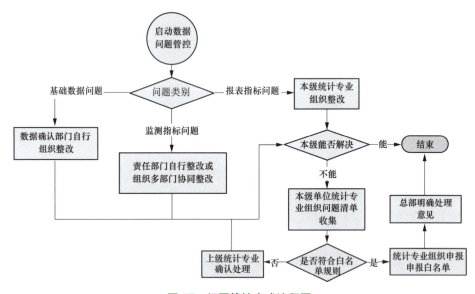

图 17   问题管控方式流程图

4. 提出数据共享模式和安全分级标准

（1）数据共享原则。数据共享安全的基本原则是"数据谁管理，安全谁负责，分级分类保护"。各专业管理部门对所管辖的信息系统内的数据共享安全负责。

（2）安全分级标准。数据类型的划分依据是数据内容，划分为Ⅰ、Ⅱ、Ⅲ三类。Ⅰ类数据是指基础数据指标，具体为各专业部门业务系统中用于形成统计业务指标的指标。Ⅱ类数据是指监测指标，具体为电网基建项目全生命周期监测所定义的指标。Ⅲ类数据是指投资统计指标，具体为执行国家统计局、国家电网有限公司统计报表制度，定期进行统计上报的指标。

（3）数据安全责任。数据安全责任是指数据共享的权限及流程管理责任。Ⅰ类数据安全责任主体是基础指标数据确认专业。Ⅱ类数据安全责任主体是监测指标所属部门。Ⅲ类数据安全责任主体是统计专业。

（4）数据共享方式。数据共享分为直接查看和申请查看两种方式。直接查看是指无须申请即可查看数据，申请查看是指须向一定主体申请，得到许可后可查看数据。根据数据安全责任划分，统计专业可直接查看本单位及下级单位的所有Ⅰ、Ⅱ、Ⅲ类数据，查看其他同级单位或下级单位各类数据需向该单位统计专业提出申请。其他专业可直接查看本专业确认的Ⅰ、Ⅱ、Ⅲ类数据、用于计算本专业归口管理Ⅱ类数据的Ⅰ类数据，查看其余Ⅰ类数据应向本单位统计专业申请，查看其他专业Ⅱ类数据应向本单位监测指标所属专业申请，查看其他专业Ⅲ类数据无须申请即可直接查看。

三、特色亮点

本文在总结提炼投资统计业务多年创新成果的基础上，充分融合当前先进数字技术最新理念，构建了投资统计业务全场景数据规范，为投资统计业务向自动统计和高级统计分析转型奠定基础。

一是凝练了投资统计业务多年创新成果积淀。公司自 2013 年提出实施全口径全过程项目统计以来，陆续提出"四个链条""三率合一"监测分析、统计信用管理等管理创新理念，并聚焦投资统计业务痛点，持续推进业务创新和信息化系统升级迭代，已实现了投资统计"源头自动采集、数据自动校核、报表自动生成、指标自动发布"的技术积累储备。本文集中体现了投资统计业务重点创新成果，体现了"集创新成果之大成"的建设成效。

二是体现了当前先进数字技术最新理念。充分借助公司现有信息化平台和人工智能、物联网、5G、电力北斗等先进技术，提出投资统计源端数据接入规范；融入区块链智能合约、数字签名技术原理，明确了投资统计业务数据管理责任落地路径；发挥大数据、云计算等技术优势，规范和构建了投资统计报表数据自动计算的业务逻辑，从数据采集、数据责任、数据传输和指标计算方面全面体现了当前技术发展的最新趋势。

三是构建了投资统计业务全场景数据规范。覆盖电网基建项目全电压等级项目，聚焦电网基建项目全生命周期各环节，实现源端数据、报表业务和监测分析多场景业务模块全覆盖，从数据质量、数据责任、问题管控、安全分级和共享应用等多个纬度提出技术标准规范，形成了投资统计业务全生命周期信息指标体系、责任体系、质量体系和安全体系，为投资统计业务向自动统计和高级统计分析转型奠定基础。

四、应用展望

（一）推广应用情况

1. 应用范围

在全网各单位全电压等级电网基建项目中推广应用。

2. 应用成效

通过构建电网基建项目全生命周期自动投资统计技术规范，针对基建项目数据源头多、环节多、自动计算困难等问题，整合近年来统计计算模型和管控方法研究成果，明确了数据质量标准，界定了各专业管理界面和监督职责，有效提升了投资统计工作质量和效率。相关成果已在公司范围实际业务中得到广泛应用，对指导基层统计人员规范统计业务、强化统计创新奠定了坚实的基础。

（二）推广应用前景

（1）解决自动投资统计的数据信任痛点，推动真实透明统计。通过建立数据质量标准、数据责任体系和数据问题管控规范，从根本上解决了统计数据各环节、各部门间的"信任危机"，提高了统计业务数据质量，有力推动了真实透明统计。

（2）提升投资统计业务质量和工作效率，落地自动投资统计。通过构建数据质量标准，规范统计数据自动计算规则，为实现投资统计全业务流程线上化提供标准依据，助推"网上电网"自动统计有效落地，提升了统计工作效率和投资统计业务质量。

（3）强化数字驱动业务转型，助推统计模式深度变革。实现投资统计业务数字化、智能化以及流程的自动闭环，为推动数据跨专业融合共享应用提供了规范遵循，实现了投资统计业务从以人工辅助为主的传统模式向自动统计转型，支撑统计业务向统计分析和决策支持转型。

五、参考文献

［1］国家电网有限公司发展策划部 . 国家电网有限公司投资统计工作指南 . 南京：南京大学出版社，2018.

国家电网公司电网投资信息化协同管理规定

主要完成人

高骞；杨俊义；吴锡斌；王璟；曹伟杰

主要完成单位

国网江苏省电力有限公司；国网江苏省电力有限公司无锡供电分公司

摘　　要

　　近年来，电网投资项目由于受投资项目条块化管理和信息系统分散建设的影响，投资决策、计划执行、项目建设、设备运行缺乏统筹、全面地跟踪管理，造成跨专业、跨部门管理存在工作目标分散、管理"不协同"等问题，在落实公司战略、实施过程管控、应对外部监管等方面存在较大隐患。以电网基建项目为例，由于市政配套未完成、设备厂家未及时供货等外部因素以及迎峰度夏/冬期间严控停电计划等内部约束，常常出现未按原计划开工或投产等问题。

　　为进一步加强国家电网公司（以下简称"公司"）电网投资项目"全口径、全过程"协同管理，提高公司电网投资效益和效率，根据国家有关法律法规、政策和《国家电网公司投资管理规定》等相关管理规章，根据信息化建设需求，制定《国家电网公司电网投资信息化协同管理规定》。

　　本成果是以业务流和信息流紧密结合为手段，同步规范各环节专业管理和信息协同的工作内容，引入全寿命周期管理理念，归集成"项目规划、项目前期、项目计划、工程前期、工程建设、工程投产"等项目管理全过程 6 个关键阶段，完整、全面覆盖各类电网投资项目的"项目寿命周期"各阶段。

本成果共分为六章四十六条，涵盖专业包括电网基建、生产技术改造、零星购置、营销投入（资本性）、信息化建设（资本性）等全口径电网投资项目。

关 键 词

电网投资；协同；信息流；业务流；全寿命周期

一、工作背景

1. 研究的必要性

近年来，电网投资项目在建设过程中，受内外部复杂约束条件影响，实施进度存在大量不可控因素。其中，由于受投资项目条块化管理和信息系统分散建设的影响，投资决策、计划执行、项目建设、设备运行缺乏统筹、全面的跟踪管理。跨专业、跨部门管理工作目标分散，管理"不协同"等问题突出，导致在落实公司战略、实施过程管控、应对外部监管等方面存在较大隐患，加强投资项目协同管理迫在眉睫。

同时，为贯彻国务院《中央企业投资监督管理办法》（国资委令第 34 号）精神，落实公司进一步规范投资管理的相关要求，加强对年度投资项目实施情况的监测、分析和管理，强化发展、财务、物资、基建、设备、调度等部门的管理责任落实，由公司发展部统筹牵头，制定统一、规范的电网投资信息化协同管理规定，进一步明确专业管理协同界面，及时准确归真数据，确保业务流程衔接畅通，全面提升电网发展和公司经营精益化管理水平。

2. 研究的意义

本成果是一项公司级的管理规章，专门针对专业管理间的交圈地带，解决跨专业管理中的漏洞、矛盾、衔接不畅等问题，进一步明确各专业管理的基本职责、专业规定应规范的基本内容、专业信息系统应具备的基本功能等。本成果通过总结专业管理中的"不协同"的诉求，经过制度化语言描述和总结提炼，精练、简明地规范电网投资项目管理过程中的各类计划管控、业务交互、数据共享等问题，创新性地将"业务流"和"信息流"合流管理，建立一一对应关系，积极疏通横向协同管理瓶颈，基本解决电网投资项目在专业协同管理中存在的漏洞、矛盾和衔接不畅等问题，建立了有效的业务协同、信息交互和数据共享的工作机制。

二、主要内容

（一）项目思路和方法

1. 项目研究目标

通过规范和明确投资信息化管理要求，努力避免条块化管理和信息系统分散建设对投资决策、计划执行、项目建设、设备运行等专业管理的影响，以"业务流"和"信息流"紧密结合为手段，明确各管理环节专业管理和信息协同的工作内容，引入全寿命周期管理理念，弥合各专业管理"不协调"问题，实现项目信息化的互联互通，夯实电网投资协同管理数据基础，提升公司电网投资管理水平。

2. 研究工作机制

根据国家电网公司工作部署，总部层面成立管控组，国网江苏省电力有限公司（以下简称"国网江苏电力"）牵头，联合相关单位迅速组建编写组和专家组工作网络，形成业务上贯穿省、市、县三级，包含各级项目专业管理部门；地理上覆盖国家电网公司东、中、西部地区，兼顾地区差异的电网投资信息化协同管理规定编撰工作小组。为保证信息沟通的快速和高效，工作小组建立了以试点省公司发展部为"骨干核心节点"，市公司发展部为"主要节点"，省市县各项目管理部门为"分支节点"的信息共享网络，实现专业分工协同、工作要求联动、信息及时共享、数据优势互补的工作沟通机制。

工作网络小组如图1所示。

序号	单位全称	姓名	性别	部门	职务	固话	手机	内网邮箱	外网邮箱
	《国家电网公司电网投资项目协同管理制度》编制工作组、专业组成员通讯录								
	联络人								
1	国网河北省电力公司	魏×	男	发展部	统计处副处长	928××××	180××××		
2	国网陕西省电力公司	张×	男	发展部	专责	029××××	139××××		
3	国网湖南省电力公司	闫×	女	发展部	专责	93313××××	138××××		
4	国网黑龙江省电力有限公司	刘×	男	发展部	副处长	045××××	189××××		
5	国网江苏省电力公司	杨××	男	发展部	专责	025××××	151××××		
	一、省公司发展部								
1	国网河北省电力公司	韩××	男	发展部	副主任	928××××	180××××		
2	国网河北省电力公司	李××	男	发展部	统计处处长	928××××	180××××		
3	国网河北省电力公司	魏××	男	发展部	统计副处长	928××××	180××××		
4	国网陕西省电力公司	迟×	女	发展部	副主任	029××××	180××××		
5	国网陕西省电力公司	李××	男	发展部	处长	029××××	182××××		
6	国网陕西省电力公司	李×	男	发展部	专责	029××××	137××××		
7	国网湖南省电力公司	富×	男	发展部	副主任	93313-××××	189××××		
8	国网湖南省电力公司	严××	男	发展部	处长	93313-××××	138××××		

图1 工作网络小组（一）

序号	单位全称	姓名	性别	部门	职务	固话	手机	内网邮箱	外网邮箱
1	国网保定市供电公司	在×	男	发展部	专责	928××××	156××××		
2	国网湖南省电力公司彬州供电分公司	彭××	女	发展部	专责	93341××××	136××××		
3	国网湖南省电力公司彬州供电分公司	沈××	女	发展部	专责	93344××××	187××××		
4	国网湖南省电力公司永州供电分公司	陈××	男	发展部	专责	93391××××	181××××		
5	国网黑龙江省电力有限公司绥化供电公司	孙××	男	发展部	专责	0055××××	152××××		
6	国网黑龙江省电力有限公司黑河供电公司	魏××	男	发展部	专责	0056××××	137××××		
7	国网黑龙江省电力有限公司伊春供电公司	赵××	女	发展部	综合统计	0058××××	155××××		

《国家电网公司电网投资项目协同管理制度》编制工作组、专业组成员通讯录

二、省公司其他相关专业部门

1	国网河北省电力公司	邓××	男	财务部	专责	928××××	181××××		
2	国网陕西省电力公司	汪××	男	运检部	专责	029××××	136××××		
3	国网湖南省电力公司	邱××	女	物资部	专责	93313××××	135××××		
4	国网黑龙江省电力有限公司	康××	男	调控中心	处长	045××××	136××××		
5	国网江苏省电力公司	苏××	男	建设部	专责	025××××	137××××		

三、基层单位（含市、县公司及直属单位）

图 1　工作网络小组（二）

3. 主要研究过程

2017 年 2 月，按照国家电网公司总部统一部署，各牵头单位制定工作方案，3 月，各试点省公司针对现有的电网投资管理体系现状进行仔细研究，研读各相关专业管理制度和管理流程 49 篇，分专业开展体系调研和现场调研，编制基建、财务、调度、物资、设备等专业调研报告。

4~7 月，各试点省公司开展相应章节的管理调研、制度编制、汇总统稿、交叉核稿等，统一培训通用制度编制规范，调研搜集协同管理需求 93 条，专业管理"不协同"异常点 75 条。协同管理异常点梳理如图 2 所示。

图 2　协同管理异常点梳理

　　同时，广泛征求 5 家试点公司省、市、县各部门的编制建议，召开现场研讨会议 4 次，电网投资项目协同管理规定也由 65 条总结提炼为 46 条。8 月，在国家电网公司 27 家省级单位范围内共征求意见 96 条，进一步优化规定条款和内容，初步完成《国家电网公司电网投资信息化协同管理规定》。协同管理规定章节优化如图 3 所示。

图 3　协同管理规定章节优化

　　9 月 14 日，国网发展部组织总部和五个省级单位六名相关专业专家对《国家电网公司电网投资信息化协同管理规定（送审稿）》进行评审，经资料验评、专家质询，专家一致认为：该规定总体框架结构完整、内容全面、逻辑严谨、语言精练。全面落实了国务院《中央企业投资监督管理办法》，创新采用了同步规范业务流与信息流的方式，全面规范了电网投资信息化协同管理工作，有利于提升公司整体效益效率，并一致同意通过评审。会后，国网江苏省电力有限公司根据专家的评审意见，做了进一步修改和完善，并终稿。

（二）项目主要内容和架构

1. 主要内容

　　本次编撰的《国家电网公司电网投资信息化协同管理规定》共分为六章四十六条，涵盖专业包括电网基建、生产技术改造、零星购置、营销投入（资本性）、信息化建设（资本性）等全口径电网投资项目，且主要以电网基建项目为例。主要明确了总部、省、市各专业管理部门职责，管理业务涵盖了电网规划、项目前期、项目计划、工程前期、工程建设、工程投产等关键环节的管理信息化要求，规范了数据工作界面，以"协同考核、专业评价"的工作方式开展常态化专业管理。以电网投资项目为基础，串联发展、财务、物资、基建、设备、调度等专业管理，明确专业管理界面，及时准确归真数据，确保业务流程衔接畅通，为建设数据可靠、流程衔接、分析智能的项目全过程分析打下基础。项目全过程信息化数据如图 4 所示。

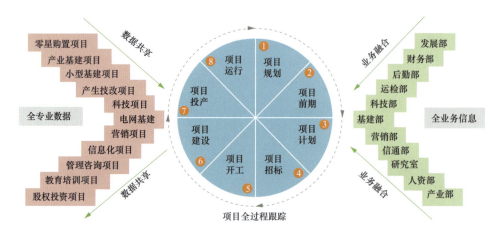

图 4　项目全过程信息化数据

2. 主要架构

本成果第一章为总则，主要说明编制依据和目的、管理对象和范围、基本原则和适用范围。第二章则主要明确总部各部门以及省市公司的专业管理要求及信息支撑系统的数据规范。第三章分为六节，从项目规划至工程投产的关键节点阐明发展、建设、设备、物资、财务和调控等各专业项目管理要求和信息流数据工作规范，涵盖了整个项目生命周期的信息化管理深度要求。对于业务信息流整体要求、数据贯通和协同分析应用，则在第四章予以说明。第五章则明确了监督与考核要求，建立了协同检查、通报和考核的工作合力。通过进一步明确相关部门项目信息化管理界面、管理流程，逐步实现覆盖电网项目投资建设运行全过程的业务数据规范和大融合，全面提升电网发展和公司经营精益化管理水平。管理规定主要内容架构如图 5 所示。

图 5　管理规定主要内容架构

（1）以协同管理顶层设计为出发点。电网投资项目在建设过程中，受内外部复杂约束条件影响，实施进度存在大量不可控因素。如电网基建项目由于市政配套未完成、设备厂家未及时供货等外部因素以及迎峰度夏/冬期间严控停电计划等内部约束，电网基建项目出现未按原计划开工或投产等问题。一方面由于专业管理纵向的"强约束"和各部门间横向协同的"弱约束"，基层单位无力解决跨专业、跨部门的协同管理问题。另一方面，面对管理困难和业绩考核双重压力，部分基层单位通过修改数据疏导管理压力，导致数据信息不能正常反映公司的各项生产经营活动。同时，随着电力体制改革的不断深化，国家不断加强对公司投资和资产的监管力度，数据失真掩盖的项目管理问题，给公司带来极大的外部风险。因此，本成果从电网投资项目管理各阶段入手，以顶层设计思路搜集项目管理各专业的协同需求 93 条，专业管理"不协同"异常点 75 条，发掘公司内部管理冲突、管理脱节、管理真空等跨专业协同管理问题，凝练协同管理条款，从公司整体效益效率出发，顶层设计跨专业、跨部门的公司级管理规定，努力消除专业管理壁垒，以达到跟踪控制电网投资项目管理核心业务指标，有效发挥公司业绩考核效用的目的。通过建立电网项目协同管理工作机制，以信息化为手段，跟踪控制电网投资项目管理核心业务指标，有效发挥公司业绩考核效用，提升公司生产经营管理水平，积极应对外部条件变化。电网项目信息化顶层设计如图 6 所示。

（2）以全寿命周期管理理念为基础。公司资产全寿命周期管理是以公司总体发展目标为指导，统筹协调资产从规划至退役的全寿命周期的管理行为和技术要求。而协同管理制度主要以投资项目的规划为起点，项目投产后形成资产为终点，从管理范围上是资产全寿命周期管理的子集，是项目寿命周期的概念。因此，在电网投资项目协同管理制度编制过程中，引入全寿命周期管理理念，以规划计划、采购建设、运维检修、退役处置四个关键业务管理为基础，综合分析 266 条全寿命周期管理二级端到端流程节点，归并为"项目规划、项目前期、项目计划、工程前期、工程建设、工程投产"等项目管理全过程的6 个关键阶段，完整、全面地覆盖了各类电网投资项目的"项目寿命周期"的各阶段，与制度"第三章管理内容"各节建立对应关系，并且高度符合电网投资项目一般管理要求和建设时序，重点支撑电网投资项目协同管理制度结构和框架。

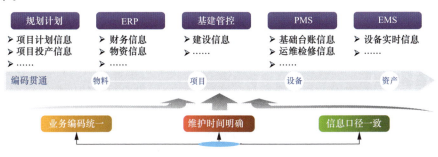

图 6　电网项目信息化顶层设计

（3）以紧密衔接协同管理和专业管理为目标。本次编制的协同管理制度重点是为了解决投资项目条块化管理、信息系统建设分散以及各专业间的管理"不协同"等投资项目管理的主要问题，并不是代替原各专业管理的制度。因此，制度编撰的初衷是在现有专业制度的基础上，构筑管理桥梁，规范化协同管理，重点解决业务协同、信息交互、数据共享等问题。通过电网投资协同管理制度，建立电网投资项目管理过程中各专业的协同联动的管理渠道和工作机制，由专业管理升华为公司整体协同管理。协同和专业管理闭环如图7所示。

图7　协同和专业管理闭环

（三）特色亮点

1. 注重统筹好信息化规范整体和局部的关系

以公司各专业部门业务管理已有信息化平台为基础，统筹电网投资信息化数据要求，通过构筑专业间管理桥梁，规范数据互通字段，解决各专业部门的业务交互、数据贯通和共享。以电网投资项目整体数据最优为目标，协同各部门对专业内部信息化平台数据进行统一和规范，在不改变现有局部信息化建设路径的情况下，为电网投资项目数据高层级分析和应用奠定基础。

2. 注重处理好刚性管理和灵活管理的关系

刚性管理是以制度和绩效为核心的强制性管理，特别是公司投资项目管理，需要刚性的约束，否则无法管控偏离公司发展战略的乱投资和资金浪费等现象。电网投资项目在建设过程中确实存在诸多制约公司投资行为的因素，因而在制度编制过程中，辩证地兼顾投资项目管理的刚性和灵活性，以协同管理为基础，以事实为依据，允许符合客观实际的指标和项目进行调整，从源头上遏制数据造假的冲动。如电网基建项目由于实际原因无法按期投产甚至需终止建设，协同管理制度中明确建设单位根据实际情况触发调整流程，发展、财务、物资等相关部门同步协同开展相应专业内的调整和后续处理工作。另外，为确保计划管理的约束性，对于调整后的项目以及其他未进行调整的项目，仍需刚性考核和对标，并且建立各管理部门管理协同下的考核对标工作机制，从而避免不同专业管理间考核对标互斥的问题。进一步以电网投资项目实际情况为依据，注重投资项目管理刚性和灵活性相互协调，实事求是，归真项目建设信息，真实反映公司各项经营活动，支撑电网投资项目管理精益化管理。

3. 注重各专业业务流和信息流统一协同

公司业务的信息化已融入各部门的专业管理，信息系统的技术支撑极大地提高了公司生产力和管理效率，改变了管理方式和思维方式，已成为重要的专业管理工具。因而，脱离了信息系统支撑的电网投资项目管理，已成为空中楼阁，无法落地实施。本次编制的电网投资协同管理的创新手段之一，就是将核心业务部分以"业务流"和"信息流"为手段，规范各专业协同管理工作内容，主要涉及发展、财务、调控、运检、物资等专业以及项目管理部门，以"业务管理"和"信息化要求"为两个着力点，疏通横向协同瓶颈，建立"业务流"和"信息流"在项目各阶段的业务协同、信息交互和数据共享的工作机制，解决电网投资项目在专业协同管理的漏洞、矛盾和衔接不畅等问题。"信息流"管理要求与本制度的"第四章信息化管理"相呼应，为下一步制度落实打下坚实基础。同时，紧密对接《电网投资项目协同管理数据维护规范》《电网投资项目协同管理的相关系统功能优化建议》等其他管理要求。业务与数据信息化融合示意图如图 8 所示。

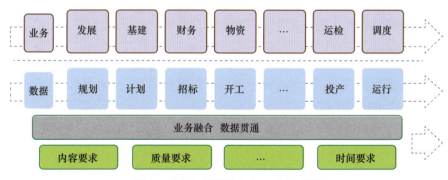

图 8 业务与数据信息化融合示意图

三、应用展望

本成果以信息化为手段，跟踪控制电网投资项目管理核心业务指标，通过总结专业管理中的"不协同"的诉求，经过制度化语言描述和总结提炼，精练、简明地规范投资项目管理过程中的各类计划管控、业务交互、数据共享等问题，构筑管理桥梁，推动公司电网投资管理稳步提升。

本成果还创新建立了各专业部门协同管理下的考核评价机制，即"协同考核、专业评价"工作方式，通过协同制定考核标准、专业对接评价指标，共同审议后纳入专业管理考核评价，避免不同专业管理间考核评价互斥的问题，有效发挥公司业绩考核指挥棒作用，进而积极应对外部条件变化，统筹电网项目信息化建设方向，切实提升项目管理精益化和投资精准化水平。

四、工作建议

对电网发展来说，电网投资项目关系着公司发展和电网发展战略的落地，通过进一步明确相关部门管理界面、管理流程，逐步实现覆盖电网项目投资建设运行全过程的数据业务融合，建议积极推广，深入应用，为公司构建电网投资协同管理提供可靠信息化规范支撑，发挥协同管理资源优势，提升公司发展效率、效益和效果。

对公司运营来说，电网投资项目类型较多，需要建立数据可靠、流程衔接、信息规范化的应用，实现对电网精准投资科学决策的有力支撑。建议进一步深入挖掘覆盖规划计划、建设投产、运行改造全过程的数据潜在价值，监督批复概算、需求提报、领料退料、财务结算、建设投产等关键节点，强化投资项目全过程管控能力。

对统计管理工作来说，制度化基建管控系统、ERP、PMS、EMS等信息系统数据交互，构建了业务编码统一、信息口径一致、维护时间明确的应用规范，通过对专业系统间数据规范和集成，确保数据的唯一、真实、准确。建议加强跨专业数据联合分析，提升电网投资项目统计工作效能和服务水平。

五、参考文献

［1］国家电网公司.国家电网公司投资管理规定[Z].国家电网企管〔2017〕718号，2017-09-12.

［2］国家电网公司.国家电网公司物资计划管理细则[Z].国家电网企管〔2016〕650号，2016-07-27.

［3］国家电网公司.国家电网公司基建项目管理规定[Z].国家电网企管〔2014〕140号，2014-04-01.

［4］国家电网公司.国家电网公司基建管理通则[Z].国家电网企管〔2014〕139号，2014-04-01.

［5］国家电网公司.国家电网公司运行方式管理规定[Z].国家电网企管〔2014〕1464号，2014-12-17.

〔6〕国家电网公司 . 国家电网公司全面预算管理办法 [Z]. 国家电网企管〔2014〕1085 号，2014-08-29.

〔7〕国家电网公司 . 国家电网公司工程财务管理办法 [Z]. 国家电网企管〔2014〕742 号，2014-06-1.

强化监督管理　建立统计信用评价体系

主要完成人

赵琦；邓春宇；王嘉媛；史梦洁；严慧峰；蒋蕾；苑峰

主要完成单位

中国电力科学研究院有限公司；国网湖南省电力有限公司；国网辽宁省电力有限公司

摘　　要

为加强国家电网公司统计信用体系建设管理，开展统计领域信用建设、打造诚信统计文化，贯彻国务院和国家统计局相关文件，认真落实国家电网公司信用体系建设部署，推进诚信国网建设，国网发展部系统开展了统计信用研究工作。2019年公司两会以来，国网发展部按照公司发展战略目标要求，提出并启动统计信用管理规定的编制工作。由中国电力科学研究院有限公司（以下简称"中国电科院"）牵头，国网湖南省电力有限公司（以下简称"国网湖南电力"）、国网辽宁省电力有限公司（以下简称"国网辽宁电力"）配合，编制了《国家电网有限公司统计信用管理规定》，建立了国家电网公司统计信用评估体系，并开展统计信用评价。

《国家电网有限公司统计信用管理规定》明确了统计信用管理的适用范围以及各级各单位部门的职责和分工，建立了统计信用评价实施方法，包括制定统计信用指标、编制统计信用诊断报告、统计信用质量监督检查、统计信用体系资料管理和信息化建设等内容。同时明确了统计信用评价划分标准，以及针对不同统计信用评估结果的后续改进措施和跟踪监督流程。

《国家电网有限公司统计信用管理规定》适用于公司总（分）部、各省（自治区、直辖市）电力公司、直属单位及其所属各级单位（含全资、控股和代管单位）的统计信用管理工作。根据历次实际数据分析，各单位的技术类、业务类和保障类指标评价结果获得明显改善和提升，真实反映统计信用情况，为提高统计数据质量和服务水平提供扎实保障。

关　键　词

统计信用；统计信用指标；统计信用评价

一、工作背景

（一）目的和意义

为加强国家电网公司统计信用体系建设管理，开展统计领域信用建设、打造诚信统计文化，贯彻国务院《关于加快推进社会信用体系建设构建以信用为基础的新型监管机制的指导意见》（国办发〔2019〕35号）和国家统计局关于《企业信用管理办法》（国统字〔2019〕33号）文件精神，认真落实国家电网公司信用体系建设部署，推进诚信国网建设，国网发展部系统开展了统计信用研究工作。

国家电网公司为强化统计法规意识，落实统计数据归真，为提高统计数据质量和服务水平提供扎实的制度保障，积极开展统计信用体系建设工作。以国家电网统计信用体系建设为目标，重点建设统计信用管理制度体系，夯实统计信用体系建设的制度基础；同时支撑开展统计信用季度诊断分析，阶段性开展统计信用评价工作，不断提升数据质量。

（二）主要解决的问题

《国家电网有限公司统计管理办法》中明确了统计归口部门具有统计调查、统计分析、报送管理和监督等工作职责。在进行统计工作中，往往存在以下几个问题：一是基建、设备、调度、物资、财务等专业数据由各专业部门协作完成，各专业提供或专业系统推送的数据完整性、准确性参差不齐，并发现针对同一项目来自不同专业部门间的数据一致性、合理匹配性不足，缺少数据质量和规范评价的管理标准和规则。个别单位统计报告报送不及时、部分报表数据严重失真、报送质量不合格，缺少对统计报告报送及时性和报送质量的评价和执行标准。二是部分单位缺少专职统计人员，或统计人员资质欠缺，统计队伍建设不到位直接影响统计工作基础，缺少对各级单位和相关支撑机构的统计相关岗位人员配置和职责的评价规则。因此，迫切需要推动统计信用建设，建立健全统计信用制度及统计信用评估体系，开展统计信用评价。

二、主要内容

（一）研究思路

研究当前关于统计信用的国家规范和国家电网公司内相关制度情况，分析统计信用体系的构成和作用机制，对于国家电网统计信用制度建立提供参考依据。

运用文献分析与归纳分析法结合，研究分析有关文献资料，总结、梳理国内统计信用制度建设的现状、统计数据质量监控、统计诚信等方面的成果，在此基础上进一步进行分析、规划和探索，明确统计信用评价对象，研究统计信用评价指标体系构成。

根据国家电网公司发展战略需求，梳理统计信用管理制度编制内容所涉及条目，并收集整理相关内容，具体覆盖统计信用评价规范、信用信息标准化建设、信用信息记录与使用、信用信息安全、信用专业队伍建设领域。

研究思路如图1所示。

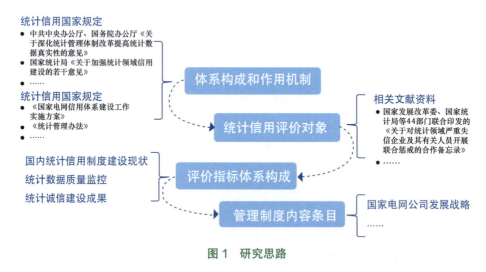

图1 研究思路

（二）主要研究内容

1. 制定并发布《国家电网有限公司统计信用管理规定》

通过研究统计信用相关的政府发文、社会各界和行业相关统计信用管理办法和执行方案，深入了解《企业统计信用管理规定》，调研国网总部与各级单位当前统计信息的质量，分析常见问题和产生根由，形成《国家电网有限公司统计信用管理规定》（以下简称《规定》）。《规定》中明确了统计信用管理的适用范围以及统计单位各级部门的职责和分工；明确了统计信用评价实施方法，包括制定统计信用指标、编制统计信用诊断报告、统计信用质量监督检查、统计信用体系资料管理和信息化建设等内容；说明了统计信用评价划分标准，以及针对不同统计信用评价结果的后续跟进、改进措施和跟踪监督要求。《国家电网有限公司统计信用管理规定》主要内容如图2所示。

第一章　总则
- 共3项条款，主要说明制定依据、目的、概念和适用范围。

第二章　职责与分工
- 共4项条款，主要说明了各相关部门和支撑的单位的职责与分工。

第三章　统计信用评价
- 共3项条款，主要说明了统计信用评价包括统计信用指标和诊断报告。

第四章　统计信用评价划分标准和监督
- 共5项条款，主要说明了统计信用评价划分准以及后续整改监督工作。

第五章　统计信用体系资料管理
- 共2项条款，主要说明资料保管工作和职责规定。

第六章　统计信用体系信息化系统
- 共2项条款，主要说明了信息化系统的分工和职责。

第七章　附则
- 共2项条款，说明总部发展策划部负责解释和监督执行。

图2　《国家电网有限公司统计信用管理规定》主要内容

（1）总则，提出本管理规定的制订依据、目的、概念和适用范围等。

适用范围：统计信用是公司信用体系中的重要组成部分，适用于公司总（分）部、各省（自治区、直辖市）电力公司、直属单位及其所属各级单位（含全资、控股和代管单位）（以下简称"各级各单位"）的统计信用管理工作。

制定依据：政府部门出台的法规、管理要求《关于加快推进社会信用体系建设构建以信用为基础的新型监管机制的指导意见》（国办发〔2019〕35号）、《企业统计信用管理办法》（国统字〔2019〕33号）。

（2）职责与分工，对公司各级发展部门、专业部门和技术支撑单位的职责进行了明确说明。同时明确了统计信用监督责任人和数据源头部门责任人。

统计主管部门归口管理、专业部门分工负责、公司系统各单位、各专业分级管理见表1。

表1   统计部门职责与分工示意图

部门	职责
总部统计信用归口管理部门	建立公司统计信用管理体系 负责统计信用体系建设的组织协调； 负责组织制定统计信用评价指标； 负责组织开展统计信用评价； 负责统计信用诊断报告的发布； 负责组织统计信用平台建设
总部统计信用专业管理部门	负责贯彻落实公司统计信用管理规定； 负责审核、汇总本专业统计信用数据； 负责设定本专业统计信用指标； 负责组织本专业统计信用指标的监督、检查和改进； 负责开展本专业统计信用评价和诊断报告的编写； 负责配合开展公司统计信用管理工作
分部统计信用归口管理部门	负责在区域内执行归口部门管理职责，贯彻落实公司统计信用管理规定； 负责组织本单位统计信用指标的跟踪、反馈和改进； 负责组织本单位及所管理范围内各级单位统计信用的监督、检查和整改
分部统计信用专业管理部门	负责贯彻落实公司统计信用管理规定； 负责审核、汇总本单位本专业统计信用数据； 负责管理本单位本专业统计信用评价的反馈、跟踪、检查和整改； 负责配合开展公司统计信用管理工作
省公司统计信用归口管理部门	负责贯彻落实公司统计信用管理规定； 负责组织本单位统计信用指标的跟踪、反馈和改进； 负责组织本单位及本省范围内各级单位统计信用的监督、检查和整改
省公司统计信用专业管理部门	负责贯彻落实公司统计信用管理规定； 负责审核、汇总本单位本专业统计信用数据； 负责管理本单位本专业统计信用评价的反馈、跟踪、检查和整改； 负责配合开展公司统计信用管理工作
市、县公司统计信用归口管理部门	负责贯彻落实公司统计信用管理规定； 负责组织本单位统计信用指标的跟踪、反馈和改进； 负责组织本单位统计信用的监督、检查和整改
市、县公司统计信用专业管理部门	负责贯彻落实公司统计信用管理规定； 负责审核、汇总本单位本专业统计信用数据； 负责管理本单位本专业统计信用评价的反馈、跟踪、检查和整改； 负责配合开展公司统计信用管理工作

中国电科院和国网经研院是统计信用工作的业务支撑机构；

各省级电科院、各省（市）级经研院（所）等科研单位作为同级统计信用工作的业务支撑机构。

（3）统计信用评价，说明了统计信用评价包括统计信用指标和统计信用诊断报告，并明确了指标和诊断报告的责任部门。

统计信用评价包括统计信用指标和统计信用诊断报告，统计信用指标用于量化统计信用。总部归口部门负责组织制定统计信用指标；总部专业部门负责本专业统计信用指标设定。

总部归口部门负责定期组织统计信用评价，总部专业部门负责开展本专业统计信用评价。总部归口部门负责组织出具统计信用诊断报告，专业部门负责编制审核本专业统计信用诊断报告内容。公司统计信用诊断报告由总部归口部门定期发布。

针对统计信用评价结果，各级各单位可对相关数据提出查询。针对评价过程中的差错，由报告发布单位统一校验、更正。

统计信用评价示意图如图3所示。

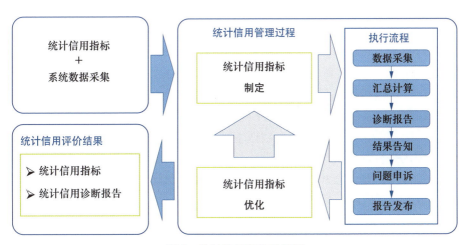

图3　统计信用评价示意图

（4）统计信用评价划分标准和监督，规定了统计信用评价划分标准，包括统计信用守信单位、统计信用异常单位、统计信用一般失信单位和统计信用严重失信单位。同时明确了统计信用异常单位、统计信用一般失信单位和统计信用严重失信单位的检查、整改和跟踪监督的工作，实行动态管理，评价结果同步纳入公司信用体系管理。

统计信用发布和监督示意图如图4所示。

统计信用评估 等级标准	统计信用评估 等级跟进措施	检查方式
➤ 统计信用守信单位	➤ 统计信用异常单位 • 制定改进措施 • 自查中跟踪改进结果	➤ "双随机" • 工作小组随机抽取被检查对象 • 工作小组随机选派检查人员
➤ 统计信用异常单位		
➤ 统计信用一般失信单位	➤ 统计信用一般失信单位 • 制定改进方案 • 自查中跟踪改进结果 • 归口部门跟进整改结果	➤ 自查 • 统计信用指标质量进行检查， 整改措施效果进行检查 • 各单位自行开展
➤ 统计信用严重失信单位	➤ 统计信用严重失信单位 • 制定改进方案 • 自查中跟踪改进结果 • 归口部门跟进整改结果 • 纳入统计信用"黑名单"	➤ 互查 • 由上级单位组织开展

图 4　统计信用发布和监督示意图

（5）统计信用体系资料管理，规定了统计信用的资料保管工作和职责规定。公司各级单位设置统计信用原始记录、统计信用评价记录，执行统计信用资料的审核、签署、交接、归档等。签署人员对其审核、签署资料真实性、准确性和完整性负责。公司各单位按照国家法规和公司制度的要求，做好统计信用信息保密工作。

（6）统计信用体系信息化系统，规定了总部、分部、省公司和市县公司的各部门在统计体系信息化系统建设中的分工和职责。

统计信用平台是基于统计大数据基础上的信用评价支撑平台。总部层面负责统计信用平台的整体规划和建设；分部、省公司层面负责辅助总部开展平台建设，负责平台日常使用；市、县公司层面主要负责平台的日常使用。总部归口部门负责完善信用指标和系统的迭代建设，提升公司统计工作信用水平。

（7）附则，明确本规定由总部发展策划部负责解释并监督执行和具体的施行日期。

2．编制工作报告模板

统计信用归口管理部门和各单位依据统计信用记录，按照"双随机"工作制，常态开展统计信用质量检查。配合约谈工作，编制《约谈材料》；根据《国家电网公司统计信用管理制度》，结合统计信用季度诊断工作，编制《公司统计信用黑名单》。

（1）约谈材料模板。约谈记录模板如图5所示，包括约谈主题、参会人员记录、约谈议程/目标、约谈主要内容、其他问题讨论记录、总结建议，以及会后跟踪事项7个内容。

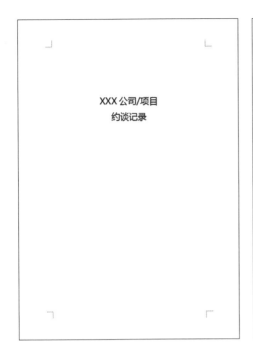

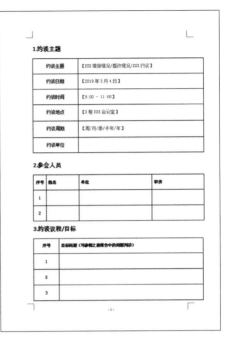

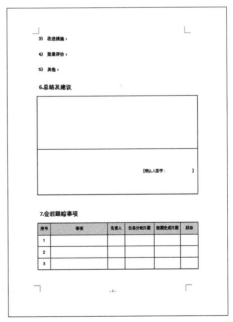

图 5 约谈记录模板

（2）公司统计信用黑名单模板。每个季度统计信用诊断后，基于评价结果
区分统计信用结果，分为统计信用守信单位、统计信用异常单位、统计信用一

般失信单位、统计信用严重失信单位。统计信用严重失信单位被列入黑名单中。统计信用黑名单模板如图6所示。

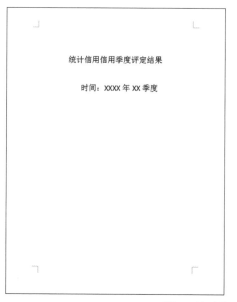
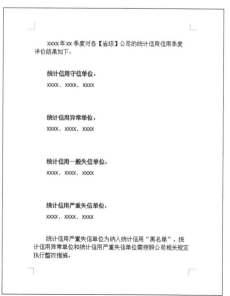

图6　统计信用黑名单模板

3. 统计信用季度诊断

统计信用诊断报告用于按季度对各省公司的统计信用进行评价汇总，包括信用评价概述、信用评价工作思路、信用评价结果分析、与上季度统计信用评估结果对比及当前重点关注问题和建议五个部分。

（1）信用评价概述和信用评价工作思路，包括信用评价的目标、评价数据范围和来源、具体评价指标的规则变化，详细分析说明当季度指标的规则变化。

（2）信用评价结果分析，按照不同类别指标维度分析当季度各评审对象的总体评价结果；按照不同业务维度分析当季度各评审对象的总体评价结果；重点问题分析中针对失分多的指标进行失分项原因分析；同时针对在分析和反馈收集中出现的集中问题点进行说明。生产和投资统计体系指标和模型体系分别见表2和表3。

表2　　　　　　　　　　生产统计体系指标和模型体系

指标大类	生产类业务		
	分类	小类	权重
技术类指标	生产统计报送及时率	生产统计报表报送及时率	16.00%

指标大类	生产类业务		
	分类	小类	权重
技术类指标	生产统计完整率	发电量完整率	7.20%
		供电量完整率	7.20%
		用电量完整率	7.20%
		售电量完整率	2.40%
业务类指标	生产统计数据准确率	供电量一致率	50.00%
保障类指标	生产统计人员到岗规范率	生产统计人员到岗规范率	10.00%

表3   **投资统计体系指标和模型体系**

指标大类	生产类业务		
	分类	小类	权重
技术类指标	投资统计报送及时率	投资统计报表报送及时率	3.20%
		投资统计管理报告提交及时率	2.40%
		ERP 数据推送及时率	2.40%
	投资统计报送完整率	财务数据完整率	4.80%
		投资统计数据完整率	4.80%
		投资统计管理报告完整率	2.40%
业务类指标	投资统计数据准确率	项目匹配率	7.00%
		单项匹配率	7.00%
		概率解析告警率	14.00%
		投资完成采集值校验告警率	21.00%
		投资进度校验告警率	21.00%
保障类指标	投资统计人员到岗规范率	投资统计人员到岗规范率	10.00%

（3）与上季度统计信用评估结果对比，分析当季度统计信用评价结果与之前季度的变化、特征和问题点。

（4）重点关注问题和建议，基于前面的分析给出需要后续关注的问题和改进建议。

另通过附件列示全部的具体数据，包括：生产和投资统计体系指标和模型体系，以及各公司统计信用指标季度评价详细结果清单。逐一详细列示统计信用指标的所有指标、分类指标、小类指标的具体得分，同时也列示出所有失分项对应的具体失分点项目。

三、特色亮点

（一）明确统计信用管理实施方法

统计信用管理实施方法包括制定统计信用指标、编制统计信用诊断报告、统计信用的发布和监督、统计信用体系资料管理和信息化建设等，详细说明了统计信用评价划分标准及对不同评价结果的整改和监督措施。

（二）明确统计信用评价模式

统计信用评价包括统计信用指标和统计信用诊断报告，统计信用指标用于量化统计信用。可以有针对性评估统计数据信用情况、评价各单位统计信用、指导相关人员日常工作管理、提升工作质量。

（三）明确统计信用评价划分标准

统计信用评价划分标准分为统计信用守信单位、统计信用异常单位、统计信用一般失信单位和统计信用严重失信单位。并给出了各自的涵盖范围、检查跟进、后续跟踪监督流程要求，其中包含统计信用评价"黑名单"规则，并纳入公司的信用体系统一管理。同时明确了公司各级单位分级开展统计信用评价工作，实行动态管理。

（四）统计信用指标体系可扩展性

《生产和投资统计指标体系和模型体系》基于通用功能标准，采用可重用、可扩展的体系结构和功能组件，适应将来业务发展的需求。

四、应用展望

（一）应用范围

《国家电网有限公司统计信用管理规定》适用于公司总（分）部、各省（自治区、直辖市）电力公司、直属单位及其所属各级单位（含全资、控股和代管单位）的统计信用管理工作。

（二）应用成效

针对 2019 年第一季度、第二季度、第三季度、第四季度分别进行了统计信用指标计算、统计信用评估和分析。综合四次实际数据分析，反映出国网各分部和省级单位在统计信用方面的改善和提升，统计信用评价结果有明显改善。2019 年第四季度数据评估结果与一季度数据评估结果相对比，统计信用整体评估平均分提升了 4.36 分。其中技术类指标提升了 2.04 分；业务类指标平均分提升了 4.92 分；保障类指标平均分提升了 4.9 分。

（三）应用前景

未来统计信用指标将通过积累更多数据，分析数据变化趋势，引入更多专业部门的相关数据进行全面分析，以适应实际管理工作需要，反映出统计信用的发展趋势和变化趋势，真实反映统计信用情况，为提高统计数据质量和服务水平提供扎实保障。

五、参考文献

［1］中共中央办公厅、国务院办公厅 2016 年印发的《关于深化统计管理体制改革提高统计数据真实性的意见》（中办发〔2016〕76 号）.

［2］国家统计局 2017 年印发的《关于加强统计领域信用建设的若干意见》（国统字〔2017〕99 号）.

［3］国务院 2014 年印发的《社会信用体系建设规划纲要 2014—2020》（国发〔2014〕21 号）.

［4］中共中央办公厅、国务院办公厅 2018 年印发的《防范和惩治统计造假、弄虚作假督察工作规定》.

［5］国家统计局 2019 年印发的《企业统计信用管理办法》（国统字〔2019〕33 号）.

［6］国家发展改革委、国家统计局等 44 部门 2018 年联合印发的《关于对统计领域严重失信企业及其有关人员开展联合惩戒的合作备忘录》（发改财金〔2018〕1862 号）.

国家电网公司电网投资
项目协同管理数据维护规范

主要完成人

潘文明、陈黎明、杜海红、王华伟、应志富、黄敏敏、王冬冬

主要完成单位

国网安徽省电力有限公司、国网安徽省电力有限公司滁州供电公司、国网安徽省电力有限公司阜阳供电公司

摘　　要

　　"十三五"以来，国家电网公司（以下简称"公司"）提出了"主动适应改革要求，加快实现精准投资，切实提高电网发展质量和效率"的工作目标。大数据时代下，数据已经成为管理的最有力抓手。然而当前公司管理还存在统计数据失真、数据利用不充分、数据分析不深入、跨部门数据不匹配等问题。

　　本课题依托网上电网系统建设成果，以电网基建项目为切入点，融合"四个链条"与"三率合一"电网基建项目投资过程监测指标研究成果，构建了电网基建项目协同管理数据维护体系，明确了发展、基建、财务、物资、设备、调度、互联网等专业信息管理界面以及数据管理责任，全面梳理"里程碑、投资控制、物流、资金"四个链条源头数据，制定了《国家电网公司电网投资项目协同管理数据维护规范》，为进一步提升数据质量以及数据的深度分析与充分应用奠定基础。

关　键　词

电网基建项目；协同管理；"四个链条"；数据规范

一、工作背景

（一）加强数据维护规范，适应内外部监管要求

长期以来，受电网投资项目条块化管理和信息系统分散建设的影响，规划计划、项目前期、工程建设、投产运行等环节缺乏统筹、缺乏全链条的跟踪管理，各专业信息数据衔接程度不足，在落实公司战略、实施过程管控、应对外部监管等方面存在隐患。为进一步加强电网投资项目全过程项目计划执行数据协同管理，提高公司电网投资效益和效率，深入调研，全面梳理制定电网投资项目协同管理数据维护规范，明确发展、基建、财务、物资、设备、调度等专业信息管理界面，规范相关专业系统数据管理责任，提出加强电网投资项目协同管理的工作建议。

（二）迭代升级"三率合一"指标体系，加快"三率合一"体系建设

自 2013 年以来，投资统计专业推行电网基建项目投资计划执行全过程管控，打破原有管理理念，设计"里程碑、投资控制、资金、物流"四个链条，关联规划、财务、物资、建设四大业务，集成 ERP、基建管控系统等信息系统，覆盖项目"规划、前期、计划、财务、招标、领料、入账、开工、建设、投运"全过程，开创了项目管理新局面。2017 年开展工程建设、投资完成、财务成本"三率合一"业务研究后，结合三率指标，2018 年对原有的"四个链条"指标进行升级迭代，初步形成了电网基建项目协同管理数据维护体系。

（三）强化多专业数据联合分析，适应大数据技术发展的要求

数据采集手段相对传统，沿用部门协调、数据线下提供等方式，且日趋成熟的云计算、大数据技术难以在公司项目计划执行信息管理上得以有效利用，不能满足计划执行、投资决策方面多约束条件、多场景、多维度数据支撑要求。在各专业管理指标大数据的基础上，深入挖掘覆盖规划计划、建设投产、运行改造全过程的电力大数据潜在价值，加强跨专业数据联合分析，监督概算批复、需求提报、领料退料、财务结算、建设投产等关键节点，促进数据管理协同水平提升，规范项目计划执行。

二、主要内容

（一）电网基建项目协同管理数据维护体系框架

为充分发挥投资统计专业的职能，国网发展部积极推动统计数据"做真用

实"，协同发展、建设、财务、物资、设备、调度等专业，进行数据管理，构建了电网基建项目协同管理数据维护体系框架，同时明确跨专业部门数据维护职责界面，强化源头数据质量管控，制定了电网投资项目数据维护协同管理规范，进一步夯实数据基础。整体框架如图1所示。

图1 整体框架

1."四个链条"

电网基建项目"四个链条"包括里程碑、投资控制、物资、资金四链条，通过协同发展、建设、物资、财务、设备、调度等多专业，明确各链条监控关键指标，并设置相应指标校核规则，实现电网基建项目投资全过程的管控。其中，里程碑链条是反映项目里程碑进度情况的统计指标链条，投资控制链条是反映项目投资完成、造价控制进度情况的统计指标链条，资金链条是反映项目预算消耗、财务入账进度情况的统计指标链条，物流链条是反映项目物资设备、服务招标进度情况的统计指标链条。"四个链条"关键节点如图2所示。

图2 "四个链条"关键节点

2. "三率合一"

基于四链条核心指标间的业务逻辑关系，通过梳理各链条之间的逻辑关系，明确电网基建项目跨部门管理的三个核心指标，即建设部门的"工程建设"、发展部的"投资完成"以及财务部的"工程成本"。其中：投资完成与工程成本是对一定时期内已完成工程量的货币形式的动态反映，工程建设进度是两者计量的重要依据。投资完成是以项目概算为基础，反映项目的含税概算价；工程成本是以签订合同为基础，反映项目的不含税实际结算价。

3. 两者之间的联系

"三率合一"研究是对四链条研究的有益补充与延伸，两者一纵一横，形成电网基建项目协同管理数据维护体系框架，有效监督电网基建项目全过程执行情况。"里程碑、投资、物资、资金"四链条研究，逐链条纵向分析不同项目管理维度的全过程执行情况，及时发现异常问题；"工程建设、投资完成、财务成本"三率研究，是链条间横向交叉分析同一时间断面的项目执行情况，及时定位业务问题，协同推进问题解决，进一步提升项目精准管控能力。

（二）研究内容

1. 构建电网基建项目协同管理数据维护体系

基于"里程碑、投资、物资、资金"四链条业务，梳理电网基建项目节点指标，构建各专业数据维护体系。该体系涉及 27 个电网基建管控关键节点，123 项数据协同管理指标，支撑多角度分析不同项目全过程执行情况，进一步提升了项目精准管控水平。

（1）梳理里程碑链条节点指标。里程碑链条是反映项目里程碑进度情况的统计指标链条，涉及规划、前期、核准、计划、开工、建设、投产、运行 8 个关键节点，覆盖投资管控"规划 – 建设 – 运行 – 调度"全环节，共 38 个数据规范指标。基于时间和规模维度梳理里程碑链条节点指标，分析里程碑链条各节点项目实施过程中的执行情况，实现规划、投资、基建、设备、调度专业里程碑链条项目数据的协同管控。里程碑链条各节点指标示意图如图 3 所示。

图 3　里程碑链条各节点指标示意图

（2）梳理资金链条节点指标。资金链条是反映项目预算消耗、财务入账进度情况的统计指标链条，涉及计划下达、项目创建、预算发布、需求提报、合同签订、财务入账、财务决算、项目转资8个关键节点，共36个数据规范指标。基于资金维度梳理资金链条各节点指标，分析资金链条各节点项目执行情况，实现发展、财务、物资等专业资金链条项目数据协同管控。资金链条各节点指标示意图如图4所示。

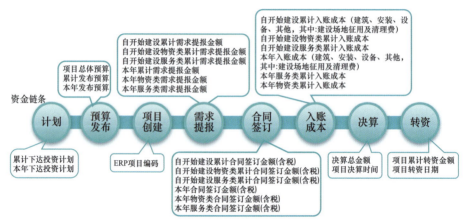

图4　资金链条各节点指标示意图

（3）梳理投资控制链条节点指标。投资控制链条是反映项目投资完成、造价控制进度情况的统计指标链条，涉及可行性研究批复、初步设计批复、形象进度、竣工结算、财务决算5个关键节点，共30个数据规范指标。基于投资、资金控制及时间维度梳理投资链条各节点指标，分析投资链条项目执行情况，实现发展、基建、财务专业投资链条项目数据协同管控。投资控制链条各节点指标示意图如图5所示。

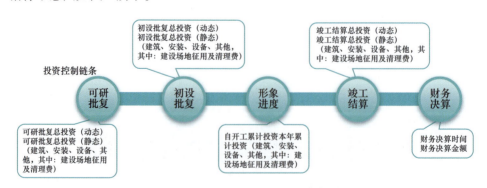

图5　投资控制链条各节点指标示意图

（4）梳理物流链条节点指标。物流链条是反映项目物资设备、服务招标进度情况的统计指标链条，涉及采购申请、采购订单、物资发货、物资收货、服务确认、物资处理6个关键节点，共19个数据规范指标。基于时间、投资和资金等维度梳理物流链条各节点指标，分析物流链条各节点各项目执行情况，实现物资、基建、财务等专业物流链条项目数据协同管控。物流链条指标节点示意图如图6所示。

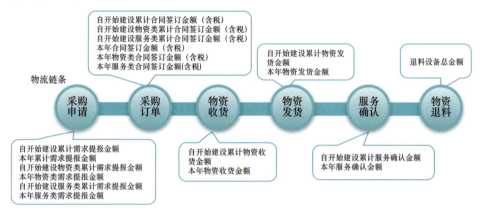

图6　物流链条指标节点示意图

2. 制定指标数据维护规范

参照《国家电网公司技术标准管理办法》（国家电网企管〔2014〕455号）文的要求，编写电网投资项目协同管理数据维护规范。针对每个"四个链条"指标，梳理每项统计指标的"来源系统""取数字段""责任部门""计量单位""维护频度/时间/方式""维护层级""维护要求""维护路径"，形成每项指标的数据维护规范要求。关键指标数据维护内容如图7所示。

图7　关键指标数据维护内容

（1）厘清数据来源。为实现各专业系统数据共享，推进业务融合，消除信息壁垒，保证项目执行中规划、项目前期、建设实施、生产运行管理信息数据衔接顺畅，协同各专业对源端数据进行管控，理清四个链条指标数据来源系统。其中，里程碑链条主要涉及网上电网、基建管控系统、PMS、EMS 等；资金链条主要涉及网上电网、ERP 等；投资控制链条主要涉及网上电网、基建管控系统、ERP 等；物流链条主要涉及 ERP。

（2）明确数据维护频次/时间/方式。为提升四链条指标考核质量水平，需各专业协同管控，明确了各专业数据质量责任，确定了数据维护频次/时间/方式，尽力避免部分单位通过数据虚报疏导指标压力造成关键业务信息指标数据失真的情况，实现项目全过程监督、检查。其中，维护频次根据业务规律设置每天、每月最后一天、当天等维护；维护时间/方式根据业务特点按照时间逻辑进行维护。

（3）确定数据维护要求。为满足计划执行、投资决策方面多约束条件、多场景、多维度数据支撑要求，在源端数据上，明确了每项指标数据维护职责部门以及具体对应责任层级。从时间维度提出维护要求，如计划开工时间的维护要求为开工(投产)里程碑计划获得国家电网公司批复后；从规模维度突出维护要求，如自开始建设/本年需求累计提报金额的维护要求为自开始建设/本年需求累计提报金额应等于物资类和服务类需求提报概算之和。以计划开工时间、自开始建设/本年需求累计提报金额为例，具体如图 8 所示。

6.1.4.1　**计划开工时间**
　　来源系统：规划计划信息管理平台
　　责任部门：发展策划部
　　日期格式：YYYY-MM
　　维护频度/时间/方式：综合计划下达开工(投产)里程碑计划时
　　维护层级：国网总部/分部、省电力公司、市供电公司、县供电公司
　　维护要求：开工(投产)里程碑计划获得国网批复后

6.3.4.1　**自开始建设/本年需求累计提报金额**
　　来源系统：ERP
　　维护路径：项目构造器(事物代码示例:CJ20N)/建立采购申请(事物代码示例:ME51N)
　　取数字段：概算总值
　　责任部门：建设部
　　计量单位：元
　　维护频度/时间/方式：申报项目需求时
　　维护层级：国网总部/分部、省电力公司、市供电公司、县供电公司
　　维护要求：自开始建设/本年需求累计提报金额应等于物资类和服务类需求提报概算之和

图 8　数据维护内容具体示例

3. 形成电网基建项目数据协同校核规则

为综合分析电网基建项目全过程投资执行情况，精准定位问题项目，根据前述数据维护要求及项目实施过程中四链条各节点指标，考虑电网基建项目投

资合理、合规性要求，基于时间的逻辑性和投资规模的一致性判断原则，针对四链条各节点指标设置数据自动校核规则，并固化至系统，将数据质量校验工作前置在数据生成的初始环节，进而全面提升电网基建项目全环节的数据质量。各链条指标设置规则示例如图 9 所示。

里程碑链条

规划：可研批复线路长度不大于规划线路长度；
可研批复变电容量不大于规划变电容量……
核准：核准线路长度不大于可研批复线路长度；
核准变电容量不大于可研批复变电容量……
……

资金链条

预算：项目下达总预算（总体）不大于可研批复
总投资（动态）……
合同：合同总金额不大于项目下达预算
（总体）……
……

投资控制链条

初设批复：初设批复总投资（动态）不大于可研
批复总投资（动态）；初设批复总投资（静态）
不大于可研批复总投资（静态）……
竣工结算：竣工阶段金额不大于初设批复总投资
（动态）……
……

物流链条

采购申请：采购申请总金额不大于计划总投资……
采购订单：自开始建设累计招标金额不大于自
开始建设累计采购申请总金额；物资类合同金额不
大于物资类中标金额……
……

图 9 各链条指标设置规则示例

三、特色亮点

本标准规定了电网项目全业务流程的数据维护要求，结合国家电网公司差异化意见，从"里程碑、投资控制、资金和物流"四个统计指标链条，规范投资项目的全过程执行数据，克服传统的人为主观判定和管控的经验方式，确定了一套适用于所有电网项目的数据维护准则。主要特色及创新如下：

（一）构建多专业协同管理数据维护工作方法

各相关专业的信息系统建设和改造，应落实"信息共享、协同优先、全局统筹"的协同管理原则，满足其他相关专业信息共享和分析需求，实现向国网安徽电力基础信息平台的主动推送。各相关专业应对本专业信息系统维护和数据治理负责，不断提升电网投资项目信息化管理水平。

（二）制定了各专业数据维护规范

本标准制定了数据维护要求，以实现网上电网与基建管控系统、ERP、PMS、EMS 等系统之间的数据贯通，结合各专业数据及业务特点，各指标来源于各专业信息管理系统的指标名称、维护路径，确保统计指标输出唯一，实现多专业协同管理数据维护。同时，各指标维护规范采用结构化用语，力求简明清晰，维护要点明确，确保每条数据维护规范都具备可操作性。

（三）形成了电网基建项目协同管理数据维护指标体系

依据协同管理机制，结合发展、建设、运检、调度、物资、财务等部门的管理职责，形成覆盖"规划—投资—建设—运行—调度"全过程的电力大数据潜在价值，以监督批复概算、需求提报、领料退料、财务结算、建设投产等关键节点，以工程建设进度、投资完成进度与成本入账进度匹配率为抓手，强化投资项目全过程管控能力，为下一步跨专业数据联合分析奠定应用基础。

四、应用展望

（一）辅助构建项目数据治理体系

积极开展发展、基建、财务跨部门数据联合分析，通过深入梳理各层级系统关键业务数据，明确了发展、基建、财务、物资、设备、调度等专业信息管理界面以及数据管理责任，全面梳理"里程碑、投资控制、物流、资金"四个链条源头数据，制定了数据维护规范，辅助构建电网基建项目数据治理体系，进一步提升数据质量，开展数据的深度分析与充分应用。

（二）辅助项目执行过程管理

发掘项目"四个链条"中工程前期、施工、招投标、竣工结算、财务预算执行方面指标进展，通过实际入账进度与建设进度、投资进度、物资进度链条对比，对入账滞后项目进行定期督办，确保建设管理单位及时支付预付款、进度款等费用，有效保障外部参建单位权益。此外，公司实行了"四个链条"流程节点责任制、组织协调机制以及问题数据反馈沟通制，对执行进度进行监督管控，保障了项目及时顺利执行。

（三）推广应用情况

本标准在国家电网公司全电压等级电网基建项目中推广应用。针对公司管理还存在统计数据失真、数据利用不充分、跨部门数据不匹配等问题，依托网上电网系统建设成果，构建了电网基建项目协同管理数据维护体系，明确了发展、基建、财务、物资、设备、调度等专业信息管理界面以及数据管理责任，全面梳理"里程碑、投资控制、物流、资金"四个链条源头数据，制定了《国家电网公司电网投资项目协同管理数据维护规范》（见图10），有效提升了投资统计工作质量和效率。

图 10　《国家电网公司电网投资项目协同管理数据维护规范》评审印刷本图

五、参考文献

［1］GB/T 25109.2　企业资源计划　第 2 部分：ERP 基础数据 .

［2］GB/T 25109.3　企业资源计划　第 3 部分：ERP 功能构件规范 .

［3］GB/T 25109.4　企业资源计划　第 4 部分：ERP 系统体系结构 .

［4］Q/GDW 156　城市电力网规划设计导则 .

［5］Q/GDW 1943　国家电网公司统一应用平台模块技术规范 .

［6］Q/GDW 11180　国家电网公司统一统计指标体系规范 .

［7］国家能源局 . 电网工程建设预算编制与计算规定 [M]. 北京：中国电力出版社，2013.

［8］国家电网有限公司发展策划部 . 国家电网有限公司投资统计工作指南（教材）[M]. 南京：南京大学出版社，2018.